HEDWIG COURTHS-MAHLER

Nur wer die Sehnsucht kennt

BASTEI LÜBBE

Hedwig Courths-Mahler

NUR WER DIE SEHNSUCHT KENNT

Roman

BASTEI LÜBBE

1. Auflage 1976
2. Auflage 1979
3. Auflage 1981
4. Auflage 1985
5. Auflage 1990

Bearbeitete Lizenzausgabe
Herausgeber: Gustav Lübbe Verlag GmbH,
Bergisch Gladbach
Printed in Western Germany 1990
Einbandgestaltung: Roland Winkler
Titelfoto: Lagarde
Gesamtherstellung: Ebner Ulm
ISBN 3-404-10039-5

Der Preis dieses Bandes versteht sich einschließlich
der gesetzlichen Mehrwertsteuer

I

Ronald Norden schlenderte langsam durch die Räume des Klubs, hier und da bei einem Bekannten stehenbleibend und mit diesem und jenem einige Scherzworte tauschend, aber nirgends gefesselt. Er war in der Stimmung, alles langweilig zu finden, was ihm begegnete, und er wußte nicht so recht, was daran schuld war. Jedenfalls wurde er durch niemanden länger aufgehalten, als er sich halten lassen wollte, und er beschloß schon, den Klub zu verlassen. Nur das Spielzimmer lag noch vor ihm, dann war er durch alle Räume gekommen. Vor diesem wollte er umkehren, denn er war kein Spieler, fand nie Gefallen am Spiel, weil er es gleich unangenehm fand, zu gewinnen wie zu verlieren. Verlor man, ärgerte man sich über seine Torheit, am Spiel teilgenommen zu haben. Gewann man, hatte man erst recht ein unbehagliches Gefühl, weil man vielleicht einem Menschen, der es nötiger brauchte als man selber, das Geld abgewonnen hatte.

Trotzdem ging er doch noch in den großen Raum, in dem etliche Herren um einen großen runden Tisch beim Spiel saßen. Man spielte auch in diesem vornehmen Klub gelegentlich verbotene Spiele, um sich einige Emotion zu verschaffen und ein wenig mit der Gefahr zu liebäugeln.

Ronald blieb stehen und betrachtete sich die Gesichter der Anwesenden. Sie erschienen alle seltsam erregt, es mußte wohl um eine große Summe gehen. Auf allen diesen blassen Gesichtern lag eine verhaltene Unruhe oder eine nervöse Gier. Nur einer der Herren hatte ein Gesicht, als sei es aus Stein gemeißelt, und von diesem ließ Ronald sich gefangennehmen. Es verscheuchte ohne weiteres die Langeweile, die ihn befallen hatte.

Der Herr, den er so interessiert beobachtete, war Horst von Winterfeld, ein Mann Anfang Fünfzig. Seine Züge waren allerdings dazu angetan, den Beschauer zu fesseln. Blässe bedeckte auch dieses Antlitz. Die ganze Erscheinung des Mannes, der einen vortrefflich sitzenden Smoking trug, wirkte dank seines schlanken, sehnigen und gut trainierten Körpers ungemein vornehm. Seine großen Augen ruhten scharf und unbewegt auf den Karten, die er in der Hand hielt, und auf denen, die auf dem Tisch lagen.

Sein noch sehr volles Haar war nur an den Schläfen ein wenig angegraut, sein schmallippiger Mund fest zusammengepreßt.

Ronald Norden fühlte sich seltsam gefesselt von diesem ausdrucksvollen, energischen Kopf. Er ließ sich in einer Ecke in einen Sessel fallen, ohne daß die Spieler oder Zuschauer ihn beobachtet hatten. Alles Interesse konzentrierte sich auf das Spiel, das jetzt um besonders hohe Summen ging.

Ronald wußte, daß er diesen Herrn schon verschiedentlich im Klub oder in Gesellschaften gesehen hatte, ohne daß er mit ihm bekannt geworden wäre. Aber noch nie hatte ihn sein Gesicht so gefesselt, noch nie war es ihm so der Beachtung wert erschienen wie heute. Und doch waren Ronald Nordens Züge nicht weniger markant und fesselnd als jene Horst von Winterfelds, nur daß die in seinem Gesicht sich ausprägende Energie noch nicht so harte Linien hineingegraben hatte. Er befand sich ja auch erst im dreiunddreißigsten Lebensjahr und war also ungefähr zwanzig Jahre jünger als der interessante Spieler.

Ronalds Langeweile war verflogen. Er saß still und beobachtete den Mann, der ihn plötzlich so stark interessierte. Und als er so in dessen Anblick versunken dasaß, gewahrte er plötzlich, daß ein schräg hinter Herrn von Winterfeld stehender Herr sich mit einem jähen Ruck über diesen beugte, seine Hand mit festem Griff packte und mit kalter Stimme rief:

»Der Herr spielt mit falschen Karten!«

Ein unglaublicher Tumult entstand. Auch Ronald Norden sprang wie elektrisiert empor und trat näher an den Spieltisch heran. Und so wurde er Zeuge, wie der Mann, der die auffallendste Erscheinung unter allen Anwesenden war, des Falschspiels überführt wurde. Es gab erregte Auseinandersetzungen, nur Herr von Winterfeld blieb stumm. Er war nur noch bleicher geworden als zuvor, und seine Augen sahen um sich wie die eines gehetzten Tieres, das eine wütende Meute umstellt hat. So ähnlich benahmen sich die betrogenen Spieler, die alle ihr verlorenes Geld zurückforderten. Man verlangte, daß Winterfeld die Taschen leerte. Er mußte alles herausgeben, was er bei sich hatte, und auch die vor ihm liegende Summe wurde eingezogen, um an die Verlierer verteilt zu werden. Ronald konnte sich eines Gefühls des Mitleids mit dem Überführten nicht erwehren, obwohl ihm selbstverständlich ein Falschspieler zumindest ebenso verächtlich erschien wie den andern Anwesenden. Vielleicht sogar noch mehr, denn er hegte für jeden Spieler eine gewisse Nichtachtung. Aber etwas in den Augen des Herrn von Winterfeld erfüllte ihn mit Mitleid.

Was nun kam, geschah sehr schnell. Man kam überein, von einer polizeilichen Ahndung des verübten Betruges abzusehen, zumal man selbst nicht gern in eine solche Affäre verwickelt werden wollte. Die Beute dieses Abends hatte man Winterfeld wieder abgejagt. Freilich hatte er schon längere Zeit mit auffallendem Glück im Klub gespielt, und meistens war von ihm der Anlaß zum hohen Spiel ausgegangen. Es betrachteten sich noch viele der Herren von früher her geschädigt, aber um die Affäre klanglos aus der Welt zu schaffen, wurde beschlossen, Winterfeld nicht der Polizei zu übergeben, sondern ihn einfach auszuschließen und ihn somit in der Gesellschaft unmöglich zu machen.

Winterfeld nahm dieses Urteil stumm entgegen, wie er während der ganzen Szene stumm geblieben war. Seine Augen hatten sich gesenkt, nur das Spiel seiner Muskeln im Gesicht verriet seine Erregung. Und als man ihm das Urteil verkündete, nahm er es, ohne ein Wort zu erwidern, hin. Mit einer stummen Verbeugung grüßte er ins Leere und ging langsam hinaus. Ronald sah ihm nach mit einem Gefühl, als habe er einem Todesurteil beigewohnt. Nie, das wußte er, würde er den Anblick des Mannes vergessen, der da hinausschritt.

Nach seinem Verschwinden blieb es in dem Spielzimmer totenstill. Erst nach einer Weile fragte einer der Herren:

»Wer hat diesen Winterfeld eigentlich hier in den Klub eingeführt?«

Der Herr, der Winterfelds Hand eingefangen hatte, als er gerade die falsche Karte unterschieben wollte, erhob sich mit zuckendem Gesicht:

»Ich war es selbst! Und er war seit meinen Jugendjahren mein bester Freund. Ich hätte niemandem anders als meinen eigenen Augen geglaubt, daß er ein Falschspieler sei. Leider muß ich gestehen, daß ich ihn schon während des ganzen Abends in Verdacht hatte, denn ich glaubte, schon einmal gesehen zu haben, daß er mit einer untergeschobenen Karte manipulierte, aber ich wollte mich erst überzeugen. Leider mußte ich es tun, und – weiß Gott – es ist mir sauer genug geworden! Aber gerade weil ich ihn hier eingeführt habe, fühlte ich mich verpflichtet, sein Falschspiel aufzudecken, sonst wäre ich sein Mitschuldiger geworden. Es hat mich tief berührt – das muß ich sagen –, zumal ich weiß, daß Winterfeld nur durch die Ungunst der Verhältnisse zu diesem Vergehen getrieben worden ist.«

Ganz erschüttert schwieg Herr von Wolzow, nachdem er dies vorgebracht hatte.

»War Winterfeld nicht früher ein sehr begüterter Mann?« fragte ihn sein Nachbar am Spieltisch.

Herr von Wolzow richtete sich auf und strich sich über die Stirn.

»Sein Vater hat ihm bei seinem Tod das Erbgut schon ziemlich verschuldet überlassen. Er hatte von Anfang an, wie wir fast alle, die wir die Sünden der Väter wettzumachen haben, schwer zu kämpfen. Dabei beging er noch die Torheit, eine ganz arme Frau, eine Freiin von Letzerode, zu heiraten. Sie war allerdings bezaubernd schön und jeder Torheit wert, da sie auch ein feiner, wertvoller Mensch war. Aber Winterfelds Verhältnisse verschlechterten sich infolge dieser unvernünftigen Heirat mehr und mehr, wenn seine Ehe ihm auch einige unbeschreiblich glückliche Jahre brachte. Er verheimlichte seiner Frau anfangs seine schwierige finanzielle Lage und gewährte ihr alles, was er ihr an den Augen absehen konnte. Als sie dann später merkte, wie schlimm es um ihn stand, hat ihr feines Seelchen einen furchtbaren Schrecken bekommen, und sie begann zu allem Übel auch noch zu kränkeln. Ein so zarter feiner Mensch, wie sie es war, kann auch an Sorgen eingehen. Das Schlimmste trat schließlich ein. – Winterfeld mußte dann an die Front, wurde verwundet, und das hat seiner Frau, die ihn unbeschreiblich geliebt hat, den Rest gegeben. Als er heimkehrte, um seine an sich nicht sehr gefährliche Wunde auszukurieren, starb sie ihm unter den Händen. Der Krieg war zwar kurz darauf vorbei, aber das Gut war vollends heruntergewirtschaftet, und den Rest besorgte die Inflation. Es war die alte Geschichte, meine Herren, wir haben es ja alle mehr oder weniger am eigenen Leib erfahren – aber Winterfeld hat es ganz besonders schlimm erwischt. Er mußte sein Gut darangeben, brachte sein Kind irgendwo unter, wo er nicht viel zu bezahlen brauchte, und begann die Jagd nach einer neuen Existenz. Er tauchte irgendwo unter. Ich sah und hörte lange nichts von ihm. Erst vor zwei Monaten begegnete ich ihm auf dem Kurfürstendamm. Erfreut sah ich, daß er gut ausgestattet war, und fragte ihn nach seinem Ergehen. Er berichtete kurz, es gehe ihm nicht schlecht, er habe ein annehmbares Einkommen durch allerlei Versicherungsgeschäfte. Ich sprach dann davon, daß ich in unsern Klub gehen wollte. Er fragte mich aus und bat mich schließlich, ihn einzuführen, er sehne sich danach, wieder einmal unter seinesgleichen zu sein. Ich zögerte keinen Moment – wir alle hier im Klub haben längst den Wahn verloren, daß ehrliche Arbeit, welcher Art sie auch sei, schändet. Obwohl ich ihn nur für einen Versicherungsbeamten hielt, kannte ich ihn doch als einen ehrenhaften Menschen. Und nun? Gott mag wissen, was er durchgemacht hat, ehe er so weit kam, das Glück auf seine Art zu korrigieren. Ich kann mir nicht helfen – ich bin tief erschüttert. Es ist ein schauderhaftes Gefühl, wenn man einen ehemaligen guten Freund im Lebenskampf neben sich niederbrechen sieht. Scheußlich!«

Schweigend hatten ihm alle zugehört, auch Ronald Norden, der seltsam berührt wurde durch diese Geschichte. Das Spiel hatte schon in dem Moment aufgehört, als Winterfeld beim Falschspiel ertappt worden war. Niemand hatte heute mehr Lust, die Karten zu berühren. Alle starrten vor sich hin. Mancher war unter den Anwesenden, dem die Not ebenfalls bis zum Hals gestiegen war und dem ein glücklicher Gewinn Hilfe bringen sollte. Nun hatte keiner mehr den Mut dazu, auch die nicht, die einen Verlust verschmerzen konnten. Sie sahen alle zu Herrn von Wolzow hinüber. Dann hob einer von ihnen den Kopf und sagte mit gepreßter Stimme:

»Ich denke, wir geben alle unser Ehrenwort, daß das hier Geschehene streng geheim bleibt. Wir wollen nicht auf einen, der schon am Boden liegt, mit Steinen werfen.«

Alle gaben ihr Ehrenwort – auch Ronald Norden, der Sohn eines Großindustriellen, dessen Vater einer der reichsten Männer Berlins war. Alle Langeweile war ihm vergangen. Er stand wohl zum erstenmal in seinem Leben dem Zusammenbruch eines Mannes gegenüber, der sich nicht anders zu helfen gewußt hatte, als sich durch Falschspiel über Wasser zu halten. Auch er konnte nicht: ›Kreuzige ihn!‹ rufen, obwohl er noch nie Geldsorgen kennengelernt hatte und eine solche Handlungsweise nicht zu verstehen vermochte. Aber er sah im Geist noch immer das interessante Gesicht Horst von Winterfelds vor sich, sah es unter der Anklage, die der Freund wie ein Fremder gegen ihn erhob, erbleichen, sah dieses Gesicht mit leerem, starrem Ausdruck vor sich, wie das eines Gestorbenen – und er vermochte nichts anderes zu fühlen als Mitleid mit dieser gestrandeten Existenz. Er wußte, dieses Erlebnis würde ihm lange nachhängen. Lange würde das blasse, erstorbene Gesicht des ertappten Mannes nicht aus seinem Gedächtnis schwinden. Und er gab sein Ehrenwort, schweigen zu wollen, mit einer gewissen Freudigkeit, und war froh, daß all diese Männer Schweigen gelobten und es mit ihrer Ehre besiegelten. Vielleicht fand dieser geächtete Mann doch noch einmal festen Grund unter seinen Füßen. Am liebsten hätte er ihm dazu verholfen, er wußte nur nicht, wie er das anfangen sollte.

Während er dann langsam mit allen andern aufbrach, mußte er daran denken, daß für Herrn von Winterfeld nach dieser

Stunde gar nichts anderes übrigblieb, als sich eine Kugel durch den Kopf zu schießen.

Er erschauerte draußen in der kalten Winterluft, als er langsam durch die Straßen ging, und doch sog er sie tief ein, als müsse er den Druck loswerden, der auf seiner Brust lag. Er wollte diesen Druck abschütteln, redete sich ein, es sei doch nicht seine Sache, dem Schicksal dieses Mannes nachzugrübeln. Und schließlich gelang es ihm auch, seine Gedanken abzulenken.

In den nächsten Tagen durchsuchte er eifrig die Zeitungen, ob diese etwa den Tod des Herrn von Winterfeld melden würden. Das geschah aber nicht, und er atmete wie befreit auf.

Trotzdem hatte dieses Erlebnis einen tiefen und nachhaltigen Eindruck auf Ronald Norden gemacht, und es blieb nicht ohne Einfluß auf seine weitere Entwicklung. Sein Vater bemerkte in der nächsten Zeit mit Befriedigung, daß sein einziger Sohn ernster und arbeitsamer geworden war. Er verlangte nach ernsthafter Betätigung in dem großen Betrieb, und eine solche gewährte sein Vater ihm nur zu gern.

Eines Tages, etwa vier Wochen nach der Szene im Spielsaal des Klubs, kam der Vater auf ein Heiratsprojekt zu sprechen, das ihm im Interesse seines Sohnes sehr am Herzen lag. Er hätte es gern gesehen, daß Ronald sich mit der Tochter eines Geschäftsfreundes verheiratet hätte, der ein industrielles Unternehmen wie er besaß und nur diese einzige Tochter hatte. Das Zusammenlegen der beiden Unternehmen mußte die Firma zur größten in ganz Deutschland machen, und beide Väter waren aus eben diesem Grund sehr für eine Verbindung ihrer Kinder eingenommen. Aber als sein Vater das erstemal davon sprach, hatte Ronald lachend abgewehrt.

»Ich denke gar nicht daran, meine Freiheit aufzugeben, und Lizzi Bernd ist durchaus nicht mein Geschmack, obwohl ich zugeben muß, daß sie ein sehr hübsches, sogar schönes Mädchen ist. Ich mag aber keine brünetten Frauen, für mich haben nur blonde Reiz. Laß mich mit diesem Projekt in Ruhe, lieber Vater.«

Der alte Herr hatte gemerkt, daß es zumindest noch verfrüht gewesen wäre, weiter auf diesem Plan zu beharren. Aber heute kam er doch wieder darauf zurück, eben weil er merkte, daß Ronald ernster und vernünftiger geworden war.

»Ich hoffe, du hast dir inzwischen überlegt, Ronald, welche Vorteile es bietet, wenn du dich mit Lizzi Bernd verheiratest. Unsere beiden Betriebe kämen dadurch eines Tages in deine Hand, wir würden gleich nach der Hochzeit mit der Firma Bernd fusionieren. Kann dich das nicht reizen?«

Ronald schüttelte ernsthaft den Kopf.

»Nein, lieber Vater, offen gesagt, nicht. Wir sind ja ohnedies groß genug, und ich sehe nichts Erstrebenswertes darin, wenn wir mit Bernd fusionieren, zumal nicht, wenn das auf Kosten meiner Freiheit geschieht.«

»Aber Ronald, die beiden Unternehmen fusioniert, das gibt eine Großmacht.«

»Die ich zur Hälfte meiner Frau zu danken hätte. Nein, lieber Vater, ich ziehe vor, mich tüchtig in die Riemen zu legen, damit wir beide vereint den Berndschen Betrieb weit hinter uns zurücklassen. Da Bernd keinen männlichen Erben hat, wird sein Betrieb eines Tages sowieso zurückgehen.«

»Nicht, wenn du dann an der Spitze stehst. Ist dir denn Lizzi Bernd gar so zuwider?«

Ronald lachte.

»Absolut nicht, Vater, wir verstehen uns sogar ganz gut. Aber heiraten? Das ist eine andere Sache. Als Frau käme Lizzi wirklich nicht für mich in Betracht. Dieser knabenhaft brünette Typ behagt mir nicht. Eine Frau, die mich dazu bringen soll, meine Freiheit aufzugeben, muß blond sein, blond bis ins Herz hinein. Und sie muß eine Gestalt haben, bei der man nicht erst lange fragen muß: Ist das ein Weib oder ein Junge? Lizzi Bernd hat etwas unbedingt Jungenhaftes in ihrer Art, sie ist ganz amüsant, aber als Frau für mich nicht diskutabel. Das könnte mich auch eine Fusion zwischen Bernd und Norden nicht vergessen machen. Ich hoffe, Vater, du spielst dich nicht als Tyrann auf, der seinen Sohn um jeden Preis an diese bestimmte Frau bringen will.«

Der alte Herr zuckte die Achseln.

»Ich werde selbstverständlich keinen Zwang auf dich ausüben, aber ein bißchen zureden hilft vielleicht.«

»Ausgeschlossen!«

»Das betrachte ich noch nicht als dein letztes Wort. Vielleicht kommt dir die nötige Einsicht noch. Lizzi Bernd ist doch ein ganz vernünftiges Mädchen.«

»Mir zu vernünftig, Vater.«

»Also – vertagen wir diese Sache, wie gesagt, auf später, ich gebe die Hoffnung noch nicht auf. Überlege dir nur, was diese Fusion zu bedeuten hätte.«

Damit verließ Friedrich Norden seinen Sohn.

Der sah kopfschüttelnd hinter ihm her.

»Nein, Vater, ich fusioniere mich nicht mit einer Frau von der Art Lizzi Bernds. Und – mir scheint, sie ist auch nicht darauf aus, sich mit mir zu fusionieren.«

Damit ging Ronald wieder an seine Arbeit.

Nachdem Horst von Winterfeld den Klub verlassen hatte, war er lange plan- und ziellos durch die Straßen gelaufen. Die widerstreitendsten Empfindungen rangen in ihm um die Oberhand. Etwas brach immer wieder durch die wilde Flucht seiner Gedanken: Nun bist du ganz auf den Hund gekommen, nun hast du auch das Letzte verloren – deine Ehre.

Aber dann lachte er heiser und höhnisch auf. Verlor man seine Ehre erst, wenn die andern darum wußten, daß man etwas Ehrenrühriges getan hatte, oder schon, wenn man dieses Ehrenrührige tat? Wenn das letztere zutraf, dann besaß er schon seit Monaten keine Ehre mehr, nicht mehr seit dem Tag, da er zum erstenmal falsch gespielt hatte – aus purer, scheußlicher, qualvoller Not und nachdem er alles versucht hatte, dem Schicksal in ehrenhafter Weise die Stirn zu bieten. Weiß Gott, nicht aus Lust am Bösen hatte er den Schritt über die Grenze getan, jenseits derer man aufhört, zu den Ehrenmännern zu gehören. Seit jenem Tag war es ihm wieder erträglich ergangen, er hatte nicht mehr hungern, hatte nicht mehr mit Angst und

Grauen daran denken müssen, woher er am nächsten Monatsersten den Pensionspreis für seine Tochter nehmen sollte, um sie nicht aus diesem relativ sicheren Asyl in die gemeine Not seines Lebens mit hineinzureißen. Seit er ein Falschspieler war, hatte er wieder einen tadellosen Anzug tragen können, hatte wieder Geld für reine Wäsche gehabt. Schmutziges Geld freilich, das schmutziger war als seine ausgefransten Hemdkragen. Und er wohnte wieder in einem anständigen Zimmer einer anständigen Pension.

Welcher Unstern hatte ihn nach Berlin getrieben, in die Arme seines alten Freundes Wolzow, in den Klub, aus dem man ihn nun hinausgewiesen hatte mit dem Schandmal auf der Stirn? Ein Gezeichneter!

Ja, wenn man es auch im eigenen Interesse nicht in die Welt hinausschreien würde, daß Horst von Winterfeld ein Falschspieler war, so wußten doch all die Herren, mit denen er zusammengewesen war, daß er ein Ehrloser war! Auch sein alter Freund Wolzow, der ihn überführt hatte, der ihn als Ehrenmann überführen mußte, nachdem er gesehen hatte, daß er eine falsche Karte ins Spiel schmuggelte. Verdammt! Ein schauderhafter Moment! Konnte man danach noch am Leben bleiben? Mußte man nicht ein Ende machen? Ja – das war das wenigste, was er tun konnte, nun, da seine Schande ruchbar geworden war.

Und er stürmte plötzlich zielbewußt nach Hause – schnell ein Ende machen! An weiteres wollte er nicht mehr denken.

Als er in seiner am Steinplatz gelegenen Pension angelangt war und in seinem Zimmer vor dem Schreibtisch stand, um die erlösende Pistole aus ihrem Versteck zu nehmen, sah er plötzlich mit großen Augen auf die Fotografie eines vielleicht fünfzehnjährigen Mädchens – seiner Tochter.

Wie ein Ruck ging es durch seine Glieder. Er faßte nach dem Bild und sank in einen Sessel, mit brennenden Augen auf das lächelnde Kindergesicht starrend, aus dem trotz allen Lächelns die hellen, großen Augen so ernst und nachdenklich herausleuchteten.

»Dani! Mein Gott, Dani! Was soll aus dir werden?« stöhnte er auf.

Daniela von Winterfelds Bild gab ihm keine Antwort, sah ihn nur groß und ernst an, wie mahnend, wie bittend: »Tu's nicht, laß mich nicht allein auf der Welt, ich war doch schon so viel allein.«

Ein Schauer flog über ihn hin. Nein, er konnte seine Tochter nicht allein und schutzlos zurücklassen. Er mußte leben, mußte weiter versuchen, für sie Geld zu verdienen, gleichviel – ja, gleichviel, ob auf ehrliche oder unehrliche Weise. Er hatte kein Recht, sich selbst zu richten, sich auszustreichen aus der Liste der Lebenden, solange er noch eine Möglichkeit hatte, für sein Kind zu sorgen.

Er vertiefte sich in das Gesicht seiner Tochter, als müsse er sich reinwaschen von der Schande in ihren klaren, reinen Zügen. Wie ähnlich sie ihrer Mutter war – ob das jetzt noch mehr hervortreten würde, jetzt, da sie erwachsen war? Wie alt war sie denn? Neunzehn – nein, schon zwanzig –, und fünf Jahre lang hatte er sie nicht mehr gesehen, seit dem Tag, da er dies Bild von ihr in Montreux hatte aufnehmen lassen, um es mit sich zu nehmen. Fünf Jahre hatte er sie nicht mehr gesehen, seine kleine Dani. Erst wollte er ihr nicht als ein äußerlich Heruntergekommener unter die Augen treten, konnte er doch kaum den Pensionspreis für sie bezahlen. Und dann – dann als es ihm pekuniär wieder besser ging, dann schämte er sich, vor die reinen Augen seines Kindes zu treten.

Aber jetzt packte ihn plötzlich die Sehnsucht nach ihrem Anblick wie ein Fieber. Und wenn er sich nicht töten wollte, dann mußte er wenigstens fort von Berlin, damit er keinem jener Männer wiederbegegnete, die seine Schmach kannten. Eine namenlose Sehnsucht erfaßte ihn plötzlich nach Montreux, nach der Nähe seines Kindes. Gottlob, er hatte sich eine hübsche Summe zurückgelegt, zehntausend Mark hatte er auf der Bank, und einige Tausend Mark hier zu Hause in seinem Schreibtisch. Ein Glück, daß er das heute abend nicht bei sich gehabt hatte, sonst hätte er auch das herausgeben müssen. Und heute war er so gut am Zug gewesen, hätte seine Barschaft verdoppelt. Damit hätte man schon etwas anfangen können – etwas Ehrliches. Denn auch das, was er noch besaß, war nicht ehrlich erworben. Einige Jahre noch so mit Glück spielen, dann hätte er sich eine Existenz auf ehrlicher Basis gründen können. Mit diesen zwölf-, dreizehntausend Mark kam er nicht weit. Er mußte am nächsten Ersten wieder Pension für Dani bezahlen, und hier in seiner Pension war auch noch einiges zu begleichen. Ein Glück, daß er jetzt mit Garderobe reichlich versehen war und auf lange Zeit hinaus nichts brauchen würde.

Also – jetzt nach Montreux zu Dani, gleich morgen früh. Er mußte sie wiedersehen, endlich wieder einmal Mensch, Vater sein. Was dann kam – darüber vermochte er heute keinen Entschluß zu fassen, aber er fühlte schon, er würde weitergehen auf der Bahn, die er nun einmal eingeschlagen hatte. Die Ehre war sowieso verloren, nun kam es nicht mehr darauf an, noch etwas tiefer in den Morast zu versinken. Nun war ja schon alles eins. Hauptsache war, den Schauplatz seiner Tätigkeit weit fort von Berlin zu verlegen. Er durfte mit keinem dieser Herren wieder zusammentreffen, mit denen er heute gespielt hatte. Zehn Männer waren es gewesen, zehn Menschen, die um seine Schmach wußten. Daß noch ein elfter dazugekommen war, Ronald Norden, wußte er nicht, den hatte er gar nicht bemerkt, als er still eingetreten war und sich in einer Ecke des Raums in einen Sessel gesetzt hatte. Sonst kannte er sie alle ganz genau und würde ihnen auszuweichen wissen. Nur Ronald Norden kannte er nicht als Zeugen seiner Schmach, kannte ihn überhaupt nicht, war nie zuvor wissentlich mit ihm zusammengetroffen.

Aufseufzend stellte er das Bild seiner Tochter wieder hin und erhob sich, um seine Koffer zu packen.

Zuvor klingelte er und ließ der Pensionsleitung melden, daß er von morgen an auf das Zimmer verzichte. Er hatte nie für längere Zeit abgeschlossen, hatte sich immer eine plötzliche Abreise vorbehalten. Darüber war er jetzt sehr froh. Er sah im Kursbuch nach, wann er reisen könne. Gleich nach neun Uhr ging ein Fern-D-Zug, den wollte er benutzen. Ob er Dani telegrafisch Bescheid gab, daß er kam? Sehr häufig hatte sie ihn in ihren Briefen um ein Wiedersehen gebeten, hatte ihm geschrieben, wie sehr sie sich nach ihm sehne und daß sie doch nun schon viel zu alt sei, um noch in der Pension zu bleiben. Zu lernen gäbe es dort auch nichts mehr für sie. Aus lauter Langeweile habe sie nun noch angefangen, Italienisch und Spanisch zu lernen, da sie doch in Englisch und Französisch ganz perfekt sei.

Der Gedanke an ein Wiedersehen mit seiner Tochter lenkte Winterfeld ein wenig von seinen qualvollen Gedanken ab. Er packte. Und mitten in seinem Tun fuhr er zusammen bei dem Gedanken, was seine Tochter wohl sagen und denken würde, wenn sie ahnte, auf welche Weise er in den letzten Monaten sein Geld verdient hatte – auch das, welches zu ihrem Unterhalt gehörte. Er hatte ihr in den letzten Wochen reichlicher Geld geschickt als zuvor, mit der Weisung, sie möge sich hübsche Kleider kaufen und alles sonst, was zur Toilette nötig sei. Er war sehr froh darüber gewesen, nicht mehr so mit dem Pfennig knausern zu müssen. Und Dani hatte darauf geschrieben: »Ich freue mich sehr, sehr über das viele Geld zu den schönen Sachen, die ich mir habe kaufen können, aber hauptsächlich deshalb, weil ich daraus sehe, daß du nicht mehr mit so vielen Sorgen zu kämpfen hast, mein armer lieber Papa.«

Wenn sie ahnen würde, woher dieses Geld stammte?

Aber sie durfte es nie erfahren. Noch einmal würde er nicht solches Pech haben wie heute abend. Noch ein paar glückliche Monate, noch dieser und jener glückliche Coup, den er würde landen können, dann durfte er wieder ehrlich werden – er lachte bitter und heiser auf –, so ehrlich, wie ein Mann wie er überhaupt noch werden konnte.

Dann packte er weiter. Und seine Gedanken befaßten sich mit der nächsten Zukunft. Wohin würde er von Montreux aus gehen? Und was würde er mit seiner Tochter anfangen? In der Pension konnte sie wirklich nicht mehr bleiben. Ob er sie mit sich nehmen sollte auf seine – Beutezüge? Selbstverständlich durfte sie nichts ahnen von der Art seiner Geschäfte. Aber schön mußte es doch sein, ein liebes, geliebtes Wesen bei sich zu haben und nicht mehr so elend allein zu sein. Und ein Zusammenleben mit Dani – das konnte unmöglich teurer sein, als wenn der eine hier lebte und der andere dort. Und irgendwie mußte er sehen, in gute Gesellschaft zu kommen. – Ja, wenn Dani bei ihm war, war das unumgänglich nötig. Und auch, weil er Leute brauchte, die gut bei Kasse waren und die nicht gleich Zetermordio schrien, wenn sie einige Tausend Mark verloren hatten. Und – wenn er mit Dani reiste – hm –, das sah doch unverfänglicher aus, das würde ihm Vertrauen verschaffen – so als ehrsamer Familienvater, der nur zuweilen ein kleines Spielchen riskierte, nur zum Vergnügen . . .

Plötzlich stieg ihm das Blut zu Kopf. Schauderhaft, wie sehr er schon demoralisiert war, jetzt rechnete er gar mit seiner Tochter als Lockvogel für Gimpel, die er in seinem Netz fangen wollte.

Und er warf sich stöhnend in einen Sessel und kam doch nicht wieder los von diesem Gedanken, der ihn vor sich selber erröten ließ.

Dann wieder redete er sich ein, daß er vielleicht Danis Glück begründen könne, wenn sie in die große Welt mit ihm kam, wenn sie mit jungen Leuten zusammentreffen würde, die ihr vielleicht eine sichere Existenz bieten konnten. Herrgott, müßte das herrlich sein, seine Dani versorgt, für alle Zeit geborgen zu wissen! Er wollte schon vorsichtig sein, so ein Lapsus wie heute sollte ihm nicht noch einmal unterlaufen. Er hatte sich zu sicher gefühlt in der letzten Zeit, und heute, da nur Wolzow hinter seinem Sessel gestanden hatte, war er besonders sorglos gewesen. Das durfte eben nicht wieder vorkommen.

Ja, wenn Dani vielleicht eine gute Partie machen würde? Es war seine Pflicht, ihr die Möglichkeit dazu zu verschaffen, sie in die Welt zu führen. Ob sie sich gut entwickelt hatte in den fünf Jahren, da er sie nicht gesehen hatte?

Er nahm ihr Bild wieder in die Hände und sah forschend darauf. Ähnlichkeit mit ihrer Mutter war vorhanden, mit ihrer bezaubernd schönen Mutter. Aber ob sie sich wirklich zu einer Schönheit entwickelt hatte? Das hätte alles sehr erleichtern können. Ihre Mutter – ja, die hatte alle Welt bezaubert und doch nur ihn geliebt, ihn allein. Wie gut, daß sie seine Schmach nicht erlebt hatte. Ja, Dani sah der Mutter ähnlich. Sie hatte freilich nicht die samtbraunen Augen ihrer Mutter, die mit dem blonden Haar so wundervoll kontrastiert hatten. Die Augen hatte Dani von ihm. Aber – graue Augen zu blondem Haar, das gab einen aparten Kontrast. Nun, man mußte sehen, mußte abwarten. Aber es eilte ihm nun plötzlich sehr, seine Tochter wiederzusehen, ihm war, als habe er etwas versäumt.

Er legte ihr Bild mit in den Koffer hinein. Dann gab er telefonisch ein Telegramm an seine Tochter auf, das seine Ankunft meldete. Warum sollte sie nicht die Vorfreude auf sein Kommen haben?

Als seine Koffer gepackt waren, fühlte er sich todmüde. Die ganze Aufregung machte sich nun doch bemerkbar. Und mit dreiundfünfzig Jahren ist man nicht mehr so widerstandsfähig wie mit dreißig. Er begab sich zur Ruhe und schlief schnell ein, trotz allem, was hinter ihm lag.

Am nächsten Morgen wurde er zur Zeit geweckt und erhob sich schnell. Er kleidete sich an, ließ seine Koffer hinunterschaffen, frühstückte und fuhr zum Bahnhof. Und er wehrte den quälenden Gedanken, die sich immer wieder meldeten, wie Feinde, die ihn bedrohen wollten.

Pünktlich erreichte er den Zug. Und als Berlin hinter ihm lag, atmete er auf, wie von einer Last befreit. Er wollte nicht mehr daran denken, was in Berlin in jenem Klub geschehen war, den er nie wieder betreten würde.

II

Daniela von Winterfeld hatte sich an dem Morgen, da ihr Vater Berlin verließ, mit denselben traurigen Gedanken erhoben wie fast alle Tage. Sie sehnte sich nach ihrem Vater! War er doch der einzige Mensch, den sie auf dieser Welt ihr eigen nannte. Weder von ihres Vaters noch von ihrer Mutter Seite her besaß sie Verwandte. Sie hatte das wenigstens immer geglaubt, hatte ganz vergessen, daß ihre Mutter ihr einmal von einer Schwester erzählt hatte, die von ihrer Familie verstoßen worden war, weil sie gegen den Willen ihrer Familie einen einfachen bürgerlichen Bankbeamten geheiratet hatte und mit ihm in die Welt hinausgezogen war. Ihre Mutter hatte zu ihrem Leidwesen nie mehr etwas von ihrer sehr geliebten Schwester gehört. Man hatte ihr jede Verbindung mit dieser unmöglich gemacht, und sie war damals erst zwölf Jahre alt gewesen und somit unfähig, sich dagegen aufzulehnen, daß man die Schwester in Acht und Bann tat. Eltern hatten die beiden jungen Freiinnen von Letzerode nicht mehr gehabt. Sie waren bei einem Onkel erzogen worden, der sie aus Gnade und Barmherzigkeit in seinem Haus aufgenommen hatte. Danielas Mutter war in ihres Onkels Haus nicht auf Rosen gebettet gewesen, und sie hatte es darum wohl zu begreifen vermocht, daß die Schwester lieber mit einem geliebten Mann in die Welt hinauszog, als länger ein hartes Gnadenbrot zu essen. Im Lauf der Zeit war das Andenken an ihre ältere Schwester Ursula verblaßt, da sie nie mehr etwas von ihr hörte. Sabine von Letzerode, Danielas Mutter, hatte dann, kaum neunzehn Jahre alt, die Bewerbung Horst von Winterfelds angenommen, den sie schwärmerisch liebte. Diese Verbindung hatte die Billigung der Familie ihres Onkels.

In ihrem Glück hatte Sabine nicht oft an ihre Schwester gedacht, nur zuweilen flogen ihre Gedanken fragend in die Ferne, wo die verschollene Schwester wohl weilen möge. Und in einer solchen Anwandlung hatte sie einmal zu ihrem Kind von dieser Schwester gesprochen. Doch Daniela hatte das bald vergessen und glaubte daher, daß sie außer ihrem Vater niemand mehr besäße, der durch Bande des Blutes zu ihr gehörte.

Sie fühlte sich in der Pension längst nicht mehr wohl. Alle ihre Mitschülerinnen hatten wiederholt gewechselt, nur sie war immer zurückgeblieben. Kein Weihnachtsfest hatte sie nach Haus gerufen – sie besaß überhaupt kein Zuhause, war heimatlos wie der Vater, der in der Welt umherirrte, um wieder festen Boden unter die Füße zu bekommen. Sie wußte, daß der Vater nach dem Verlust seines Gutes schwer zu kämpfen hatte. Und über ihre Jahre hinaus gereift, wie sie war, hatte sie sich um ihn gesorgt. Blieb einmal das Pensionsgeld aus, was zuweilen vorgekommen war, dann litt sie große Qualen, weil sie wußte, es ging ihm schlecht. Und weil die Pensionsvorsteherin dann immer eine vorwurfsvolle Miene aufsetzte, wenn sie mit ihr sprach. Kam dann das Geld, wurde sie wieder freundlich. Aber Daniela blieb in Unruhe, bis das nächste Geld wieder pünktlich eintraf.

Als sie älter wurde, fing sie an, darüber nachzudenken, wie sie wohl dem geliebten, angeschwärmten Vater die Sorge erleichtern könne. Sie dachte daran, sich eine Stellung zu suchen. Das war aber nicht so einfach. Auf ein heimlich aufgegebenes Inserat bekam sie keine einzige Offerte. Das bedrückte sie sehr. Geld zu einem weiteren Inserat besaß sie damals nicht. Da erwog sie den Gedanken, Madame Boilieu, die Pensionsvorsteherin, zu fragen, ob sie nicht als Sprachlehrerin im Pensionat angestellt werden könnte. Sie besaß ein eminentes Sprachtalent, beherrschte Englisch und Französisch perfekt und Spanisch und Italienisch teilweise. Sie traute sich zu, eine gute Sprachlehrerin zu werden. Aber es dauerte lange, ehe sie den endgültigen Beschluß faßte, der würdigen Pensionsmutter ein derartiges Anerbieten zu machen.

Bevor sie ihn ausführte, traf ein Brief von ihrem Vater ein mit der Meldung, daß es ihm jetzt besser gehe, daß er die Pension für sie schon immer im voraus für einige Monate bezahlen würde und daß er ihr einen Scheck schicken würde über einen Betrag, der ihr horrend erschien, damit sie sich hübsche, elegante Kleider und Toilettengegenstände kaufen könne.

Daniela war glückselig. Nicht so sehr über den vielverheißenden Scheck, wenn sie sich auch freute, schöne Kleider anschaffen zu können, als vielmehr über die Nachricht, daß es ihrem Vater wieder bessergehe. Von dieser Zeit an brauchte sie nie mehr in Sorge zu sein, ob das Pensionsgeld pünktlich eintreffen würde, es war schon immer im voraus bezahlt, und Madame Boilieu war die Liebenswürdigkeit selbst. Sie begleitete Daniela bei ihren Einkäufen, schon um die Provision einstreichen zu können, die ihr die Modistinnen bezahlten, wenn sie Käuferinnen brachte. Sie war für Daniela allerdings eine sehr erfahrene Beraterin, so daß deren Geschmack sich schnell entwickelte und sie bald ganz genau wußte, was sie tragen mußte, um ihre Vorzüge ins rechte Licht zu rücken. Dabei erzählte Madame Boilieu Daniela so oft, daß sie eine sehr schöne junge Dame sei, daß diese, obwohl sie an sich keineswegs eitel war, es schließlich selber glaubte. Sie freute sich auch darüber, weil sie sich sagte, ihr Vater würde sie sicher lieber haben, wenn sie schön sein würde, als wenn das Gegenteil der Fall wäre.

Aber wenn nun auch die schwerste Sorge von ihr genommen war, blieb sie doch traurig, weil sie noch immer von ihrem Vater getrennt leben mußte und ihn so lange nicht wiedergesehen hatte.

Sie hatte soeben ihre Morgentoilette beendet und stand in einem reizenden Kleid aus steingrünem, weichem Wollstoff vor dem Spiegel, um einen Spitzenkragen am Halsausschnitt zu befestigen, als ihr ein Telegramm gebracht wurde. Es war das von ihrem Vater am Abend vorher im Berlin aufgegebene. Als sie es gelesen hatte, wurde sie vor Erregung ganz bleich. Der Vater wollte kommen, heute morgen würde er in Berlin abreisen. Morgen früh würde er in Montreux eintreffen. Es erschien ihr ganz unglaublich, daß jetzt endlich ihre Sehnsucht gestillt werden sollte. Sie konnte es nicht gleich fassen, und so sank sie, wie aller Kraft beraubt, in einen Sessel und preßte das verheißungsvolle Telegramm an ihre Brust.

»Papa, lieber, lieber Papa – ist es kein Traum –, ich soll dich endlich wiedersehen!« stammelte sie, überwältigt von Freude.

Dann sprang sie empor und lief aus dem Zimmer, die Treppe hinab und in das Wohnzimmer Madame Boilieus. Aufgeregt verkündete sie dieser, daß ihr Vater seine Ankunft für morgen früh angemeldet habe, und Madame zeigte ihr freundlichstes Lächeln und legte ebenfalls große Freude an den Tag.

»Das ist eine freudige Nachricht für Sie, liebe Daniela! Sehen Sie wohl, so lange haben Sie sich nach diesem Wiedersehen gesehnt, nun kommt es doch noch überraschend.«

»Ich wage es noch gar nicht zu glauben! Bedenken Sie doch, seit reichlich fünf Jahren habe ich meinen geliebten Vater nicht mehr gesehen. Der Gedanke, daß es nun endlich wieder geschehen soll, ist so wundervoll, daß ich ihn noch gar nicht fassen kann.«

Sie machte ihrem übervollen Herzen noch eine Weile in Worten Luft und begab sich dann erst zum Frühstückszimmer, wo sie als letzte eintraf. Die Pensionärinnen saßen schon alle um die lange Tafel herum.

Daniela nahm eine gewisse Sonderstellung im Pensionat ein, da sie in keinem Lernverhältnis mehr stand, sondern nur noch italienischen und spanischen Sprachunterricht durch eine junge Lehrerin bekam, die auch diese beiden Sprachen beherrschte und froh war, nicht aus der Übung zu kommen. Mit dieser jungen Lehrerin stand Daniela in einer Art Freundschaftsverhältnis, und an diese wandte sie sich nun:

»Ich komme etwas zu spät und bitte um Entschuldigung, aber ich bekam ein Telegramm von meinem Vater, daß er morgen früh hier eintreffen wird.«

Die junge Lehrerin faßte ihre Hand und drückte sie.

»Da sind Sie sicherlich sehr glücklich, Daniela?«

»Ach, liebes Fräulein Herma, das können Sie mir nachfühlen, nicht wahr? Sie wissen doch, wie sehr ich mich nach einem Wiedersehen mit meinem Vater gesehnt habe.«

»Ich weiß! Und wahrscheinlich wird er Sie nun von hier fortholen?«

Daniela durchzuckte ein freudiger Schreck. Mit großen Augen sah sie die junge Lehrerin an.

»Glauben Sie? Mein Gott, wenn Papa mich wirklich für immer mit sich nehmen würde – das ist gar nicht auszudenken.«

»Ich nehme es doch an, Daniela – Sie sind dem Pensionsleben ja längst entwachsen.«

Dieser Gedanke beschäftigte Daniela sehr. Sie ließ sich am Frühstückstisch nieder, nachdem sie die Pensionärinnen begrüßt hatte. Sie wußte wirklich nicht, was sie tat, ganz mechanisch bediente sie sich und schluckte trotz aller Aufregung tapfer hinunter, was sie auf dem Teller hatte. Aber ihr war, als quelle ihr jeder Bissen im Mund. Das Herz schlug ihr bis zum Hals.

Die Stunden dieses Tages erschienen ihr endlos lang. Jetzt, da sie nur noch eine kurze Frist von dem Wiedersehen mit ihrem

Vater trennte, erschien ihr diese fast länger als alle vergangenen Jahre. Wie im Traum ging sie umher. Immer wieder fragte sie sich, ob der Vater sie wirklich fortholen würde, ob sie nun immer bei ihm bleiben dürfe. Das erschien ihr viel zu schön und zu herrlich, als daß sie daran zu glauben wagte.

Aber wenn sie der Vater mit sich nahm, wohin würde sie dann mit ihm gehen? Nach Berlin? Dort hatte der Vater im letzten halben Jahr gewohnt. Zuvor war er nie lange an einer Stelle seßhaft gewesen. Der Lebenskampf hatte ihn hin und her gewirbelt. Ehe er nach Berlin ging, hatte sie Nachricht von ihm aus verschiedenen Modebädern erhalten, wo er sich aber immer nur kurze Zeit aufgehalten hatte. Vorher aber war er einige Zeit in Breslau, einige Zeit in Wien und monatelang in Dresden gewesen. In diesen Städten, das wußte sie, hatte er als Versicherungsagent gearbeitet. Aber da war es ihm immer sehr schlecht ergangen, und es hatte auch immer mit dem Bezahlen des Pensionsgeldes gehapert. Seit er sich aber in den verschiedenen Modebädern aufgehalten hatte, war es besser, und in Berlin mußte er wohl eine sehr einträgliche Stellung gefunden haben. Aber sie ahnte nicht, welcher Art diese gewesen sein mochte. Er hatte nur unklare Andeutungen gemacht.

Das alles beschäftigte sie sehr. War ihr Vater jetzt vielleicht in der Lage, wieder einen festen Wohnsitz zu haben? Würde sie bei ihm sein können, wieder eine Heimat haben dürfen?

Ach wenn doch erst dieser Tag und die nächste Nacht zu Ende sein würden! Aber auch dieser Tag verging, und erwartungsvoll begab sie sich zur Ruhe, nachdem sie lange hin und her überlegt hatte, welches Kleid sie morgen früh tragen sollte, um dem Vater recht gut zu gefallen.

Sie konnte lange nicht einschlafen, schlief dann aber so fest, daß sie, als man sie weckte, ganz benommen war. Aber dann dachte sie an ihren Vater und war mit einem Satz aus dem Bett. Schnell machte sie sich fertig. Die gymnastischen Übungen, die sie sich jeden Morgen vornahm, wurden heute sehr flüchtig ausgeführt, aber große Sorgfalt verwandte sie auf ihre Toilette. Und sie konnte, als sie fertig war, mit sich zufrieden sein.

Der Vater hatte ausdrücklich depeschiert: Erwarte mich im

Pensionat. – Sonst wäre sie zum Bahnhof gegangen, um ihn noch einige Minuten früher sehen zu können. So wartete sie gehorsam, aber mit klopfendem Herzen, hinter den Scheibengardinen ihres Fensters verborgen, auf sein Kommen. Endlich sah sie seine hohe Gestalt durch den kleinen Vorgarten kommen. Ihr war, als setze ihr Herzschlag aus. Es war ihr nicht möglich, ruhig zu warten, bis sie ins Sprechzimmer gerufen wurde, sie sprang auf und eilte die Treppe hinab. Gerade als das Hausmädchen ihren Vater empfangen wollte, kam sie unten an, und zitternd und bebend vor Wiedersehensfreude lief sie auf ihn zu und warf sich aufschluchzend in seine Arme.

»Papa! Mein einzig lieber Papa!« rief sie tief erschüttert.

Er zog sie fest an sich, selber bis ins tiefste Herz bewegt, und küßte sie auf Mund und Stirn.

»Meine Dani – meine liebe Dani, hab' ich dich wieder?«

Sie sah zu ihm empor, und fast erschrocken sah er in ihr schönes Gesicht. Vater im Himmel, wie wunderbar hatte sich sein Kind in diesen Jahren entwickelt! Sie hatte ganz das schöne Gesicht ihrer Mutter, besaß den gleichen Liebreiz wie jene. Nur die Augen – das waren seine Augen, aber wie herrlich leuchteten diese lichten grauen Sterne aus dem bezaubernd schönen Gesicht seiner Tochter.

Er hielt sie von sich ab und staunte sie an, bis ins Herz getroffen.

»Dani? Mein Gott, Dani – du bist ja nicht mehr meine kleine Dani, du bist eine große schöne Dame geworden«, stammelte er überwältigt.

Ein freudiges Rot, das sie noch verschönte, überzog ihr Gesicht.

»Wenn ich dir nur gefalle, Papa, lieber Papa!«

Jetzt wurden sie erst einmal durch Madame Boilieu gestört, die Herrn von Winterfeld begrüßte und Daniela wegen ihrer Ungeduld scherzend ein wenig auszankte. Aber sie besaß wenigstens so viel Verständnis, daß sie Vater und Tochter in dem Sprechzimmer des Pensionats dann allein ließ.

Noch während sie mit Herrn von Winterfeld einige Worte wechselte, hatte dieser unentwegt seine staunenden Augen auf seiner Tochter ruhen lassen, und das Herz ging ihm auf, erstens, weil Daniela ihrer Mutter so fabelhaft ähnlich sah, und zweitens, weil sie den bezaubernden Liebreiz ihrer Mutter noch bei weitem übertraf.

Als er dann mit ihr allein war, zog er sie wieder in seine Arme.

»Dani, ich kann wahrhaftig ein stolzer Vater sein. Du hast dich wunderbar entwickelt in den Jahren, da ich dir fernbleiben mußte. Wenn du wüßtest, wie es in meinem Herzen aussieht, mein Kind! So sehr gleichst du deiner lieben, verstorbenen Mutter; in all ihrem holden Liebreiz ist sie mir in dir neu erstanden. Ich fasse es kaum!«

Und er drückte ihr Köpfchen zärtlich an sich. Aber es schmerzte ihn das Bewußtsein, daß er diesem Kind keine sichere Zukunft zu bieten vermochte, weil er sie mit hineinreißen mußte in den heißen, quälenden Lebenskampf und – weil er ihr keinen ehrlichen Namen mitbringen konnte.

Dani aber war restlos glücklich, weil der Vater sie liebevoll an seinem Herzen hielt, weil sie ihm gefiel und weil sie ihn an die Mutter erinnerte. Sie wußte, wie sehr er seine Frau geliebt hatte, und sie erinnerte sich noch sehr wohl der Stunde, da der Vater fassungslos über der toten Mutter zusammengebrochen war. Zehn Jahre alt war sie damals erst gewesen, aber sie hatte seinen Schmerz verstehen können, denn auch sie hatte die Mutter innig und zärtlich geliebt.

Sie schob diese Erinnerung jetzt von sich, denn sie wollte in dieser Stunde nur das Glück empfinden, den Vater wieder zu haben. Und als sie sich etwas gefaßt hatte, fragte sie zaghaft, die stolze und vornehme Gestalt ihres Vaters mit leuchtenden, schwärmerischen Augen betrachtend:

»Jetzt sag mir nur erst eins, lieber, lieber Papa, werde ich mich wieder von dir trennen müssen, oder darf ich von jetzt an bei dir bleiben?«

Er sah sie mit brennenden Augen an. Mit einer Begleiterin wie Daniela würde er leichtes Spiel haben, sich alle Gesellschaftskreise zu erschließen, in denen er »lohnende Arbeit« zu finden vermochte. Er verdammte sich selbst wegen dieses Gedankens, daß er seine schöne Tochter als Lockvogel benutzen wollte, sagte sich dann aber ergeben: Was hilft es? Ich kann nicht anders!

Er beschloß, daß Daniela selbst entscheiden sollte. In ihre Hände wollte er die Entscheidung legen – aber er wußte im voraus, wie diese Entscheidung ausfallen würde.

»Mein liebes Kind, darüber sollst du selbst entscheiden.«

»Oh, Papa, dann trenne ich mich nie mehr von dir.«

Er zog sie neben sich auf den Diwan.

»Warte erst, Dani, höre mich erst an. Es ist mir vorläufig unmöglich, uns ein festes Heim zu gründen. Meine Geschäfte führen mich ruhelos hin und her. Ich muß in der Hauptsache in Hotels leben, entweder in großen Städten oder in mondänen Badeorten. Nie weiß ich, wie lange ich bleiben kann, ich muß zuweilen schnell mein Domizil wechseln, wenn meine Geschäfte es erfordern. Zumeist würdest du in meiner Gesellschaft in vornehmen Hotels logieren, manchmal aber auch in bescheidenen Pensionen, ganz wie es die Verhältnisse gerade mit sich bringen. Ich betreibe eine Agentur, die mich zwingt, soviel wie möglich in vornehmer Gesellschaft zu leben, ich muß meine Geschäfte diskret abwickeln, muß den wahren Grund meiner Bemühung, mit reichen Leuten in Verbindung zu treten, unter einem gewissen Grandseigneurtum verbergen. Man darf mir also nicht gleich anmerken, daß ich mit diesen Leuten Geschäfte entrieren will, sondern man muß glauben, daß sich das ganz zwanglos und zufällig ergibt. Du würdest also in meiner Gesellschaft scheinbar das Leben einer großen Dame führen müssen und würdest doch nichts sein – als ein armes Mädel. Verstehst du das alles, meine Dani, und würdest du dieses Leben mit mir teilen wollen?«

Sie hatte ihm aufmerksam zugehört und schmiegte sich an ihn.

»Ich verstehe nicht viel von dem, was du mir sagst, lieber Papa, aber ich werde mich in allen Dingen streng nach deinen Wünschen und Vorschriften richten. Und es kann doch gar nicht schwer sein, das Leben einer großen Dame zu führen, wenn auch nur dem Schein nach. Ich werde dabei nie vergessen, daß ich nur die Tochter meines armen Vaters bin. Und ich werde mich bei allem doch so sparsam wie möglich einrichten, daß du meinetwegen nicht zu viele Ausgaben hast. Nur laß mich endlich wieder bei dir bleiben. Ich kann die Trennung von dir nicht länger ertragen. Die Welt ist kalt und leer ohne dich. Bitte, nimm mich mit dir, lieber guter Papa, ich werde dir gewiß keine Umstände und keinen Ärger machen und alles tun, was du von mir verlangst.«

Er zog sie wieder an sich, und seine Augen schweiften über sie hinweg ins Leere. Er sah sich im Geist wieder als ertappter Falschspieler in dem Berliner Klub stehen. Und seine schuldlose Tochter sollte nun mit ihm sein abenteuerliches Leben teilen? Alles setzte sich plötzlich in ihm zur Wehr gegen diesen Gedanken. Ihm war, als müsse er fliehen und Daniela zurücklassen in der sicheren Hut dieses Hauses, müsse sein Leben für immer von dem ihren scheiden – aber die flehenden Augen seines Kindes hinderten ihn, das auszusprechen. Mochte der liebe Gott ihm helfen, nicht seinetwegen, nur Danis wegen, daß er sie nicht mit sich ins Verderben reißen würde. Nur einige wenige Jahre »mit Erfolg arbeiten«, dann konnte er ein ehrliches Leben beginnen. Und Dani sollte nie merken, was für ein Gewerbe er betrieben hatte. Sie mochte an das Märchen von irgendeiner geheimnisvollen Agentur glauben. Er würde sie seinem Treiben so fern wie möglich halten. Nie sollte sie einen Spielsaal betreten, in dem er spielte. Sie sollte rein und schuldlos bleiben, und um ihrer Unschuld willen würde sich das Geschick erbarmen und ihm helfen. Er war ein Ehrloser – ja –, aber er war es nicht aus Lust am Bösen geworden, sondern von der schweren Not getrieben. Gott würde barmherzig sein – um seines schuldlosen Kindes willen.

Er richtete sich auf und streichelte über ihr schimmerndes Haar, das zuweilen wie ein sattes Blond und dann wieder wie flimmerndes Goldbraun wirkte.

»Also gut, mein Kind, wenn du dieses unruhevolle Leben auf dich nehmen willst, werde ich dich mit mir nehmen.«

Sie jauchzte auf und hing glückstrahlend an seinem Hals. Gerührt sah er in ihre strahlenden Augen.

»Wenn es dir nur nicht eines Tages leid wird, meine Dani?«

»Ach Papa, dieser Tag wird nie kommen! Immer werde ich froh sein, bei dir sein zu können, ganz gleich, wohin du mich führst. Gar zu herrlich ist für mich der Gedanke, dieses Haus verlassen zu können. Ich weiß, es klingt undankbar, aber ich habe mich so schmerzlich hinausgesehnt – nach dir, nach dir, mein geliebter Papa! Sag, wann wollen wir abreisen? Und wohin?«

Er sah nachdenklich vor sich hin.

»Ich – ich erwarte erst noch eine Nachricht, danach wird es sich richten, wohin wir gehen. Ich suche jetzt erst einmal das Hotel ›Kontinental‹ auf, wo ich früher immer gewohnt habe. Dort speisen wir heute mittag zusammen. Um ein Uhr erwarte ich dich dort.«

Sie nickte erregt und froh. Er sah sie lächelnd an.

»Wir müssen mit Madame Boilieu besprechen, was du noch brauchen wirst, um in großer Gesellschaft auftreten zu können.«

»Oh, ich bin dank deinem hohen Scheck sehr gut ausgestattet, ich werde höchstens noch ein oder zwei große Abendkleider brauchen. Die bekommen wir nicht allzu teuer bei einer Madame bekannten Modistin. Weißt du, du kannst gleich mit hinauf in mein Zimmer kommen. Das ist inzwischen sicher aufgeräumt. Ich zeige dir all meine schönen Kleider, dann wirst du selbst sehen, es fehlt nicht viel. Nur für ganz große Gelegenheiten, da habe ich nicht vorgesorgt. Aber ich habe auch noch fast achthundert Mark von dem Scheck übrig, dafür kann ich mir noch zwei elegante Abendkleider anschaffen.«

Das hörte er gerne. Er ging also mit in ihr Zimmer hinauf und überzeugte sich, daß Dani wirklich versorgt war, sie hatte gut und preiswert eingekauft, trotz Madames Provision. Dann verabschiedete er sich. Er mußte nun erst einmal in Ruhe über die nächste Zukunft nachdenken, nun, da es feststand, daß Dani ihn begleiten sollte.

Liebevoll verabschiedete er sich von seiner Tochter und dann von Madame, die er artig um Urlaub für Dani bat, nachdem er ihr mitgeteilt hatte, daß seine Tochter ihn in den nächsten Tagen begleiten würde.

Madame sagte liebenswürdig, daß Dani selbstverständlich Urlaub habe, und bedauerte ganz aufrichtig, daß sie ihren langjährigen Zögling nun verlieren würde.

»Es kommt uns nun doch ein wenig unerwartet, Herr von Winterfeld, wir alle haben Daniela sehr liebgewonnen«, sagte sie.

Horst von Winterfeld begab sich in das Hotel, wohin er seine Reisehandtasche schon geschickt hatte. Seine großen Koffer ließ er auf dem Bahnhof lagern, denn er wußte tatsächlich noch nicht, wohin er nun seine Schritte lenken sollte. Nachricht erwartete er selbstverständlich von nirgendwoher und von niemandem, aber er mußte erst einmal darüber nachdenken, was nun geschehen solle. Vor allen Dingen mußte er eine peinlich genaue Berechnung aufstellen, mußte bedenken, wie lange seine Barschaft ausreichen würde, um irgendwo das Leben eines begüterten Mannes vorzutäuschen, der sich mit seiner Tochter eben nur auf einer Vergnügungs- oder Erholungsreise befand. Das Günstigste, so sagte er sich, wäre es, irgendeinen Ort aufzusuchen, wo die große Welt vertreten war und wo er sicher sein konnte, sich an gewinnbringendem Spiel beteiligen zu können. Daß er im Grunde keine Spielernatur war und nur die Not ihn immer wieder an den Spieltisch trieb, kam ihm zustatten, weil es ihn vor der Spielleidenschaft bewahrte und es ihm ermöglichte, immer klaren Kopf zu behalten. Kühl und ruhig mußte er die Chancen für sich wägen. Und jetzt tat Vorsicht und Besonnenheit doppelt not, denn jetzt würde Dani bei ihm sein. Sie durfte einfach nicht in die Gefahr kommen, daß ihr Vater wieder als Falschspieler entlarvt wurde.

Also wohin?

Er stand an dem Balkonfenster seines Zimmers. Der Genfer See lag vor ihm in seiner ganzen Ausdehnung. Drüben, jenseits des Sees, grüßte der Dent du Midi mit seinem weißen Schneegipfel herüber. Auch die niedrigen Berge waren noch ganz in

Weiß gehüllt. Es war Ende Januar. Der Wintersport blühte allerorten. Die Wintersportler aber waren abends müde und gingen zeitig schlafen. Für das Spiel war da selten jemand zu haben. Um diese Zeit blühte das Spiel nur in den Großstädten. Aber – bald begann die Saison an der Riviera. Er blickte lebhaft auf. Ja, an der Riviera wartete jetzt vielleicht das Glück auf ihn. Es war das klügste, wenn er gleich mit Dani an die Riviera ging. Vielleicht erst einmal in San Remo leben, damit Dani dort zunächst Fühlung mit der großen Welt bekam. In San Remo konnte man sich auch einrichten, und er konnte zuweilen nach Nizza hinüberfahren und sich da ohne Dani umsehen und Spielgelegenheiten auskundschaften. Oder in Monte Carlo? Und zur Hochsaison mußte man dann einen großen Coup wagen, mußte für einige Zeit in einem eleganten, großen Hotel leben – ja, ein ganzes Appartement mußte er mieten, damit er Gäste zu sich einladen konnte. Dani mußte repräsentieren. Ihre Schönheit würde Aufsehen erregen, würde es ihm erleichtern, gewinnbringende Bekanntschaften zu machen. Und – vielleicht fand sich Gelegenheit für sie, eine große Partie zu machen. Herrgott, wenn das sein könnte! Dann war der Aufwand auch für sie von Vorteil. Es mußte gewagt werden. Und vielleicht war Monte Carlo der rechte Ort. Dahin kamen Leute, die spielwütig waren, die man leicht zu hohem Spiel verleiten konnte. Schließlich war es doch gleich, ob die Bank oder er den Profit schluckte, denn daß gewöhnlich die Bank gewann, war doch bekannt. Kurze Zeit war er schon einmal in Monte gewesen – dort hatte er angefangen zu spielen, auf seine Art. Selbstverständlich nicht im Kasino, da wäre es zu gewagt gewesen, da sahen sie einem genau auf die Finger. Aber es gab dort allerlei Gelegenheit zu einem intimen Spiel – um bedeutende Einsätze. Diese Gelegenheiten mußte er ausnutzen. Da gab es hohen Gewinn. Das mußte auch sein, denn das Leben im großen Stil, das er mit Dani führen wollte, um den Leuten Sand in die Augen zu streuen, würde Geld kosten. Seine zehntausend Mark mußte er erst einmal in dieses Geschäft stecken. Dani mußte einige ganz große und elegante Garderoben haben. Schmuck war gottlob nicht nötig. Junge Damen sind nicht verpflichtet, in Gesellschaft Schmuck zu tragen, das gehörte nicht einmal zum guten Ton. Das war ihm sehr lieb. Eine der modernen Perlenschnüre konnte sie tragen, da es modern war, imitierte Perlen zu tragen und die echten im Safe ruhen zu lassen. Den Eindruck mußte Dani erwecken – daß die echten Perlen im Safe ruhten. Und den würde sie erwecken. Sie hatte etwas Rassiges, Vornehmes, Apartes in ihrer Erscheinung, sie würde wirken, ganz groß, das wußte er. Er kannte die Welt. Also auf zur Riviera!

Wenn er auch keine Spielernatur war, so hatte ihn doch schon der Spieleraberglaube gepackt. Er warf eine Silbermünze auf den kleinen Tisch am Fenster. Trug sie eine gerade Jahreszahl, dann wollte er mit Dani an die Riviera gehen, das sollte ihm ein Zeichen sein, daß ihm dort das Glück günstig sein würde, daß vor allen Dingen Dani ihr Glück dort finden würde.

Und die Münze hatte eine gerade Jahreszahl. Er steckte sie mit einem tiefen Atemzug ein.

Glück für mein Kind! Hilf, gütiges Geschick, alles andere soll Nebensache sein. So dachte er. Danis Glück schien ihm tatsächlich das Wichtigste, aber er dachte nicht daran, es auf ehrliche Art zu zwingen, dies Glück, weil er sich eben schon zuviel umsonst auf ehrliche Art bemüht hatte.

Es war Zeit, sich zum Lunch zurechtzumachen, Dani würde bald hier sein. Wunderschön würde sie aussehen. Sie hatte viel Geschmack bewiesen bei der Auswahl ihrer Kleider. Man würde sie überall bewundern.

Und Dani sah wirklich bildschön, sah geradezu bezaubernd aus, als sie ihm gegenüber im Speisesaal an einem kleinen Tisch am Fenster saß. Ihr blütenfrischer Teint vertrug das helle, scharfe Tageslicht, und ihre Augen leuchteten so glückselig in die des Vaters, daß es in seinem Herzen zugleich jauchzte und weinte. Bei Gott, stolz konnte er auf diese Tochter sein, aber – sie konnte nicht stolz auf ihren Vater sein. Dazu hatte er ihr das Recht genommen. Und das quälte ihn namenlos. Zum Glück ahnte sie es nicht, und sie sollte es niemals ahnen. Darauf sollte all sein Sinnen und Denken gerichtet sein.

Sie fragte ihn erwartungsvoll, ob er die erwartete Nachricht schon erhalten habe.

»Ja, Dani, sie war schon eingetroffen, als ich ins Hotel kam. Und ich kann dir nun sagen, wohin wir zuerst gehen werden.«

Lebhaft sah sie zu ihm hinüber.

»Überall, wo ich bei dir sein kann, wird es schön für mich sein, Papa!«

»Also, wir gehen an die Riviera, Dani!«

Sie staunte glückselig.

»Ach, das ist doch zu viel des Glückes auf einmal. An die Riviera? Dort soll es wundervoll sein.«

»Nun, du wirst dir bald selbst ein Urteil darüber bilden können. Zuerst gehen wir auf einige Wochen nach San Remo, später, wenn die Saison in voller Blüte steht, gehen wir für einige Wochen nach Monte Carlo. In San Remo werden wir uns etwas bescheiden einrichten, aber in Monte Carlo müssen wir dann ganz in der großen Welt leben, müssen in einem der ersten Hotels wohnen.«

Sie atmete rasch.

»Wird das nicht sehr teuer sein, Papa?«

Er lachte ein wenig.

»Das kommt auf das Konto Geschäftsspesen, Dani, die muß mein Unternehmen tragen.«

»Bist du in einer festen Position, Papa?«

»Das kommt auf meine geschäftlichen Erfolge an. Je größer die sind, desto fester wird meine Position sein. Ich, ja – ich habe mich schon gut eingearbeitet und hoffe auch an der Riviera guten Erfolg zu haben. In San Remo wirst du zuweilen einen Nachmittag und Abend allein sein müssen, weil ich mich in Nizza und Monte umsehen muß, wo ich die besten Beziehungen anknüpfen kann. Ist das geschehen, dann gehen wir nach Monte.«

Sie fragte noch viel und wollte dies und das wissen, und er gab ihr Auskunft, so unverfänglich, wie es möglich war. Keine Ahnung kam ihr, daß die Position ihres Vaters auf Lug und Trug aufgebaut sei.

»Nein, nein, deshalb beunruhige dich nicht, das bringt es schon wieder ein, und – hier in der Pension hast du ja auch nicht umsonst gelebt, das sparen wir hinfort.«

Ach, Dani war so weltunerfahren! Was wußte sie von den Kosten, die ein wochenlanger Aufenthalt in einem erstklassigen Hotel verursachen würde?

Er brachte sie auf andere Themen, plauderte über alles mögliche mit ihr und staunte über ihre Klugheit, über ihr umfassendes Wissen. Ihr elegantes Französisch entzückte ihn. Er plauderte eine Weile in dieser Sprache mit ihr. Dann begann er englisch zu sprechen. Da war ihm Dani noch über. Und in Literatur war sie besser orientiert als er, sie hatte ihre Lektüre stets sehr sorgfältig gewählt und die Meisterwerke der verschiedenen Sprachen im Originaltext gelesen. Seine Augen strahlten sie an.

»Du wirst Furore machen in der Gesellschaft, Dani, denn du bist nicht nur schön und reizend, sondern auch geistvoll und klug und verfügst über einen Scharm, der noch viel wertvoller ist als all diese Vorzüge. Ich freue mich darüber, du wirst mir helfen, gute Beziehungen anzuknüpfen und zu pflegen.«

Sie war rot geworden und sah in ihrer Verschämtheit noch viel entzückender aus.

»Du beschämst mich, Papa. Ich bin mir all dieser Vorzüge nicht bewußt, und du darfst mich nicht eitel machen.«

»Um Gottes willen, eitel darfst du nicht werden, denn das merke dir, mein Kind, Eitelkeit macht alle Vorzüge einer Frau zunichte. Eine kluge Frau wird nie eitel sein. Du darfst dir wohl deiner Vorzüge bewußt sein, denn die Vorzüge einer Frau sind ihre Waffen. Aber nie darfst du dir etwas darauf einbilden, das tun nur dumme Frauen.«

Sie lachte harmlos.

»Zu den dummen Frauen möchte ich schon deshalb nicht gehören, weil ich meinem klugen Vater dann nicht gefallen würde.«

Er streichelte ihre Hand.

»Mir gefällst du nur zu gut«, sagte er lächelnd.

»Oh, allen Vätern gefallen ihre Töchter, auch wenn sie andern nicht gefallen. Das habe ich oft bemerkt, wenn meine Mitpensionärinnen von ihren Vätern besucht wurden.«

»Und die Mütter?« fragte er.

»Oh, die Mütter sind allerdings noch mehr von den Vorzügen ihrer Töchter überzeugt, aber sie lassen sich das nicht so leicht anmerken.«

»Du hast also gelernt, Beobachtungen zu machen?«

»Wenn man mir dazu Gelegenheit gab, ja.«

So plauderten sie weiter, und es fehlte ihnen nicht an Gesprächsstoff. Mußten doch Jahre überbrückt werden. Aber sie fühlten beide mit innigster Freude, daß sie sich näherkamen, daß, als die Mahlzeit beendet war, nicht die leiseste Fremdheit mehr zwischen ihnen bestand.

Am Nachmittag fuhren sie nach Caux hinauf und nahmen im Palasthotel den Tee ein. Da konnte Horst von Winterfeld schon konstatieren, daß Dani alle Blicke magnetisch anzog. Ihre elegante, schlanke Erscheinung, ihr schönes, reizvolles Gesicht, ihre graziösen Bewegungen und das undefinierbare Etwas, das aus Vornehmheit, Anmut und guter Erziehung zusammengesetzt ist und die Dame ausmacht, bezauberte alle Menschen, denen sie begegnete.

Er konnte zufrieden sein. In Danis Gesellschaft würde ihn niemand mit zweifelnden Augen anzusehen wagen. Das sagte er sich, obwohl er sich vor sich selber schämte.

Er brachte Dani ins Pensionat zurück. Sie hatten miteinander ausgemacht, am Sonnabend von Montreux abzureisen, direkt nach San Remo. Am nächsten Tag wollten sie noch einige Kleider für Dani aussuchen. Der Vater wollte seine Tochter begleiten und ihr wählen helfen. Dani freute sich sehr, daß der Vater ein so großes Interesse an ihrer Ausstattung hatte, und ahnte nicht, wie wichtig es ihm war, daß sie einen vornehmen, eleganten Eindruck machte.

III

Ronald Norden hatte die peinliche Szene im Spielsaal des Klubs lange nicht vergessen können. Immer wieder sah er Horst von Winterfelds erstorbenes Gesicht vor seinem geistigen Auge. Dieses kleine Erlebnis hatte ihn so tief berührt, daß er in den nächsten Wochen kaum Lust hatte, in Gesellschaft zu gehen. Aber dann gab sein Vater eine letzte große Wintergesellschaft, und daran mußte er teilnehmen.

Als dieses Fest beschlossene Sache war, sagte sein Vater zu ihm:

»Du könntest zu Tante Herta gehen und sie bitten, an diesem Abend wieder ein wenig in unserm Haus zu repräsentieren. Frau Limbach, unsere Hausdame, hat an solchen Abenden immer zu viel hinter den Kulissen zu tun, und mir ist es lieb, wenn Tante Herta mit uns zusammen die Gäste empfängt. Trage ihr diese meine Bitte vor, Ronald. Mir scheint, es ist ohnedies an der Zeit, daß du sie wieder einmal aufsuchst.«

»Das will ich gern tun, Vater. Tante Herta ist mir sehr sympathisch, nicht nur, weil sie die Schwester meiner verstorbenen Mutter ist. Sie ist eine kluge und gütige Frau, und ich profitiere immer, wenn ich mich einmal eingehend mit ihr unterhalten kann. Ich werde mich für morgen abend telefonisch bei ihr ansagen.«

»Tu das, Ronald, und bestelle ihr meine herzlichsten Grüße. Du hast recht, sie ist eine sympathische Persönlichkeit, und sie erinnert mich sehr an deine Mutter.«

Am andern Abend fuhr Ronald nach Wannsee und wurde von seiner Tante, einer stattlichen weißhaarigen Dame mit einem frischen Gesicht und noch recht lebhaften Bewegungen herzlich empfangen.

»Charmant, daß ich dich wieder mal für einen Abend für mich allein habe«, sagte sie lächelnd.

Er sah sie lachend an.

»Wirst du es auch noch charmant finden, wenn ich dir sage, daß mich Vater geschickt hat, dich zu bitten, du möchtest an unserm nächsten Gesellschaftsabend, Mittwoch in acht Tagen, wieder repräsentieren.«

Sie hängte sich mit vergnügtem Gesicht bei ihm ein und ließ sich in ihr schönes Speisezimmer führen.

»Dann erst recht. Ich bin immer erfreut, wenn man mich noch zu etwas braucht. Da vergißt man doch auf ein Weilchen, daß man eine ganz unnütze alte Frau geworden ist.«

»Das darfst du nicht sagen, Tante Herta, ich finde, du bist noch zu vielen guten Dingen auf der Welt von Nutzen.«

»Zum Beispiel?«

»Zum Beispiel brauche ich dich noch immer sehr notwendig als Mutterersatz. Weißt du, manchmal hat auch ein erwachsener Mensch wie ich noch Sehnsucht nach mütterlichen Beruhigungsworten. Und da ich leider meine Mutter nicht mehr habe, mußt du dann in Aktion treten.«

Sie faßte ihn beim Kopf und küßte ihn auf die Wange. Ihre Augen waren ein wenig feucht geworden.

»Wie wohl mir das tut, mein Junge. Wenn einer Frau eigenes Mutterglück versagt ist, dann muß sie sich bescheiden, Mutterersatz zu sein. Sag mal, drückt dich der Schuh irgendwo? Ich will es dir nicht wünschen, aber ich möchte schrecklich gern ein bißchen trösten.«

Er küßte ihre Hand.

»So schlimm ist es ja nicht, daß der Schuh drückt, Tante Herta, aber er sitzt mir ein bißchen unbequem.«

»Dann will ich doch sehen, ob ich nicht helfen kann. Aber erst wollen wir essen. Nach Tisch besprechen wir das.«

Das sagte sie, weil der Diener eintrat und die Suppe auftrug.

Mit großem Appetit sprach Ronald der leckeren Mahlzeit zu. Tante Hertas Küche war berühmt. Und sie freute sich, daß er immer wieder zulangte.

»Es ist gut, daß ich nicht dauernd bei dir verköstigt werde, Tante Herta, sonst wäre es bald vorbei mit meiner schlanken Linie.«

Er wußte, daß es sie freute, wenn er es sich bei ihr gut schmecken ließ.

Nach Tisch bereitete die Tante im Nebenzimmer mit eigener Hand den Mokka, und der übertraf jeden andern Mokka, den Ronald sonst bekam.

Sie strahlte, als er das sagte. Und nun saßen sie in einem molligen Winkel ihres Salons. Zigaretten standen bereit, und sie ließ sich selbst eine mit anzünden. Dann sagte sie, ihn forschend betrachtend:

»Und nun zeige mir, wo der Schuh unbequem sitzt.«

Er atmete tief auf und sah sie ein wenig beklommen an.

»Weißt du, was das Allernetteste an dir ist, Tante Herta?«

»Nun?«

»Daß du noch nie den Versuch gemacht hast, mich unter die Haube zu bringen.«

Es blitzte in ihren dunklen, lebhaften Augen auf.

»Spiritus, merkst du was? Man will dich also verheiraten?«

»Ja, Vater!« sagte er ein wenig verdrießlich.

»Und daß ich das noch nicht versucht habe, findest du nett?«

»Außerordentlich.«

»Ja, weißt du, Ronald, ich verbrenne mir nicht gern die Finger und halte außerdem absolut nichts von Heiraten, wenn der Betreffende erst mit der Nase darauf gestoßen werden muß. Das aber scheint dein Vater besorgt zu haben?«

Wieder lachte Ronald ein bißchen ärgerlich.

»Er tut in der letzten Zeit eigentlich nichts anderes, wenn wir zusammen sind. Keine gemütliche Stunde hat man mehr zu Hause.«

»So brenzlig ist es? Dann muß es ja eine ganz große Sache sein.«

»Für ihn, ja. Ich soll Lizzi Bernd heiraten, damit die beiden Betriebe fusionieren können.«

Sie richtete sich auf.

»Lizzi Bernd? Ach nein, Ronald, das wäre die letzte Frau, die ich dir wünschte. Nicht, daß ich an ihr sonst etwas auszusetzen wüßte, sie ist mir nur gar zu modern, übertreibt die schlanke

Linie und hat kaum noch ein Pfund Fleisch auf den Knochen. Was soll das für einen Nachwuchs geben? Und ich freue mich doch schon darauf, deine Kinder so recht herzhaft ans Herz zu drücken, so wie ich dich ans Herz gedrückt habe. Wenn ich mir die Kinder ausmale, die Lizzi Bernd mal zur Mutter haben werden – ach nein, wenn sie nicht überhaupt viel zu modern ist, um Kinder zu kriegen.«

Er lachte.

»Na, so modern wird sie ja nicht sein. Sie ist überhaupt ein ganz vernünftiger Mensch, Tante. Ich mag sie als Mensch im allgemeinen ganz gern – nur als Frau, weißt du, da ist sie nicht mein Typ.«

»Das beruhigt mich. Aber deinem Vater ist es unangenehm? Ich verstehe schon, die Fusion der beiden Firmen, das wäre freilich eine große Sache – aber nicht groß genug, um ein Menschenglück dafür zu opfern. Dein Vater wird dich doch nicht zwingen?«

»Nein, nein, das wird er gewiß nicht, ganz abgesehen davon, daß ich mich in dieser Sache keinem Zwang unterwerfen würde. Aber ich sehe doch, wie sehr sie ihm am Herzen liegt und wie er nur noch daran denkt. Es tut mir leid, daß ich ihn enttäuschen muß, das kannst du verstehen, nicht wahr?«

»Wie du mit deinem Vater stehst, ganz gewiß. Aber er wird sich schon damit abfinden. Schließlich ist ja die Firma Norden eine sehr respektable Sache an sich, auch ohne die Fusion mit den Berndschen Werken.«

»Das habe ich Vater auch gesagt. Ich bin sehr froh, Tante Herta, daß ich mich darüber mal mit dir aussprechen kann. Es bedrückt mich doch.«

»Kann ich mir denken. Aber sag mal, wißt ihr denn schon, ob Lizzi Bernd damit einverstanden wäre, deine Frau zu werden?«

»Keine Ahnung!«

»Das wäre doch auch wichtig. Man müßte da mal die Fühler ausstrecken. Wenn sie nicht will – dann müßte dein Vater sich doch auch fügen.«

Ronalds Augen leuchteten auf.

»Du hast immer die klügsten Einfälle, Tante Herta. Aber wie könnte man das herausbekommen?«

»Nun, da werden wir schon einen Weg finden. Bernds sind doch nächsten Mittwoch auch bei euch?«

»Selbstverständlich!«

»Schön, da werde ich mal ein bißchen acht geben. Wir Frauen haben für so was einen sechsten Sinn. Also sieh zu, daß du die Angelegenheit in der nächsten Zeit mit deinem Vater nicht mehr berührst. Merke ich, daß Lizzi Bernd anderweitig interessiert ist, dann wäre es doch das klügste, du sprächst dich ganz offen mit ihr aus. Ich glaube, mit den jungen Damen von heute kann man so etwas ganz offen besprechen. Meinst du nicht auch?«

»Wenn ich es mir überlege – ja, ich glaube, mit Lizzi könnte man ganz vernünftig reden, sofern man nur wüßte, daß sie nicht gerade sehr darauf aus ist, Frau Norden zu werden.«

»Also, wir werden sehen, was sich tun läßt, Ronald. Und ich hoffe, der Schuh sitzt nun schon wieder ein bißchen bequemer?«

Er küßte ihr die Hand.

»Viel bequemer, Tante Herta, ich danke dir. Aber nun wollen wir nicht mehr von mir und dieser Angelegenheit sprechen, sondern von dir. Wie hast du die letzte Zeit verbracht, seit wir uns nicht mehr gesehen haben?«

Sie winkte leicht ab.

»Das Leben alter, einsamer Frauen ist sehr uninteressant. Ich will dir nichts vorjammern, aber ein Kreuz ist es doch, wenn man so allein ist. Solange mein Mann noch lebte, habe ich es nicht so schwer empfunden, daß ich keine Kinder habe. Er hat mir gewissermaßen das Kind ersetzt. Ich konnte ihn umsorgen, hatte etwas, worum sich meine Gedanken drehten. Aber nun sitze ich allein in meinem großen Haus. Fremde Menschen will man doch auch nicht immer um sich haben. Man hat mir geraten, ich soll mir eine junge Gesellschafterin engagieren. Aber das ist eine gewagte Sache. Es müßte eine mir sympathische Persönlichkeit sein, und ich müßte sozusagen etwas an ihr zu bemuttern haben. Wo und wie findet man aber so ein junges Wesen, das mir gefallen würde? Dazu bin ich eben zu anspruchsvoll. Ein angenehmes Äußere müßte sie haben, sie dürfte nicht zu modern sein und nicht alles unmodern finden, was mit dem Herzen zusammenhängt. Ein liebes, feines Mädel müßte es sein. Und wie gesagt, so etwas findet man nicht so leicht.«

»Da magst du recht haben, wenn ich auch glaube, daß sich auch für diesen Posten die geeignete Persönlichkeit finden ließe, die heilfroh sein würde, bei dir unterschlüpfen zu können.«

»Ach, heute wollen die jungen Damen alle selbständig sein, wollen nicht mal mehr ihren Müttern Gesellschaft leisten, viel weniger fremden, einsamen, alten Frauen. Aber ich will dir nicht die Ohren volljammern, so schlimm ist es ja auch gar nicht. Ich habe ja noch dich und deinen Vater, stehe also noch nicht ganz einsam und verlassen in der Welt. Das schlimmste ist nämlich für Frauen meiner Art, daß man keine Altersgenossinnen mehr finden kann, die den Mut haben, alt zu werden. Die Großmütter von heute wollen es noch mit den Jüngsten aufnehmen, sie flirten und tanzen wie die Backfische, und da kann ich nicht mithalten.«

»Da hast du sehr recht, Tante Herta, es wirkt nichts abstoßender, als wenn die Mütter erwachsener Töchter noch herumflirten. Es ist für mich immer ein sehr erfreulicher Anblick, wenn ich dich in deiner ruhigen, fraulichen Güte und Würde auf dem richtigen Platz sehe. Eine von den Damen, die mir in dieser Beziehung ziemlich hart auf die Nerven fällt, ist Lizzi Bernds Mutter – und ich muß immer daran denken, daß ihre Tochter einmal ihr Ebenbild werden könnte.«

Die alte Dame nickte.

»Ganz offen, Lizzis Mutter erscheint mir einfach unmöglich als Schwiegermutter und als Großmutter deiner Kinder.«

Ronald machte eine abwehrende Bewegung.

»Danke!«

»Nun gut, da sind wir uns einig, mein Junge.«

So plauderten sie lebhaft über allerlei, was für sie beide von Interesse war. Gegen elf Uhr verabschiedete sich Ronald dann mit der Zusicherung seiner Tante, am nächsten Mittwoch zeitig im Hause seines Vaters einzutreffen, um die Gäste empfangen zu helfen.

»Und Lizzi Bernd nehme ich aufs Korn, mein Junge«, sagte sie zum Schluß.

IV

Horst von Winterfeld war mit seiner Tochter in San Remo eingetroffen, und Dani war entzückt von allem, was sie Neues und Schönes zu sehen bekam. Ihr Vater hatte für sich und seine Tochter in einer stillen, aber vornehmen Pension Wohnung genommen, wo sie bald allerlei Bekanntschaften machen konnten. Dani war bald der Mittelpunkt eines exklusiven Kreises. Der Vater machte sie, nachdem er sorgsam erst die Fühler ausgestreckt hatte, mit den Herren und Damen bekannt, die ihm für seine Zwecke geeignet erschienen. Dani sollte erst einmal festen Fuß in der Gesellschaft fassen und sich ein sicheres Auftreten aneignen. Das fiel ihr nicht schwer. Ihr Vater staunte täglich mehr, welche Entwicklungsfähigkeit Dani eignete und mit welchem bezaubernden Scharm sie sich in der Gesellschaft bewegte. Die jungen Herren folgten ihr mit brennendem Interesse und wetteiferten miteinander, ihr Kavalierdienste leisten zu dürfen.

Horst von Winterfeld fuhr jede Woche einige Male nach Monte oder nach Nizza, zuweilen in Begleitung von Herren, die er in San Remo kennengelernt hatte und die ihn in Monte und in Nizza wiederum mit Leuten bekannt machten, die er gern kennenlernen wollte. Da er einen sehr vornehmen und charmanten Eindruck machte, wurde es ihm nicht schwer, sich beliebt zu machen, auch wenn seine Tochter nicht dabei war.

In Nizza und in Monte fand er bald Gelegenheit zu spielen, obwohl er sich zunächst den Anschein gab, als liege ihm nichts daran. Und er hatte einige Male Glück – in ganz ehrlichem Spiel. Zum Beispiel gewann er im Kasino in Monte ganz überraschenderweise im Laufe dieser Wochen an die dreißigtausend Franc. Und in Nizza hatte er auch über zehntausend Franc gewonnen. Und, wie gesagt, ohne das Glück mit falschen Karten zu korrigieren. Dazu gab es weder im Kasino noch in dem privaten Spielsaal in Nizza Gelegenheit. Er hatte aber Gelegenheit, sich mehr und mehr mit Herren und Damen anzufreunden, die nur für das Spiel lebten und – die ohne Sorgen auch größere Summen verlieren konnten. Das waren die Persönlichkeiten, die er mehr und mehr an sich zu fesseln suchte. Er sprach zu ihnen ärgerlich davon, daß man so wenig Gelegenheit fand, ein wirklich gewagtes Spiel zu entrieren.

»Wir müssen uns zusammentun und selbst einen kleinen privaten Klub gründen«, sagte er eines Tages in Monte zu Gesinnungsgenossen.

Und sein Vorschlag fand Beifall.

Er ließ dann scheinbar gelangweilt die Bemerkung fallen, daß er mit seiner Tochter nach Monte übersiedeln und sich in einem Hotel ein Appartement mieten würde mit einem Salon, in dem er vertraute Freunde zu einem interessanten Spiel einladen könnte.

Begeistert begrüßte man seinen Entschluß. Man hielt ihn für enorm reich, und das neuerdings auf ehrliche Art gewonnene Geld half ihm sehr gut, diesen Anschein aufrechtzuerhalten.

Lächelnd verneigte er sich vor den ihm begeistert zustimmenden Herren und Damen.

»Aber Herrschaften, meine Tochter darf nichts davon merken, daß wir in meinem Salon spielen. Sie haßt das Spiel und würde sehr betrübt sein, daß ihr Vater sich solche kleinen Emotionen gönnt. Aber was ist das Leben in unserem Alter, wenn man diese Emotionen nicht hat?«

Lachend stimmten die andern bei, und Horst von Winterfeld begab sich nun gleich ins Hotel, um ein Appartement zu mieten.

Das war kein billiges Vergnügen, aber er wußte, daß er das wagen mußte, um auf einige große Coups rechnen zu können. Er gab sich den Anschein, als spiele der Preis keine große Rolle, und mietete ein Appartement, das aus zwei Schlafzimmern bestand und einem kleinen und einem größeren Salon.

Er richtete es so ein, daß Danis Schlafzimmer am Ende dieser Zimmerflucht lag, also von dem größeren Salon durch sein Schlafzimmer und den kleineren Salon getrennt wurde. Und er bemerkte, daß er den größten Salon brauche, um seinen Freunden zuweilen kleine Abendessen zu geben. Der kleine Salon solle für seine Tochter reserviert sein. Sehr angenehm und passend erschien es ihm, daß Danis Schlafzimmer das Eckzimmer war und seine Fenster nach der andern Seite hinaus lagen.

So fuhr er befriedigt nach San Remo zurück und erklärte seiner Tochter in Gegenwart einiger anderer Herrschaften, daß er in Monte Carlo im Hotel ein Appartement gemietet habe, in San Remo sei es ihm zu langweilig.

Man staunte. Dieser Herr von Winterfeld mußte enorm reich sein.

Als er aber mit seiner Tochter allein war, sagte er zu ihr:

»Du weißt ja, Dani, daß meine Geschäfte es erfordern, daß wir in Monte mit einigem Aufwand auftreten. Du mußt aber ganz so tun, als sei dir dieser Aufwand etwas Selbstverständliches. Nur so wird es mir gelingen, gute Geschäfte abzuschließen. Ich kann die Herren und Damen, mit denen ich Geschäfte machen will, einfach in unseren Salon bitten. Sobald ich dir einen Wink gebe, ziehst du dich dann zurück und begibst dich zur Ruhe. Es wird vielleicht manchmal sehr spät, bis ich meine Geschäfte erledigt habe, aber das soll dich in keiner Weise stören. Junge Mädchen müssen ihren regelmäßigen Schlaf haben, wenn ihr gutes Aussehen nicht leiden soll. Verstehst du?«

Dani verstand zwar nicht, aber was der Vater sagte, war wie ein Evangelium für sie. Es wäre ihr gar nicht eingefallen, irgendeinen Zweifel an seinen Worten zu haben.

Gehorsam packte sie also ihre Sachen wieder in den neuen großen Schrankkoffer, den ihr der Vater gekauft hatte. Sie hatte eine große Freude an diesem Behälter für ihre Habseligkeiten. Es machte ihr Spaß, alle ihre neuen schönen Kleider und Toilettengegenstände darin unterzubringen. Die innere Einrichtung war überaus praktisch.

Schnell war sie fertig, ihr Vater ebenfalls. Sie fuhren nach Monte Carlo und kamen am Nachmittag dort an.

Mit etwas Herzklopfen betrat Dani am Arm ihres Vaters das elegante Hotelvestibül, und als sie dann in ihrem Zimmer angelangt war, eilte sie an das Fenster und blickte hinaus auf den Kasinoplatz und hinüber zum Kurgarten mit seinen fremdartigen Gewächsen. Der Kurgarten war vom Hotel durch eine große, elegante Promenadenanlage getrennt. Rechts begrenzte das Kasino das Blickfeld aus ihrem Fenster, links konnte man nach La Turbie hinaufsehen.

Als sie abgelegt hatte, zeigte ihr der Vater die andern Zimmer. An Danis Schlafzimmer grenzte das ihres Vaters, daran der kleine Salon, der Dani am Tag als Wohnraum und Empfangsraum für etwaige Besuche dienen sollte, und neben diesem lag der große Salon, den Horst Winterfeld für seinen privaten Spielklub bestimmt hatte. Natürlich hatte er mit niemand von einer solchen Bestimmung dieses Salons gesprochen. Der Hotelverwaltung gegenüber hatte er angegeben, daß er zuweilen hier mit seinen Freunden soupieren wolle, und Dani wußte, daß der Vater hier geschäftliche Konferenzen abhalten wollte.

Entzückt sah sie, daß man von diesen drei Zimmern aus über die für Monte Carlo so charakteristischen Terrassen hinweg, auch über den Taubenschießstand hinweg, zum Meer hinausblicken konnte. Sie beugte sich aus dem Fenster des kleinen Salons und konnte von hier aus zur Residenz des Fürsten von Monaco hinübersehen. Begeistert wandte sie sich zum Vater zurück.

»Oh, lieber Papa, das ist ja ein fürstliches Appartement! Kostet das nicht sündhaft viel Geld?«

Er strich ihr mit einem rätselhaften Lächeln über das goldbraune Haar.

»Kind, genieße jeden Tag, den du hier verbringen kannst, mit Andacht. Wer weiß, ob du jemals wieder ein so luxuriöses Unterkommen finden wirst, wenn wir Monte verlassen werden.«

Sie nickte verständig.

»Ich weiß ja, daß dies nur ein Übergang ist, Papa, und werde jede Stunde hier mit Inbrunst genießen, damit ich dann später in der Erinnerung davon zehren kann. Weißt du schon, wie lange wir hierbleiben werden?«

»Nicht genau, aber mindestens einen Monat, vielleicht auch zwei. Das hängt davon ab, wie sich meine Geschäfte hier entwickeln.«

»Kann ich denn gar nichts tun, um dir dabei zu helfen, Papa?«

Er sah an ihr vorbei auf das Meer hinaus.

»Doch, Dani, helfen kannst du mir schon, indem du sehr liebenswürdig sein wirst gegen die Herrschaften, die ich bei uns einführen und die ich dir außerhalb des Hotels vorstellen werde. Doch dazu brauchst du dich ja nicht zu zwingen, du hast so viel natürlichen Charme, daß man sich auch hier in deine Gesellschaft drängen wird. In San Remo hat man dich nicht gern fortgelassen.«

Sie lachte unbefangen.

»Ach, es war sehr komisch, Papa, wie sich die Herren alle angestrengt haben, mir Komplimente zu machen, und die vielen Blumen, die man mir sandte, konnte ich nicht in meinem Zimmer behalten, weil ihr Duft mir Kopfweh verursachte. Wundervolle Blumen gibt es hier an der Riviera.«

Er sah sie forschend an.

»Und hat keiner deiner Kavaliere Gnade vor deinen Augen gefunden, Dani? Mir schien, als hätte der eine oder andere sich ganz ernsthaft um dich beworben?«

Sie umfaßte ihn mit einem schwärmerischen Blick.

»Oh, solange nicht einer kommt, der mir einen tieferen Eindruck macht als mein eleganter und interessanter Papa, so lange wird keiner Gnade vor meinen Augen finden. Und an dich reicht noch keiner heran.«

»Du bist aber zwanzig, Dani, also heiratsfähig.«

Schelmisch blickte sie zu ihm auf.

»Jetzt will ich erst einmal mit Inbrunst genießen, deine Tochter zu sein. Ich denke nicht daran, dich zu verlassen, um mit einem fremden Mann davonzugehen.«

Er seufzte ein wenig.

»Und doch wäre es ein großes Glück für dich, Dani, wenn du

eine gute Partie machen würdest, ich habe dir ja leider keine glänzende Zukunft zu bieten.«

Sie wurde sehr ernst.

»Lieber Papa, mir liegt nichts an einer glänzenden Zukunft, wenn ich nur bei dir bleiben kann. Ich werde an deiner Seite mit dem schlichtesten Los zufrieden sein, das glaube mir. Lediglich um eine gute Partie zu machen, würde ich niemals heiraten. Wenn ich überhaupt je daran denken werde, dies zu tun, käme für mich nur ein Mann in Frage, den ich von Herzen liebhabe, und dann ist es mir gleich, ob er reich oder arm ist.«

»Das sind freilich recht unvernünftige Ansichten für eine junge Dame, deren Vater ihr wahrscheinlich eines Tages, wenn er die Augen zumacht, so gut wie nichts hinterlassen wird.«

Sie umfaßte ihn mit heißer Zärtlichkeit.

»Oh, sprich nie davon, Papa, daß du mir genommen werden könntest. Ich habe dich doch eben erst wiedergefunden.«

»Aber wir sind alle sterblich! Du kannst dir denken, daß mich der Gedanke quält, was aus dir werden würde, wenn ich nicht mehr für dich sorgen kann.«

»Das will ich dir sagen. Wenn mir das Schreckliche, dich zu verlieren, geschehen würde, dann würde ich eben das, was ich gelernt habe, ausnützen, um mir mein Brot selbst zu verdienen. Würden wir beide zum Beispiel einen festen Wohnort haben, vielleicht in irgendeiner großen Stadt, dann würde ich schon zu deinen Lebzeiten versuchen, Geld zu verdienen. Ich habe darüber schon nachgedacht in den Zeiten, da es dir nicht immer möglich war, das Pensionsgeld pünktlich zu bezahlen. Da habe ich mir gesagt, es sei Unsinn, daß ich dich alle Sorgen allein tragen lasse. Ich überlegte mir, auf welche Art ich Geld erwerben könnte, und ich glaube, am leichtesten geschähe das, wenn ich mein Sprachtalent ausnützte. Ich wollte Madame Boilieu schon bitten, mich als Sprachlehrerin im Pensionat anzustellen oder mich anderweitig zu empfehlen. Aber da kam dann die Kunde, daß es dir besserging. Ich werde aber für die Zukunft diesen Gedanken im Auge behalten. Ich bin im Spanischen und Italienischen doch bereits so weit gekommen, daß ich mich selbst vervollkommnen kann. Beherrsche ich dann noch diese beiden

Sprachen, dann soll es mir nicht schwer werden, meinen Unterhalt zu verdienen. Sorge dich also nicht allzusehr um mich, mein lieber Papa.«

Es zuckte in seinem Gesicht.

»Du bist sehr tapfer und verständig, aber – du ahnst nicht, wie schwer es heutzutage ist, sich seinen Unterhalt zu verdienen.«

Sie streichelte seine Hand und sah mit großen, ernsten Augen zu ihm auf.

»Doch, ich weiß es wohl, habe ich mich doch aus der Ferne mit dir und um dich gesorgt und gebangt. Aber schließlich ist es dir doch gelungen, eine gute Position zu erlangen, und darum würde auch ich gar nicht bange sein. Und ich werde mir immer bewußt bleiben, daß die mir jetzt beschiedenen glanzvollen Tage nur ein Übergang sein werden und daß danach wieder Tage kommen werden, wo wir mit dem Pfennig rechnen müssen. Da sollst du mich aber genauso froh und tapfer finden wie jetzt. Wenn wir beide nur zusammen sein können – alles andere werde ich leicht tragen.«

Wenn sie geahnt hätte, wie hart ihre zuversichtlichen Worte den Vater trafen! Wenn sie geahnt hätte, welcher Art die Position war, die er sich endlich nach langer Gegenwehr errungen hatte!

Er mußte sich gewaltsam von seinen düsteren Gedanken losreißen.

»Nun, es freut mich, daß du allen Möglichkeiten so tapfer ins Auge siehst. Aber ich hoffe, daß es mir gelingen wird, dir immer ein leidlich lebenswertes Dasein zu schaffen. Nur mache dir klar, daß es ein großes Glück für dich wäre, könntest du eine gute Partie machen. Aber nun wollen wir auspacken und es uns hier behaglich machen. Wenn du fertig bist, trinken wir in dem für dich als Wohnraum bestimmten kleinen Salon den Tee, und dann werde ich dich hinüberführen in das Kasino, damit du dir einmal ansehen kannst, wie da drüben gespielt wird.«

»Nun ja, ansehen werde ich mir das einmal, obwohl es für mich ein schrecklicher Gedanke ist, daß man in diesem schönen

Haus, inmitten dieser wundervollen Natur einer so häßlichen Leidenschaft frönen kann.«

»So streng denkst du über das Spiel?«

»Und über die Spieler. Ja, Papa, das muß ich sagen. Du, du wirst doch nicht spielen, Papa – da drüben?«

Es lag eine unklare Angst in ihren Augen.

Er lachte scheinbar harmlos.

»Ach, du törichtes kleines Mädel, was phantasierst du dir nur zusammen! Ein kleines Spielchen ist doch ganz amüsant – man muß nur immer wissen, wie weit man gehen kann.«

»Du spielst also auch – zuweilen?« fragte sie mit einem unbehaglichen Gefühl.

Er lachte. Dies Lachen klang etwas hart und grell.

»Nun ja, so zur Unterhaltung. Sei ruhig, bei mir wird das Spiel nie zur Leidenschaft werden, ich habe dabei noch nie die Ruhe verloren.«

Sie atmete auf.

»Das macht mich sehr froh.«

Und Dani wehrte das unbehagliche Gefühl von sich und machte sich daran, ihre Sachen auszupacken.

Dann nahmen Vater und Tochter den Tee ein, und nachher gingen sie hinüber ins Kasino.

Es war um diese Zeit wenig besucht, und Horst von Winterfeld konnte seine Tochter durch die Säle führen und ihr alles erklären. Am Roulettetisch blieben sie eine Weile stehen, um dem Spiel zuzusehen. Horst von Winterfeld hatte noch einige Spielmarken von neulich in der Tasche. Er zog sie hervor und warf sie auf eine der Nummern.

»Wenn ich bei diesem Wurf gewinne, wird meiner Tochter Schicksal hier eine gute Wendung nehmen«, sagte er zu sich selbst, wie jeder Spieler bereit, eine abergläubische Frage an das Schicksal zu richten.

Und er gewann, verdoppelte den Einsatz und gewann wieder, tat dasselbe noch einige Male hintereinander und gewann immer wieder. Dani sah wie hypnotisiert zu und hatte das Gefühl, als müsse sie den Vater fortziehen. Schüchtern legte sie die Hand auf seinen Arm.

Da dachte er daran, daß er sich gelobt hatte, nie in Gegenwart seiner Tochter zu spielen. Lachend strich er den Gewinn ein. Er betrug über zweitausend Franc; bei dem Tiefstand des französischen Franc nicht eben viel. Aber die Schicksalsfrage war doch zufriedenstellend für ihn beantwortet.

Er führte seine Tochter ins Freie.

»Siehst du, Dani, obwohl ich am Gewinnen war, habe ich sofort aufgehört, als du meinen Arm faßtest. Daraus siehst du, wie wenig ich mich vom Spielteufel beherrschen lasse.«

»Aber – wenn du nun verloren hättest, Papa?«

»Dann hätte es sich nur um einige Franc gehandelt.«

»Du hättest aber doch ebensoviel verlieren können, wie du gewonnen hast?«

»Nein!« sagte er fest und bestimmt. »Wenn ich verliere, höre ich auf, das ist mein Prinzip. Nun mache nur kein so besorgtes Gesicht, ich habe so viel gewonnen, daß ich mir hie und da ein kleines Pläsier machen kann, auch wenn ich einige Franc verliere. Diesen Gewinn füge ich einem Reservefonds bei – wenn er wieder verspielt ist, setze ich nie mehr am Spieltisch im Kasino. Einverstanden?«

Sie nickte ihm zu.

»Sei nicht böse, daß ich mich so ängstlich zeige, aber ich habe in Romanen ganz furchtbare Dinge gelesen, die hier in Monte Carlo am Spieltisch geschehen, und all die Menschen, die um die Spieltische herumsitzen, machen einen so unglücklichen Eindruck. Weißt du nicht, daß sich viele Menschen hier das Leben genommen haben, weil sie ihre ganze Existenz aufs Spiel setzten und alles verloren?«

»Ja, Kindchen, so etwas passiert überall, wo die Menschen sich von ihren Leidenschaften beherrschen lassen.«

Aufatmend blickte Dani sich um.

»Und wie schrecklich, wenn die Menschen gerade hier in dieser paradiesischen Umgebung ihr Leben hinwerfen, nur weil sie sich einer solchen Leidenschaft hingaben.«

»Du mußt nicht vergessen, Dani, daß die meisten dieser Menschen schon hierhereilten, um am Spieltisch eine letzte Chance wahrzunehmen. Die meisten kommen schon ruiniert hierher, und wenn dann noch der letzte Coup mißlingt, dann machen sie eben Schluß. Doch daran wollen wir jetzt nicht mehr denken. Ah, sieh, da kommen Herrschaften, die ich kürzlich hier kennenlernte. Mit ihnen habe ich Geschäfte. Ich werde dich vorstellen, und du bist sehr nett, nicht wahr?«

Dani sah der kleinen Gesellschaft entgegen, die eben auf das Kasino zukam. Sie bestand aus vier Herren und zwei Damen. Eine von ihnen war Amerikanerin, und zu ihr gehörten zwei der Herren, ebenfalls Amerikaner. Horst von Winterfeld wußte, daß sie sehr reich waren. Ebenso die andern Herrschaften, ein Franzose und ein deutscher Großindustrieller mit seiner Frau.

»Sie kommen schon aus dem Kasino, Herr von Winterfeld?« fragte der Deutsche, ein Rheinländer.

»Ja, ich war nur drinnen, um meiner Tochter die Räume zu zeigen. Gestatten die Herrschaften, daß ich Ihnen meine Tochter vorstelle?«

Er tat das, und Dani begrüßte die Herrschaften mit so viel Anmut und Liebenswürdigkeit und dabei doch mit vornehmer Zurückhaltung, daß sie sogleich aller Herzen gewann. Zu der rheinischen Dame, Frau Kommerzienrat Köppen, sagte Horst mit der ihm eigenen Bonhomie:

»Wenn Sie meine Tochter gelegentlich ein wenig unter Ihren Schutz nehmen würden, gnädige Frau, würde ich Ihnen sehr dankbar sein.«

»Aber selbstverständlich und mit Vergnügen, Herr von Winterfeld. Eine so reizende junge Dame zu beschützen wird mir Freude machen.«

Man plauderte eine Weile, aber die Herrschaften strebten in den Spielsaal.

»Kommen Sie nicht wieder mit hinein, Herr von Winterfeld?« fragte der eine Amerikaner.

Er zuckte mit einem Blick auf seine Tochter die Achseln.

»Meine Tochter mag es nicht leiden, wenn ich spiele, und ich bin ein gehorsamer Vater.«

Dani glaubte, ihrem Vater sei es darum zu tun, mit den Herrschaften zusammenzubleiben.

»Ich will dich nicht zurückhalten, Papa«, sagte sie leise.

Horst von Winterfeld zwinkerte den Herrschaften heimlich zu. Diese waren dabei gewesen, als er die Gründung eines Privatspielklubs angeregt und gebeten hatte, seiner Tochter nicht zu verraten, daß er spielte. Sie lachten alle verständnisvoll, und die Kommerzienrätin streichelte Danis Arm und sagte schmunzelnd:

»Halten Sie nur Ihren Herrn Vater streng, mein liebes gnädiges Fräulein.«

Dani sah sie verwirrt an.

»Ich bin vielleicht überängstlich – aber es bedrückt mich, im Spielsaal zu sein.«

»Schließlich kommen wir immer noch zeitig genug hinein. Ich schlage vor, wir leisten jetzt lieber Fräulein von Winterfeld Gesellschaft«, sagte einer der Amerikaner.

Die andern stimmten lachend bei. Und man ging um das Kasino herum zur Terrassenpromenade. Der unverheiratete Amerikaner und der Franzose flankierten Dani, ihr Vater ging zwischen den beiden älteren Damen und entzückte sie durch seine weltmännische Galanterie.

Man war in bester Stimmung. Auf der Terrassenpromenade, bei den großen Palmen, kamen der Gesellschaft einige jüngere Herren entgegen, die mit ihnen bekannt waren und auch sehr begeistert waren, daß Herr von Winterfeld seinen Salon zu einem privaten Spiel zur Verfügung stellen wollte. Auch sie wurden Dani vorgestellt und waren von ihr begeistert. Plaudernd ging man auf und ab, und Dani unterhielt sich mit dem Franzosen in seiner Muttersprache, mit den Amerikanern sprach sie englisch, und mit einem kleinen italienischen Conte, der ein bildschönes Gesicht hatte, aber eine viel zu zierliche Gestalt, unterhielt sie sich, wenn auch nicht ganz so fließend, in italienischer Sprache.

Während sie nun abwechselnd von den jüngeren Herren ins Gespräch gezogen wurde, fand ihr Vater Gelegenheit, einem der Herren nach dem andern mitzuteilen, daß sein Salon ihnen zur Verfügung stehe. Es wurde alles Nähere verabredet, und wieder bat Herr von Winterfeld dringend, daß man seiner Tochter strengstens verheimlichen möge, daß bei ihm gespielt werden solle. Man versprach es mit einem lächelnden Seitenblick auf Danis reizendes, von der lebhaften Unterhaltung gerötetes Gesicht. Alle fanden es verständlich, daß der Vater dieser reizenden Tochter jeden Wunsch an den Augen absah.

Horst von Winterfeld war sehr froh, daß auch einige ältere Damen zu dieser kleinen Privatgesellschaft gehören würden. Das gab für Dani einen würdigen Hintergrund.

Die Gesellschaft wurde immer größer. Es kamen immer mehr Bekannte dazu, aber es waren zumeist ältere Herrschaften. Junge Herren, unter fünfunddreißig, waren nicht dabei, auch jüngere Damen nicht. Herr von Winterfeld wußte sehr wohl, daß jüngere Leute meistens nicht viel Geld zu verlieren hatten. Die wenigen zu der Gesellschaft gehörenden jungen Herren waren ihm als sehr reiche Erben bekannt und von ihm in Erwägung dieses Umstandes mit herangezogen worden. Sein ganzes Auftreten und das seiner Tochter waren ganz dazu angetan, daß man es als Auszeichnung betrachtete, mit ihnen verkehren zu dürfen. Ganz fest waren alle davon überzeugt, daß er ein schwerreicher Mann war. Geld schien für ihn keine Rolle zu spielen.

Dani unterstützte ahnungslos das Vorhaben ihres Vaters durch ihre bezaubernde, vornehme Liebenswürdigkeit und Natürlichkeit. Der italienische Conte verliebte sich sofort kopflos in die schöne, goldhaarige »Tedesca«. Er fand es entzückend, wie sie sich mühte, mit seiner Sprache fertig zu werden, und wie sie ihn bat, ihre Fehler zu korrigieren.

Die andern jungen Herren waren geradezu neidisch auf den kleinen Conte, dem Dani so viel Aufmerksamkeit widmete. Daß sie es nur tat, um sich in der italienischen Sprache zu vervollkommnen, ahnten sie nicht. Aber sie kamen schließlich auch nicht zu kurz. Mit einer staunenswerten Gewandtheit suchte Dani alle zufriedenzustellen, immer nur von dem Gedanken beseelt, ihrem Vater seine Geschäfte zu erleichtern. Sie hatte in den vergangenen Wochen oft über die Art dieser Geschäfte nachgedacht. Zu fragen wagte sie aber ihren Vater nicht wieder, denn sie merkte, er wollte nicht, daß sie sich mit geschäftlichen Dingen befaßte. Daß er diese Geschäfte aber nur in der besten

Gesellschaft erledigen konnte, war ihr klar, und deshalb meinte sie auch, es müsse eine vornehme Art von Geschäften sein. Und da er sie mit Mitgliedern aller Nationalitäten betrieb, mußte es sich, ihrer Meinung nach, um eine internationale Sache handeln. Ganz sicher und bestimmt glaubte sie daran, daß es sich nur um eine ehrenhafte Sache handeln könnte. Und sie ahnte nicht, daß ihr Vater sie gewissermaßen benutzte, um seinen Umgang davon zu überzeugen, daß er ein vornehmer, reicher Mann sei.

Unerfahren, wie Dani trotz all ihrer Klugheit war, und gläubig und vertrauensvoll dazu, kam ihr nicht der leiseste Verdacht, daß etwas in ihres Vaters Verhalten nicht ganz untadelig sein könne.

Und so half sie ihm ahnungslos, seine Opfer immer fester an sich zu fesseln.

Als man sich trennte, um das Diner in den Hotels einzunehmen, hatte Horst von Winterfeld alle Herrschaften für den nächsten Abend zu einer kleinen Unterhaltung in seinen Salon eingeladen. Daß man erst ganz harmlos zusammen speisen würde und erst dann zum Spiel übergehen wollte, wenn Dani von Winterfeld sich zurückgezogen haben würde, hatte er allen plausibel gemacht.

V

Das Fest im Hause Friedrich Nordens nahm einen glänzenden Verlauf. Es waren sehr viele Gäste geladen, denn Vater und Sohn hatten bedeutende gesellige Verpflichtungen, und zweibis dreimal im Jahr revanchierten sie sich für alle im Lauf der Zeit erhaltenen Einladungen. Frau Herta Reinert, Ronalds Tante, war pünktlich eingetroffen, um an der Seite ihres Schwagers und ihres Neffen die Gäste zu begrüßen. Sie sah in ihrem kostbaren, schwarzen Spitzenkleid, das durchaus nicht zu jugendlich und gerade deshalb sehr vornehm und gediegen wirkte, mit ihrem dichten grauen Haar und ihrem frischen gesunden Teint sehr fesch und vornehm aus. Der Würde des Hauses gemäß trug sie reichen Schmuck. Sonst sehr einfach in ihrem Äußern, wußte sie doch, was es nötig war, zu repräsentieren, und gerade im Haus ihres Schwagers versäumte sie bei Festlichkeiten nie, einige besonders kostbare Stücke aus ihrer Schmuckschatulle anzulegen, weil sie wußte, daß er das als eine Aufmerksamkeit für seine Person betrachtete. Er hatte ihr auch einige Komplimente über ihr Aussehen gemacht, und als sie diese scherzhaft abwehrte, nickte er ihr wehmütig zu.

»Du erinnerst mich wirklich sehr an deine Schwester, Herta. Wenn sie dein Alter erreicht hätte, würde sie so ausgesehen haben, wie du jetzt aussiehst.«

»Dann wecke ich traurige Erinnerungen in dir, Friedrich?«

»Nein, nein, ich freue mich, daß ich meine Augen wenigstens an deinem Anblick laben kann. Unsere teure Tote hätte in deinem Alter auch keine Kleider getragen, die kaum bis zum Knie reichen.«

Tante Herta benutzte diese Gelegenheit, um für Ronald in die Bresche zu springen.

»Es freut mich, daß du in dieser Beziehung zu den Unmodernen gehörst, Friedrich. Dein Geschäftsfreund Bernd scheint darin anders zu sein, sonst würde er seiner Frau nicht gestatten, in ihrem Alter das unten fehlen zu lassen, was oben zu wenig ist«, sagte sie mit feinen Humor.

Er stutzte einen Moment und warf dann einen schnellen Blick zu seinem Sohn hinüber. Der hatte sehr wohl diesen Ausfall seiner Tante gehört und vergnügt bei sich quittiert, aber er beschäftigte sich so intensiv mit einem am Eingang des Saales stehenden Blumenarrangement, als habe er für nichts weiter Interesse.

Und so sagte Friedrich Norden halblaut:

»Ist das so schlimm mit Frau Bernd?«

»Aber Friedrich, hast du sie dir daraufhin noch nie angesehen? Sie wird doch in bezug auf Enthüllung ihrer Reize nur noch von ihrer Tochter Lizzi übertroffen. Allerdings hat sie wenigstens etwas zu zeigen, denn sie hat in Fülle, was ihrer armen Tochter gänzlich mangelt.«

Etwas unbehaglich sah er sie an.

»Ich entdecke heute zum erstenmal, daß du auch boshaft sein kannst.«

Sie lachte.

»Wahrscheinlich kommt die Bosheit bei uns Frauen erst in den reiferen Jahren so richtig zum Durchbruch.«

Ronald hatte sich klugerweise in das Vestibül hinausgeschlängelt, und so sagte der Vater unsicher:

»Also, Lizzi Bernd gefällt dir anscheinend ebensowenig wie ihre Mutter?«

»Ach, weißt du, Friedrich, so von weitem betrachtet, finde ich Mutter und Tochter als Zeiterscheinungen ganz amüsant. Und die Lizzi hat wenigstens noch Geist, der ihrer Mutter vollkommen mangelt. Nur macht sie davon zuweilen recht unerfreulichen Gebrauch. Zum Beispiel war ich neulich einmal Zeuge, wie sie ihrem Vater in einer so kaltschnäuzigen Art und Weise antwortete, daß es mir kalt über den Rücken lief. Na, unsere Sorge ist das ja gottlob nicht, Friedrich. Wir haben zum Glück keine modernen Kinder, die alles ableugnen, was mit dem Herzen zusammenhängt. Ich habe leider überhaupt keine Kinder, und dein Ronald ist erfreulicherweise bei aller modernen Tüchtigkeit ein Mensch, der das Herz auf dem rechten Fleck hat. Aber, da sind die ersten Gäste angekommen, Ronald begrüßt sie schon, komm Friedrich, wir wollen unsere Pflicht erfüllen.«

Damit nahm sie seinen Arm und überließ es ihm, innerlich mit dem fertig zu werden, was sie ihm gesagt hatte. Sie war eine sehr kluge und sehr warmherzige Frau, und sie nickte Ronald verstohlen lächelnd zu, als er sich jetzt wieder an ihre Seite begab.

Schnell nacheinander trafen nun Gäste ein, und die Räume der Villa Norden füllten sich mit einer glänzenden Gesellschaft. Zu Tante Hertas innigem Vergnügen hatte Frau Bernd heute eine noch gewagtere Toilette gewählt als sonst. Sie sah brillant darin aus, aber viel mehr glich sie einem bereits etwas antiquierten Revuestar als der Mutter einer heiratsfähigen Tochter und der Frau eines geachteten Großindustriellen. Auch ihre

Tochter Lizzi glänzte in einer Toilette, die ihren sehr knabenhaften Wuchs freigebig zur Schau stellte.

Und Friedrich Norden sah das alles und konnte seiner Schwägerin nicht unrecht geben. Als er später seines Sohnes hohe kraftvolle Gestalt neben Lizzi Bernd stehen sah, zog er Vergleiche, die sehr unerfreulich für sie ausfielen. Und vielleicht dachte auch er daran, was für Kinder Lizzi Bernd wohl zur Welt bringen würde – wenn es überhaupt geschah.

Er hatte sehr große Hoffnungen auf diesen Abend gesetzt, hatte im geheimen ersehnt, es möge Lizzi doch noch gelingen, Ronald zu bekehren. Aber nun wollte es ihm beinahe scheinen, als könne eine Fusion mit der Firma Bernd allzu teuer bezahlt werden. Und als er Lizzis dunkles, fast schwarzes Haar betrachtete, das ganz glatt und knabenhaft den schmalen Kopf umgab und auf den Wangen zu zwei komischen Fragezeichen zurechtgestrichen war, fast bis an die sehr rotgeschminkten Lippen heran, da war es ihm, als hörte er seinen Sohn sagen: Blond bis ins Herz hinein.

Und eine unklare Vision gaukelte ihm etwas Helles, Vollschlankes, Goldhaariges vor, ein junges Weib mit edlen vornehmen Bewegungen, mit einem echt weiblich-reizvollen Gesicht und mit einem Kleid, das die Vorzüge ihrer Gestalt wohl ahnen ließ, aber sie nicht preisgab wie etwas Wertloses, das man auf den Markt wirft.

Ja, Tante Hertas kleine Bosheiten wirkten in ihm nach, und es gefiel ihm plötzlich gar nicht, daß sein Sohn sich anscheinend sehr intensiv mit Lizzi Bernd beschäftigte.

Sehr zur Unzeit kam jetzt sein Geschäftsfreund Bernd zu ihm heran, stieß ihn scherzhaft ein wenig in die Seite und deutete auf Ronald und Lizzi.

»Was sagst du, Friedrich? Mir scheint, wir können uns ernsthafter mit der geplanten Fusion befassen.«

Friedrich Norden zwang sich zu einem Lächeln.

»Wir wollen den Dingen nicht vorgreifen.«

Man ging jetzt zu Tisch. Der Hausherr hatte bestimmt, daß sein Sohn Lizzi Bernd zu Tisch führen sollte. Tante Herta entging es nicht, daß Lizzi mit einem jungen Herrn einen mißvergnügten Blick tauschte, als Ronald sich vor ihr verneigte. Dieser andere junge Herr war der Sohn eines Bankdirektors und selber im Bankfach tätig, bekleidete aber vorläufig noch keine hervorragende Stellung. In seinem Äußeren verriet er den Sportsmann, und sein markantes Gesicht war nicht uninteressant.

Dieser heimlich getauschte Blick gab der auf Wache stehenden Tante Herta zu denken. Als sie sich von Herrn Bernd zu Tisch führen ließ, bemerkte sie zu ihrer Befriedigung, daß Lizzi und Ronald ihr schräg gegenübersaßen, während der junge Bankbeamte gegenüber Lizzi mit seiner Dame Platz nahm. Und wieder fing Tante Herta einen heimlichen Blick zwischen den beiden auf. Diesmal war es ein zufriedener Blick, der deutlich sagen wollte: Wohl sitzen wir nicht nebeneinander, aber doch wenigstens einander gegenüber.

Während der Tafel konnte Tante Herta wiederholt konstatieren, daß Lizzi Bernd ziemlich ungeniert mit dem jungen Bankbeamten, dessen Name Hans Dernburg war, kokettierte. Ronald konnte das zwar nicht sehen, aber trotzdem merkte man ihm an, daß er nicht gerade entzückt davon war, Lizzis Tischherr zu sein. Tante Herta beschloß, Ronald gleich nach der Tafel ihre Beobachtungen mitzuteilen.

Und das geschah auch. Als die Gäste des Hauses nach aufgehobener Tafel sich in die Nebenräume zurückzogen, wo der Mokka serviert wurde, winkte sie Ronald verstohlen zu sich.

Er folgte diesem Ruf sofort.

»Wolltest du mir etwas sagen, Tante Herta?«

Sie lachte.

»Ich wollte dir nur eine – nun, sagen wir, eine Freude machen. Ich glaube, du kannst beruhigt sein, Lizzi Bernd scheint auf eine Verbindung mit dir ebensowenig erpicht zu sein wie du selbst.«

Überrascht sah er sie an.

»Wirklich? Womit begründest du das?«

»Nun, ich hatte einen sehr günstigen Platz bei Tisch und konnte mancherlei beobachten. Lizzi Bernd hat auf Tod und Leben mit dem jungen Dernburg kokettiert, während du dich bemühtest, artig Konversation mit ihr zu machen. Sie war auch durchaus nicht entzückt davon, daß du sie zu Tisch führtest, und hätte lieber ihn an ihrer Seite gehabt. Ich sah, wie sie mit ihm bedauernde Blicke wechselte und wie sie dann sehr zufrieden zu ihm hinüberlächelte, als sie merkte, daß er ihr Visavis war.«

»Fabelhaft, Tante Herta! An dir ist ein Detektiv verlorengegangen.«

Sie nickte ihm liebevoll und strahlend zu, froh, daß sie ihm einen Dienst hatte erweisen können.

Ronald schlenderte durch die mit Mokkatassen bewaffnete Menge und entdeckte bald in einer Ecke Familie Bernd. Neben Herrn Bernd stand sein Vater, und als Ronald an den kleinen Tisch herantrat, hörte er Lizzi gerade in ziemlich schnippischem Ton zu ihrem Vater sagen:

»Mach mir bloß keine Vorschriften, alter Herr, du weißt, das kann ich nicht vertragen.«

Als Ronald nun herantrat, mit einer Verbeugung Lizzi bittend, mit ihm zu tanzen, sah sein Vater fast beunruhigt zu ihm hinüber. Lizzi aber erhob sich sogleich und sagte:

»Sie kommen mir gerade recht, Herr Norden. Vater hat aus irgendeinem mir unverständlichen Grund schlechte Laune. Da bin ich lieber weit vom Schuß. Tata, Herrschaften! Auf Wiedersehen!«

Ziemlich hilflos sahen ihre Eltern hinter ihr her, und auch Friedrich Norden machte ein unbehagliches Gesicht.

»Ein Racker, die Lizzi, sie hat ihren Kopf für sich, und es wird Zeit, daß sie einen Mann bekommt, der sie an die Kandare nimmt«, sagte Herr Bernd mit einem erzwungenen Lachen.

Ronald aber sagte zu Lizzi, als er sie entführte:

»Schelte bekommen von Ihrem Herrn Vater?«

Lizzi lachte ziemlich geringschätzig.

»Ach, nichts von Bedeutung. Er wollte mich nur als Paradepferd vorführen, Ihrem Herrn Vater gegenüber. So: ›Sieh mal, alter Freund, was ich für eine gehorsame Tochter habe!‹ Das wird mir gerade gefallen.«

Es zuckte um Ronalds Lippen.

»Warum sollten Sie ausgerechnet meinem Vater, wie Sie sagten, als Paradepferd vorgeführt werden?«

Sie sah ihn von unten herauf mit ihren dunklen Augen prüfend an.

»Na, ahnen Sie denn nicht, was man mit uns vorhat, Sie unschuldsvoller Engel?«

Er lachte.

»Ich hoffe, Sie werden es mir gleich sagen.«

»Tu ich auch! Bitte – lassen wir das blöde Tanzen, es wird ja doch nichts Gescheites. Für diese modernen Tänze muß man sich erst gründlich eintanzen.«

»Das heißt also, daß ich Ihnen zu schlecht tanze?« fragte er amüsiert.

Sie zuckte die Achseln.

»Ich habe mich nur mit einem Partner eingetanzt, mit dem zu tanzen mir Vergnügen macht. Wenn es Ihnen recht ist, sitzen wir unsern Pflichttanz da drüben ab. Da ist es leer, und wir sind ungestört.«

Er sah sie halb amüsiert, halb betreten an. Sie lachte auf.

»Na, haben Sie nur keine Angst, ich suche diese abgelegene Ecke nicht, um mit Ihnen zarte Geheimnisse auszutauschen. Nur mal gründlich aussprechen möchte ich mich mit Ihnen und – an Ihre Ritterlichkeit appellieren.«

Er führte sie gehorsam in den leeren Nebenraum. Sie ließen sich in einer Ecke nieder.

»So, nun sind wir hoffentlich für die nächste Viertelstunde ungestört. Also, Sie ahnen nicht, was man mit uns beiden vorhat?«

Er zog es vor, den Unwissenden zu spielen.

»Ich weiß nicht, worauf Sie hinauswollen.«

»Ah so? Ihr Herr Vater läuft wohl noch mit der bangen Frage in der Weltgeschichte herum: Wie sag' ich's meinem Kinde? Na, drollig finde ich das. Ich habe den Braten lange gerochen und alles herausgekriegt. Also, wissen Sie, was los ist: Man will uns beide miteinander verkuppeln.«

Er mußte sich ihr nun stellen.

»Sie meinen, man will uns verheiraten, weil es gut und nützlich wäre, die Firmen Bernd und Norden zu fusionieren?«

»Na also, Sie sind ja gar nicht so begriffsstutzig, wie ich dachte. Und selbstverständlich sind auch Sie der Ansicht, daß die Zeiten vorbei sind, wo man denkende Menschen wehrlos in das Ehejoch spannen konnte.«

Er mußte wieder lachen.

»Sie drücken sich sehr bildhaft aus.«

»Aber doch klar und verständlich, nicht?«

»Ich nehme also an, daß Sie nicht die Absicht haben, sich mit mir in das Ehejoch spannen zu lassen?«

»Richtig!«

Es zuckte amüsiert um seinen Mund.

»Und was haben Sie gegen mich als Ehemann einzuwenden«, fragte er lächelnd.

Sie sah ihn von oben bis unten prüfend an.

»Na, äußerlich eigentlich nichts, aber – ich ahne, daß Sie der Mann sind, der seiner Frau mit altmodischen sittlichen Forderungen und ähnlichem Kram kommen wird. Und – außerdem bin ich eben nicht mit Ihnen eingetanzt.«

Er machte ein wichtiges Gesicht.

»Hauptsächlich der letzte Grund erscheint mir schwerwiegend.«

Sie warf den Kopf zurück.

»Ach, Sie denken wohl, Sie können mich fangen mit männlicher Überlegenheit? Ausgeschlossen. Nichts zu machen, ich habe meine Wahl schon getroffen – die Fusion ist hoffnungslos.«

Ronald lief es kalt über den Rücken, als er sich ausmalte, was für eine Ehe er mit dieser modernen jungen Dame hätte führen sollen.

»Hoffentlich tragen unsere Väter nicht zu schwer an dieser Enttäuschung«, sagte er ruhig.

Sie sah ihn verblüfft an.

»Na, und Sie?«

Er mußte lachen.

»Also ehrlich – ich wußte auch davon, daß wir, wie Sie sagen, fusioniert werden wollten, und – ich habe mir schon den ganzen Abend den Kopf zerbrochen, wie ich Ihnen auf möglichst zarte Weise begreiflich machen könnte, daß – ich ein entschiedener Gegner dieser Fusion bin.«

Völlig verblüfft sah sie ihn an.

»Na, warum haben Sie denn das nicht gleich gesagt, weshalb lassen Sie mich erst lange Töne reden?«

»Weil ich es ritterlich fand, Ihnen das erste Wort zu überlassen. Ich danke Ihnen dafür, mein gnädiges Fräulein. Sie entheben mich wenigstens der Notwendigkeit, meinem Vater den Gehorsam zu verweigern. Ich bin nämlich so altmodisch, meinem Vater nicht gern zu widersprechen, wenn es vermieden werden kann. Ich liebe meinen Vater und möchte ihm gern jede Enttäuschung ersparen.«

Sie zuckte ungerührt und ungetroffen die Achseln.

»Ich sage es ja, Sie haben die ganze Tasche voll sittlicher Forderungen. Na, die Hauptsache ist, wir sind einig. Und wenn ich das meinem alten Herrn sagen kann, wird er nicht gar zu verzweifelt werden, wenn ich mir ein anderes Ehegespons erküre. Wundervolles Wort, was?«

Sie lachte laut auf. Und er atmete wie erlöst auf. Eine Frau wie Lizzi Bernd – das wäre für ihn die Hölle auf Erden gewesen.

Sie sah ihn strahlend an.

»Na, wissen Sie, sehr kavaliersmäßig war dieses Aufatmen nicht.«

»Verzeihen Sie, aber – ich habe doch auch längst eingesehen, daß wir nicht zusammenpassen. Der andere Mann, mit dem Sie sich eingetanzt haben, paßt wirklich viel besser zu Ihnen.«

Ziemlich konsterniert sah sie zu ihm auf.

»Soll das heißen, daß Sie wissen, wer mein Zukünftiger ist?«

»Ja, ich weiß es. Ganz so blind, wie Sie meinen, gehe ich nicht durch das Leben, wenn ich auch nach Ihrer Ansicht etwas rückständig bin.«

»Nun, nennen Sie mir den Namen. Wenn Sie den richtigen treffen, stelle ich Ihnen das Zeugnis aus, daß Sie sehr scharfsichtig sind, denn wir haben es an Vorsicht doch nicht fehlen lassen.«

»Bitte, drehen Sie sich einmal um zur Tür des Nebenzimmers – da steht er schon und wartet auf den nächsten Tanz mit Ihnen.«

Sie drehte sich schnell um und sah Hans Dernburg, scheinbar gelangweilt, an der Tür stehen.

»Großartig, ich mache Ihnen mein Kompliment. Nun sagen Sie mir zur Revanche nur noch, welche Dame hinter Ihrer Weigerung steht.«

Er lachte.

»Mein Herz ist vollständig frei. Die Stelle meiner künftigen Gattin ist in meinem Herzen noch nicht besetzt. Aber eines kann ich Ihnen schon heute verraten, sie muß blond sein bis ins Herz hinein.«

Ronald führte an diesem Abend eine ganze Anzahl mehr oder minder hübscher junger Damen zum Tanz, aber sein Herz blieb stumm und kalt, keine von ihnen ließ es höher schlagen. Er fragte sich nachdenklich, ob es unter den jungen Damen von heute wohl überhaupt noch eine geben könnte, die den heißen, dringenden Wunsch nach einer Vereinigung fürs ganze Leben in ihm auslösen würde.

Als das Fest zu Ende war, begleitete Ronald seine Tante nach Hause. Auf der Fahrt berichtete er ihr das Ergebnis seiner Unterhaltung mit Lizzi Bernd.

»Sie hält mich nun unverdientermaßen für sehr scharfsichtig, Tante Herta, aber ich wollte ihr nicht verraten, daß du die scharfen Augen gehabt hast.«

»Nun, jedenfalls wünsche ich dir Glück, daß du diesem Ehebund entwichen bist, mein Junge. Lizzi Bernd hätte wirklich nicht für dich gepaßt.«

»Wenn ich das nur Vater erst plausibel gemacht hätte.«

»Keine Sorge, ich glaube, er ist jetzt ganz zufrieden, wenn nichts aus dieser Verbindung wird. Ganz entsetzt hat er mir erzählt, in einer wie unehrerbietigen Weise Lizzi mit ihrem Vater umgeht. Er meinte, das habe er früher nie bemerkt, und ich hätte ihm erst die Augen geöffnet. Ich rate dir, eröffne dich deinem Vater möglichst bald. Ich glaube wahrhaftig, er hatte so ein bißchen Angst, daß du seinen Wunsch erfüllen würdest. Er sah sehr unruhig aus, als du mit Lizzi ziemlich lange Zeit verschwunden warst.«

»Vielleicht ist Vater noch wach, wenn ich heimkomme, dann werde ich gleich mit ihm sprechen.«

Und Ronald fand seinen Vater wirklich noch wach, und dieser rief ihn in sein Arbeitszimmer, wo er noch bei einem Glas Wein saß. Im Haus war die Dienerschaft noch damit beschäftigt, die Spuren des Festes zu beseitigen.

»Hast du Tante gut heimgebracht, Ronald?«

»Ja, Vater!«

»Trinkst du noch ein Glas Wein mit mir? Ich kann noch nicht schlafen, es geht mir so allerhand im Kopf herum.«

Ronald setzte sich.

»Gern, Vater! Das Fest ist ja sehr gut verlaufen, die Stimmung war brillant.«

»Mit einigen Ausnahmen. Hast du dich denn gut unterhalten?«

»Sehr gut, Vater.«

Dieser sah ihn forschend an.

»Du hast dich Lizzi Bernd ziemlich viel gewidmet und warst einmal lange Zeit mit ihr verschwunden?« fragte der alte Herr unruhig.

»Es war doch dein Wunsch, Vater.«

»Hm! Nun ja – das mit der Fusion hatte mich tatsächlich bestochen. Man ist zuweilen kurzsichtig. Du hast dich doch wohl nicht irgendwie gebunden – an Lizzi Bernd?«

Ronald faßte seine Hand.

»Nein, Vater – und das mit der Fusion wird ein unerfüllter Wunsch bleiben –, Fräulein Bernd hat mir kurz und bündig erklärt, daß sie gar nicht daran denkt, meine Frau zu werden. Sie hat sich mit Hans Dernburg fusioniert – oder eingetanzt, wie sie es für richtiger hält.«

Der alte Herr zuckte zusammen.

»Was soll das heißen? Du hast doch nicht etwa um sie angehalten und dir einen Korb geholt?«

»Nein Vater, dazu wäre es auch nicht gekommen, wenn ich

die Absicht gehabt hätte, um sie anzuhalten. Sie hätte mich gar nicht zu Wort kommen lassen.«

Er berichtete alles, und der Vater hörte kopfschüttelnd zu. Als Ronald am Ende war, sagte er, tief Atem holend:

»Na, Gott sei Dank! Nein, mein Junge, das sehe ich nun ein, nie wäre das eine Frau für dich gewesen. Diese Einsicht kam mir schon heute im Verlauf des Festes. Tante Herta hatte mir sozusagen den Star gestochen. – Ich habe mir die beiden Damen Bernd mal durch ihre Brille angesehen und – ach, lassen wir das, es lohnt nicht mehr, darüber zu sprechen. Aber, mein guter Junge, du bist nun dreiunddreißig Jahre alt, ich würde es gern sehen, wenn du dich nun bald verheiraten würdest. Hast du vielleicht schon eine Frau im Sinn? Du sprachst so positiv davon, daß sie blond sein müsse bis ins Herz hinein.«

»Ja, Vater, ich meine damit, daß ich eine Frau haben möchte, bei der alles licht und klar und rein ist, und Blond ist nun mal meine Herzfarbe. Aber an eine Bestimmte habe ich dabei nicht gedacht. Ich habe heute all die anwesenden jungen Damen daraufhin angesehen – es war keine darunter, die ich mir als meine Frau denken könnte. Weißt du, hier zu Hause bin ich überhaupt zuviel von Geschäften absorbiert – ich möchte mal wieder in die Welt hinaus, ich war ohnedies lange nicht weg. Gibst du mir Urlaub?«

»Selbstverständlich, wenn du nur bis Ostern wieder da bist. Da will ich dann fortgehen, nach dem Süden.«

»Gewiß bin ich bis Ostern wieder zurück, Vater, ich habe ja bis dahin noch gut sechs Wochen vor mir. So lange bleibe ich wahrscheinlich gar nicht.«

»Und wo willst du hingehen?«

»Einen festen Plan habe ich noch nicht. Wo geht man Anfang Februar hin? An die Riviera vielleicht, da ist jetzt großer Betrieb. Danach gelüstet es mich zwar nicht besonders, aber schön ist es doch an der Azurküste.«

Der alte Herr lächelte.

»Und vielleicht läuft dir dort etwas ›Blondes bis ins Herz hinein‹ über den Weg?«

»Das muß ganz unverhofft kommen, Vater, man muß es

nicht herbeiführen wollen. Aber ich verspreche dir jedenfalls, meine Augen weit aufzumachen, damit ich es nicht verpasse.«

»Gut, gut! Wann wirst du reisen?«

»Am liebsten nicht lange zögern, sagen wir nächsten Montag. Wenn es dir recht ist.«

»Muß mir schon recht sein. Es bedeutet ja immer eine Trennung, wenn wir reisen wollen, da wir nicht zusammen vom Geschäft abkommen können. Ich will Ostern mal wieder nach Rom, und dann bis nach Sizilien.«

»Gut, Vater! Ich richte es ein, daß wir erst noch ein paar Wochen zusammen zu Hause sind. Wenn ich Montag reise, bin ich bis Anfang April wieder zurück – spätestens. Bis Ostern sind es dann noch vierzehn Tage.«

Sie besprachen den Reiseplan noch ausführlicher, und dann trennten sie sich, um zur Ruhe zu gehen.

In den nächsten Tagen traf Ronald seine Reisevorbereitungen. Er besuchte auch Tante Herta noch einmal und teilte ihr mit, daß der Vater den Fusionsplan mit der Firma Bernd aufgegeben habe. Zwar habe er mit Bernd selber noch nicht darüber gesprochen, weil er diesem nicht offenbaren wolle, daß seine Tochter andere Pläne habe.

»Das kann ich Vater nicht verdenken. Mag Lizzi Bernd ihrem Vater selber die Eröffnung machen, daß sie sich einen anderen Ehemann ›erkürt‹ hat. Wahrscheinlich wird ihr Vater nicht so ohne weiteres einverstanden sein mit ihrer Wahl, da sie ihm nicht solche Vorteile bringt, als wenn ich der Betreffende gewesen wäre. Denn ihm liegt vermutlich an einer Fusion mit uns mehr als uns an einer mit ihm. Aber das ist dann seine Angelegenheit.«

Dies sagte er Tante Herta, die sehr zufrieden war, daß aus Ronalds Verbindung mit Lizzi Bernd nichts wurde. Aber auch sie kam jetzt darauf, daß es Zeit für Ronald sei, an eine Heirat zu denken.

Er lachte.

»Vater hat mir dasselbe gesagt, Tante Herta, aber abgesehen davon, daß es mir noch gar nicht eilig erscheint, mich ins Ehejoch zu spannen, läßt sich doch so etwas nicht so schnell erledigen, zumal wenn man noch mit einem vollkommen freien Herzen herumläuft.«

Sie sah ihn lachend an.

»Ist es wirklich noch so ganz frei?«

»Ja, Tantchen, wahrhaftig. So kleine Bindungen zählen natürlich nicht, aber nicht einmal eine solche hält mich jetzt fest.«

»Nun, vielleicht findest du etwas an der Riviera.«

»Ich werde mich überraschen lassen«, scherzte er.

Und dann erzählte er, daß der Vater Ostern über Rom nach Sizilien reisen wollte.

»Ich soll dir auch noch einen schönen Gruß von ihm bestellen, er will sich während meiner Abwesenheit zuweilen bei dir zu einem behaglichen Abend einfinden.«

»Oh, das soll mich freuen. Also Ostern will er nach Rom?«

»Ja, Tantchen. Und welcher Art sind deine Reisepläne für dieses Jahr?«

»Du weißt ja, ich reise erst im Sommer. Wenn man nicht Wintersport treibt oder nicht direkt nach dem Süden fährt, ist man als alte Frau im Winter am besten zu Hause aufgehoben. Im Sommer gehe ich dann wieder einige Zeit in die Schweiz. Das genügt mir als Luftveränderung vollkommen. Was ich gern von der Welt sehen wollte, habe ich gesehen. Und an der Schweiz kann ich mich nie sattsehen. Diese grandiose Natur enttäuscht nie. Und nach neuen Menschen habe ich kein großes Verlangen.«

»Du müßtest eine junge Gesellschafterin haben, Tantchen, die dich auch auf Reisen begleiten könnte. Es will mir gar nicht gefallen, daß du allein in der Welt herumfährst.«

»Mir auch nicht, mein Junge, aber so lange ich nicht eine Gesellschafterin finde, bei deren Anblick mein Herz sagt, die könnte es sein, so lange wird wohl nichts daraus werden.«

Herzlich verabschiedete sich Ronald von der Tante und fuhr nach Hause zurück. Sie sah ihm wehmütig lächelnd nach, als er sie verlassen hatte, und seufzte auf. Nun war sie wieder allein!

VI

Im Salon des Herrn von Winterfeld hatten schon einige »gesellige Abende« stattgefunden. Man war allseitig sehr zufrieden mit diesem Arrangement. Zwanglos kam man zusammen, speiste in netter Gesellschaft, erfreute sich an dem Anblick der schönen, charmanten Tochter des Hausherrn, die von allen Seiten umschwärmt und verehrt wurde, und wenn diese dann gegen elf Uhr auf einen Wink ihres Vaters sich von den Gästen in ihrer reizenden Art verabschiedet hatte, dann setzte man sich zum Spiel nieder. Und Herr von Winterfeld pflegte dann immer wieder mit komisch übertriebener Besorgnis zu bitten:

»Verraten Sie nur ja meiner Tochter nicht, daß wir hier spielen, sie haßt und verabscheut jedes Spiel und wäre außer sich, erführe sie, daß auch ihr Vater diesem Laster frönt.«

Lachend versprach man es ihm immer wieder, und das Spiel nahm seinen Anfang.

Nach dem Essen kamen weder Kellner noch sonstige Bedienung mehr in den Salon. Herr von Winterfeld ließ immer nur einige Flaschen Sekt und einige Flaschen Vichy zurechtstellen, falls jemand sich bedienen wollte. Offiziell nahm dann niemand mehr Notiz von der kleinen ausgewählten Gesellschaft im Salon des vornehmen deutschen Herrn.

Es gab in Monte Carlo genug derartige kleine heimliche Spielklubs, und wenn sie auch nicht offiziell sanktioniert wurden, hatte doch im Grunde niemand etwas dagegen einzuwenden. Wenn die Fremden nur wacker Geld mitbrachten und in Monte ausgaben, dann ließ man jeden nach seiner Fasson selig werden, solange nicht irgend etwas Gravierendes vorlag.

Und Horst von Winterfeld war klug, sehr klug. Er verstand es, im Anfang einige Male mit Grazie und guter Laune zu verlieren. Das machte einen guten Eindruck auf seine Gäste. Und er war dazu imstande, weil er bei Roulett und Rouge et noir im Kurhaus verschiedene Male eine ganz hübsche Summe gewonnen hatte. Das stärkte sein Betriebskapital. Und dann begann er zu gewinnen in seinem Salon – und zwar seltsamerweise auf ehrliche Art, ohne falsche Karten ins Spiel werfen zu müssen. Seine Gäste verstanden mehr oder weniger auch mit guter Laune zu verlieren, sie hatten es ja alle dazu. Und ab und zu gewannen sie dann auch zu ihrer Freude wieder, wenn auch viel weniger, als sie verloren hatten. Aber die richtigen Spieler aus Leidenschaft vergessen ihre Verluste schnell und bauschen in ihrer Phantasie ihre Gewinne auf, um sich nicht für gar zu unvernünftig zu halten, daß sie immer wieder dem Spielteufel opfern.

Dazu kam, daß die Abende im Salon des Herrn von Winterfeld reizend und amüsant waren. Er war ein interessanter Mensch, plauderte entzückend und wußte vor allen Dingen die Damen zu fesseln, die ja alle schon in den Jahren waren, wo ihnen eine ritterliche Aufmerksamkeit besonderes Vergnügen machte. Und die Herren, ob alt oder jung, waren von Danis jungfräulichem Reiz, von ihrer Schönheit und ihrem Charme so begeistert, daß sie sich immer darauf freuten, sie wiederzusehen. Der kleine Conte hätte sie sicherlich schon gebeten, seine Frau zu werden, wenn sie es in ihrer klugen Güte nicht immer wieder verstanden hätte, ihn daran zu hindern, es zu tun. Sie gehörte zu den Frauen, denen es weh tut, Körbe austeilen zu müssen, und ihr Taktgefühl spürte es immer, wenn Gefahr nahte. Es war kein Wunder, daß sie von allen Seiten umschwärmt wurde. Sie und ihr Vater waren entschieden die beiden interessantesten Erscheinungen in Monte. Man sah ihnen nach, wenn sie über den Kasinoplatz oder über die Terrassenpromenade gingen. Man freute sich über das ritterliche Benehmen des Vaters seiner Tochter gegenüber, freute sich an Danis lichter Schönheit und nicht minder darüber, daß sie bei aller Schönheit und Lieblichkeit und trotz »des großen Reichtums« ihres Vaters so schlicht und bescheiden war. Frau Kommerzienrat Köppen war stolz daraf, Dani beschützen zu dürfen, und nannte sie zuweilen zärtlich »Kindchen«.

Und Dani nahm das alles von Herzen dankbar hin, sich immer wieder sagend, daß sie jede dieser goldenen Stunden mit Andacht genießen müsse, wie etwas, das wahrscheinlich nie wiederkommen würde.

Besorgt fragte sie den Vater immer, ob er mit ihrem Auftreten zufrieden sei. Er zog sie dann an sich, küßte sie und wagte es nicht, ihr zu sagen, wie leicht sie es ihm mache, »seine Geschäfte« zu erledigen. Hatte er gut gewonnen, dann beschenkte er sie mit allem, was einem jungen Mädchen Freude machen konnte, und fragte sie ihn dann besorgt, ob das nicht leichtsinnig sei, sagte er abwehrend:

»Ich habe gute Geschäfte gemacht, Dani, da kann ich es mir schon mal leisten, dir eine kleine Extrafreude zu machen.«

Sie fand, daß der Vater in diesen ersten Wochen in Monte besonders heiterer Stimmung war. Der düstere Ernst seiner Züge hellte sich auf, und sie ahnte nicht, daß daran das Bewußtsein schuld war, daß er jetzt nicht zu falschem Spiel gezwungen war. Er redete sich ein, Dani habe ihm Glück gebracht. Um ihrer Unschuld willen wollte ihn ein gütiges Geschick vielleicht davor behüten, wieder mit falschen Karten spielen zu müssen.

Der Aufwand, den Vater und Tochter trieben, wurde reichlich wettgemacht durch seine Gewinne. Abwechselnd spielte er des Nachts im Kasino oder mit seinen »Klubgenossen« zusammen. Am Morgen schlief er dann ziemlich lange, das wußte Dani, und es war zwischen ihnen ausgemacht, daß sie ihr erstes Frühstück allein einnahm, denn da sie um elf zu Bett ging – von seltenen Ausnahmen abgesehen, wenn sie mit ihrem Vater und seinen »Freunden« eine Gesellschaft besuchte –, stand sie auch zeitig auf.

Und in diesen frühen Morgenstunden fand sie Monte Carlo am schönsten und bedauerte nur, daß ihr armer Vater durch seine »Geschäfte« gezwungen war, des Nachts so lange aufzubleiben und diese Morgenstunden zu verschlafen.

Wenn sie gefrühstückt hatte, ging sie hinaus auf die Terrasse und blickte auf das Meer mit seinem ewig wechselnden Wellenspiel. Oder sie saß mit einem guten Buch auf einer sonnigen Bank im Kurgarten, was man getrost tun konnte, da die Sonne sehr warm war. Zuweilen ging sie auch ein Stück nach La Turbie hinauf, um sich Bewegung zu verschaffen. Immer war sie in diesen Morgenstunden allein, denn alle Bekannten schliefen noch, genau wie ihr Vater.

Aber dieses Alleinsein war ihr lieb, sie hätte es nur mit dem Vater gern geteilt, sonst aber mit keinem Menschen.

Fleißig setzte sie bei alledem ihre Sprachstudien fort und plauderte mit dem kleinen Conte nun schon ganz flott in seiner Muttersprache. Nie verließ sie das Bewußtsein, daß diese Tage des Glanzes nur vorübergehend waren, nur so lange anhalten würden, bis der Vater seine Geschäfte erledigt hatte. Wohin sie dann mit ihm ihre Schritte lenken würde, ahnte sie nicht. Als sie ihn einmal danach fragte, hatte seine Antwort gelautet:

»Wenn meine Geschäfte hier so gut abgeschlossen werden, wie ich hoffe und wünsche, dann werden wir uns vielleicht bald ein kleines bleibendes Domizil gründen können. Dann werden wir irgendwo an einem idyllischen Ort ein kleines Häuschen haben – und dann werde ich vielleicht doch versuchen, was ich schon immer gern getan hätte – schriftstellerisch zu arbeiten. Man hat mir einmal gesagt, ich hätte einen blendenden Stil und Gestaltungskraft obendrein. Aber um schreiben zu können, muß man Ruhe haben und darf nicht immer von der bitteren Not hin und her getrieben werden.«

Das war wirklich sein Zukunftsideal, und vielleicht wären ihm auch als Schriftsteller gute Erfolge beschieden gewesen, wenn sein Talent in Ruhe hätte ausreifen können.

Dani fand diese Ansichten für die Zukunft herrlich, und sie erwiderte lebhaft:

»Ich habe deine Briefe immer außerordentlich interessant gefunden und zweifle nicht, daß du Erfolg haben würdest. Und dann werde ich deine Arbeiten in alle Sprachen übersetzen, die ich beherrsche. Wundervoll würde das sein, Papa, noch viel schöner als hier.«

»Aber es wird dann wahrscheinlich sehr still und einsam um uns werden, Dani!«

»Wenn es dir nur gefällt, Papa. Mir macht das nichts, ich habe ja dich.«

Da zog er sie gerührt in seine Arme.

Aber dabei beobachtete er sie doch scharf im Umgang mit

den jüngeren Herren. Obwohl er sehr wohl merkte, daß dieser und jener gern Ernst gemacht haben würde, wenn sie es ihm nur erlaubt hätte, so fühlte er doch ganz deutlich, daß Danis Herz noch ganz verschlossen war.

Keiner dieser Männer stand ihr innerlich näher, das spürte er. Sie scherzte und lachte unbefangen mit ihnen, nahm ihre ritterlichen Aufmerksamkeiten dankend entgegen, freute sich an den herrlichen Blumen, die sie ihr schickten, ließ aber keinen auch nur einen Schritt näher an sich herankommen, als es die gute Form vorschrieb.

So waren zwei Wochen vergangen, seit sie in Monte Carlo weilten. In Nizza hatten sie die großen Blumenfeste mitgemacht, und auch bei diesen hatte Dani berechtigtes Aufsehen erregt. Wieder war sie mit dem Vater nach Nizza hinübergefahren in Begleitung einiger anderer Herrschaften.

Für heute nacht rechnete Horst von Winterfeld auf einen großen Coup, auf einen, den er nur in Nizza landen konnte.

Dabei war ihm Danis Anwesenheit nicht genehm. Am Spätnachmittag sagte er zu ihr, als sie in einem der Cafés an der Promenade saßen:

»Ich habe heute abend hier Geschäfte, Dani. Auch die Herrn, die mit uns herübergekommen sind, werden dabei sein. Ich muß dich daher bitten, allein nach Monte zurückzufahren. Ich setze dich in ein Auto, dann bist du schnell drüben. Das Abendessen nimmst du allein ein, am besten in deinem kleinen Salon, denn ich mag es nicht, wenn du allein im Speisesaal sitzt. Ich hoffe, du bist nicht traurig darüber.«

Sie faßte lächelnd und ahnungslos seine Hand.

»Aber, lieber Papa, es ist doch selbstverständlich, daß ich verschwinde, wenn du mich nicht brauchen kannst. Soll ich gleich fahren?«

»Ein halbes Stündchen können wir schon noch hier zusammensitzen.«

Das geschah dann auch. Interessiert beobachtete Dani das

vorüberflanierende Publikum. Immer war dieses Bild von neuem anregend für sie.

»Was für interessante Menschen man hier vorübergehen sieht, Papa. Ich glaube, da promenieren Hunderte von Romanstoffen hin und her. In allen diesen Gesichtern liest man irgend etwas, das einen beschäftigt. Aber – Monte Carlo ist mir doch lieber als Nizza. Es ist viel ruhiger, ich möchte sagen, vornehmer, obwohl Monte Carlo im Ruf steht, daß man dort viel mehr erleben kann als hier.«

Mit einem unsicheren Lächeln sah er sie an.

»Erleben? Ach Kind, was du erleben nennst, das kann man überall. Aber du hast recht, Monte gefällt auch mir viel besser.«

»Nur die Spielsäle müßten aus Monte entfernt werden, Papa, dann wäre es ein wahres Paradies.«

Es zuckte leise in seinem Gesicht.

»Und was wäre Monte ohne die Spielsäle? Eine reizende Operettendekoration mit einem kleinen Serenissimus, einer spaßhaften Leibgarde – vielleicht ein ruhiges Erholungsheim für alte Exzellenzen im Ruhestand, aber das würde kein Geld bringen, Dani, und der Fürst von Monaco würde sich bedanken. Er braucht die Spielsäle sehr nötig.«

»Ach, das alte scheußliche Geld«, trotzte sie halb ernst, halb schelmisch.

Er schüttelte den Kopf.

»Nein, das herrliche liebe gute Geld, der Schlüssel zu allem, was lieb und gut und schön ist«, sagte er leise.

Sie sah ihn mit bangen Augen an.

»Lieber Papa – ich war eben recht töricht!«

»O mein liebes Kind, möge es dir noch recht lange vergönnt sein, das Geld als nebensächlich oder gar widerwärtig anzusehen.«

Sie wurden hier gestört, da die Herren, die mit ihnen von Monte herübergekommen waren, wieder zu ihnen stießen.

»Meine Tochter fährt nach Monte zurück«, sagte Horst von Winterfeld mit einem verstohlenen Seitenblick auf die Herren.

Dani erhob sich gehorsam. Die Herren sprangen auf und verabschiedeten sich mit Worten des Bedauerns von ihr, und ihr

Vater brachte sie zu einem Auto, das, wenige Schritte entfernt, an der Seebrücke hielt. Artig half er ihr beim Einsteigen, nachdem er sich liebevoll von ihr verabschiedet hatte. Sie winkte ihm noch einmal zu und fuhr davon.

Der Wagen fuhr auf der Corniche dahin, und der Chauffeur legte ein ziemlich schnelles Tempo vor, um rasch wieder nach Nizza zurückzukommen. Dani achtete nicht darauf, daß er zu schnell fuhr. Ihre Augen schweiften über das Meer hinaus, über den kleinen Hafen von Villafranca hinweg, und sie freute sich der blauen Pracht, die mit der Farbe des Himmels wetteiferte. Es sah aus, als sei der Himmel ins Meer gefallen.

Und überall Blumen! Oben über die Steilmauern hingen sie hinweg, die die obenliegenden Villengrundstücke begrenzten. Die Corniche war nicht gerade in bestem Zustand. Tiefe Löcher waren hier und da in den Asphalt gerissen oder gedrückt, und der Wagen sprang empor, wenn er darüberflog. Dani lachte in sich hinein, Angst kannte sie nicht, sie dachte nicht daran, den Chauffeur zu ermahnen, langsamer zu fahren. Und so kam, was kommen mußte: Ein lauter Knall ertönte, der eine Reifen war geplatzt, und zwar so gründlich, daß der Wagen schwankte. Schnell brachte ihn der Chauffeur zum Stehen, eine Menge wilder Flüche in französischer Sprache herausstoßend und vor Danis Augen herumfuchtelnd, als sei sie an dem Platzen des Autoreifens schuld.

Sie saß noch etwas beklommen im Fond, ehe sie sich aufrichtete, um den Wagen zu verlassen.

Gerade, als sie aussteigen wollte, kam ein anderes Auto, ebenfalls von Nizza, heran. Ein einzelner Herr saß im Fond dieses Wagens. Mit einem Blick hatte er erkannt, daß hier eine Dame in Verlegenheit war. Er gebot seinem Chauffeur zu halten, sprang aus dem Wagen und trat zu Dani.

Ehe er ein Wort zu sagen vermochte, überfiel ihn der Chauffeur mit einem wütenden Wortschwall. Der fremde Herr schob ihn mit einer Handbewegung ruhig zur Seite, zog den Hut vor Dani und fragte in elegantem Französisch, ob er ihr dienen könne.

Dani sah wie hypnotisiert in sein Gesicht mit den energischen

Zügen und den stahlblauen Augen. Ein leichtes Rot stieg in ihre Wangen, als sie diese Augen bewundernd auf sich ruhen sah.

»Ich danke Ihnen, mein Herr. Wahrscheinlich muß ich auf die Elektrische warten, um meine Fahrt nach Monte Carlo fortsetzen zu können.«

»Aber bitte sehr, ich stelle Ihnen selbstverständlich meinen Wagen zur Verfügung. Ich kann leichter auf die Elektrische warten als eine Dame.«

Mit einem reizenden Lächeln, das den Fremden entzückte, schüttelte Dani den Kopf.

»Ausgeschlossen, daß ich Sie Ihrer Fahrgelegenheit beraube. Aber wenn Sie mir wirklich helfen wollen und Sie nach Monte Carlo weiterfahren, bitte ich Sie, mich bis dorthin in Ihrem Wagen mitzunehmen.«

Der Herr verbeugte sich, sichtlich erfreut.

»Es wird mir eine Ehre sein, ich fahre ebenfalls nach Monte.«

»So gestatten Sie nur einen Augenblick, ich will nur den Chauffeur bezahlen.«

Sie reichte dem Chauffeur ein Geldstück. Es übertraf die Taxe, aber der Chauffeur fing wieder an zu lamentieren und wollte Ersatz für die unterbrochene Tour haben.

Da sagte der Herr entrüstet in deutscher Sprache:

»So ein unverschämter Kerl!«

Danis Gesicht wandte sich ihm mit einem Lächeln zu.

»Ich hatte bei Ihrer vollendeten Aussprache des Französischen nicht vermutet, daß Sie ein Deutscher sind.«

Das sagte sie selbstverständlich in deutscher Sprache. Er sah sie lachend an.

»Ah verzeihen Sie, aber ich vermutete nicht, daß Sie eine Deutsche sind. Doch entschuldigen Sie einen Moment, ich will diesem Menschen erst einmal beibringen, wie er sich Fahrgästen gegenüber zu verhalten hat.«

Und ruhig und bestimmt wies er den Chauffeur zurecht und half dann Dani in sein Auto einsteigen.

Sie tat es ohne Ziererei. Es erschien ihr durchaus selbstverständlich, daß ein Herr in solchem Fall einer Dame in jeder

Weise behilflich war. Ihr war nur sehr heiß geworden, weil die Sonne herniederbrannte und die Unverschämtheit des Chauffeurs sie geärgert hatte. Sie riß ihren weichen Filzhut vom Kopf und ließ den leichten Wind durch ihr im Sonnenschein im hellen Goldglanz flimmerndes Haar streichen.

Ihre Augen sahen dabei dankbar ihren Retter in der Not an.

Und dieser ließ seine Augen entzückt auf ihr ruhen. Das hellglänzende Haar, die großen grauen Augen, deren leuchtende Helle die dunklen Brauen und Wimpern noch besonders unterstrichen, der klare blütenfrische Teint – und dieses ganze goldhaarige, entzückende Wunder –, er tat einen tiefen Atemzug und dachte ganz andächtig:

»Blond bis ins Herz hinein!«

Ja, es war Ronald Norden, den das Schicksal über Danis Weg geführt hatte. Er stellte sich nun vor und rückte respektvoll in seine Ecke zurück, damit er sie nicht belästigte. Eine Weile fuhren sie schweigend dahin. Dani sah zum Meer hinüber, und er betrachtete ihr reizendes Profil, das zwar nicht von klassischer Regelmäßigkeit war, weil das feine Näschen ein wenig zu kurz geraten war, das aber gerade dank dieser Unregelmäßigkeit wahrhaft bezaubernd wirkte. Es sei gleich gesagt, daß Ronald Norden auf dieser Fahrt nach Monte Carlo sein Herz verlor, für alle Zeit verlor, obwohl er noch nicht wußte, wer die junge Dame war und ob er ihr nach Beendigung dieser gemeinsamen Fahrt jemals wiederbegegnen würde. Wirklich, er konnte nichts Besseres tun, als die Gelegenheit benutzen, sich immer intensiver in die Reize seiner jungen Nachbarin zu vertiefen. Gottlob, daß sie ihm das so leicht machte, da sie seinen Blicken auswich und unausgesetzt auf das Meer hinausschaute. – Wie entzückend alles an ihr war! Diese Nackenlinie, dieser wunderschöne Ansatz des goldblonden Haares, diese Wimpern und Brauen, die das einzige Dunkle in dem lieblichen Mädchengesicht bildeten – ach, das Schicksal hatte es wirklich gut mit ihm gemeint, ihm eine so bezaubernde Begleiterin zuzugesellen.

Dani befand sich ihrerseits in einer seltsamen Verwirrung und vermochte mit diesem jungen Herrn nicht so unbefangen zu plaudern wie mit anderen.

Irgend etwas in dem Antlitz dieses jungen Mannes hatte sie so eigen berührt, daß sie sich dadurch ganz verwirrt fühlte. Sie schalt sich deswegen töricht und unbeholfen, fand aber doch nicht den Mut zum Beginn einer Unterhaltung.

Daß er es nicht tun durfte, wenn sie ihn nicht dazu ermutigte, wußte sie und rechnete es ihm hoch an, daß er gar nicht den Versuch machte, es zu tun. Endlich aber – Monte Carlo war bereits in Sicht – fand sich für ihn dennoch Gelegenheit zu einem Gespräch.

»Wohin darf ich Sie fahren lassen, gnädiges Fräulein?«

Sie wandte ihm, wie erlöst, ihr errötendes Gesicht zu.

»Es genügt mir, wenn Sie mich am Bahnhof absetzen, dann habe ich nicht mehr weit bis zum Hotel.«

Er verneigte sich. Sehr gern hätte er erfahren, in welchem Hotel sie wohnte, aber er wollte nicht aufdringlich erscheinen, weil er glaubte, es sei ihr nicht lieb, in Begleitung eines fremden Herrn an ihrem Hotel vorzufahren.

»Ganz wie Sie wünschen, mein gnädiges Fräulein.«

Und um das Gespräch nicht wieder einschlafen zu lassen, machte er sie auf eine blumenüberwucherte Gartenmauer aufmerksam.

»Wunderschön, diese Blumenpracht. Bei uns zu Hause gibt es um diese Zeit noch nicht einmal Schneeglöckchen.«

»Und in Montreux blühen die Narzissenfelder erst Anfang Mai, und das sind so ziemlich die ersten Blumen«, sagte sie.

Er lauschte auf. Montreux? War sie vielleicht Schweizerin? Aber nein, sie sprach ein ganz reines, dialektfreies Deutsch.

»Ja, auch diese Narzissenfelder bieten einen schönen Anblick. Von unten meint man, es liegt noch Schnee auf den Abhängen, und wenn man hinaufkommt, sieht man, daß der vermeintliche Schnee aus Narzissen besteht.«

Daraus entnahm sie, daß er Montreux und seine feine Umgebung kannte.

Aber der Gesprächsstoff war nun wieder erschöpft. Ronald fühlte sich dieser jungen Dame gegenüber seltsamerweise so befangen wie noch nie einem weiblichen Wesen gegenüber. Obwohl sie nicht hochmütig abweisend war, entfernte doch eine strenge, jungfräuliche Herbheit und Zurückhaltung jede Vertraulichkeit. Aber jedenfalls fand er sie anbetungswürdig, und eine gewisse Unruhe erfüllte ihn, als er daran dachte, daß er sie vielleicht für immer aus den Augen verlieren könnte, sobald er sie am Bahnhof abgesetzt hatte.

Aufdringlich jedoch durfte er um keinen Preis erscheinen, und er tröstete sich damit, daß Monte Carlo nicht groß war und man sich an solchen Orten immer wieder zu treffen pflegte.

Leider waren sie nun schon am Bahnhof angelangt. Er ließ den Wagen halten, sprang heraus und half ihr artig beim Aussteigen.

»Ich muß Ihre Schuldnerin bleiben, mein Herr, aber ich hoffe, mein Vater wird Gelegenheit finden, Ihnen seinen Dank für Ihre Hilfe abzustatten.«

»Es war für mich eine Selbstverständlichkeit und bedarf keines Dankes, mein gnädiges Fräulein.«

Sie neigte grüßend das Haupt und ging mit ihrem elastischen, federnden Schritt davon. Er sah ihr nach wie verzaubert und verliebte sich ganz unsinnig in ihren zielbewußten, graziösen Gang, der eine freie stolze Seele verriet, eine bezaubernde Würde und selbstsichere Ruhe.

Tief aufatmend sprang er in den Wagen.

»Hotel de Paris!« rief er dem Chauffeur zu.

Der Wagen fuhr weiter und überholte nach einer Weile Dani. Er grüßte noch einmal zu ihr hinüber, und sie dankte ihm mit einem Neigen des Kopfes, auf dem jetzt wieder ihr Hütchen saß.

Ronald war etwas geistesabwesend, als der Wagen vor dem Hotel hielt. Er fragte nach dem bestellten Zimmer und gab Anweisung, sein Gepäck vom Bahnhof abzuholen. Er hatte es direkt bis Monte Carlo aufgegeben und nur einen kleinen Handkoffer bei sich behalten, weil er unterwegs in Nizza Station gemacht hatte, um hier die Blumenfeste mitzumachen. Längere Zeit in Nizza zu bleiben reizte ihn nicht. Nizza erschien ihm immer ein wenig wie ein lauter Jahrmarkt für Abenteurer und Müßiggänger. Das stillere Monte sagte ihm in jeder Weise mehr zu. Von hier aus konnte er bequemer Ausflüge machen nach San Remo, Kap Martin, Mentone und Bordighera.

Nach lautem Gesellschaftstreiben hatte er überhaupt kein Verlangen, davon bot ihm Berlin mehr, als ihm lieb war. Ihn reizte vor allem die Natur, das Meer.

In seinem Zimmer angelangt, trat er an das Fenster und sah auf den Kasinoplatz hinaus. Er ahnte nicht, daß seine schöne Unbekannte in demselben Hotel wohnte wie er selbst. Aber er hoffte, daß sie wenigstens hier vorüberkommen würde. Und nachdem er eine Weile scharf ausgespäht hatte, wurde seine Ausdauer belohnt. Er sah die junge Dame wirklich drüben am Kasino die Straße heraufkommen. Diskret zog er sich hinter den Fenstervorhang zurück und beobachtete sie. Und das Herz klopfte sehr rebellisch in seiner Brust, als er bemerkte, daß sie direkt auf das Hotel de Paris zukam und das Vestibül betrat. Daß der von ihm benutzte Wagen noch am Portal stand und von Dani bemerkt wurde, entging ihm. Auch daß bei diesem Anblick ein leichtes Rot in ihr Gesicht stieg, bemerkte er selbstverständlich nicht. Sonst hätte er wohl begriffen, daß die junge Dame nun darüber orientiert war, daß auch er in diesem Hotel Quartier genommen hatte.

In einer unsinnig vergnügten Stimmung machte sich Ronald für das Diner fertig. Hoffte er doch, im Speisesaal seine schöne Unbekannte wiederzusehen, und seine kühnen Wünsche gingen so weit, daß der Vater der jungen Dame dann die Gelegenheit ergreifen würde, ihm für den kleinen, seiner Tochter erwiesenen Dienst zu danken. Auf diese Art würde er die Bekanntschaft des Vaters machen können und dadurch Gelegenheit bekommen, sich der jungen Dame zu nähern. Ronald war nicht der Mann, der sonst so leicht bei einer flüchtigen Bekanntschaft Feuer fing, aber hier fühlte er mit einer fast schmerzhaften Intensität, daß ihm heute sein Schicksal in Gestalt dieser bezaubernden jungen Dame begegnet war. Immer hatte er sonst darüber gespottet, wenn er hörte, daß jemand von der Liebe auf den ersten Blick gesprochen hatte. Jetzt wußte er plötzlich, daß es eine solche Liebe gab.

Erwartungsvoll begab er sich in den Speisesaal. Er war einer der ersten Gäste. Der Kellner wies ihm einen Platz an, und widerspruchslos nahm Ronald ihn ein. Er wußte ja noch nicht, wo die junge Dame mit ihrem Vater sitzen würde, und deshalb konnte er noch keine Wahl treffen. Das mußte er auf morgen verschieben.

Aufmerksam beobachtete er jeden, der den Speisesaal betrat, aber zu seinem großen Leidwesen erschien die junge Dame nicht. Mit wenig Appetit nahm er das Diner ein, und als dann gar keine Hoffnung mehr bestand, daß sie noch kommen würde, zog er sich sehr enttäuscht zurück.

Er legte seinen Abendmantel um und ging hinaus, zum Kasino hinüber. Vor diesem blieb er eine Weile stehen und sah zu den erleuchteten Fenstern des Hotels de Paris hinüber. Suchend überflogen seine Blicke die Fensterreihen und wurden dann wie magnetisch vor dem Eckfenster der ersten Etage angezogen. Und da sah er, daß sich an diesem Eckfenster die Umrisse einer schlanken, weiblichen Gestalt vom beleuchteten Hintergrund des Zimmers abhoben, und sah, daß goldene Lichter auf dem Kopf dieser Gestalt aufleuchteten. Und sein Herz sagte ihm: dort oben stand seine schöne Unbekannte. Er kehrte um, betrat das Kasino nicht, sondern ging hinunter auf die stillen Terrassen, auf denen er im Mondlicht lustwandelte, wie das nur Verliebte mit solcher Inbrunst tun können. Immer wieder flog sein Blick zu dem Eckfenster hinauf. Er sah, daß das Licht hinter den Scheiben erloschen war. Da ging er langsam wieder ins Hotel zurück. Sein Zimmer lag in der zweiten Etage am andern Ende des Hotels, also weit von dem Danis entfernt. Aber seine Gedanken flogen zu ihr hin wie flatternde Vögel, die nach dem Nest suchen, in dem sie eine Heimat wissen.

VII

Dani war in einer ähnlichen unruhigen Stimmung in ihrem Zimmer angekommen, denn sie hatte sehr wohl den Wagen vor dem Portal erkannt, in dem sie mit dem Fremden angekommen war. Fremd war er ihr doch, obwohl er ihr seinen Namen genannt hatte. Norden? Was sagte ihr dieser Name? Nichts! Aber die Augen dieses Mannes, seine charakteristischen Züge, sein vornehmes, ritterliches Verhalten, das so selbstverständlich gewirkt hatte, waren nicht ohne tiefen Eindruck auf sie geblieben. Und doch machte sie sich klar, daß schon mancher andere Mann ihr gleich ritterlich entgegengekommen war, daß schon mancher andere ebenfalls ein charakteristisches Gesicht und klare, kluge Augen gehabt hatte, aber – es war doch immer etwas anderes gewesen als heute. Unbeschreibliche Güte hatte in seinem Blick gelegen – ja, Güte, und eben diese hatte sie bestrickt, hatte ihr Herz berührt, so daß alle Saiten darinnen harmonisch erklungen waren.

Warum hatte dieser fremde Mann so ganz anders auf sie gewirkt als alle anderen bisher? Und warum hatte ihr das Herz zum Hals hinauf geschlagen, als sie den Wagen vor dem Hotel halten sah, der ihr verriet, daß der Fremde unter einem Dach mit ihr wohnte?

Es zog sie, in den Speisesaal hinunterzugehen, um sich zu überzeugen, daß er sich unter den Gästen dieses Hauses befand. Aber sie widerstand dieser Lockung. Der Vater hatte ihr gesagt, sie sollte auf dem Zimmer speisen. Sie durfte darum nicht anders, nicht selbständig handeln.

So blieb sie auf ihrem Zimmer. Sie speiste in ihrem kleinen Salon und wollte sich dann mit einem Buch in einen Sessel schmiegen, um zu lesen. Aber eine seltsame Unrast, die sie gar nicht an sich kannte, trieb sie wieder empor. Sie ging hinüber in ihr Schlafzimmer, weil sie von dort den Kasinoplatz übersehen konnte. Irgendein unklares Empfinden gab ihr wohl ein, daß der fremde Herr vielleicht heute abend noch zum Kasino hinübergehen würde. Fast alle Menschen taten das, wenn sie nach

Monte kamen. Und sie stand noch keine zwei Minuten am Fenster, als sie ihn auch schon kommen sah, sie erkannte ihn in der hellen Beleuchtung des Platzes sofort. Selbstverständlich – er ging zu dem Kasino hinüber und wollte wohl auch spielen. Das war ihr unbehaglich. Sie sah auf ihn herab und dachte in kindischem Ungestüm:

Geh nicht hinein, du sollst nicht spielen, du nicht!

Und als habe er das gehört, blieb er plötzlich stehen, wandte sich um und sah zum Hotel zurück. Irrte sie sich, oder sahen seine Augen nach ihrem Fenster? Regungslos blieb sie stehen und fühlte, wie ihr Herz stark und laut klopfte.

Törin du! So schalt sie sich selbst. Aber sie blieb stehen und sah ihn an, als müsse sie ihn abhalten, den Spielsaal zu betreten. Und ihre Augen leuchteten auf, als sie merkte, daß er umkehrte und zu den Terrassen ging.

Sie verließ ihr Schlafzimmer, in dem sie das Licht ausschaltete, und eilte in ihrem kleinen Salon hinüber. Von dort aus konnte sie einen Teil der Terrassen überblicken. Sie schaltete hier kein Licht an, um sich nicht zu verraten, und sah nun ganz deutlich seine hohe Gestalt im Mondschein promenieren. Ein seltsam süßes Triumphgefühl beschlich sie, als sie merkte, wie er wieder zurückkehrte und, ohne das Kasino zu betreten, wieder in das Hotel zurückging.

Sie fiel aufatmend in einen Sessel und preßte die Handflächen zusammen. So saß sie eine ganze Weile im Dunkeln, und ihre Gedanken begegneten sich mit denen Ronald Nordens.

Am andern Morgen nahm Dani ihr Frühstück wie gewöhnlich wieder allein ein. Sie wußte, ihr Vater würde wieder länger schlafen. Er hatte ihr einen Zettel in ihren kleinen Salon auf den Tisch gelegt:

»Bin spät zurückgekommen, will lange schlafen, werde dann aber nochmals nach Nizza hinüberfahren müssen, in Geschäften. Richte dich nicht nach mir, suche dir die Zeit gut zu vertreiben. Laß dich nicht stören, wenn du etwas vorhast.«

Dieser Zettel sagte ihr also, daß sie heute nicht auf ihres Vaters Gesellschaft rechnen konnte und daß sie ihn vor seiner

Rückfahrt nach Nizza wahrscheinlich nur für kurze Zeit sehen würde.

Sie ahnte nicht, in welch scheußlicher Stimmung der Vater diese Nacht von Nizza wieder zurückgekehrt war. Zum ersten Mal hatte er wieder mit falschen Karten spielen müssen, weil er so viel verloren hatte, daß seine ganzen Reserven erschöpft waren. Es war sehr hoch gespielt worden, war eine ganz wilde Sache gewesen. Und um sich vor dem völligen Ruin zu retten, hatte er sein Glück mit falschen Karten zurückerobern müssen. Mit kolossaler Selbstbeherrschung hatte er gescherzt und gelacht, während er im Verlust war, und man hatte ihn bewundert. Als sich dann das Glück ihm zuwandte und er nicht nur den Verlust einbrachte, sondern auch noch eine hohe Summe gewann, blieb er scheinbar ebenso gleichgültig. Und die andern wollten sich nicht durch ihn beschämen lassen, seit sie im Verlust waren. Aber zum Schluß hatte man für den heutigen Tag Revanche gefordert, und die mußte er geben, um als untadeliger Ehrenmann zu gelten. Deshalb mußte er, zusammen mit den Herren, die ihn gestern begleitet hatten, heute wieder nach Nizza fahren, wo man in einem Hotel bei einem bekannten Herrn abermals ein privates Spiel entrieren wollte.

Horst von Winterfeld war in einer sehr deprimierten Stimmung nach Monte zurückgekehrt. Es bedrückte ihn tief, daß er wieder falsch hatte spielen müssen, zum ersten Mal seit jenem furchtbaren Abend in dem Berliner Klub. Viel hätte er darum gegeben, wenn ihm das erspart geblieben wäre. Er fürchtete sich vor den reinen, schuldlosen Augen seiner Tochter. Und doch hatte er keinen andern Ausweg gehabt, abermals nicht. Er hoffte und wünschte sehr inbrünstig, daß er heute mehr Glück haben und nicht wieder gezwungen sein würde, falsch zu spielen.

Dani ahnte nicht, wie niedergedrückt ihr Vater war. Als sie ihr Frühstück in ihrem kleinen Salon eingenommen hatte, wobei sie sich bemühte, jedes Geräusch zu vermeiden, damit der Vater nicht gestört wurde, machte sie sich zum Ausgehen fertig. Sie wollte heute nur auf die Terrassen hinausgehen, damit sie das Fenster von ihres Vaters Schlafzimmer im Auge behalten konnte. Sobald die Vorhänge zurückgezogen sein würden, beabsichtigte sie, wieder in das Hotel zurückzukehren, um den Vater wenigstens für kurze Zeit zu sehen, ehe er wieder nach Nizza fuhr.

Wie immer war es zu dieser frühen Stunde noch ziemlich menschenleer auf den Terrassen. Aber als Dani eine Weile auf einer Bank gesessen hatte, sah sie Frau Kommerzienrat Köppen kommen. Erstaunt erhob sie sich und ging ihr entgegen.

»Oh, gnädige Frau, Sie sind heute auch schon so früh auf dem Weg?« fragte sie mit ihrem reizenden Lächeln.

Die Kommerzienrätin nickte ihr lachend zu.

»Ja, Sie haben mir doch so oft vorgeschwärmt, wie schön Monte in den frühen Morgenstunden ist. Und da mein Mann gestern mit Ihrem Herrn Vater und den andern Herren in Nizza war, bin ich zeitig schlafen gegangen und habe nun die Gelegenheit ergriffen, um mir Monte einmal um diese Stunde anzusehen. Vorläufig habe ich freilich nur gesehen, daß um diese Zeit die Fußböden in und vor den Läden mit Wasser überschwemmt sind, so daß ich einige nötige Einkäufe lieber auf später verschoben habe.«

Dani wehrte lachend ab.

»Oh, durch die Straßen dürfen Sie um diese Zeit auch nicht gehen. Aber hier auf den Terrassen, sehen Sie doch, wie schön. Kein Mensch außer uns ist zu sehen. Auch im Kurpark ist es herrlich still und menschenleer, und nach La Turbie hinauf ebenfalls.«

Die Kommerzienrätin lachte und hing sich bei Dani ein.

»Nun ja, Sie kleine Weltflüchtige, Ihnen scheint es überall besonders zu gefallen, wo keine Menschen sind. Aber wo es mir gefallen soll, muß es ein bißchen Betrieb geben. Allerdings wenn ich das Glück habe, in Ihr reizendes, morgenfrisches Gesicht zu sehen, dann kann ich mir wirklich nichts Schöneres wünschen. Wissen Sie schon, daß die Herren heute wieder nach Nizza hinüberfahren?«

»Mein Vater schrieb mir jedenfalls auf einen Zettel, er müsse heute nochmals nach Nizza hinüber. Ihr Herr Gemahl also auch, und auch die andern Herren? Und Sie? Werden Sie nicht auch mit hinüberfahren?«

»Nein. Erstens liebe ich Nizza nicht, es ist mir zu unruhig und zu staubig. Und zweitens müssen die Männer auch mal allein ausgehen. Es handelt sich da wohl um eine Männersache und wird ein bißchen wild zugehen. Na – machen Sie nur nicht so große bange Augen. Es ist ja nur ein Scherz. Gar zu schlimm wird es nicht werden, nur müssen die Männer eben zuweilen das Gefühl haben, daß sie ganz ohne Fesseln sind. Das merken Sie sich mal für später, Kindchen, wenn auch Sie einmal verheiratet sind.«

Dani lachte, aber es stieg eine leichte Röte in ihr Gesicht, weil sie sich bewußt wurde, daß sie dabei an den jungen Fremden von gestern gedacht hatte. Ja, zum ersten Mal dachte sie an einen Mann in Verbindung mit einer späteren Heirat. Sie zürnte sich selber darob, schalt sich töricht und konnte doch das seltsame Gefühl nicht loswerden, das Ronald Norden in ihr ausgelöst hatte.

»Ich fahre heute auch nicht mit nach Nizza hinüber. Gestern bin ich allein von dort zurückgekommen, weil Papa mich nicht gebrauchen konnte, er hatte Geschäfte.«

Die Kommerzienrätin nickte. Sie verriet Dani nicht, daß sie wußte, daß diese »Geschäfte« am Spieltisch erledigt wurden. Hatte doch auch sie Herrn von Winterfeld ihr Wort gegeben, Dani nicht zu verraten, daß er spielte. Die alte Dame fand zuweilen ein Spielchen durchaus nicht verwerflich, sondern hielt immer tapfer mit, wenn im Salon Winterfeld gespielt wurde. Sie tat das nicht etwa aus Spielleidenschaft, sondern nur, um Unterhaltung zu haben. Der Reichtum ihres Gatten gestattete ihnen beiden solche Emotionen, zumal sie keine Kinder hatten und nur für lachende Erben gespart hätten. Sie war selbstverständlich fest davon überzeugt, daß auch Herr von Winterfeld nur zu seiner Unterhaltung spielte, und sie hatte eine große Vorliebe für diesen interessanten Mann. Daß er seiner Tochter verbergen wollte, daß er spielte, fand sie bei der etwas »puritanischen Einstellung« seiner Tochter, die in jedem unschuldigen

Spielchen schon ein Laster sah, ganz begreiflich. Auf Danis Arm gestützt, ging sie mit dieser auf der Terrasse hin und her.

»Wenn es Ihnen recht ist, Kindchen, vertreiben wir uns heute gegenseitig die Zeit. Wollen wir zusammen in Ihrem Hotel lunchen? Zum Wohnen ist mir Hotel de Paris freilich zu laut und zu lebhaft, aber speisen mag ich gern dort.«

»Das würde mich sehr freuen, gnädige Frau.«

»Schön, abgemacht! Ich gehe nur nachher noch einmal in unser Hotel, um nach meinem Mann zu sehen, ehe er nach Nizza fährt.«

»Ja, auch ich muß Papa zuvor noch sprechen. Ich beobachte schon sein Schlafzimmerfenster, um zu merken, wenn er erwacht ist.«

Die Kommerzienrätin sah zum Hotel hinauf.

»Ach richtig, Sie können ja die Fenster Ihrer Zimmer von hier aus sehen. Nun, vor elf Uhr wird sich Ihr Herr Papa wohl kaum erheben. Soviel ich weiß, fahren die Herren erst zum Lunch nach Nizza hinüber, aber sie werden wohl wieder den ganzen Tag drüben bleiben und erst in der Nacht zurückkommen. Diese Nacht war es auch zwei Uhr, bis sie wieder da waren.«

Dani nickte bekümmert.

»Ja, Papa wird noch sehr müde sein.«

Als die Damen wieder an der breiten Treppe angelangt waren, die zum Kasinoplatz hinaufführte, kam gerade ein Herr von oben auf diese Treppe zu. Dani schrak leicht zusammen, sie erkannte in ihm sogleich den Fremden von gestern. Und verwirrt bemerkte sie, wie seine Augen bei ihrem Anblick aufleuchteten. Die beiden jungen Menschen achteten in diesem Moment nicht auf Danis Begleiterin. Diese aber sah ebenfalls mit großen Augen auf Ronald Norden, der nun schnell die Treppe herabkam und ehrerbietig den Hut zog.

In diesem Moment sagte die Kommerzienrätin lachend:

»In der Tat, die Welt ist klein, lieber Herr Norden, das hätte ich mir nicht träumen lassen, daß ich Ihnen hier begegnen würde.«

Ronald wandte nun erst seine Aufmerksamkeit der alten Dame zu. Dann begrüßte er sie sehr erfreut.

»Frau Kommerzienrat Köppen? In der Tat, gnädige Frau, Sie hätte ich in diesem Moment auf Ihren rheinischen Werken vermutet.«

»Und ich Sie in Berlin. Ist Ihr Herr Vater auch hier?«

»Leider nicht, wir können ja immer nur getrennt reisen.«

»Aber es geht ihm hoffentlich gut?«

»Gott sei Dank, ja!«

»Und Ihrer Frau Tante?«

»Geht es auch gut, gnädige Frau. Ihr Herr Gemahl ist doch ebenfalls hier?«

»Jawohl, aber den werden Sie heute kaum zu sehen bekommen. Sie bleiben doch länger?«

»Ich denke doch«, sagte Ronald, schnell einen Blick auf Dani werfend, die diskret einige Schritte zurückgeblieben war.

Die Kommerzienrätin wandte sich nun nach Dani um.

»Kommen Sie, Kindchen, ich will Ihnen diesen jungen Herrn vorstellen, den Sohn eines alten Geschäftsfreundes meines Mannes, der in Berlin lebt, den Inhaber der bekannten Firma Friedrich Norden, von der Sie gewiß schon gehört haben? Wenn wir in Berlin sind, genießen wir immer die Gastfreundschaft in Villa Norden. Herr Ronald Norden – Fräulein Dani von Winterfeld.«

Ronalds und Danis Augen trafen sich. Wenig achtete Ronald auf den Namen Winterfeld, der ja nicht selten war. Er merkte sich nur, daß diese junge Dame Dani hieß, also wahrscheinlich Daniela. Er verbeugte sich tief vor ihr.

Dani hatte sich schnell gefaßt und sagte, sich lächelnd verneigend:

»Ich hatte bereits gestern das Vergnügen, Herrn Norden kennenzulernen, und zwar hat er mir einen großen Dienst erwiesen.«

Erstaunt sah die alte Dame sie an.

»Ah, also komme ich zu spät? Ich glaubte schon, Ihnen beiden eine interessante Bekanntschaft zu vermitteln. Denn diese junge Dame, mein lieber Herr Norden, ist zur Zeit entschieden der Clou von Monte Carlo. Alle Welt ist von ihr entzückt. Und

Ihnen, mein liebes Kind, kann ich ohne Übertreibung sagen, daß dieser junge Herr ein Ritter ohne Furcht und Tadel ist.«

Ein liebes, reizendes Lächeln huschte um Danis Mund.

»Was Sie über mich sagen, gnädige Frau, ist weit übertrieben, aber die Eigenschaften des Herrn Norden als Ritter ohne Furcht und Tadel habe ich gestern schon bewundern können, er half mir wirklich aus einer unangenehmen Situation.«

Sie berichtete kurz, was gestern auf der Corniche geschehen war. Als sie geendet hatte, sagte die Kommerzienrätin lächelnd:

»Ja, so ist er immer, hilfsbereit und Kavalier durch und durch. Was haben Sie jetzt vor, Herr Norden?«

»Nichts, gnädige Frau. Ich wollte nur ein wenig promenieren.«

»Nun, das können Sie auch in unserer Gesellschaft. Wäre ich alte Frau allein, würde ich Sie nicht in meiner Gesellschaft festhalten, aber da ich mit einer schönen jungen Dame hier lustwandle, habe ich ja eine Gunst zu vergeben.«

Ronalds Augen leuchteten in die Danis mit einer so intensiven Freude, daß sie errötend die ihren senkte und die Kommerzienrätin bei sich dachte:

Anscheinend ist die Gunst, die ich zu vergeben habe, noch größer, als ich glaubte.

Und es machte ihr Spaß, die beiden jungen Leute zu beobachten und zu konstatieren, daß sie beide Freude an diesem Zusammentreffen hatten.

»Sie sind wohl erst gestern hier angekommen, Herr Norden?«

»Ja, ich war erst einige Tage in Nizza, hatte aber gleich die Absicht, hierherzufahren, da es mir hier besser gefällt.«

»Dann sind Sie ganz unserer Ansicht, wir fühlen uns in Monte auch viel wohler. Wo haben Sie Wohnung genommen?«

»Im Hotel de Paris.«

»Ah, da wohnt ja meine junge Freundin mit ihrem Herrn Vater ebenfalls.«

Wieder huschte ein Blick zwischen den beiden jungen Menschen herüber und hinüber. Artig wandte sich Ronald an Dani:

»Sie wohnen auch im Hotel de Paris?«

»Ja!«

»Wußten Sie das nicht? Haben Sie Fräulein Dani nicht bis zum Hotel gefahren?«

»Nein, sie wünschte am Bahnhof abgesetzt zu werden.«

Dani besiegte ihre Befangenheit.

»Ich habe nicht geahnt, daß Sie im selben Hotel absteigen würden, sonst hätte ich Ihre Liebenswürdigkeit bis zur Neige ausgekostet«, sagte sie mit reizender Schelmerei, die ihn vollends bezauberte.

Man plauderte nun über alle Fragen, die ihnen interessant erschienen, und nahm, nachdem man einige Male auf und ab gegangen war, auf einer Bank Platz, von der aus Dani die Schlafzimmerfenster ihres Vaters im Auge behalten konnte. Ronald hörte aus dem Gespräch, daß sie darauf wartete, daß die Vorhänge von diesen Fenstern fortgezogen würden, damit sie ihren Vater noch sehen könne, ehe er nach Nizza fuhr. Keine Ahnung kam ihm, daß er Danis Vater kannte, daß er ihn einmal in einer sehr beschämenden Situation gesehen hatte. Nichts warnte ihn, auch nicht Danis Name. Wie hätte er annehmen können, daß diese elegante, vornehme junge Dame die Tochter jenes überführten Falschspielers hätte sein können? Den Namen dieses Mannes hatte er längst vergessen; nur ein bleiches, erstorbenes Gesicht tauchte zuweilen noch einmal in seiner Erinnerung auf.

Nachdem man eine halbe Stunde so gesessen hatte, erhob sich die Kommerzienrätin.

»Ich will nun doch erst einmal nach meinem Mann sehen, Sie können meiner jungen Freundin noch ein Weilchen Gesellschaft leisten, Herr Norden.«

Ronald verbeugte sich.

»Es wird mir eine Ehre und ein Vergnügen sein.«

Dani war zu ihrem Leidwesen wieder rot geworden, was die Kommerzienrätin mit Vergnügen bemerkte. Es war ihr nicht entgangen, daß Dani bisher allen Herren gegenüber sehr ruhig und gleichmütig geblieben war. Jetzt zum ersten Mal schien ihre Ruhe etwas erschüttert zu sein, und die Kommerzienrätin dachte bei sich:

Nun ja, Ronald Norden ist aber auch nicht irgendeiner, der

hat schon das Zeug dazu, eine junge Dame aus ihrer Ruhe zu bringen.

Und sie beschloß, diesen beiden jungen Menschen recht häufig Gelegenheit zu geben, einander näherzukommen. Und ehe sie ging, sagte sie wie beiläufig:

»Also, zum Lunch im Hotel de Paris sehen wir uns wieder, Fräulein Dani, ich werde pünktlich sein.« Und zu Ronald gewandt, fuhr sie fort: »Wir sind nämlich heute ohne männlichen Schutz, unsere Herren fahren wieder nach Nizza hinüber.«

Ronald fing das sofort auf.

»Darf ich mich den Damen als Beschützer zur Verfügung stellen. Ich lunche ja sowieso im Hotel de Paris.«

»Wundervoll! Was sagen Sie, Fräulein Dani, da haben wir mit einem Mal einen Ritter, direkt wie vom Himmel gefallen. Also, auf Wiedersehen beim Lunch.«

Dani und Ronald begleiteten die alte Dame bis zur Treppe, und Ronald führte sie artig die Stufen hinauf. Aber dann schickte sie ihn lachend zu Dani zurück.

Mit einigen Sätzen war er wieder die Treppe herabgesprungen und stand nun mit leuchtenden Augen vor Dani.

»Werden Sie mich auch nicht fortschicken, mein gnädiges Fräulein?« fragte er artig.

Sie stellte sich ganz unbefangen.

»Wenn Sie nichts Besseres vorhaben, werde ich mich freuen, wenn Sie mir noch ein Weilchen Gesellschaft leisten.«

Er schritt ihr zur Seite, und sie promenierten wieder auf und ab.

»Frau Kommerzienrat Köppen ist mir immer sehr sympathisch gewesen, aber so froh wie heute war ich noch nie über ihren Anblick«, sagte er aufatmend.

Das Blut stieg ihr ins Gesicht. Aber sie sagte, scheinbar harmlos:

»Nun ja, in der Fremde freut man sich doppelt über ein bekanntes Gesicht.«

Mit einem ernsten Ausdruck sah er ihr tief in die Augen.

»Nein, so war es nicht gemeint, mein gnädiges Fräulein. Ich war seit gestern in großer Unruhe, ob und wie es mir gelingen würde, Sie wiederzusehen und mit Ihnen sprechen zu können – und zwar nicht nur so en passant – ich hatte das Gefühl, als könnten wir uns mancherlei zu sagen haben. Und ich hoffte sehr darauf, die Bekanntschaft Ihres Herrn Vaters zu machen – um mich Ihnen in Ehren wieder nähern zu können.«

Dani war schon gewohnt, daß sie sehr auf Männer wirkte und sehr schnell, und es hatte sie immer ein wenig befangen gemacht und sie gewiß nicht gefreut. Aber jetzt war ein heißes Freuen in ihr. Die Worte, die er sprach, klangen so ehrlich, so ernst und so vielsagend. Wie gern hätte sie ihm gesagt, daß sie sich ebensosehr freue, daß die Kommerzienrätin ihre formelle Bekanntschaft vermittelt und sanktioniert hatte. Aber so sagte sie nur leise:

»Heute werden Sie die Bekanntschaft meines Vaters kaum noch machen können, aber vielleicht findet sich morgen Gelegenheit dazu. Da Sie mit Herrn und Frau Kommerzienrat Köppen bekannt sind, würde sich das auch einrichten lassen, ohne daß ich Ihnen dankbar sein müßte für ihre gestrige Hilfe, für die Ihnen mein Vater seinerseits noch Dank schuldig ist.«

»Den ich mir nur gefallen lassen werde, weil es mir Gelegenheit geben wird, mich Ihrem Herrn Vater in einem günstigen Licht zu präsentieren.«

Sie sah scheu zu ihm auf.

»Liegt Ihnen so viel daran?«

Er blieb vor ihr stehen und sah sie groß und ernst an.

»Ja – sehr viel – sehr viel. Ich möchte, daß Ihr Herr Vater mir gestattet, öfter Ihre Gesellschaft genießen zu dürfen. Bitte fassen Sie das nicht als irgendeine belanglose Galanterie auf – ich meine es ernst, sehr ernst –, ich habe noch nie eine Frau kennengelernt, die einen ähnlichen Eindruck auf mich gemacht hätte wie Sie. Bitte glauben Sie nicht, daß es sonst meine Art ist, so intensiv an eine Bekanntschaft heranzugehen, ich bin im Gegenteil ein wenig schwerfällig und sehr zurückhaltend. Aber im Leben eines jeden Menschen gibt es eine Stunde, in der er sich sagen muß: ›Nicht zaudern, sonst geht das Glück vorbei!‹

Bitte zürnen Sie mir nicht – es ist vielleicht unentschuldbar, daß ich Sie so jäh mit derartigen Erkärungen überfalle. Aber, eines muß ich wissen, gleich jetzt: Gibt es einen Mann, der ernste Rechte auf Sie hat?«

Obwohl sie dunkel erglüht war, hielt sie seinen Blick aus, und ehrlich und klar blickten ihre hellen Augensterne, als sie ernst und fest erwiderte:

»Nein, es gibt keinen solchen Mann außer meinem Vater, und es existiert überhaupt kein anderer Mensch, der zu mir gehört, als er.«

Er faßte ihre Hand und beugte sich darüber.

»Ich danke Ihnen – oh, ich danke Ihnen.«

Schweigend gingen sie dann weiter, aber in diesem Schweigen lag eine leidenschaftliche Beredsamkeit. Dani wußte nicht, wie ihr ums Herz war, sie wußte nur, daß dieser Mann eine seltsam zwingende Art hatte, ihr ganzes Denken und Empfinden zu beeinflussen. Und für ihn fand sie keine der vielen konventionellen Lügen, die einer Frau sonst zu Gebote stehen. Mit einer seltsam süßen Willenlosigkeit fügte sie sich darein, daß er ihr so schwerwiegende Dinge sagte, wie noch kein Mann hatte zu ihr sprechen dürfen.

Und auch ihr war, als rufe ihr das Schicksal zu: Nicht zaudern, sonst geht das Glück an dir vorüber.

Ronald Norden? Wie vertraut ihr dieser Name schon klang, als gehöre er nicht einem Menschen an, den sie gestern erst zum ersten Mal gesehen hatte, sondern als sei er ihr schon lange bekannt und vertraut.

Ronald Norden! Das klang ihr so, als streiche eine linde, gütige Hand über sie dahin. Gütig war er – ja – und nicht einer jener lustigen Vögel, die schnell bei der Hand sind, einen Flirt anzufangen. Nein, ernst und ehrlich hatte sein Blick in dem ihren geruht, mit dringlicher Sorge, als er sie gefragt hatte, ob ein anderer Rechte an sie habe. Und wie in ihrem Herzen ein aufgestörtes und doch süßes Empfinden wach geworden war, so sah es auch in seinem Herzen aus. Nur daß er es bewußter, bestimmter und überzeugter spürte, daß er an der Seite der Frau dahinschritt, die seines Lebens Vollendung bedeutete. Blond bis ins Herz hinein! Ja, sie war licht und klar und weich und weiblich, so, wie er sich die Frau erträumt hatte, die er einmal heimführen wollte.

Gewiß wollte er sie erst noch näher kennenlernen, wie es seine Pflicht war, wenn er seinem Vater eine Schwiegertochter ins Haus brachte. Aber er war schon ganz sicher, ganz im reinen mit sich. Und ohne eine Spur arrogant zu sein ,fühlte er, daß Dani auch ihm nicht gleichgültig gegenüberstehe, daß auch für sie die Stunde gekommen war, in der sie sie sich einem starken Gefühl ergeben würde, ergeben mußte.

Wohl sagte er sich, es dürfte ihr bisher nicht an Verehrern gefehlt haben, und ganz gewiß hatte sie unter vielen schon die Auswahl gehabt. Ein so schönes und herrliches Geschöpf mußte Bewunderung erregen. Aber ganz klar und sicher fühlte er die tiefe Unberührtheit und Reinheit ihres Wesens. Das war keine leichtfertige, moderne junge Dame, die für sich das Recht des Sichauslebens in Anspruch nahm. Alles an ihr atmete Unschuld und Reinheit des Empfindens. Für ihn gab es hierüber keinen Zweifel.

So gingen beide, von ihren Gefühlen bewegt, nebeneinander und sprachen nur zuweilen einige Worte, die ihnen bewiesen, daß sie beide von der Kostbarkeit dieser Stunde überzeugt waren und im Herzen miteinander redeten, wie es ihre Lippen noch nicht tun durften. Sie wollten auch beide ihre Gefühle nicht durch banale Redensarten entweihen.

Endlich bemerkte Dani, daß die Vorhänge im Schlafzimmer ihres Vaters aufgezogen waren. Sie blieb an der Treppe stehen.

»Ich muß jetzt hinaufgehen zu meinem Vater«, sagte sie.

Er verbeugte sich.

»Ich darf Sie nicht halten, aber ich darf Ihnen danken für diese Stunde, mein gnädiges Fräulein. Aber eine Frage möchte ich noch an Sie richten: Jenes Eckfenster da oben in der ersten Etage – gehört doch zu Ihrem Zimmer?«

Wieder schoß ihr das Rot verräterisch in die Wangen.

»Ja!« sagte sie leise.

»Ich wollte nur wissen, ob ich gestern abend recht gesehen hatte, als ich meinte, Sie an diesem Fenster bemerkt zu haben.«

Sie sah ihn tapfer an.

»Ja, auch ich habe Sie gesehen – und glaubte, Sie wollten ins Kasino gehen.«

»Das wollte ich auch, aber – ich hatte auf einmal keine Lust mehr.«

»Spielen Sie?« fragte sie erwartungsvoll.

Er lachte ein wenig.

»Nein, am liebsten nicht, es macht mir kein Vergnügen, denn wenn ich verliere, ärgere ich mich über meine Torheit, und wenn ich gewinne, habe ich ein unbehagliches Gefühl, als hätte ich mich unrechtmäßig bereichert. Hier in Monte spiele ich aber ganz bestimmt nicht.

Ich wollte gestern nur ins Kasino gehen, um mich umzusehen, ob ich Bekannte treffen würde.

Ihre Augen hatten ihn angestrahlt.

»Ich finde es schön, daß Sie nicht gern spielen. Hier spielen leider fast alle Menschen, auch viele Damen, bei denen ich es ganz besonders unleidlich finde. Selbst Frau Kommerzienrat Köppen spielt zuweilen – zu ihrer Unterhaltung.«

»Ja, es liegt hier gewissermaßen in der Luft. In Monte gewesen zu sein, ohne zu spielen, das ist, wie in Rom gewesen zu sein, ohne den Papst gesehen zu haben«, scherzte er.

Ihre Augen waren aber tiefernst geworden.

»Es ist vielleicht töricht von mir, eine so starke Aversion gegen das Spiel zu haben. Frau Kommerzienrat Köppen nennt mich eine kleine Puritanerin und findet es engherzig, daß ich finde, jedem Spiel hafte etwas Unschönes – fast Lasterhaftes an. Vielleicht bin ich auch engherzig, aber – es ist seltsam, wenn ich nur vom Spiel höre, überläuft es mich immer wie ein heimliches Grauen – so, als drohe mir irgendeine Gefahr, wenn ich irgendwie mit dem Spiel in Verbindung treten würde. Das ist furchtbar töricht. Papa zankt mich auch zuweilen ein wenig aus. Er findet es ganz amüsant, zuweilen ein kleines Spielchen zu machen. Gleich am ersten Tag, als wir hier waren, setzte er am Roulett. Er gewann sogar, so an zweitausend Franc, aber mir war ganz unheimlich zumute, und ich hätte dieses gewonnene Geld am liebsten einem Bettler geschenkt.«

Mit einem tiefen Empfinden hatte er ihren Worten gelauscht. Er fand es durchaus verständlich, daß dieses reine, sensitive Geschöpf das Spiel verabscheute. Hätte sie anders darüber gedacht, so hätte ihn das an ihrem Bild gestört.

»Ich freue mich, daß Sie so denken«, sagte er ernst. »Wenn ich es schon nicht leiden mag, wenn Männer spielen, bei einer Frau ist es mir völlig undenkbar.«

Sie reichte ihm schnell die Hand.

»Jetzt muß ich aber gehen, Papa läuft mir sonst davon.«

Er verbeugte sich, seinen Hut ziehend, und ergriff ihre Hand.

»Auf Wiedersehen, mein gnädiges Fräulein!«

Sie nickte ihm zu.

»Auf Wiedersehen beim Lunch, Herr Norden!«

Dann eilte sie davon. Wieder sah er entzückt ihrem beschwingten Gang nach, und immer fester setzte sich der Gedanke in seinen Kopf, daß dieses schöne Mädchen seine Frau werden müsse.

VIII

Dani traf ihren Vater in dem kleinen Salon beim späten Frühstück. Er war schon völlig angekleidet und streckte die Hand nach seinem Töchterchen aus. Ein wenig blaß und müde sah er aus, aber sonst hatte er sich vollständig in der Gewalt. Dani merkte ihm nicht an, daß er gestern etwas erlebt und getan hatte, was ihn tief bedrückte.

»Wie gut, Papa, daß ich dich noch antreffe. Ich habe dein Schlafzimmerfenster beobachtet. Hast du ausgeschlafen?«

»Danke, mein Kind. Ich sah dich unten auf der Terrasse mit einem jungen Herrn promenieren, der mir nicht bekannt war.«

Dani bot alle Kraft auf, um den Vater nicht merken zu lassen, daß dieser junge Mann ihr mehr zu gelten begann als je ein Mensch zuvor.

»Ja, Papa, dieser junge Herr hat mir gestern einen großen

Dienst erwiesen, und außerdem ist er ein guter Bekannter von Frau Kommerzienrat Köppen, die uns miteinander bekannt gemacht hat.«

Und sie erzählte ihrem Vater, wie sie Ronald Norden kennengelernt hatte, von ihrem Zusammentreffen mit der Kommerzienrätin am heutigen Morgen und wie Ronald Norden zu ihnen gestoßen war. Die Augen ihres Vaters sahen nachdenklich zu ihr auf.

»Also der Sohn des Großindustriellen Friedrich Norden? Das ist eine Weltfirma, Kind.«

Dani hatte plötzlich eine unsinnige Angst, daß der Vater sagen könnte: Der junge Mann ist ein sehr reicher Erbe und eine glänzende Partie. – Sie fühlte, würden diese Worte fallen, wäre sie nicht mehr imstande, unbefangen mit Ronald Norden zu verkehren. Aber zum Glück hielt ihr Vater diese Bemerkung zurück, wenn er auch dachte, was seine Tochter nicht hören wollte. Keine Ahnung kam ihm, daß Ronald Norden Mitglied jenes Klubs in Berlin war, wo ihn das Verhängnis ereilt hatte, und daß er ihm schon begegnet war.

»Ich hoffe, den jungen Herrn kennenzulernen, damit ich ihm meinen Dank dafür abstatten kann, daß er dir behilflich war.«

»Er wird heute mittag mit Frau Kommerzienrat Köppen und mir den Lunch einnehmen, er hat sich uns als Beschützer zur Verfügung gestellt, da wir doch allein sein werden. Frau Kommerzienrat Köppen wollte mit mir zusammen lunchen, wir wollen uns gegenseitig die Zeit vertreiben.«

»Ah, das ist gut, da weiß ich dich wenigstens in guter Gesellschaft. Sage der gnädigen Frau schon im voraus meinen Dank.«

»Das will ich tun, Papa. Wirst du heute wieder so spät von Nizza zurückkommen?«

Seine Stirn zog sich wie im Schmerz zusammen.

»Ich weiß es nicht, Kind. Du weißt ja, ich habe Geschäfte drüben. Da ist man nicht Herr seiner Zeit. Aber hier, nimm das an dich, ich habe gestern einen guten Abschluß gemacht, und da trenne ich mich leicht von einigen Tausendern.«

Damit schob er ihr zehntausend Franc hin. Erschrocken sah sie ihn an.

»So viel Geld, Papa?«

Er lachte. Immer, wenn er gewonnen hatte, gab er Dani eine kleine Summe für persönliche Bedürfnisse, und wenn sie das Geld nicht verbrauchen konnte, sagte er: »Spare es für Zeiten, da meine Geschäfte schlechter gehen.« Soviel wie heute hatte er ihr aber noch nie auf einmal gegeben, und unter den erschrockenen Augen seiner Tochter wurde ihm sehr unbehaglich zumute. Er wußte ja, es war unrechtmäßig erworbenes Geld, im Falschspiel hatte er es gewonnen. Aber er sagte hastig:

»Du sollst das auch nicht alles verbrauchen, Dani. Du hast ja schon einen kleinen Sparfonds, du kannst das dazulegen. Das kommt dir dann zugute, wenn wir erst in unserm kleinen Häuschen sitzen und die Pfennige wieder umdrehen müssen. Jetzt kann ich es leicht entbehren. Später werde ich vielleicht geizig.«

Sie streichelte sein Haar.

»Später, wenn wir in dem kleinen Häuschen sitzen, will ich selbst verdienen, Papa, dann sollst du nicht mehr für mich sorgen müssen.«

Er nickte ihr zu, legte seinen Kopf an ihre Schulter und sagte aufatmend:

»Wäre es nur erst soweit, Dani, daß wir in dem Häuschen säßen.«

»Das wird schon noch kommen, lieber Papa. Deine Geschäfte gingen doch bisher gut. Sie werden hoffentlich auch weiter gutgehen.«

Er sprang auf.

»Nun muß ich mich aber beeilen. Also verwahre das Geld, es ist immer gut, wenn du selbst ein wenig bei Kasse bist. Ich weiß ja, du gibst nichts unnütz aus.«

»Ganz gewiß nicht, Papa, ich weiß doch, wie schwer du darum ringen mußt.«

Der Vater machte sich fertig, um nach Nizza zu fahren. Er verabschiedete sich herzlich von Dani und strich ihr mit leise bebender Hand über das Haar. Am liebsten hätte er zu ihr gesagt: Bete für mich, daß ich heute ehrlich bleiben darf. Aber er dachte es nur.

Dani blieb allein zurück und suchte ihr Zimmer auf, um die

zehntausend Franc in ihrem Schrankkoffer zu verwahren. In einem kleinen Kästchen verwahrte sie das andere Geld, das sie vom Vater erhalten hatte. Sie nahm das Kästchen aus einem der Fächer des Schrankkoffers und zählte das Geld. Es waren fast neuntausend Franc, also mit dem heute erhaltenen fast neunzehntausend. Sie seufzte ein wenig. Schade, daß es nicht ebensoviel Schweizer Franken waren, der französische Franc galt sehr viel weniger. Aber auch so war es für sie noch eine recht hübsche Summe. Sorgfältig verwahrte sie alles in dem Kästchen, stellte das wieder in das Fach des Schrankkoffers und schloß dann dieses und auch den Schrankkoffer ab. Sie ließ, mit Ausnahme einiger Kleider, die sie täglich brauchte, alle ihre Sachen in ihrem Schrankkoffer, weil der Vater ihr gesagt hatte, sie solle es tun für den Fall, daß sie eines Tages schnell abreisen müßten und sie nicht Zeit hätten, zu packen. Ihr Vater hielt das auch so, und Dani hatte keine Ahnung, daß ihn zu dieser Weisung die heimliche Angst getrieben hatte, ihm könne einmal unerwartet schnell der Boden unter den Füßen zu heiß werden.

Dani machte sich nun langsam zum Lunch fertig, und dabei flogen ihre Gedanken wieder zu Ronald Norden hin.

Jedes seiner Worte hatte sie treu in der Erinnerung behalten, und ihr war auf einmal, als wiederhole seine warme, gütige Stimme diese Worte. Ein Beben lief über sie hin. Sie blieb stehen, kreuzte die Arme über der Brust und barg das Haupt in den Händen, so daß ihre Wangen zwischen den Handrücken ruhten. Eine weiche, ergebene Geste war es, die das Aufgeben jeden Widerstandes ausdrückte.

Sie und er – er und sie! War es nicht das Schicksal selbst, das sie zusammengeführt hatte, eben weil es sie füreinander bestimmt hatte? Warum also sich dagegen wehren? War es nicht ein süßes Gefühl, zu spüren, daß alles sie zu ihm hinzog mit allen Fasern ihres Seins?

Ging nicht aus jedem seiner Worte, aus jedem seiner Blicke die Absicht hervor, um sie zu werben? War nicht das, war nicht vieles andere noch wie ein holdes, liebliches Wunder? Da traf sie ihn auf der Corniche gerade in dem Moment, als sie eines Schutzes bedurfte. Und im Buch des Schicksals stand geschrieben, daß ihrer beider Herzen einander zufliegen mußten, ohne die Möglichkeit zu haben, sich dagegen wehren zu können. Sie hatte schon während der Wagenfahrt gespürt, daß eine höhere Macht ihr bestimmt hatte, dieser Mann soll das Glück oder Unglück ihres Lebens sein und werden. War es denn möglich, so schnell sein Herz verlieren zu können?

Sie richtete sich mit einem verschämten Lächeln aus ihrer Versunkenheit empor und begann unter ihren Kleidern zu wählen, welches sie für den Lunch anlegen sollte. Auf einmal erschien es ihr als sehr wichtig, gut auszusehen. Sie entschied sich endlich für ein schlichtes weißes Kreppkleid, das durch einen roten Lackledergürtel um die Hüften zusammengehalten wurde und das am Halse und an den Ärmelbündchen schmale Aufschläge von roter Seide hatte. Es war wirklich ein ganz einfaches Kleid, aber sie sah darin entzückend frisch und jung aus. Der Vater hatte ihr einmal gesagt, dieses Kleid stehe ihr besonders gut. Deshalb wählte sie es, denn sie wußte, der Vater hatte einen sehr guten Geschmack.

Schnell fuhr sie mit einer Puderquaste über ihr vor Erregung glühendes Gesicht, und dann trat sie an das Fenster und sah hinunter. Es war etwas zu früh, und sie wollte um keinen Preis die erste sein, wollte erst hinunterkommen, wenn die Kommerzienrätin und Ronald Norden schon anwesend waren.

Während sie so in Träumereien versunken dastand, kam ihr plötzlich ein beunruhigender Gedanke. Ronald Norden würde sie wahrscheinlich wie alle anderen hier für die Tochter eines reichen Vaters halten.

Das verursachte ihr ein seltsames Unbehagen. Den andern gegenüber etwas vorzutäuschen, war ihr schon nicht angenehm gewesen, aber weil es der Vater für notwendig hielt, hatte sie es getan. Sie hatte zwar nie behauptet, reich zu sein, hatte es aber auch nicht in Abrede gestellt, wenn man ihr Andeutungen darüber machte. Aber diesen gleichgültigen Menschen gegenüber war ihr das nicht sehr wichtig erschienen. Jetzt jedoch fiel ihr ein, daß es ihr nicht möglich sein würde, Ronald Norden etwas vorzutäuschen. Nein! Ihm durfte sie nicht die reiche Erbin vorspielen, das wäre unehrlich! So ehrlich er ihr gegenüber war, so ehrlich mußte sie auch ihm gegenüber sein. Sie mußte den Vater bitten, ihr zu gestatten, Ronald Norden offen einzugestehen, daß sie arm sei.

Aber dann würde der Vater forschen und fragen, warum es ihr gerade in bezug auf Ronald Norden peinlich sein würde, etwas anderes zu scheinen, als sie war. Und – er würde dann vielleicht doch tun, was sie unbedingt verhindern wollte, ihr nahelegen, daß er eine gute Partie sei. Oh, nur das nicht! Das wollte, das durfte sie nicht hören, das durfte keine Bedeutung für sie erhalten. Ob er reich oder arm war, war ihr gleich. Und sie wußte, auch ihm würde es gleich sein, ob sie arm oder reich sei. Um so nötiger war es, ihm offen ihre Verhältnisse klarzulegen. Und das wollte sie unbedingt tun. Den Vater durfte sie nicht erst danach fragen. Sie konnte ja Ronald Norden um strengste Diskretion bitten. Aber wissen mußte er, noch ehe er ihr näherkam – noch ehe er mit ihrem Vater sprach, daß sie und der Vater ganz arme Menschen waren.

Sie richtete sich auf, und es war ihr nun wieder ganz leicht ums Herz. In Gegenwart der Frau Kommerzienrat konnte sie ihm das allerdings nicht sagen, aber vielleicht war ihr noch einmal ein kurzes Alleinsein mit ihm beschieden.

Schnell machte sie sich fertig und ging hinunter in den Speisesaal. Sie sah, daß Ronald Norden gerade der Kommerzienrätin behilflich war, sich an einem Tisch am Fenster niederzulassen.

Als er sie kommen sah, ging er ihr entgegen und geleitete sie ebenfalls an den Tisch, sie fragend, ob auch sie mit der Wahl zufrieden sei.

Sie bestätigte ihm das und nahm Platz. Und da sah sie vor ihrem Platz einen großen Veilchenstrauß stehen, Nizzaer Veilchen, während vor der Kommerzienrätin wundervolle Marschall-Niel-Rosen standen.

Mit einem fragenden Lächeln sah sie zu ihm auf.

»Diese Nizzaer Veilchen sind viel größer als unsere deutschen, aber sie duften nicht so lieblich. Trotzdem habe ich gerade Veilchen für Sie gewählt, mein gnädiges Fräulein, die

Blume des Frühlings«, sagte er artig, sich ebenfalls niederlassend.

»Und mich haben Sie mit stolzen Marschall-Niel-Rosen bedacht, Herr Norden. Herrlich, diese Blumen! Ich liebe sie sehr.«

»Das wußte ich, gnädige Frau. Sie verrieten es mir einmal in Berlin, als sie bei uns zu Gast waren. Aber welche Blumen das gnädige Fräulein bevorzugt, wußte ich nicht und mußte aufs Geratewohl wählen.«

»Und haben auch dabei das Richtige getroffen. Die Herren unseres hiesigen Gesellschaftskreises haben Fräulein von Winterfeld schon mit Veilchen überschüttet, weil es ihre Lieblingsblume ist.«

Ronald sah Dani an.

»Ich hatte es im Gefühl, daß Sie Veilchen bevorzugen würden.«

Dani dankte ihm lächelnd.

Man plauderte vergnügt. Die Kommerzienrätin bestellte an Ronald Grüße ihres Gatten und sagte ihm, dieser freue sich sehr, ihn hier begrüßen zu können.

»Fast wäre er zurückgeblieben, um mit Ihnen zusammenzutreffen, aber die Herren müssen etwas sehr Interessantes vorhaben, und so wurde er doch schwach und fuhr mit.«

»Mein Vater läßt Ihnen vorläufig durch mich danken, daß Sie mir gestern behilflich waren und mich mit Frau Kommerzienrat zusammen nun auch heute unter Ihren Schutz nehmen wollen. Er hofft, Sie morgen kennenzulernen.«

Ronald verneigte sich.

»Es soll mir eine Ehre und ein Vergnügen sein, mein gnädiges Fräulein«, erwiderte er.

Als man den Lunch eingenommen hatte, bemerkte die Kommerzienrätin, daß sie in ihr Hotel zurückkehren würde, um die gewohnte Siesta zu halten.

»Und was tun Sie heute nachmittag, Fräulein Dani?« fragte sie.

»Ich muß mich ein wenig auslaufen, ich bin heute noch nicht dazugekommen. Erst werde ich Sie, wenn Sie gestatten, zu Ihrem Hotel begleiten, und dann werde ich ein Stück nach La Turbie hinaufgehen oder zu irgendeinem andern Punkt.«

Ronald sah Dani bittend und erwartungsvoll an.

»Darf ich mich Ihnen anschließen, mein gnädiges Fräulein? Auch mich verlangt es nach einem tüchtigen Spaziergang.«

Dani sah erst die Kommerzienrätin wie fragend an, aber diese sagte lebhaft:

»Selbstverständlich, Kindchen, dann haben Sie Gesellschaft, und in Herrn Nordens Gesellschaft sind Sie in guter Hut. Wenn Sie zurückkommen, bitte ich Sie, mir in meinem Hotel beim Tee Gesellschaft zu leisten.«

Dani stimmte zu und bat nur für einige Minuten um Entschuldigung, weil sie sich aus ihrem Zimmer Hut und Handschuhe holen wollte.

Schnell ging sie davon. Ronald sah ihr selbstvergessen nach, und die Kommerzienrätin lächelte leise.

»Wie gefällt Ihnen meine junge Freundin, Herr Norden?« fragte sie.

Er schrak zusammen.

»Sie ist bezaubernd?« stieß er hervor.

Sie nickte.

»Ja, alle unsere Herren finden das. Aber sie bleibt all dieser Bewunderung gegenüber so bescheiden und zurückhaltend, daß man sich nur wundern kann. Von der Art der heutigen jungen Damen hat sie absolut nichts an sich. Gedankenlose Flirts und Koketterien liegen ihr nicht. Sie hat sogar eine wahre Angst, einen der Herren irgendwie zu bevorzugen. Da ist der Conte Spirinelli, der sie anbetet und sicherlich gern zu seiner Frau machen möchte. Und sie hat mich flehentlich gebeten, sie nicht mehr mit ihm allein zu lassen, weil sie Angst hat, daß er um sie anhält, und weil es ihr, wie sie sagt, weh tun würde, einem Mann einen Korb zu geben. Er aber will anscheinend ihre ziemlich deutliche Abwehr nicht verstehen.«

Ronald atmete tief auf.

»Und – sie liebt ihn nicht und würde seine Werbung nicht annehmen?«

»Nein, das weiß ich sicher, obwohl er ein sehr vermögender

Mann und bildschön ist. Aber – er ist einen halben Kopf kleiner als sie. Und sie brauchte ja nicht um Geld zu heiraten, ihr Vater ist ein sehr reicher Mann und sie sein einziges Kind. Ich bin überzeugt, sie würde auch ohnedies nie um Geld heiraten, sie ist eine sehr vornehme und zurückhaltende junge Dame, beinahe für ihre Jugend zu ernst und tiefgründig. Ich glaube, sie legt einen ziemlich strengen Maßstab an sich und andere Menschen. Es beschämt einen zuweilen, wenn man sich als alte Frau auf einer weniger gewissenhaften Anschauungsweise ertappt, als dieses junge Kind sie besitzt. Das unschuldigste Spielchen sieht sie schon als ein Laster an, und ihr Vater beschwört uns, ihr nicht zu verraten, daß wir zuweilen in seinem Salon in seiner Gesellschaft ein Spielchen entrieren. Sie mag das nicht, und erst, wenn sie um elf Uhr verschwindet, um zur Ruhe zu gehen, dürfen wir es wagen, an ein Spielchen zu gehen.«

Mit brennendem Interesse hatte Ronald zugehört, und was sie ihm sagte, zeigte ihm Dani nur in einem immer günstigeren Licht.

»Sie sprach schon heute morgen davon, daß sie eine tiefgehende Abneigung gegen jede Art von Spiel hat.«

»Nun ja, man hört hier so manches, was auf eine so empfindsame Mädchenseele wirken muß. Schließlich ist auch diese Abneigung liebenswürdig an ihr, sie entspringt einer absoluten Reinheit und Lauterkeit des Empfindens. Aber – da sehe ich sie zurückkommen. Bitte verraten Sie um keinen Preis, daß ich Ihnen ausgeplaudert habe, daß wir mit ihrem Vater zuweilen ein Spielchen machen. In dieser Beziehung steht er ein wenig unter dem Pantoffel, sie soll nicht wissen, daß er ein Freund der Karten ist.«

»Sie können unbesorgt sein. Ich weiß nun, daß es ihr weh tun würde, und das will ich doch um keinen Preis«, sagte er ernst.

Sie nickte ihm lächelnd zu, und es freute sie, daß er ein so starkes Interesse an Dani nahm. Da sie ihn ebenfalls für einen sehr tiefangelegten Menschen hielt, fand sie, daß diese beiden jungen Leute wunderbar zueinander paßten – und Ehestiften ist nun mal eine Schwäche aller alten Damen.

Dani hatte ihre Veilchen mit auf ihr Zimmer genommen, und ein winziges Sträußchen davon hatte sie an ihrem Kleid befestigt. Ronald bemerkte das mit großer Freude.

Sie begleiteten zunächst die alte Dame bis zu ihrem Hotel, und dann gingen sie wieder zurück.

»Wohin wollen wir gehen, Herr Norden? Nach Monaco hinüber oder hinauf nach La Turbie?«

»Ganz wie Sie wünschen.«

»Dann wollen wir also nach Monaco hinüber, zur Residenz des Fürsten. Sie ist so drollig, diese kleine Residenz.«

»Ist der Fürst momentan hier?«

»Nein, ich hörte, er sei in Paris. Dort lebt er ja in der Hauptsache.«

Sie gingen nun mit dem raschen, federnden Schritt gesunder Jugend nebeneinander her und plauderten über die Eindrücke, die sie von allem, was sie sahen, empfingen. Er zeigte zum Kap Martin hinüber.

»Dort drüben in Kap Martin war ich einige Wochen mit meiner Mutter zusammen, kurz bevor sie starb.«

»Oh, Sie haben auch keine Mutter mehr?«

»Nein, leider nicht, ich lebe mit meinem Vater zusammen im Grunewald, wo sich unsere Villa befindet. Außer meinem Vater habe ich nur noch einen Menschen, der mir nahesteht, die Schwester meiner Mutter.«

»Aber hoffentlich verstehen Sie sich gut mit diesen beiden Menschen.«

»Gottlob, sehr gut. Aber – sie wünschen beide, daß ich mich bald verheiraten soll.«

Dabei sah er sie mit einem schnellen Seitenblick an und merkte, daß sie sehr rot wurde. Da klopfte sein Herz hart und laut.

»Wie alt sind Sie?« fragte sie schnell, scheinbar unbefangen.

»Dreiunddreißig.«

Ein Lächeln huschte über ihr Gesicht.

»Ich glaube, das ist das rechte Alter für einen Mann, zu heiraten.«

»Das meinen meine Angehörigen auch. Und wie alt sind Sie?

Bei Ihnen darf man ja noch fragen.«

»Zwanzig!«

»Oh – auch das rechte Alter zum Heiraten – für eine Frau«, sagte er lächelnd.

Sie errötete leicht.

»Mir hat es noch nicht geeilt. Ich bin froh, daß ich jetzt bei meinem Vater sein darf. Wir waren lange getrennt, er und ich, seit dem Tod meiner Mutter. Da kam ich nach Montreux in Pension und sah Papa nur selten.«

»Ah, daher kennen Sie Montreux?«

»So ist es. Erst seit knapp zwei Monaten bin ich mit Papa zusammen.«

»Da hat er sie aber sehr lange in der Pension gelassen.«

Sie wurde sehr ernst.

»Es ging nicht anders. Aber um so glücklicher bin ich, daß ich nun bei ihm sein kann.«

»Und das Leben hier ist doch auch viel interessanter und amüsanter als in der Pension.«

»Das wohl! Und ich freue mich, daß ich so viel Schönes zu sehen bekomme. Jede Stunde genieße ich mit Andacht.«

»Darf ich fragen, wo Sie Ihren dauernden Wohnsitz haben?«

Sie blieb an der Kaimauer des Hotels stehen und sah auf eine hübsche, elegante Segeljacht herab.

»Wir haben noch keinen dauernden Wohnsitz. Mein Vater ist seit dem Tod meiner Mutter ruhelos umhergezogen, und deshalb ließ er mich so lange in der Pension. Ich sollte sein unstetes Wanderleben nicht teilen.«

»Er war also dauernd auf Reisen in all den Jahren? Verzeihen Sie, daß ich so viel frage – aber ich möchte viel – alles von Ihnen wissen. Darf ich einmal ganz offen von dem reden, was mir das Herz bewegt?«

Sie sah ihn verwirrt an, sagte aber tapfer:

»Ich werde Sie nicht daran hindern.«

Er atmete tief auf.

»Bitte lassen Sie uns erst noch ein Stück weiter hinaufsteigen. Da oben sehe ich eine Bank, von der wir einen wundervollen Ausblick auf das Meer haben.«

Sie neigte das Haupt, und sie gingen hinauf. Kein Wort sprachen sie, bis sie die einsame Bank erreicht hatten. Sie ließ sich darauf nieder, und er lehnte sich an einen neben der Bank stehenden Baum.

»Nun stört uns niemand, und ich darf Ihnen von mir erzählen, mein gnädiges Fräulein.«

Sie nickte ihm zu, und in ihren Augen lag ein Interesse, das ihn beglückte.

»Mein Vater wollte mich verheiraten«, sagte er, »mit einer jungen Dame, deren Vater eine ähnliche Fabrik besitzt wie die unsere. Die beiden Betriebe greifen gewissermaßen ineinander, und so war der Wunsch unserer Väter zu verstehen, beide zu fusionieren. Dazu wäre es aber nötig gewesen, daß ich mich mit der einzigen Tochter dieses Geschäftsfreundes meines Vaters verheiratet hätte.«

Dani war ein wenig bleich geworden, was er sehr wohl bemerkte und was ihn freute.

Er fuhr fort:

»Sie verzeihen, wenn ich ein wenig weit aushole, aber ich möchte mich Ihnen verständlich machen. Die junge Dame, um die es sich handelt, gefiel mir aber nicht – sie ist eine ganz moderne Lady, ganz anders als Sie, leugnet alle Gefühle, wenn sie überhaupt welche hat, und gibt sich so frei, wie es mir an meiner Frau nie gefallen würde. Auch ihr Äußeres sagte mir nicht zu – sie ist brünett, von dem modernen, knabenhaften Typ, der mir an einer Frau widernatürlich erscheint. Und als mein Vater mich überreden wollte, sie zu heiraten, sagte ich ihm das. Als er mich fragte, wie ich mir meine künftige Frau denke, erwiderte ich ohne Besinnen: ›Blond bis ins Herz hinein!‹ Ich will nur noch kurz bemerken, daß die besagte junge Dame mich ebensowenig begehrenswert fand wie ich sie. Ich war ihr zu ernst und nachdenklich, und sie sagte mir spöttisch, sie nähme an, daß ich mit einer Menge sittlicher Forderungen meiner künftigen Frau gegenübertreten würde. Wir kamen daher ganz ruhig überein, nicht zu heiraten. Sie hatte übrigens schon gewählt. Mein Vater hatte sie inzwischen etwas besser kennengelernt und eingesehen, daß sie nicht für mich passe und mich nur unglücklich machen würde. Aber er sagte mir, es sei an der Zeit, daß ich heirate, und ich meinte, zu Hause im steten Geschäftsbetrieb fehle es mir an Zeit und Gelegenheit, mir eine Frau zu suchen. Ich ging also auf Reisen, durchaus gewillt, mich auf dieser Reise nach einer Frau umzusehen. Und mein Vater sagte scherzend zu mir: ›Vielleicht findest du auf dieser Reise eine Frau, die blond bis ins Herz hinein ist.‹ Und – ich kam an die Riviera und tat die Augen weit auf. In Nizza bei den Blumenfesten sah ich viele schöne Frauen – aber keine ließ mein Herz schneller schlagen. Da fuhr ich von Nizza nach Monte – und auf der Fahrt hierher, *da fand ich die Frau, die blond war bis ins Herz hinein.* Als ich ihr zum ersten Mal in die Augen sah, wußte ich es: diese – oder keine. Und ich könnte schon heute um diese Frau werben in der Gewißheit, daß sie meines Seins Vollendung bedeutet. So etwas fühlt man, muß man fühlen. Aber ich muß dieser Frau Gelegenheit geben, mich zuvor kennenzulernen, muß um sie werben; muß auch meine Pflicht meinem Vater gegenüber erfüllen, und die Frau, die ich in sein Haus zu führen gedenke, erst genau kennenlernen. Nicht um meinetwillen ist das notwendig, denn ich weiß, daß mein Herz gut und richtig gewählt hat, aber um dieser Frau willen muß ich mich in Geduld fassen, und auch um meines Vaters willen, den ich liebe und verehre. So, mein gnädiges Fräulein, mehr will und kann ich Ihnen jetzt nicht sagen, aber ich werde mich in aller Deutlichkeit um ein Glück bemühen, das mir unermeßlich erscheint. Bitte sagen Sie mir, noch ehe ich Ihren Herrn Vater kennenlernte, ob Sie mir das erlauben werden, oder – ob Sie es mir von vornherein verwehren. Bitte sagen Sie mir nicht, daß ich zu schnell vorgehe, daß mein Vorgehen zu ungestüm ist, ich sagte Ihnen schon einmal, wenn man fühlt wie ich, wenn man meint, seinem Glück begegnet zu sein, dann darf man nicht lange zaudern, sonst gehe einem das Glück vorbei.«

Sie hatte still zugehört, die Augen senkend. Aber er merkte, daß ihr Atem schnell und erregt ging und daß sie wohl ruhig schien, es aber nicht war. Jetzt hob sie das erblaßte Gesicht zu ihm auf. Er sah, daß in ihren hellen, leuchtenden Augen ein feuchter Schein lag. Das bewegte ihn tief.

»Ich werde Ihnen nicht wehren, Ihrem Herzen zu folgen, Herr Norden. Aber ehe Sie noch einen einzigen Schritt tun, um ihrem Ziel näher zu kommen, muß ich Ihnen von mir berichten, wie Sie von sich gesprochen haben. Klar und wahr muß alles um mich sein. Bitte hören Sie mir zu. Aber erst geben Sie mir Ihr Ehrenwort, daß Sie zu keinem Menschen von dem reden, was ich Ihnen jetzt anvertrauen werde. Denn mein Vater hat mir strikte verboten, irgend jemandem zu verraten, was ich Ihnen jetzt anvertrauen will, anvertrauen muß, damit Sie mich nicht eines Tages falsch beurteilen.«

»Das wird gewiß niemals geschehen. Aber ich gebe Ihnen mein Ehrenwort, was Sie mir sagen, soll Geheimnis bleiben zwischen Ihnen und mir. Ich möchte Sie beinahe bitten, Ihres Vaters Befehl auch mir gegenüber zu respektieren, aber ich betrachte es jedenfalls als eine große Auszeichnung, daß Sie mir anvertrauen wollen, was Sie andern Menschen verschweigen.«

»So hören Sie mich an. Mein Vater ist aus geschäftlichen Rücksichten gezwungen, als vermögender Mann zu gelten und das Leben eines solchen zu führen, aber – er ist nicht reich – wir sind ganz arme Menschen, und unser Aufwand hier wird nur von den Geschäftsspesen bestritten.«

Er setzte sich schnell zu ihr und faßte ihre Hand.

»Ich hoffe, mein gnädiges Fräulein, Sie trauen mir nicht zu, daß dieser Umstand mich und meine Wünsche in irgendeiner Hinsicht beeinflussen könnte.«

Ihre Hand bebte in der seinen, und ihre Augen wurden feucht.

»Aber – Ihr Herr Vater, wie wird er darüber denken?«

»Wenn ich glücklich werde, wird ihm dieser Umstand gleichfalls nebensächlich erscheinen, darüber sollen Sie sich keine Sorgen machen. Mein Herz ist sehr leicht, ich fühle mich sehr glücklich, daß nichts anderes sich zwischen mich und die Erfüllung meines Glückes schiebt. Wenn Sie mir nur gestatten wollen, daß ich weiter um Sie werbe?«

Eine heiße Röte schoß in ihr Gesicht.

»Da Sie so ehrlich und offen waren, will ich nicht kleinlich und engherzig sein, ich würde das als ein Unrecht betrachten.

Lassen Sie mich Ihnen sagen, daß mich alles, was Sie mir gesagt haben – sehr glücklich macht, ja – ich muß Ihnen das sagen – auch mich hat unsere Begegnung seltsam tief berührt, gleich beim ersten Sehen fühlte ich eine tiefe Sympathie für Sie. Das darf ich sagen, nachdem Sie mir so viel anvertraut haben. Aber alles, was wir uns in dieser Stunde gestanden haben, soll vorläufig vergessen sein. Ich stimme Ihnen bei, wir müssen uns erst beide näher kennenlernen. Und da Sie mir so viel von sich erzählten, will ich Ihnen nun auch offen von mir und meinem Leben berichten. Mein Vater war einst ein begüterter Mann, er besaß ein großes Gut, das er aber schon mit Hypotheken belastet von seinem Vater erbte. Meine Mutter war vermögenslos, aber Papa nahm den Kampf ums Dasein wohlgemut auf, und meine Eltern waren sehr glücklich. Aber dann half ihm alles Wehren nichts. Der Krieg führte ihn von seinem verschuldeten Gut fort, und meine Mutter blieb mit einer Sorgenlast, der sie nicht gewachsen war, zurück. Sie sehnte sich auch allzusehr nach Papa, denn er war ihr alles. Sie wurde krank, immer kränker, und als eines Tages die Nachricht kam, daß mein Vater verwundet worden sei, brach sie kraftlos zusammen. Papa kam heim, verwundet, aber zum Glück nur durch einen Armschuß. Meine Mutter regte sich nun vor Freude über dies Wiedersehen so sehr auf, daß ihre Kräfte vollends versagten. Sie starb wenige Tage nach meines Vaters Heimkehr. Dann war plötzlich doch der Krieg zu Ende. Papa mußte zu meiner Freude nicht wieder fort, aber er führte einen erbitterten Kampf um seine Existenz. Die Inflation gab ihm den Rest. Das Gut wurde versteigert, und Papa behielt nichts, als was er auf dem Leib trug.

Mich brachte er damals in eine Pension nach Montreux. Irgend etwas hat er damals wohl noch zu Geld gemacht, um das Pensionsgeld für mich bezahlen zu können. Und dann hat er einen harten, qualvollen Kampf um seine und meine Existenz geführt. Ich weiß, daß manchmal das Pensionsgeld nicht pünktlich eintraf, weiß, daß er mit zusammengebissenen Zähnen den Kampf mit dem Leben führte. Lange glückte es ihm nicht. Er hat, das weiß ich, gedarbt, um mir ein leidlich gesichertes Leben in der Pension zu ermöglichen. Ich wurde immer älter und sah diesen Kampf gewissermaßen aus der Ferne mit an, machtlos, einzugreifen. Und als ich mich dann endlich für fähig hielt, nun auch meinerseits an diesem Kampf teilzunehmen, als ich schon ein Inserat wegen einer Stellung erlassen hatte und, da dies ergebnislos war, mich der Pensionsvorsteherin als Sprachlehrerin anbieten wollte, da wurde es plötzlich besser mit Papas Existenz. Er schickte wieder regelmäßig Geld, auch für mich, damit ich mir schöne Kleider kaufen konnte, und schrieb mir, ich solle mich nicht mehr sorgen, er habe eine gute Position und werde jetzt vorankommen.

Sie können vielleicht nicht ermessen, was für eine Erlösung das für mich war. Ich liebte meinen Vater, betete ihn an und hatte ihn in schwerer Not und Sorge gewußt. Nun auf einmal war dieser Druck von meiner Seele genommen. Papas Briefe an mich kamen aus verschiedenen Orten, aus Großstädten und aus Modebädern. Er teilte mir auf meine Fragen mit, daß er eine Agentur übernommen habe und infolgedessen viel mit den Angehörigen der ersten Gesellschaftskreise arbeiten müsse. Deshalb hielt er sich wohl zumeist da auf, wo reiche, kaufkräftige Leute wohnten. Welcher Art diese Agentur ist, weiß ich bis jetzt noch nicht, er mag es nicht, daß ich mit ihm von Geschäften rede, ich soll nicht damit behelligt werden. Am liebsten möchte er mich ja wie eine ganz vornehme Dame halten, die überhaupt nichts von Geld und Verdienen weiß.

Im Januar kam mein Vater plötzlich, nachdem ich ihn fünf Jahre nicht gesehen hatte, nach Montreux und teilte mir zu meiner unaussprechlichen Freude mit, daß er sich fortan nicht mehr von mir trennen wolle. Er sehnte sich allzusehr nach mir, und seine Verhältnisse gestatteten ihm nun, mich auf seinem Wanderleben mitzunehmen. Er ist glücklich, mich bei sich zu haben, mir ein angenehmes Leben verschaffen zu können, aber er sagt immer wieder: ›Wer weiß, wie lange ich die gute Position behalte.‹ Um seiner Geschäfte willen muß er in der ersten Gesellschaft leben, ich glaube, es ist ein internationales Unternehmen. Papas Ideal ist, so viel zuammenzubekommen, daß wir uns irgendwo ein kleines Heim schaffen können, und dann will er sich schriftstellerisch betätigen. Ich werde dann Übersetzungen machen, und wir werden ein ganz schlichtes, einfaches Leben führen und uns glücklich fühlen in dem Bewußtsein, dauernd zusammen sein zu dürfen. Papa hat zur Zeit sehr viel zu erledigen, er ist oft unterwegs, und wir werden vielleicht nicht mehr sehr lange hierbleiben. Aber irgendwie ist es ihm nützlich bei seinen Geschäften, daß wir in der guten Gesellschaft verkehren und in guten Hotels leben. Ich frage ihn nicht, warum, denn ich muß seinen Willen ehren, und das um so mehr, da ich weiß, daß es ihn glücklich macht, mir das Dasein zu verschönern. Ich darf deshalb auch nicht widersprechen, wenn man uns unserm Auftreten nach für sehr bemittelt hält. Papa meint, das gehe keinen Menschen außer uns etwas an. Aber Ihnen mußte ich das alles kundtun, denn vor Ihnen will und kann ich keine Heimlichkeiten haben; das würde sogar Papa verstehen und billigen. Ich darf ihm nur nicht sagen, warum ich Ihnen unser Geheimnis verraten habe, denn – nein – ich möchte um alles in der Welt nicht, daß er Sie wie die andern jungen Herren unseres Kreises daraufhin ansieht, ob Sie vielleicht eine gute Partie für mich sein könnten. Ich weiß, es ist sein Traum, mich gut zu verheiraten, damit ich sorglos leben kann, aber viel lieber arbeite ich selber für meinen Unterhalt, als einen Mann nur deshalb zu heiraten, weil er reich ist. Wenn ich das wollte – ich hätte es wahrhaftig schon haben können, glauben Sie mir das.«

Er hatte ihr mit brennendem Interesse zugehört. Ein tiefes Mitleid mit ihr erfaßte ihn, gesellte sich seiner Liebe zu und kettete ihn noch fester an sie. Mit einer zarten Bewegung nahm er ihre Hand, sie an seine Lippen führend.

»Ich weiß, oh, ich weiß – Frau Kommerzienrat Köppen erzählte mir von dem Conte Spirinelli. Er wird nicht der einzige sein, der danach trachtet, Ihre Hand und Ihr Herz zu gewinnen. Um so glücklicher macht es mich, daß Sie mir, gerade mir, so viel Vertrauen entgegenbringen. Und wenn etwas meine Gefühle für Sie noch hätte vertiefen können, so war es Ihre Erzählung. So jung Sie noch sind, haben Sie doch schon viel Schweres ertragen müssen. Ihr Herr Vater war eines der vielen Opfer des Weltkrieges und der nachfolgenden Inflation. Ich weiß, wie schwer es in diesen Zeiten ist, eine Existenz zu gründen, wenn auch nicht aus eigner Erfahrung. Was glauben Sie, wie viele solche gescheiterte Existenzen bei uns um eine Stellung gebeten haben. Man kann leider nur wenige berücksichtigen. Aber – das will und kann ich Ihnen heute schon zum Trost sagen, für Ihren Herrn Vater wird in der Firma Friedrich Norden ein Posten bereit sein. Wir können solche im Lebenskampf erprobte Männer immer gebrauchen. Das wird sich alles finden. Sie sollen jetzt alle Ihre Sorgen über Bord werfen. Was Ihr Herr Vater Ihnen nicht ersparen konnte, hoffe ich Ihnen ersparen zu können.«

Sie sah ihn mit einem Blick an, der ihn erschütterte.

»Oh, Sie sind gut! Ich habe es gleich gewußt, gefühlt – und das hat mich zuerst zu Ihnen hingezogen. Ich danke Ihnen. Und nun wollen wir alles das vergessen. Mein Herz ist nun wieder ganz leicht. Nur eines möchte ich Ihnen noch erklären, warum ich eine solche Abneigung – nein – eine solche Angst vor dem Spiel habe: Ich fürchte immer, Papa könnte sich einmal zu einem ernsten Spiel verleiten lassen und – dann alles verlieren, was er sich so mühsam wieder erworben hat. Das wäre furchtbar, wäre gar nicht auszudenken. Sie müssen mich verstehen, ich fürchte nicht, daß Papa aus Leichtsinn dahin gelangen könnte, aber ich fürchte, daß er es tun könnte, um vielleicht mir das Leben leichter machen zu können. Es könnte ihm doch zu lange dauern, mühsam Groschen um Groschen zurückzulegen, um sein Ziel zu erreichen, und dann könnte die Versuchung über ihn kommen, sein Glück im Spiel zu erproben. Wie Frau Kommerzienrat Köppen so oft sagt: ›Das Spiel liegt hier in der Luft, die ganze Atmosphäre ist damit gesättigt.‹ Oh – ich hasse das Spiel, weil ich es fürchte, und ich werde deshalb froh sein, wenn wir Monte verlassen, so schön es hier auch war.«

Er lächelte ihr beruhigend zu.

»Sie nehmen das zu schwer. Ihr Herr Vater wird nicht vergessen, wie sauer es ihm geworden ist, wieder eine Existenz zu finden. Er wird sie nicht aufs Spiel setzen, da es zugleich doch Ihre Existenz ist.«

»Das sage ich mir ja auch, und ich will auch diese dummen Gedanken von mir weisen. Und nun nichts mehr von alledem.

Jetzt wollen wir schnell noch hinaufsteigen zur Residenz des Fürsten, und dann wird es Zeit sein, zu Frau Kommerzienrat Köppen zurückzukehren, um den Tee mit ihr zu trinken.«

Sie nickte aufatmend.

Sie erhob sich rasch und schritt davon. Er blieb an ihrer Seite, und sie plauderten nun, wie zwei frohe junge Menschen es tun, die sich lieben, ihrer Liebe sicher sind und doch noch vor der Erfüllung ihrer Wünsche stehen wie vor einem Tor, das man ihnen noch nicht aufgetan hat, von dem sie aber wissen, daß es eines Tages sich ihnen öffnen wird.

Ronald hatte sich freilich gesagt, daß sein Vater sich ein wenig gegen seine Wahl sträuben würde. Er war immer der Ansicht, daß nur gleich und gleich zusammengehöre. Und reich und arm sah er nicht als gleich und gleich an. Aber Ronald dachte anders. Reich oder arm war etwas vollkommen Nebensächliches in diesem Fall, da ja der eine Teil genug hatte für beide. Gleichheit erschien ihm nur nötig im Hinblick auf die beiderseitige Bildung, auf die Charakteranlagen und auf den inneren Wert. Und in diesen Punkten stand Dani von Winterfeld auf gleicher Stufe mit ihm. Alles andere war Nebensache.

Den Ehrenpunkt faßte er gar nicht ins Auge. Er war so fest überzeugt, daß ein Mann, der eine Dani zur Tochter hatte und von ihr so geliebt und verehrt wurde, ein untadeliger Ehrenmann sein müsse. Und daß seine künftige Frau einen solchen zum Vater haben müsse, erschien ihm als etwas Selbstverständliches.

Die beiden jungen Menschen, die nun glaubten, aller Sorge ledig zu sein, gerieten auf ihrer Wanderung in eine fast übermütige Stimmung. Das Glück lachte ihnen beiden aus den Augen. Wenn sie sich ansahen, hätten sie jauchzen mögen, und wenn sich ihre Hände berührten, durchzuckte sie die Glückseligkeit wie ein elektrischer Strom.

Und der Himmel blaute so verheißungsvoll über ihnen, daß ihnen keine Ahnung kommen konnte, welche schweren Wolken sich bereits an ihrem Glückshimmel zusammenballten.

Lachend betrachteten sie sich die drolligen Leibgardisten des

Fürsten, die mit militärischer Wichtigkeit den Wachtposten wechselten.

»Was bewachen diese Helden?« fragte Dani leise ihren Begleiter.

»Die Spielkasse!« sagte er übermütig.

»Oh, sie sollen sie ins Meer versenken, diese gräßliche Spielkasse!« sagte Dani und machte kehrt.

Er folgte ihr, und sie begaben sich nun in schneller Wanderung wieder nach Monte Carlo hinüber.

IX

Frau Kommerzienrat Köppen hatte eine ausgiebige Siesta gehalten und war sehr guter Laune, als die beiden jungen Leute wieder bei ihr anlangten. Sie ließ sich dann auch dazu verleiten, im Hotel de Paris das Diner in Gesellschaft der beiden einzunehmen, denn sie wußte ja, daß Dani nicht ohne ihre Begleitung im Speisesaal essen würde.

Dani hatte für die Abendtafel eines ihrer reizenden Abendkleider angelegt, und wiederum zierte ein Veilchentuff ihre Robe. Sie hatte ihn an der Schulter befestigt. Und aus ihren Augen strahlte eine verhaltene Glückseligkeit, die Ronald vollends bezauberte. Die alte Dame spürte sehr wohl, daß zwischen den beiden jungen Leuten magnetische Wellen hin und her fluteten.

Armer Conte, dachte sie, nun ist es ganz aus mit dir. Jetzt gibt es auch nicht mehr die Spur einer Hoffnung. Mir scheint, die kleine Dani hat ihr Herz ebenso schnell an diesen famosen Ronald Norden verloren wie er das seine an sie.

Und sie war ebenfalls in sehr guter Stimmung.

Man saß bis nach zehn Uhr zusammen, dann aber verlangte die alte Dame, zur Ruhe zu gehen.

»Ich muß diese Gelegenheit nochmals ausnützen, um mich

auszuschlafen. Mein liebes Fräulein Dani, ich schicke Sie jetzt zu Bett, wie es sorglicherweise Ihr Herr Vater immer tut. Junge Mädchen müssen früh schlafen gehen, wenn sie ihre Schönheit erhalten wollen. Sie, mein lieber Herr Norden, begleiten mich wohl noch bis zu meinem Hotel?«

Ronald verneigte sich, und Dani verabschiedete sich gehorsam und ohne Widerrede. Sie küßte der Kommerzienrätin dankbar für ihren Schutz die Hand und reichte ihre Rechte dann Ronald zum Abschied. Er umfaßte ihre Hand mit einem festen, warmen Druck und spürte beseligt, daß sie diesen Druck zaghaft, aber doch spürbar erwiderte.

Während Ronald die Kommerzienrätin zu ihrem Hotel brachte, begab sich Dani in ihr Schlafzimmer, legte ihr Abendkleid ab und warf einen leichten Morgenrock von weicher Seide über. Dann begab sie sich in ihren kleinen Salon hinüber. Schlafen konnte sie doch noch nicht. Sie wollte träumen von dem, was ihr junges Herz bewegte. Ohne das Licht einzuschalten, setzte sie sich an das Fenster und schaute in den Mondschein hinaus. Das Meer lag wie eine dunkle Unendlichkeit unterhalb der Terrassen. Seitwärts hob sich weit draußen die Silhouette des Kap Martin vom nächtlichen Firmament ab. Leise Musik tönte von irgendwoher an ihre Ohren. Sie summte die Melodie mit, ohne zu wissen, was sie hörte. Und plötzlich zuckte sie zusammen. Da unten an der Treppe zu den Terrassen erschien eine schlanke, kraftvolle Männergestalt im Abendmantel. Ihr Herz erkannte sie zuerst. Es war Ronald Norden. Er blieb stehen, ehe er die Treppe hinabschritt, und sah zu ihrem Fenster empor. Ahnte, fühlte er ihre Nähe?

Jedenfalls zog er plötzlich seinen Hut und grüßte zu ihr hinauf. Dann eilte er die Treppe hinunter und schritt vor bis zu der steinernen Brüstung der Terrasse. Dort kehrte er wieder um und wandte ihr sein vom Mond beschienenes Gesicht zu. Sie rührte sich nicht, sah ihn jedoch an, und er blickte unverwandt zu ihr herauf.

Ronald war in einer seltsamen Stimmung. Er wollte über sich lachen, daß er hier wie ein verliebter Primaner zu den Fenstern seiner Liebe hinaufschaute, und doch wußte er, daß er viel schwärmerischer, aber auch viel tiefer als ein solcher empfand. Er glaubte eine helle Gestalt am Fenster zu erkennen, und seine Seele flog hinauf zu ihr. Dabei rief er sich alles ins Gedächtnis zurück, was sie ihm heute nachmittag drüben auf der einsamen Bank gebeichtet hatte. Eine tiefe Rührung überkam ihn. Aber dann überfiel ihn plötzlich in seiner glückseligen Stimmung etwas wie Traurigkeit. Er grübelte darüber nach, was diese plötzlich wie einen Schatten über seine Stimmung breitete, und da kam es ihm zum Bewußtsein, daß es die Geschichte von dem Schicksal ihres Vaters war. Wie mochte er gekämpft und gerungen haben, um der geliebten Tochter eine erträgliche Existenz zu bereiten. Und was für eine Position war es, die er jetzt bekleidete, die so hohe Spesen abwarf und es ihm doch nicht ermöglichte, sich ein eigenes Heim zu gründen?

Er kam ins Grübeln, und ihm war, als müsse er Dani so schnell wie möglich aus den unsicheren Verhältnissen lösen. Es quälte ihn plötzlich, daß sie auf Befehl ihres Vaters etwas anderes scheinen mußte, als sie war. Warum nur lag ihrem Vater so viel daran, daß die Leute ihn für reich hielten? Welcher Art waren seine Geschäfte? Daß er mit seiner Tochter nie darüber sprach – geschah das, weil er ihr die Art seiner Geschäfte verheimlichen wollte, weil sie nicht sehr gentlemanlike waren? Aber dann hätte er zur Erledigung seiner Geschäfte doch nicht Anschluß an die besten Kreise zu suchen brauchen? Ob Kommerzienrat Köppen darüber Bescheid wußte? Und warum mietete der Mann, der doch so sparsam sein wollte und mußte, gleich ein ganzes Appartement in einem so teuren Hotel? Ah, richtig – Dani hatte ja gesagt, der Aufwand werde von den Spesen bestritten. Welche Firma zahlte solche Spesen?

Ärgerlich über sich selbst, wehrte er all diese Fragen ab und sagte sich, daß sie belanglos seien. Nur daß er Dani liebte, war wichtig, und daß sie ihn wiederliebte. Und – dessen war er fast gewiß. Wenn sie nichts für ihn gefühlt hätte, wäre sie heute nachmittag auf der einsamen Bank anders zu ihm gewesen. In ihren Augen hatten Tränen gefunkelt vor unterdrückter Erregung. Wie beneidenswert würde er sein, wenn es ihm gelang, sich diese Frau zu erringen, eine Frau, die so tief und so stark empfinden konnte.

Sie begehrte er mit der ganzen intensiven Glut seines jungen, unverbrauchten Herzens. Sie mußte seine Frau werden! Denn welches Geschäft ihr Vater auch betrieb, es war ganz sicher doch ein ehrliches Geschäft, und nur darauf kam es an.

Mit sehnsüchtigen Augen blickte er hinauf zu ihrem Fenster, und da sah er, daß sie das Licht eingeschaltet hatte und hochaufgerichtet am Fenster stand. Er richtete sich auf aus seiner Versunkenheit und grüßte zu ihr empor. Und da sah er, daß sie den Kopf neigte und dann schnell vom Fenster zurücktrat. Tief atmete er auf. Er hatte wieder das Licht auf ihrem Haar flimmern sehen.

Blond bis ins Herz hinein! Ja, blond und licht und rein, klar und unberührt. Das war sie. Glückselig war er, daß er sie gefunden hatte, sie, die eine, die zu ihm gehörte.

Langsam ging er zu dem Hotel zurück und suchte sein Zimmer auf. Und er lachte in sich hinein, daß er in Monte schon um elf Uhr zu Bett ging.

Wieder flogen die Gedanken dieser beiden Menschen sehnsüchtig einander zu. Sie fühlten beide beseligt, daß sie aneinander dachten, daß ihre Herzen sich begegneten.

Zeitig erhob sich Ronald am andern Morgen, in der Hoffnung, Dani wieder zu begegnen und noch einmal mit ihr allein sein zu können, ehe der Vater aufstand. Er wünschte, daß dieser wiederum sehr spät nach Hause gekommen sein möchte, damit er lange schlafen mußte.

Und er hatte Glück. Als er ins Vestibül hinunterkam, waren die Leute noch nicht fertig mit Saubermachen. Man ist in Monte nicht gewöhnt, daß die Gäste so zeitig aufstehen. Aber gleich nach ihm huschte Dani aus ihrem Zimmer, blieb einen Moment verwirrt stehen, als sie ihn sah, kam dann aber schnell zu ihm herab, als er an die Treppe herankam und sie begrüßte.

»Guten Morgen, mein gnädiges Fräulein. Haben Sie gut geruht?«

Sie legte ihre Hand in die seine.

»Danke, ausgezeichnet. Sie hoffentlich auch?«

»Ich brauchte gestern sehr lange Zeit zum Einschlafen, ich hatte so vieles zu überdenken. Wollen Sie spazierengehen?«

»Ja, ein wenig wie jeden Morgen, solange Papa schläft.«

»Darf ich mich anschließen? Auch ich möchte einen Morgenspaziergang machen.«

»Bitte sehr!«

Sie gingen hinaus, über den Kasinoplatz und nach La Turbie hinauf. Man sah noch keine Kurgäste. Überall war man dabei, die Läden und Lokale zu säubern mit einer Verschwendung von Wasser, die immer wieder zum Ausweichen nötigte, bis sie die Straßen hinter sich hatten und nun ungehindert aufwärtssteigen konnten.

Aber auch jetzt schwiegen sie noch eine Weile, bis sie an einer Stelle angekommen waren, von der man eine wundervolle Aussicht über Monte Carlo hatte. Da blieben sie stehen und nahmen dies Bild in sich auf. Aber Ronald ließ seine Augen nicht lange darauf weilen. Er hatte Schöneres und Lieblicheres zu sehen – Danis reizendes Gesicht, dessen feines Profil ihm zugekehrt war, und ihre ganze schlanke und doch echt weibliche Erscheinung. Sie trug ein jadegrünes feines Wollkleid und ein kleines weißes Hütchen, das ihm zwar neidisch ihr Haar verbarg, sie aber dennoch entzückend kleidete.

»Wie froh ich bin, Sie wieder eine Stunde für mich zu haben. Ich fürchte, wenn Ihr Herr Vater und seine Freunde heute nicht wieder nach Nizza fahren, werde ich wenig von Ihnen haben.«

»Sie werden ja Papa kennenlernen, Herr Norden.«

»Das ist mir sehr wichtig. Aber vorläufig bin ich glücklich, mit Ihnen allein sein zu dürfen. Ist es nicht seltsam, an Millionen Menschen geht man im Leben vorüber, ohne daß einer von ihnen einen bleibenden Eindruck hinterläßt oder den Wunsch, man möge ihm wiederbegegnen. Und dann begegnet man plötzlich einem einzigen Menschen, von dem man auf der Stelle weiß, daß er zu einem gehört, daß man ihn unbewußt sein ganzes Leben lang gesucht hat und – daß man ihn festhalten muß um jeden Preis. Wie traurig, wenn einem das nicht gelingen würde, oder – wenn man diesem einen, einzigen Menschen überhaupt nie begegnen würde. Aber wie wundervoll, wenn es der Fall ist und man spüren darf, diesem einen etwas sein zu können. Ist das nicht wundervoll, mein gnädiges Fräulein?«

Sie sah zu ihm auf, und es war ein intensives Leuchten in ihren hellen, seltsam beseelten Augen.

»Ja – es ist ein großes Glück, es muß einen dankbar machen und demütig zugleich – oder stolz – ich weiß nicht, ob ich das eine oder das andere bin.«

Er faßte ihre Hand.

»Ich bin überglücklich, wenn Sie mir das sagen, daß ich spüren darf, wie gut wir uns verstehen. Das spüre ich auch, wenn wir nicht zusammen sind. Gestern abend, als ich zu Ihnen aufsah, war es mir, als sprächen unsere Herzen zueinander.«

Sie errötete.

»Sie sind so zeitig zur Ruhe gegangen.«

Er lachte.

»Ich wollte mit mir allein sein, ich vermochte nicht unter Menschen zu gehen, weil ich im tiefsten Innern spürte, daß wir uns begegnen würden. Nicht wahr, Sie dachten auch ein wenig an mich?«

Sie schloß einen Moment die Augen.

»Unablässig!« sagte sie leise wie unter dem Zwang seines Willens.

Er preßte seine Lippen auf ihre Hand.

»Es kann ja nicht anders sein, so starke Gefühle müssen wechselseitig sein.«

Langsam stiegen sie weiter hinauf und genossen einen immer schöneren Ausblick. Monaco konnten sie nun ebenfalls übersehen, und dazwischen lag der kleine Hafen mit einigen Segelbooten. Weit streckte sich die Küste hin mit ihren verschiedenen Buchten.

Auf der oberen Corniche machten sie kehrt und stiegen wieder bergab. Ronald stützte Dani sorgsam, und sie ließ es geschehen. Konnten sich doch dann ihre Hände berühren. Und die Augen senkten sich dabei zuweilen ineinander, wie suchend und forschend, um dann selbstvergessen eine Weile ineinander hängenzubleiben. Ronald mußte dabei alle Selbstbeherrschung aufbieten, um die schlanke Gestalt nicht in seine Arme zu reißen und sie an sein klopfendes Herz zu drücken.

Die Sonne schien warm herab wie sonst nur im Sommer, und Dani nahm ihr Hütchen von dem goldflimmernden Haar und dachte: Und wenn ich hundert Jahre alt werde, die Seligkeit dieser Stunde vergesse ich nie.

Sie wurden beide wieder übermütig in der Sicherheit ihres Glückes und scherzten und lachten wie harmlose Kinder.

So kamen sie wieder unten an. Inzwischen hatte Monte Toilette gemacht. Die Schaufenster waren wieder lockend ausgestattet, die Straßen waren blitzsauber und trocken. Gutangezogene Menschen promenierten auf dem Kasinoplatz und anderswo.

»Gehen Sie jetzt ins Hotel zurück, mein gnädiges Fräulein?«

»Nein, ich will erst hinunter auf die Terrassen und sehen, ob Papa schon sein Fenster geöffnet hat. Ist das noch nicht geschehen, dann promeniere ich noch ein wenig.«

»Sie erlauben mir, daß ich an Ihrer Seite bleibe?«

»Gern.«

So gingen sie hinunter auf die Terrassen. Dort promenierten jetzt eine Menge Leute, und Dani wurde bald von Bekannten erspäht. Einige Herren und Damen begrüßten sie und redeten sie an. Sie stellte Ronald unbefangen vor und bemerkte, daß er ein guter Bekannter von Kommerzienrat Köppen und dessen Frau sei. Man begrüßte Ronald freundlich. Aber dann tauchte der kleine Conte auf und sah Dani unruhig fragend an. Sie machte auch ihn mit Ronald bekannt, und der Conte fühlte wohl, daß dieser große schlanke Deutsche mehr Glück bei Dani haben würde als er. Sein schöner klassischer Römerkopf senkte sich traurig.

Ronald spürte in ihm den Nebenbuhler, aber er fühlte, daß er ihn nicht zu fürchten hatte. Dani sprach freundlich und liebenswürdig mit ihm, aber es lagen mehr Mitleid und Güte in ihren Augen als etwas anderes.

Gleich darauf erschien auch Kommerzienrat Köppen mit seiner Frau. Er begrüßte Ronald in seiner lebhaften Art, im rheinischen Dialekt, wandte sich dann aber bald Dani zu.

»Der Herr Papa schläft wohl noch? War wieder verflixt spät geworden gestern nacht, aber meine Frau hat mir heute früh keine Zeit zum Ausschlafen gelassen, ich sollte unbedingt Monte in früher Morgenstunde genießen. Dann haben wir aber doch zu lange beim Frühstück gesessen. Ich hatte zu viel Geschäftspost.«

»Ja, Papa ist noch nicht wach. Aber – eben sehe ich, daß sein Fenster geöffnet wird. Meine verehrten Herrschaften, ich muß mich jetzt erst einmal nach Papa umsehen. Auf Wiedersehen!«

Sie nickte allen freundlich zu, aber der letzte strahlende Blick traf Ronald. Und der kleine Conte fing diesen Blick auf und wurde noch viel trauriger. Er fühlte, seine »bella tedesca« war endgültig für ihn verloren. Langsam löste er sich, als sie gegangen war, aus dem Schwarm seiner Bekannten und ging hinunter zu den Taubenschießständen.

Ronald sah ihm nach. Der Mann mit dem schönen Römerkopf und der kleinen, fast weiblich zierlichen Gestalt tat ihm leid – er konnte sich die Großmut des Siegers gestatten.

Der Kommerzienrat belegte Ronald nunmehr mit Beschlag, fragte nach Zuhause und wollte wissen, ob die Fusion zwischen den Firmen Bernd und Norden perfekt werden würde. Ronald verneinte ruhig und bestimmt. Aber er ging dann schnell auf ein anderes Thema über.

Dani war in ihren kleinen Salon getreten, der an das Schlafzimmer ihres Vaters stieß, und klopfte an die Tür.

»Ich komme im Moment, Dani. Willst du bitte inzwischen mein Frühstück bestellen!« rief der Vater.

»Soll sogleich geschehen, Papa!« erwiderte sie.

Sie klingelte und beorderte bei dem Zimmerkellner das Frühstück. Dann ging sie schnell hinüber in ihr Schlafzimmer, um Hut und Handschuhe abzulegen. Und da sah sie wieder einen großen Strauß frischer Veilchen auf dem Tisch stehen, und daneben in einem Kuvert steckte Ronald Nordens Karte. Es hätte dieser Karte nicht bedurft, ihr Herz verriet ihr den Spender der Blumen. Sie barg ihre heißen Wangen in den kühlen taufrischen Blumen und schloß die Augen.

»Du!« hauchte sie bis ins Herz hinein, von der Macht ihres Gefühls für ihn ergriffen.

Dann ging sie wieder in den kleinen Salon hinüber. Zu gleicher Zeit trat der Vater aus seinem Zimmer. Sie erschrak bei seinem Anblick.

»Oh, Papa, was ist dir? Bist du krank? Du siehst so bleich aus.«

Er zwang sich zu einem Lachen.

»Katzenjammer, Dani! Wir haben ein bißchen viel geraucht und gezecht gestern abend, und es wurde leider wieder sehr spät. Aber wenn ich gefrühstückt habe, werde ich wieder auf der Höhe sein. Ich habe Hunger und Durst. Wirst du mir beim Frühstück Gesellschaft leisten? Ich habe in den letzten Tagen sehr wenig von dir gehabt. Die leidigen Geschäfte, Kind!«

»Wirst du heute wieder welche haben, Papa?« fragte sie, sich an ihn schmiegend.

Er strich ihr über das weiche, goldige Haar.

»Nein, gottlob, heute bin ich Freiherr in jeder Beziehung.«

Das Frühstück wurde gebracht. Dani machte es für den Vater zurecht, strich ihm die knusprigen Hörnchen aus Blätterteig mit Konfitüre, wie er es liebte, und schenkte ihm den starken Kaffee ein. Nachdem er die erste Tasse getrunken hatte, atmete er auf.

»Ah, das tut gut. Man ist doch gleich ein anderer Mensch, wenn man gebadet und seinen Kaffee getrunken hat. Bitte, noch eine Tasse, Dani, und noch so ein Hörnchen. Sie sind köstlich. Die bekommt man nur in Frankreich so delikat.«

So plauderte er scheinbar guter Dinge, aber Dani fühlte instinktiv, daß er nicht so heiter war, wie er erscheinen wollte.

»Hast du gute Geschäfte gemacht, Papa?« fragte sie, annehmend, daß er beruflichen Ärger gehabt hatte.

Er drückte seine dickgefüllte Brieftasche an sich. Gestern hatte er wieder enorm gewonnen – aber leider erst, nachdem er falsche Karten ins Spiel geworfen hatte. Anfangs hatte er wieder große Verluste gehabt. Und die Anstrengung, trotzdem ein heiteres Gesicht zu zeigen, um die andern zu belehren, wie man mit Anstand verlieren konnte, kostete Nervenkraft, fast ebensoviel, wie wenn er falsche Karten ins Spiel brachte.

»Die Geschäfte waren ausnehmend gut, Dani, du kannst dir heute etwas besonders Schönes wünschen.«

Sie schüttelte den Kopf.

»Ich habe keine Wünsche, Papa, gib mir lieber wieder Geld, wenn du es loswerden willst. Ich spare es dann für später.«

Er nickte.

»Hast recht! Hier nimm!«

Er zog die Brieftasche heraus und entnahm ihr ein Bündel Banknoten, ungezählt. Sie erschrak, denn sie merkte gleich, daß es mindestens soviel Geld wie gestern war.

»Oh, lieber Papa, so viel! Nimm es lieber wieder zurück, die Wochenrechnung vom Hotel ist gekommen, da liegt sie.«

Ungeduldig schob er ihr das Geld wieder hin.

»Nimm nur! Die Rechnung bezahle ich nachher und werde auch gleich für die nächste Woche im voraus bezahlen.«

Dani überkam, sie wußte nicht warum, ein banges, unklares Gefühl, als ihr der Vater das viele Geld hingeschoben hatte. Als sie aber hörte, daß er die Hotelrechnung bezahlen wollte und auch noch für die nächste Woche im voraus, versuchte sie zu scherzen:

»Deine Brieftasche ist anscheinend sehr gut gefüllt, Papa.«

Er sah auf die Brieftasche nieder. Ja, sie enthielt, so beiläufig in deutsche Goldmark umgerechnet, dreißigtausend Mark, nach Abzug von dem, was er Dani gegeben hatte und was er im Hotel bezahlen wollte. Noch einige solche Coups wie gestern, dann konnte er aufhören. Er beschloß, nachher gleich dieses Geld bis auf das nötige Betriebskapital auf der Bank einzuzahlen, es sollte in die Schweiz überwiesen und in Schweizer Franken umgewechselt werden. Er hatte sich in Montreux vor seiner Abreise auf einer Schweizer Bank ein Konto eingerichtet, und zwar auf seinen und Danis Namen zugleich. Er hatte zwar nur etwa tausend Schweizer Franken eingezahlt, aber immerhin hatte er ein Konto, das zugleich das Danis war. Er hatte ihr damals gesagt, daß sie dieses Konto auch als das ihre betrachten könne. Und er teilte ihr jetzt mit, daß er wieder fünfzehntausend Schweizer Franken auf dieses Konto überweisen werde.

»Mir fällt da ein, Dani, du kannst auch das Geld mit einzahlen, was ich dir im Laufe der Zeit gegeben habe, soweit du es jetzt nicht brauchst. Ich kann dir ja immer wieder geben, wenn du Bedarf hast. Ich denke, wir werden uns später in der Schweiz niederlassen. Da wollen wir jetzt schon anfangen zu sparen.«

Sie nickte lebhaft.

»O ja, Papa, das ist ein guter Gedanke.«

Sie holte schnell das Kästchen mit dem Geld herüber und zählte es mit dem zusammen, was ihr der Vater heute gegeben hatte. Es waren fast dreißigtausend französische Franc. Sie reichte alles dem Vater. Aber er nahm nur zwanzigtausend Franc, das andere schob er ihr wieder zu.

»Das behalte nur, etwas mußt du bei dir haben für alle Fälle. Diese zwanzigtausend Franc zahle ich mit ein, ich werde im ganzen zwanzigtausend Schweizer Franken kaufen und nach Montreux überweisen. Dann haben wir dort einundzwanzigtausend Franken. Geht alles gut, dann wird dieser Schatz weiterwachsen. Jedenfalls ist einmal das in Sicherheit gebracht, das ist mir eine Beruhigung, Kind. Man weiß nicht, was passiert, wir sind alle sterblich. Und wenn mir etwas zustößt, dann sollst du wenigstens einen Notgroschen haben.«

Sie faßte seinen Arm.

»Sprich doch nicht von solchen Dingen, Papa, ich bitte dich«, sagte sie ängstlich.

Er lachte.

»Deshalb stirbt man nicht einen Tag früher, wenn man vorbereitet ist. Es macht mich jedenfalls ruhig, wenn ich weiß, für den schlimmsten Fall bist du nicht ganz mittellos.«

Sie gingen dann beide zur Bank, und er zahlte das Geld ein und traf seine Bestimmungen. Als er danach mit Dani weiterging, sagte er:

»Also vergiß nicht, Dani, solltest du eines Tages allein sein und irgendeine Summe benötigen, so brauchst du sie nur auf der Bank in Montreux abzuheben. Was dort liegt, gehört dir so gut wie mir, und es macht keine Schwierigkeiten, wenn du es für dich in Anspruch nimmst.«

Sie hing sich in seinen Arm und schauerte fröstelnd im hellen Sonnenschein zusammen.

»Nun wollen wir aber nicht mehr von so unerfreulichen Dingen reden, Papa.«

Er lachte und preßte ihren Arm zärtlich an sich.

»Ein Bankkonto gehört doch nicht zu den unerfreulichen Dingen, Dani.«

»Solange es nur dein Konto ist, gewiß nicht, Papa; aber wenn es mein Konto würde, dann – oh, laß mich das nicht ausdenken, der Jammer könnte mich bei diesem Gedanken überwältigen.«

»Schön, laß uns von andern Dingen reden, aber auch so etwas muß einmal besprochen werden.«

Ihm war, als sei es ihm nun etwas leichter ums Herz. Er hatte für Dani gesorgt, so gut es ging, und was er noch in der Brieftasche hatte, sollte zu weiterem verhelfen. Es war gut und nützlich, konnte er eine volle Brieftasche sehen lassen, wenn er sich an den Spieltisch setzte. Niemand durfte ahnen, daß er ängstlich rechnen mußte. Es mußte aussehen, als sei er ein reicher Mann. Sonst hätte er noch mehr in die Schweiz überwiesen.

»Wohin gehen wir jetzt, Dani?«

»Es wird bald Zeit zum Lunch sein, Papa, aber wir können erst noch einmal auf die Terrassen gehen. Da werden wir unsere Bekannten wohl noch finden, und ich kann dir endlich Herrn Norden vorstellen, der sich vorhin in der Gesellschaft des kommerzienrätlichen Paares befand. Du mußt ihm doch deinen Dank abstatten.«

»Ah, richtig, das hatte ich vergessen. Hat der junge Herr dir und Frau Kommerzienrat auch gestern seinen Schutz angedeihen lassen?«

»Ja, Papa, und ich war am Nachmittag mit ihm in Monaco drüben, an der Residenz.«

»Ist er ein netter Mensch?«

»O ja, sehr artig, sehr vornehm und gediegen.«

»Also, dann wollen wir ihn begrüßen.«

Sie gingen durch den Kurgarten mit seinen originellen Kakteenbäumen und seltsamen Pflanzen. Dann überquerten sie den Kasinoplatz und gingen hinunter auf die Terrassen.

Ronald Norden saß dort mit Herrn und Frau Kommerzienrat Köppen inmitten einer Gruppe von Herren und Damen. Sein Blick schweifte immer wieder erwartungsvoll zu den Fenstern hinauf oder zur Terrassentreppe, wo er Dani wieder zu erblicken hoffte. Endlich sah er sie wieder auftauchen am Arm eines schlanken, distinguierten Herren, dessen Gesicht er aber erst erkennen konnte, als er schon die halbe Treppe herabgestiegen war und jemanden grüßte. In dem Augenblick, da er den Hut abnahm, zuckte Ronald Norden zusammen wie unter einem Schlag. Dani – an der Seite dieses Mannes? Dieser Mann mußte doch ihr Vater sein, da sie so intim Arm in Arm mit ihm ankam. Und dieser Mann – großer Gott – dieser Mann war doch der, dessen blasses, erstorbenes Gesicht er nie wieder hatte vergessen können – der Mann, den man in dem Berliner Klub des Falschspiels überführt hatte. Er starrte wie von Sinnen auf die Ankommenden und stöhnte leise. Mit einem unbeschreiblichen Schmerz wurde ihm klar, daß sein Glück – sein junges sonniges Glück – nunmehr in Scherben gehen würde, zerbrechen mußte an der Erkenntnis, wer Danis Vater war.

Seine Gedanken arbeiteten mit fieberhafter Schnelligkeit. Was sollte er jetzt tun? Er konnte doch nicht mit dieser Gewißheit in Danis Augen sehen? Wie sollte er sein verändertes Wesen begründen? Er war fest von ihrer Unschuld überzeugt! Ganz bestimmt wußte sie nicht, welches Gewerbe ihr Vater betrieb, sicherlich auch hier betrieb. Ihm wurde plötzlich alles klar. Deshalb verschwieg Danis Vater ihr, welcher Art seine Position war, weil er sich wohl vor den reinen, unschuldigen Augen seines Kindes schämte, weil Dani nicht wissen sollte, womit er das Geld verdiente, um seinen Aufwand bestreiten zu können. Er mußte wohl Glück gehabt haben in der letzten Zeit, hatte wohl sehr geschickt verstanden, seine Karten auszuspielen. Deshalb verschwieg er seiner Tochter, daß er spielte, deshalb schickte er sie zu Bett, ehe er das Spiel in seinem Salon beginnen ließ, und deshalb beschwor er »seine Freunde«, seiner Tochter nicht zu verraten, daß er spielte.

Mein Gott, wie entsetzlich! dachte er. Dani liebte ihren Vater, betete ihn an, hielt ihn für einen Ehrenmann, der mühsam um seine und seines Kindes Existenz rang. Und ihr sensibler Instinkt gab ihr die Furcht, den Abscheu vor dem Spiel ein, weil ihr dieses Spiel Gefahr bringen könnte.

Diese Gedanken schwirrten in seinem Kopf, während er Vater und Tochter Schritt für Schritt näher kommen sah, während er mit brennenden, starren Augen abwechselnd in Danis glücksstrahlendes, unschuldsvolles Gesicht und in das ihres Vaters sah. Heute zeigte Horst von Winterfelds Gesicht nicht den toten, erstorbenen Ausdruck von damals, heute lag ein Lächeln um seinen schmallippigen Mund. Aber in seinen Augen – auf dem Grund dieser Augen las Ronalds wissendes Auge eine heimliche Angst, ein unbestimmtes Etwas, das auch jetzt an ein gehetztes Tier erinnerte. Wie mußte es in der Seele dieses Mannes aussehen? Trotz allem beschlich Ronald ein großes Mitleid mit diesem Unglücklichen, der wohl alles versucht hatte, sich und seinem Kind eine ehrliche Existenz zu verschaffen, ehe er seine Ehre darangab, um sein Kind vor der bitteren Not des Lebens zu bewahren. So lange wie irgend möglich hatte er sie in der sicheren Pension belassen, bis Dani wohl selbst keine Ruhe mehr gab und hinaus verlangte. Da erst nahm er sie mit sich und suchte auch jetzt noch ihr alles Unreine fernzuhalten, wenn er es auch geschehen lassen mußte, daß sie mit ihm von dem unrecht erworbenen Geld lebte.

Nun waren Vater und Tochter schon ganz nahe. Er machte eine Bewegung, als müsse er fliehen, als dürfe er Dani mit dem Wissen, das er jetzt besaß, nicht mehr in die Augen sehen. Aber er vermochte die Füße nicht zu heben. Sollte er fliehen und sie allein lassen? Mußte er nicht versuchen, sie zu schützen – vor der Schande, vor der Erkenntnis, wer und was ihr Vater war? Aber wie konnte er das? Was konnte er tun, um sie zu schützen, zu behüten vor dem Gräßlichen, das ihr drohte? Denn einmal gingen alle derartigen Existenzen vor die Hunde. Einmal war er dem Verhängnis ausgewichen, dort in Berlin, wo man ihn schon überführt hatte. Das konnte jederzeit wieder geschehen – ein mißtrauischer Spieler, dem er zu viel abgewann, konnte ihn scharf beobachten, ohne daß er es ahnte, und ihn dem Gesetz ausliefern.

Was wurde dann aus Dani?

Und nun stand sie vor ihm. Er hörte ihre weiche, klare Stimme, in der so viel Herz, so viel Seele lag:

»Herr Norden, mein Vater möchte Sie kennenlernen, um Ihnen seinen Dank abzustatten für die Hilfe, die Sie mir angedeihen ließen.«

Wie aus einem schrecklichen Traum erwachend, sah er sie an, und sie erschrak bis ins Herz hinein vor dem qualvollen Blick, mit dem er sie ansah und den er dann auf ihren Vater richtete.

Wie im Traum hörte Ronald, was ihr Vater ihm sagte, wie er ihm liebenswürdig dankte, nicht ahnend, daß er nicht zum ersten Mal mit ihm zusammentraf. An jenem Abend hatte er Ronald nicht beachtet, während dieser sich sein Gesicht genau eingeprägt hatte, dieses bedeutende, geistvolle Gesicht, das ihn so lebhaft interessiert hatte. Wie geistesabwesend stammelte Ronald einige Worte der Entgegnung, und als Horst von Winterfeld sich dann galant und liebenswürdig mit Frau Kommerzienrat Köppen unterhielt, trat Dani an seine Seite. Sie sah ihn unruhig fragend an.

»Was ist Ihnen, Herr Norden? Sie sehen auf einmal sehr bleich aus – als ob Sie Schmerzen hätten. Fühlen Sie sich nicht wohl?«

Er griff nach dieser Ausrede wie nach einem Rettungsanker.

»Allerdings, ich bin von einem plötzlichen, unerträglichen Kopfweh befallen worden, mein gnädiges Fäulein.«

Besorgt sah sie ihn an.

»Oh, Sie sind heute vormittag ohne Hut im Sonnenschein gegangen, ich sagte Ihnen schon, daß man das nicht so lange tun darf. Sie sollten eine Stunde ruhen, möglichst im verdunkelten Zimmer, und eine Tablette nehmen. Dann ist am Nachmittag alles wieder gut.«

Er biß die Zähne zusammen. Sein Blick traf mit einem rätselhaft schmerzlichen Ausdruck, den sie sich nicht erklären konnte, ihre Augen. Aber ihr war mit einem Mal, als sei die Sonne erloschen, als breite sich ein drohender Schatten über ihren Weg. Sie war ungemein sensibel und trotz der kurzen Zeit ihrer Bekanntschaft schon innerlich so vertraut mit diesem Mann, daß sie fühlte, ihn quälte nicht nur Kopfweh. Was war ihm geschehen, solange sie fern war? Keine Ahnung kam ihr, daß ihm erst Entsetzliches geschehen war bei ihrem Erscheinen an ihres Vaters Arm.

»Es wird wohl so sein – die Sonne mag schuld haben. Ich – ich werde Ihren Rat befolgen, mein gnädiges Fräulein, und mich auf mein Zimmer zurückziehen.«

Er zog den Hut vor ihr und verabschiedete sich schnell unter irgendeinem Vorwand von den andern Herrschaften und Danis Vater und ging davon.

Dani sah ihm mit einem bangen Blick nach. Was war geschehen? Weshalb war Ronald Norden plötzlich so seltsam verändert? Beinahe drohend hatten seine Augen sie angeblickt – und doch wie in tiefem Mitleid. Warum Mitleid? Drohte ihr ein Schmerz? Dann doch nur von ihm. Nur was mit ihm zusammenhing, konnte sie jetzt treffen, denn der Vater stand ja froh und gesund vor ihr, hatte mit ihr einen guten Notgroschen in Sicherheit gebracht. Nein, von des Vaters Seite konnte ihr nichts drohen. Nur von dem Mann, den sie mit einer so widerstandslosen Innigkeit liebgewonnen hatte!

Sie schalt sich selbst aus und sagte sich, sie sehe Gespenster am hellen Tag. Sicherlich würde er nur an Kopfweh gelitten haben und schnell wieder gesund sein. Sie würde es nicht wieder dulden, daß er ohne Hut in der Sonne ging.

Und sie mußte sich nun den andern Herrschaften widmen, mußte sich ablenken lassen von ihren unerfreulichen Gedanken.

X

Ronald Norden atmete, in seinem Zimmer angelangt, auf, als sei er einer Gefahr entronnen. Er warf Hut und Mantel von sich und fiel in einen Sessel, starr vor sich hinblickend.

Wieder kreisten seine Gedanken um die Erkenntnis, die der Anblick von Danis Vater in ihm erweckt hatte. Und nachdem er jedes Für und Wider reiflich erwogen hatte, sagte er sich, daß es für ihn unmöglich sei, Dani zu seiner Frau zu machen. Die Tochter eines Glücksritters, eines Falschspielers konnte und durfte er seinem Vater nicht als Schwiegertochter ins Haus bringen. Und doch erschien es ihm unmöglich, von Dani zu lassen. Obwohl er sie erst kurze Zeit kannte, hatte sie doch sein ganzes Herz in Besitz genommen. Überglücklich war er gewesen in dem Bewußtsein, diese Frau gefunden, ihre Liebe, ihre Sympathie gewonnen zu haben. Und er wußte auch, sie war die eine, einzige Frau, die ihn beglücken konnte. Wußte, daß sie selbst nicht ein Atom anders geworden war, seit er erkannt hatte, wer ihr Vater war. Er wußte gewiß, sie war rein und schuldlos und ahnte nicht, welches Geschäft ihr Vater betrieb. Rein und lauter war ihr Denken und Empfinden. Und rein und lauter war wohl auch einmal ihr Vater gewesen, ehe ihn die harte, bittere Not den ersten Schritt weg vom geraden Weg tun ließ. In der Hauptsache war es wohl der Wunsch gewesen, seiner Tochter ein besseres Leben zu schaffen, was ihn straucheln ließ.

Aber dann ballte sich wieder ein wilder Groll in seinem Herzen zusammen. Wie konnte dieser Mann es wagen, seine reine, schuldlose Tochter in sein abenteuerliches Leben mit hineinzureißen? Hätte er sie sich nicht um jeden Preis fernhalten müssen, damit sie nicht mit den Kreisen in Berührung kam, in denen er sein unehrliches Gewerbe betrieb?

Aber er liebte sie wohl, hatte Sehnsucht nach ihr gehabt, und sie würde ihn gebeten haben, sie zu sich zu nehmen nach den langen, einsamen Pensionsjahren. Und er hatte gehofft, recht bald so viel zusammenzuscharren, um seiner Tochter ein schlichtes Heim bieten zu können. Dani hatte ihm ja erzählt, welche

Zukunftspläne ihr Vater hatte. Nicht der Hang zu luxuriösem Wohlleben hatte ihn getrieben, sondern die Sehnsucht nach einem schlichten, sorgenlosen Heim.

»Armer Mann! Arme Dani! Armer Ronald!« So sprach er leise vor sich hin. Und dann sprang er auf. Nein, er konnte nicht bleiben, er mußte fliehen vor dieser Liebe, die doch nie Erfüllung finden konnte.

Aber ihm war dabei, als würde ihm das Herz mitten durchgerissen.

Auf Danis Besitz verzichten? Konnte er das? Aber er fühlte, sie konnte niemals seine Frau werden. Und seine Geliebte? Dazu gab sich eine Dani nicht her, und dazu wollte er sie auch nicht erniedrigen. Schlimm genug, daß ihr Vater sie in Unehre brachte, von ihm durfte sie nicht einmal in Gedanken in solcher Weise gedemütigt und beleidigt werden.

Dani! Süße, liebe, arme Dani! Wohin ist nun unser Glück geschwunden? Und was sollte sie denken, wenn er jetzt abreiste, ohne ihr eine genügende Erklärung zu geben? Durfte er zulassen, daß sie an ihm irre wurde?

Was tun? Um Gottes Barmherzigkeit willen, was tun?

Er warf die Arme auf den Tisch und verbarg darin sein Gesicht.

Und dann wußte er wieder, daß er jetzt nicht fortkonnte, daß er erst Beruhigung über ihr ferneres Schicksal gewinnen mußte.

Die Angst, was ihr hier geschehen könnte, wenn ihr Vater beim Falschspiel ertappt wurde, jagte ihn wieder auf. Was konnte er tun?

Vor ihren Vater hintreten und ihm sagen, daß er an jenem Abend Zeuge seiner Entlarvung in dem Berliner Klub gewesen war? Ihm dann eine Summe anbieten, womit er sich ein Heim gründen konnte für sich und seine Tochter, damit er nicht mehr unehrlich sein mußte? Wie würde dieser Mann das auffassen? Würde er wieder mit einem so erstorbenen Gesicht vor ihm stehen wie damals? Würde er selbst es überhaupt übers Herz bringen, Danis Vater zu sagen: Ich weiß, welches Gewerbe du treibst!

Er wurde hin und her gerissen von seinen Empfindungen und wußte nicht, was er tun oder lassen sollte.

Zum Lunch ging er nicht hinab, er ließ sich einen Imbiß auf seinem Zimmer servieren, rührte ihn aber dann kaum an.

Dani schaute sich unten im Speisesaal fast die Augen nach ihm aus und machte sich große Sorge um sein Befinden, zugleich darüber nachgrübelnd, weshalb er sie mit einem so schmerzvollen Blick angesehen hatte. Dabei gab sie sich den Anschein, als höre sie aufmerksam auf das, was der Vater mit ihr sprach. Sie konnte kaum Freude darüber empfinden, daß er zu ihr sagte, der junge Norden sei ein sehr sympathischer Mensch und er bedauere es, daß sein Kopfweh ihn gehindert habe, länger in seiner Gesellschaft zu verweilen.

»Aber wir werden das nachholen, Dani, wir werden Herrn Norden übermorgen abend mit unsern andern Freunden zum Abendessen einladen. Es werden einige Herren, die ich in Nizza kennengelernt habe, ebenfalls anwesend sein, ein Amerikaner und zwei Franzosen. Es liegt mir daran, sie gut zu bewirten, und du wirst sie liebenswürdig empfangen«, sagte er.

»Hast du Geschäfte mit diesen Herrn, Papa?« fragte Dani, ohne nur im geringsten zu erraten, daß sie sich freute, daß der Vater Ronald Norden einladen wollte. Sie wollte um keinen Preis, daß er ahnte, Ronald Norden bedeute ihr etwas. Sie hätte keine Anspielung vertragen können, daß er eine gute Partie sei.

»Ja«, sagte der Vater, seine Stirn wie im Schmerz zusammenziehend, »ich hoffe, gute Geschäfte mit ihnen zu machen.«

Daß diese Herren von ihm um einen guten Teil ihrer Barschaft erleichtert worden waren, auch am zweiten Abend, als er mit ihnen und seinen »Freunden« zusammen spielte, verriet er selbstverständlich nicht. Die Herren hatten abermals gebieterisch Revanche verlangt, und er hatte in seiner liebenswürdig weltmännischen Art gesagt:

»Jederzeit, meine Herren, aber zunächst müssen Sie mir die Ehre geben, nach Monte herüberzukommen und meine Gäste zu sein. Dann bin ich gern wieder zu Revanche bereit, und ich wünsche Ihnen, daß Sie diesmal glücklicher im Spiel sind.«

Die Herren hatten diese Einladung angenommen, nachdem sie einen Blick gewechselt hatten, um sich zu verständigen. Herr von Winterfeld hatte wohl diesen Blick bemerkt, wie ihm ja kaum etwas entging. Aber – er hatte diesen Blick falsch gedeutet und ihm nicht die nötige Wichtigkeit beigemessen. Er wußte, diese Herren konnten selbst hohe Spielverluste gut verschmerzen, und er hatte sich eine Auslegung zu eigen gemacht, die ihm bequem war und ihn von zu großen Gewissensbissen befreite. Wer zuviel hatte, konnte abgeben an die, die darben mußten. Er nahm ja keinen Bedürftigen etwas, wenn er diese vermögenden Herren etwas zur Ader ließ. Leider war er ja dazu gezwungen, wollte er mit seiner Tochter nicht verhungern.

Diese Sophismen trugen dazu bei, sein nie schlafendes Gewissen etwas zu beruhigen.

Keine Ahnung kam ihm, daß jetzt ein Mensch in Monte Carlo weilte, sogar in demselben Hotel, der wußte, daß er ein Falschspieler war, ein Mann, der seine Ehre verloren hatte. Aber trotzdem hatte er sich noch nie so sehr danach gesehnt, wieder in geordnete Verhältnisse zu kommen, daß er nicht mehr unehrlich zu sein brauchte wie gerade jetzt.

Da er mit seinen eigenen Gedanken beschäftigt war, fiel es ihm nicht auf, daß Dani heute stiller war als sonst. Er hatte wirklich noch nicht gemerkt, daß der junge Deutsche, den er heute kennengelernt hatte, einen tieferen Eindruck auf sie gemacht hatte als je zuvor ein Mann. So konnte Dani denn ziemlich ungestört darüber nachgrübeln, weshalb Ronald Norden sie so seltsam schmerzbewegt angestarrt, weshalb er so bleich ausgesehen hatte. War daran wirklich nur das Kopfweh schuld?

Sein Ausbleiben beim Lunch bedrückte sie sehr. Und dieser Druck verstärkte sich noch, als Ronald auch im Laufe des Tages nicht mehr sichtbar wurde und auch am Abend nicht im Speisesaal erschien. Sie hatte nachmittags mit ihrem Vater und dessen Bekannten im Café de Paris gesessen, hatte verträumt auf das Konzert gehört und doch dabei immer nur das eine gedacht: Wo ist er, und wie geht es ihm?

Der Kommerzienrat und seine Gattin hatten gefragt, wo Herr Norden sei, und Dani hatte so ruhig wie möglich geantwortet, er sei anscheinend von einem Unwohlsein befallen worden. Darauf hatte der Kommerzienrat bei Ronald anfragen lassen, wie es ihm gehe, und die Antwort erhalten, er habe noch immer heftiges Kopfweh und wolle deshalb auf seinem Zimmer bleiben.

So wußte Dani wenigstens, daß er noch auf seinem Zimmer war. Aber beruhigt war sie deshalb doch nicht. Die letzten Tage in Ronalds Gesellschaft waren für sie so voll Glanz und Sonne gewesen, daß es ihr nun, da sie ihn nicht sah, scheinen wollte, als sei alles Licht aus ihrem Leben gewichen. Sie schalt sich töricht und konnte doch nicht dagegen angehen. Ihre sensible Natur ahnte vielleicht schon, daß ihrer Liebe Gefahr drohte, wenn sie auch nicht wußte, welcher Art diese Gefahr war.

Sehr niedergeschlagen suchte sie an diesem Abend ihr Schlafzimmer auf.

Auch der Vater begab sich zur gleichen Zeit mit ihr zur Ruhe. Er wollte heute und morgen sehr solide sein, denn übermorgen würde er wiederum all seine Nerven und Geisteskräfte brauchen.

Dani faßte nach den Veilchen, die Ronald ihr auf ihr Zimmer hatte stellen lassen. Sie hatte ihm nicht einmal dafür danken können, denn sie war seither noch keinen Augenblick mit ihm allein gewesen.

Sie drückte die Veilchen an ihre Lippen und streichelte mit den Händen sanft darüber hin. Und ihre Gedanken flogen zu ihm, der qualzerrissen auf seinem Zimmer saß und sich immer noch nicht darüber schlüssig war, was er tun oder lassen sollte.

Aber am nächsten Morgen war Ronald, nach einer beinah schlaflos verbrachten Nacht, mit sich darüber ins reine gekommen, was er zunächst zu tun habe. Er war sich klar, daß er Dani gegenüber nicht plötzlich ein ganz verändertes Wesen zur Schau tragen konnte, ohne nicht wenigstens zu versuchen, ihr den Grund dafür anzugeben.

So stand er unten im Vestibül wie gestern und wartete auf sie, hoffend, daß sie bald und allein erscheinen würde. Zu seiner

Erleichterung erschien sie wirklich nach kurzer Zeit, und als er ihr nun entgegenkam, flog ein strahlendes Lächeln über ihr etwas blasses Gesicht. Ehe er sprechen konnte, faßte sie seine Hand und sagte mit bebender Stimme:

»Gottlob, Sie scheinen sich wieder besser zu fühlen. Wie habe ich mich um Sie gebangt!«

Wie glücklich hätten ihn noch gestern diese Worte gemacht! Heute zwang er sich zu einer flüchtigen Entgegnung:

»Es geht mir etwas besser, mein gnädiges Fräulein, ich danke Ihnen für Ihre Teilnahme.«

Wie kalt, wie fremd diese Worte! Klangen sie nicht ganz anders als alles, was er sonst zu ihr gesprochen hatte? Forschend sah sie ihn an.

»Nein – Sie sind noch nicht wieder in Ordnung, Sie sehen noch immer so bleich aus wie gestern«, sagte sie teilnahmsvoll und zugleich unruhig.

»Ich denke, ein Spaziergang in der frischen Morgenluft wird mir guttun. Hatten auch Sie wieder einen Spaziergang vor?«

»Ja, ein wenig wollte ich spazierengehen. Aber nicht lange. Papa wird heute wohl nicht so lange schlafen, da er zeitig zur Ruhe ging.«

»Dann darf ich mich Ihnen hoffentlich anschließen, ich – ich möchte Ihnen etwas sagen.«

Sie sah ihn unruhig forschend an. Er erschien ihr seltsam bedrückt. Aber sie sagte ohne Zögern:

»So kommen Sie, lassen Sie uns gehen.«

Sie gingen hinunter auf die Terrassen und schritten langsam nebeneinander dahin. Eine Weile schwiegen sie. Dann raffte er sich auf und sagte, seiner Stimme Festigkeit gebend:

»Mein gnädiges Fräulein, ich sagte Ihnen gestern nicht die Wahrheit. Ich hatte nicht Kopfweh, es war kein körperliches Unwohlsein, das mich befallen hatte, sondern ein seelisches. Ich hatte etwas in Erfahrung gebracht – nein – hatte eine Nachricht erhalten, die mit einem Schlag all mein Glück zerschlug, von dem ich in diesen letzten Tagen geträumt hatte, wenn ich Sie sah, mit Ihnen zusammensein konnte. Ich halte es für meine Pflicht, nachdem ich Ihnen so viel von meinen Gefühlen verraten habe, Ihnen zu sagen, daß sich ernste, unüberwindliche Hindernisse zwischen mich und – die Erfüllung meines Glückes gedrängt haben. Bitte – zürnen Sie mir nicht, wenn ich Ihnen verfrüht von meinen Empfindungen gesprochen habe, ein – ein Verhängnis wehrt es mir, mein Werben um Sie fortsetzen zu dürfen. Als ehrlicher Mensch muß ich Ihnen das sagen und Sie um Verzeihung bitten.«

Sie war sehr bleich geworden, ihre Augen blickten mit banger, schmerzvoller Frage zu ihm auf, und ihre Lippen zuckten wie im Krampf, ehe sie antworten konnte:

»Ich weiß nicht, was Sie betroffen hat, aber ich fühlte, seit Sie gestern von mir gingen, daß Sie etwas Schmerzliches bewegte und – daß die Sonne aus meinem Leben schwinden wollte. Zürnen – nein – zürnen kann ich Ihnen nicht – ich weiß, daß Sie mir nicht absichtlich weh tun wollten.«

Sie konnte nicht weitersprechen.

»Nein – o nein, um alles in der Welt möchte ich Ihnen nicht weh tun, aber ich fühle, daß ich es tun muß. So glücklich mich die Erkenntnis hätte machen können, daß ich Ihnen so viel gelte, so unglücklich macht es mich jetzt, das zu fühlen. Glauben Sie mir, ich habe seit gestern qualvolle Stunden durchlebt von dem Augenblick an, da mir klar wurde, daß ich auf Ihren Besitz würde verzichten müssen. Daß ich es aber muß, daran besteht leider kein Zweifel. Ein Hindernis ist zwischen uns aufgestanden, das ich nicht überwinden kann, nicht überwinden darf. Und sobald mir das klar wurde, wußte ich auch, daß ich es Ihnen sagen, wußte sogar, daß ich Ihnen damit weh tun mußte.«

Sie sah, bis in die Lippen erblaßt, mit leidvollen Augen zu ihm auf, sich krampfhaft bemühend, tapfer zu sein.

»Ich danke Ihnen, daß Sie es mir gesagt haben. Ich – ich will nicht fragen, was mit einem Mal zwischen uns steht, denn ich weiß, wenn es nicht unüberwindlich wäre, würden Sie mir dies Leid erspart haben.«

Er stöhnte leise auf.

»Bei Gott, ich wünschte, ich hätte es Ihnen ersparen können. Ein Glück, daß noch niemand weiß, was zwischen uns war. Um

Ihretwillen muß ich es ein Glück nennen. Ich bin geradezu verzweifelt, habe die ganze Nacht nicht schlafen können und bin doch machtlos, Ihnen dies Leid zu ersparen.«

Es lag eine so tiefe Qual in seinen Worten, daß sie erschüttert in sein blasses, verstörtes Gesicht sah. Sie erkannte die Wahrheit seiner Worte, und über seinem Schmerz wollte sie den eigenen vergessen.

»Sorgen Sie sich nur nicht um mich, Herr Norden. Meine Hoffnungen waren wohl zu groß, zu kühn, um Erfüllung finden zu können. Ich bin ja nicht gewöhnt, daß das Schicksal es so gut mit mir meint. Ich – ich will Sie nicht betrüben, noch mehr, als Sie schon betrübt sind, indem ich Ihnen das alles noch viel schwerer mache. Tapfer will ich sein und mich ins Unvermeidliche fügen – und – einmal war ich doch von ganzem Herzen glücklich. Das ist doch mehr, als mancher von sich sagen kann.«

Ihre Tapferkeit rührte ihn um so mehr, als er merkte, wie schwer sie darum ringen mußte. Ergriffen sah er in ihr blasses Gesicht. Was hätte er darum gegeben, wenn er sie jetzt in seine Arme hätte nehmen dürfen und ihr sagen können: Es ist ja alles Unsinn, eines nur ist klar und wichtig, wir lieben uns und gehören zusammen. Nichts soll uns trennen als der Tod. Aber da hörte er im Geiste die Stimme seines Vaters:

Die Tochter eines Falschspielers.

Er biß die Zähne zusammen. Nein, das durfte er dem Vater nicht antun, das hatte dieser nicht verdient. Es durfte nicht sein, er mußte sein Glück zum Opfer bringen und – was ihm noch schlimmer erschien – auch das Danis.

»Wenn Sie wüßten, wie es in mir aussieht, wie unglücklich ich bin, daß ich dies Leid Ihnen nicht ersparen kann. Daß ich Ihnen Schmerzen bereiten muß, ist ja viel härter, als daß ich selber leide«, stieß er rauh hervor.

Sie erzitterte. Und tapfer suchte sie den eigenen Schmerz zu bezwingen.

»Eines bleibt uns – die Erinnerung an diese kurzen glücklichen Stunden. Für mich werden sie unvergeßlich sein wie etwas, das nie wiederkehren wird, wie etwas, wovon man träumt. Es wäre ja viel zu schön gewesen – so viel Glück gibt es eben nicht«, sagte sie leise.

Kein Vorwurf traf ihn. Sie wußte, er konnte nicht anders. Und sie glaubte zu wissen, was ihn von ihr schied. Er hatte ihr doch erzählt von der Fusion seiner Firma mit der andern und daß der Vater diese Fusion gewünscht hätte. Vielleicht war diese nun doch nötig geworden. Sie wußte, im Geschäftsleben gab es zuweilen Schwierigkeiten und Verwicklungen. Wahrscheinlich hatte er, als sie gestern zu ihrem Vater hinaufgegangen war, Post von zu Hause bekommen, und der Vater hatte unter schwerwiegenden Gründen von ihm verlangt, jene junge Dame zu heiraten, damit die Fusion zustande kam. Ganz sicher erschien ihr das. Und sie wußte von ihm selbst, wie sehr er seinem Vater liebte, er mußte ihm gehorsam sein.

Aber sie sehnte sich nun danach, mit ihrem Schmerz allein sein zu können.

Er hatte sie mit trübem, brennendem Blick angesehen.

»So viel Glück gibt es nicht? So sagen Sie – und ich muß leider zustimmen. Aber bitter, sehr bitter ist es, daß etwas so Schönes, Liebes und Beglückendes nicht sein darf. Ich muß Ihnen jedoch danken, daß Sie mir das alles so leicht gemacht haben, daß Sie mir keinen Vorwurf machen.«

Sie schüttelte den Kopf.

»Wie kann ich Ihnen einen Vorwurf daraus machen, daß Sie mich glücklich machen wollen und es nicht dürfen? Das wäre so kleinlich von mir, wie ich nie zu werden hoffe.«

»Großherzig sind Sie, und lieb und gut – ich . . .«

Er konnte nicht weitersprechen und biß die Zähne wie im Krampf zusammen. Sie sah es, wie es in ihm kämpfte, wie er litt, und da legte sie die Hand leise auf seinen Arm.

»Es tut mir sehr weh, daß Sie leiden müssen wie ich – wenn ich es nur allein tragen könnte.«

Rasch faßte er ihre Hand und preßte seine Lippen darauf. Und an ihrer Tapferkeit richtete er sich auf. Nur quälte ihn nach wie vor der Gedanke, was aus ihr werden sollte, wenn ihr Vater als Falschspieler entlarvt und vielleicht verhaftet würde.

Noch einmal entkam er wahrscheinlich nicht dem Arm des Gesetzes.

Eine Weile gingen sie stumm nebeneinander hin, in traurige Gedanken verloren. Endlich fragte sie leise:

»Werden Sie abreisen?«

Er atmete tief.

»Ich kann nicht!« stieß er heiser hervor.

Sie rang mit sich. Dann sagte sie, so fest sie konnte:

»Dann bleiben Sie doch. Fürchten Sie nicht, mich zu quälen. Ich will denken, daß zwischen uns nie so vertrauliche Worte gewechselt wären, wie es geschehen ist, will denken, daß dies alles nur in meiner Phantasie bestanden habe. Wir wollen uns beide Mühe geben, tapfer zu sein – wir – wir können – dürfen doch Freunde bleiben?«

Ihre Worte nahmen ihm einen Stein vom Herzen. Er hätte jetzt nicht fortgehen können, mit der Ungewißheit über ihr Schicksal. Er wolle versuchen, sich mit ihrem Vater in Verbindung zu setzen, ihm seine Hilfe anzubieten, ihm für sich wie für Dani irgendwo eine ruhige, friedliche Existenz zu ermöglichen. Das aber konnte er nicht vom Zaun brechen, er brauchte Zeit dazu.

»Können Sie das ertragen? Können Sie mir so ruhig begegnen, als wären wir nun gute Freunde?« fragte er sie.

Sie sah ihn tapfer an.

»Es wird schon gehen – ich – nur ein wenig fassen muß ich mich erst. Bitte, lassen Sie mich jetzt gehen – ich . . .«

Sie schüttelte nur hilflos den Kopf, weil ihr die Stimme versagte, nickte ihm mit einem rührend hilflosen Lächeln zu und ging schnell davon.

Er blieb stehen und sah ihr nach, und auch seine Augen umflorten sich. Da ging die Frau hin, die ihm die höchste Lebenswonne hätte bieten können, wenn ihr Vater ein ehrlicher Mann gewesen wäre. Und er durfte sie nicht halten, mußte sich damit zu begnügen suchen, daß er sie als guter treuer Freund vielleicht vor einem noch größeren Leid bewahren durfte. Ja, das gelobte er sich: Was er tun konnte, ihr zu helfen, das wollte er tun. Er mußte versuchen, ihren Vater zu lösen aus den unhaltbaren

Verhältnissen, in denen er jetzt lebte, damit Dani in gesicherte Verhältnisse kam.

Langsam schritt er den Weg nach Monaco entlang. Er wußte, daß der Kampf für Dani erst jetzt begann. So schnell kommt man nicht über ein zertrümmertes Glück hinweg. Was er schon hinter sich hatte seit gestern, mußte sie erst jetzt durchleiden. Und – er konnte ihr nicht helfen.

Dani eilte auf ihr Zimmer. Zum Glück schlief ihr Vater noch. Sie war allein und ungestört und konnte sich ihrem Jammer hingeben. Wie zerbrochen fiel sie in einen Sessel und starrte mit brennenden Augen ins Leere. Erst jetzt, da sie wußte, daß sie Ronald Norden verlieren würde oder schon verloren hatte, erkannte sie die Größe und Tiefe ihres Empfindens für ihn. Leidvoll staunte sie, wie tief sich ein Mensch in so kurzer Zeit einem andern ins Herz graben konnte. Nach zwei sonnigen Tagen, die sie gleichsam auf die Höhen des Lebens geführt hatten, war tiefstes Leid über sie hereingebrochen. Würde sie es ertragen können? Würde sie so tapfer sein können, wie sie hatte scheinen wollen, um ihm das Herz nicht schwerer zu machen, als es ohnedies schon war? Es mußte gehen, niemand durfte ihr anmerken, wie es in ihr aussah. Und wenn sie ihn jetzt wiedersah, mußte sie ihn ruhig und beherrscht mit fremden Augen ansehen, damit niemand merkte, was er ihr war. Einige Zeit würde er noch bleiben, schon um kein Aufsehen zu erregen, dann würde er abreisen, wieder nach Berlin, zu der andern Frau, die er nicht liebte, die er aber heiraten mußte. Ja, o ja, nichts anderes war zwischen sie und ihn getreten als diese Frau und der Wille seines Vaters. Und wenn er fort war, dann war ihr Leben ganz leer – ohne Sonne und Wärme. Nur der Vater blieb ihr. Keinem Mann würde sie je angehören, keiner sollte sie jemals besitzen, da es Ronald Norden nicht sein durfte.

Lange saß sie so in ihrer traurigen Versunkenheit, bis sie die Stimme ihres Vaters hörte, der an ihre Tür klopfte und nach ihr rief.

Sie antwortete ihm, sich mit aller Kraft zusammenraffend,

daß sie beim Umkleiden sei und danach zu ihm in den kleinen Salon kommen werde.

Als der Vater sich entfernt hatte, erhob sie sich und kühlte ihre brennenden Augen mit kaltem Wasser. Dann ordnete sie ihr Kleid, zwang sich dazu, eine ruhige Miene zur Schau zu tragen, und suchte den Vater auf.

Sie wußte nicht, wie sie die nächsten Stunden verbrachte. Wie ein Automat sprach und bewegte sie sich, saß mit dem Vater beim Frühstück, plauderte mit ihm und ging dann mit ihm hinunter auf die Terrassen. Hier fand sie Ronald Norden in Gesellschaft des Kommerzienrates und seiner Frau und einiger anderer Herren und Damen. Ihre und Ronalds Blicke begegneten sich, und beide merkten einander an, was es sie kostete, sich gefaßt und ruhig zu zeigen. Aber sie vermochten es doch beide, sie sprachen auch miteinander über gleichgültige Dinge und suchten so gut wie möglich mit der veränderten Situation fertig zu werden.

Dani hörte, wie ihr Vater seine Freunde für den nächsten Abend zum Abendessen einlud, und gewahrte alsdann, wie er sich an Ronald wandte:

»Es würde uns ein Vergnügen und eine Ehre sein, Herr Norden, wenn wir auch Sie zu unsern Gästen zählen dürften. Wir erwarten noch einige Herren aus Nizza, es wird hoffentlich ein recht vergnügter Abend werden.«

Bei diesen Worten ihres Vaters sah Dani Ronald Norden forschend an, und sie merkte, daß sein Gesicht vor unterdrückter Erregung zuckte. Auch bemerkte sie, daß er einen Moment zögerte, aber dann sagte er, sich verneigend:

»Ich danke Ihnen für Ihre liebenswürdige Einladung und werde ihr gern Folge leisten.«

Ronald wollte einen dieser Abende im Salon des Herrn von Winterfeld aus eigener Anschauung kennenlernen, obwohl er am liebsten abgesagt hätte. Aber wenn er Dani helfen wollte, mußte er versuchen, in nähere Beziehung zu ihrem Vater zu treten.

Als er zugesagt hatte, sah er Dani an und merkte, daß eine leise, wehmütige Freude in ihren Augen lag.

Ach ja, sie war genügsam! Sie begnügte sich, weil es sein mußte, mit seiner Freundschaft. Aber er konnte nicht so genügsam sein, in ihm stürmte und tobte es noch, er konnte sich noch nicht damit abfinden, Dani aufgeben und auf ein Glück verzichten zu sollen, wie nur sie es ihm beschert haben würde. Sie war eine Frau, und Frauen finden sich wohl leichter damit ab, solche Opfer bringen zu müssen. Ein Mann wehrt sich länger dagegen und intensiver.

Er vermochte auch nicht lange in der Gesellschaft zu bleiben, es kostete ihn zu viel Selbstüberwindung, bei Danis Anblick ruhig zu bleiben, zumal jetzt der kleine Conte wieder hoffnungsvoll an ihrer Seite weilte. Da sie sich von Ronald fernhielt, glaubte der Conte, er habe sich gestern geirrt, wenn er geglaubt hatte, daß Dani den jungen Deutschen auszeichnete.

Ronald konnte es nicht mehr mit ansehen, wie sich der Conte um Dani bemühte. Eine brennende Eifersucht auf diesen kleinen bildhübschen Italiener erfüllte ihn heute. Wie, wenn Dani, nun da sie die Aussichtslosigkeit ihrer Liebe zu ihm einsehen mußte, sich dazu bereit erklären würde, die Gattin des Conte – oder irgendeines anderen Mannes zu werden? Oh, es würde ihr nicht an Bewerbern fehlen, andere Männer waren ja nicht so unglücklich wie er, zu wissen, daß ihr Vater ein Ehrloser war. Dieser Gedanke brachte ihn fast von Sinnen. Dani die Gattin eines anderen! Er wußte, daß er das nicht ertragen würde. Und doch, mußte er nicht wünschen, daß sie einen braven, guten Mann fände, der sie in Sicherheit brachte? Aber er konnte sich das einfach nicht denken.

Hastig verabschiedete er sich und ging davon. Sie sah ihm verstohlen mit traurigen Blicken nach, und als er sich, ehe er um das Kasino herum verschwand, noch einmal umwandte, sah er in ihre traurigen Augen hinein. Die zogen ihn mit Allgewalt wieder zurück. Es war ja Unsinn, sie würde keines andern Mannes Weib werden, sie nicht. Sie war treu und schenkte sich keinem Mann ohne Liebe.

Er lief hinüber zu dem Zeitungskiosk, kaufte eine Zeitung und – kehrte wieder zur Terrasse zurück. Und da sah er Dani ganz allein an der Terrassenbrüstung stehen, oberhalb der Taubenschießstände. Die übrige Gesellschaft ging weiter unten dahin, in ein Gespräch vertieft. Dani allein war zurückgeblieben. Sie ahnte nicht, daß er zurückgekommen war, merkte nicht, daß er neben sie trat. Starr sahen ihre Augen ins Weite. Ein weher Zug lag um ihren Mund, und an den Wimpern hing eine Träne, die sie nicht hatte zurückhalten können.

»Dani!« sagte er leise.

Es war das erstemal, daß er sie bei diesem Namen nannte. Sie zuckte zusammen und sah zu ihm auf. Die Träne fiel schnell herab und bildete einen dunklen Fleck auf ihrem blauen Kleid. Er sah wie gebannt auf diesen Fleck und sagte:

»Verzeihen Sie, daß ich Sie bei diesem Namen nannte – er kam ohne meinen Willen über meine Lippen, als ich in Ihr trauriges Gesicht sah.«

Sie zwang sich zu einem Lächeln.

»Oh – mein Freund – ich bin schon nicht mehr traurig, ich – ich hatte nur Sorge, Sie würden sich wieder in die Einsamkeit zurückziehen und wieder Schmerzen leiden.«

»Ich hatte allerdings die Absicht, Ihren Anblick zu fliehen – ich – es war plötzlich eine geradezu wahnsinnige Angst in mir, Sie könnten – dieser Conte Spirinelli wirbt so intensiv um Sie – ich konnte es nicht mehr mit ansehen, ich darf es ihm ja leider nicht wehren«, stieß er heiser hervor.

Ein wehes Lächeln huschte um ihren Mund.

»Der arme Conte!«

»Sie bemitleiden ihn? Vom Mitleid bis zur Liebe ist nur ein Schritt«, klagte er eifersüchtig.

Sie wandte ihm nun voll ihr Gesicht zu und sah ihn mit großen Augen an.

»Sie glauben doch selbst nicht an das, was Sie hier andeuten wollen. Halten Sie es für möglich, daß ich die Werbung des Conte oder irgendeines anderen Mannes annehmen könnte, nach dem, was zwischen uns beiden war? Oh – mein lieber Freund – wie wenig kennen Sie mich.«

Er ergriff ihre Hand und preßte seine Lippen darauf.

»Verzeihen Sie mir – ich bin halb unzurechnungsfähig. Ich gönne Sie keinem – keinem – und darf Sie doch nicht halten.

Ich müßte wünschen, Sie könnten mich vergessen, und wenn ich dann denke, Sie wären dazu imstande, dann – ach mein Gott – verzeihen Sie mir. All das dürfte ich Ihnen nicht mehr sagen.«

Mit einem innigen, liebevollen Blick, der ehrlich ihr Empfinden verriet, sah sie ihn an, so daß er erbebte.

»Lassen Sie mich doch hören, wie leid es Ihnen tut, mich aufgeben zu müssen. Ich weiß ja nun, daß ich nichts zu hoffen habe – und es verpflichtet Sie zu nichts. Aber – selig macht es mich doch, daß es Ihnen so schwer wird, mich aufzugeben. Würde es Ihnen gar zu leicht – dann müßte ich viel betrübter sein – wenn es mir auch wieder leid tut, daß Sie, gleich mir, Schmerzen leiden müssen. Aber auch die Schmerzen, die ich um Sie leide, sind mir lieb.«

Er mußte die Zähne zusammenbeißen und sah sie mit einem brennenden Blick an. Sprechen konnte er nicht. So standen sie nebeneinander und vermochten nicht, sich voneinander loszureißen.

Endlich raffte sich Dani auf.

»Kommen Sie, mein lieber Freund, wir müssen zu den andern gehen.«

Gehorsam folgte er ihr. Mein lieber Freund! So nannte sie ihn. Ach, welch ein trauriger Ersatz war das für einen andern Namen, den sie ihm hatte geben sollen.

»Wie bewunderswert sind Sie in Ihrer Tapferkeit!« sagte er leise.

Sie sah zu ihm auf, mit einem Blick, der ihn erschütterte.

»Wir Frauen sind dazu erzogen, tapfer zu sein gegen uns selbst. Der Mann ist es nur gegen seine Feinde. Und – mir scheint, dies ist leichter.«

»Wie recht haben Sie. Aber – ich muß Sie fragen – ist es Ihnen nicht unangenehm, wenn ich morgen abend der Einladung Ihres Herrn Vaters folge?«

Sie seufzte tief.

»Ich bin mir bewußt, daß ich Sie nicht mehr oft und nicht mehr lange sehen werde. Solange es aber möglich ist, in Ihrer Gesellschaft zu weilen, werde ich mich daran freuen und – Eindrücke sammeln für eine Zeit, da ich Sie nicht mehr sehen werde.«

»Es quält Sie also nicht, wenn ich in Ihrer Nähe bin?«

»Es quält und beglückt mich zugleich. Aber um das Glück Ihrer Gegenwart zu genießen, nehme ich auch diese Qual mit in Kauf. Nur um eines möchte ich Sie bitten.«

»Sprechen Sie! Jede Ihrer Bitten werde ich erfüllen, wenn es in meiner Macht liegt.«

»Ein Versprechen möchte ich von Ihnen haben. Versprechen Sie mir, daß Sie nicht ohne einen letzten Abschied von mir gehen. Sie müssen mir sagen, wann ich Sie zum letztenmal sehe, Sie dürfen nicht heimlich abreisen. Ich – ich hatte vorhin eine so heftige Angst, Sie könnten fortgehen, ohne es mir zu sagen.«

Eine tiefe Rührung beschlich ihn. Mehr und mehr erkannte er, wie sehr er geliebt wurde, und je mehr er das erkannte, desto schwerer wurde ihm der Verzicht.

»Ich gebe Ihnen mein Wort – ich sage es Ihnen vorher, wenn ich gehe.«

»Und – werden Sie bald gehen?«

»Nicht heute und morgen – ich muß mich doch erst an den Gedanken gewöhnen, Sie nicht mehr wiederzusehen.«

Die letzten Worte kamen wie ein Stöhnen aus seiner Brust.

»Oh, mein armer Freund!«

Sie konnten jetzt nicht mehr unbelauscht sprechen. Sie hatten sich den andern zu weit genähert und mußten sich gewaltsam zu einem belanglosen Thema zwingen, mußten mit den andern lachen und scherzen.

Während die Lippen lachen,
Schweigend das Herz sich verbluten kann.

XI

Im großen Salon des Herrn von Winterfeld war alles zum Empfang der Gäste bereit. Die große runde Tafel war gedeckt und mit Blumen geschmückt. Vater und Tochter empfingen die Gäste. Dani trug ein reizendes und sehr elegantes Kleid aus lichtrosa Velour antique. Keinerlei Schmuck trug sie. Aber das hatte sie auch nicht nötig, sie sah wundervoll aus, und so vornehm und apart, daß aller Augen an ihr hingen und der kleine Conte wieder einmal vor Liebesweh fast verging.

Die Herren aus Nizza waren die ersten Gäste gewesen, und sie brachten noch einen vierten Herrn mit, den Herr von Winterfeld nicht kannte, den er aber liebenswürdig aufforderte, sein Gast zu sein, als er ihm von den andern drei Herren als guter Freund vorgestellt wurde. Der Amerikaner hatte lachend gesagt:

»Wir wollten Monsieur Gradieu nicht allein in Nizza zurücklassen und waren gewiß, daß Sie ihn gut aufnehmen würden. Er ist ein sehr reicher Mann und macht auch gern ein Spielchen.«

Das hatte er zu Winterfeld aber in Abwesenheit seiner Tochter gesagt.

Dani erschien erst etwas später im Salon, und als sie in ihrer sieghaften und doch so bescheidenen Lieblichkeit eintrat, waren die vier Herren ziemlich sprachlos gewesen, hatten sich etwas betreten angesehen und waren erst danach fähig gewesen, Danis Begrüßung zu erwidern.

»Wir haben nicht gewußt, Herr von Winterfeld, daß Sie eine so reizende Tochter besitzen«, sagte der eine der Herren mit einem bewundernden Blick auf Dani.

Herrn von Winterfelds Augen hatten mit einem stolzen, zärtlichen Blick auf Dani gesehen.

»Ich habe Ihnen aber doch gesagt, wie sehr ich unter dem Pantoffel meiner Tochter stehe, deshalb wollte ich heute nicht schon wieder nach Nizza kommen und bat Sie, mich hier zu besuchen.«

Die Herren lachten. Es fiel ihnen nun wieder ein, daß er sie gebeten hatte, nichts über das Spiel verlauten zu lassen, solange seine Tochter zugegen sei. Und plötzlich verstanden sie das. Nein, diese vornehme und bezaubernde junge Dame gehörte nicht an einen Spieltisch.

Es kamen nun schnell nacheinander die übrigen Gäste. Ronald Norden war einer der letzten, und als er Dani an der Seite ihres Vaters begrüßte, durchfuhr ihn der Schmerz um ihren Verlust wieder mit einer brennenden Schärfe. Zum ersten Mal sah er Dani in einem eleganten Kleid, und er fand, daß sie wie eine junge Königin aus einem Zaubermärchen aussah. Er begrüßte sie mit einem festen Händedruck und spürte den Gegendruck ihrer Hand.

Bald darauf ging man zu Tisch. Ronald mußte konstatieren, daß Herr von Winterfeld es vorzüglich verstand, seine Gäste zu bewirten. Das Menü war erlesen, die Weine mit Verstand gewählt. Nichts wirkte protzig, aber alles sehr vornehm und gediegen. Man konnte wirklich nicht daran zweifeln, daß man hier bei einem reichen Edelmann zu Gast war. Und gerade, daß seine schöne Tochter keinerlei Schmuck trug, fiel wohltuend auf. Jeder, außer Ronald, war davon überzeugt, daß Dani von Winterfeld genügend kostbarer Schmuck zur Verfügung stand und sie ihn nur nicht trug, weil ein junges Mädchen sich eben am reizendsten in lieblicher Einfachheit präsentiert.

Außer Dani waren nur ältere Damen zugegen, die nicht gerade eine Augenweide waren. Deshalb labten die Herren ihre Augen alle an Danis maienfrischer Schönheit. Auch die drei Franzosen und der Amerikaner, die von Nizza herübergekommen waren, taten das, und ein aufmerksamer Beobachter hätte bemerken können, daß sie zuweilen verstohlene Blicke tauschten, in denen etwas von Bedauern zu liegen schien.

Es waren im ganzen mit dem Wirt und seiner Tochter fünfzehn Personen anwesend, darunter nur drei Damen. Es wurde dank der weltmännischen Routine des Gastgebers und Danis liebenswürdig klugen Geplauders eine sehr angeregte Unterhaltung bei Tisch geführt. Ronald hatte leider nicht das Vergnügen, Danis Tischnachbar zu sein. An ihrer Seite saß der Amerikaner aus Nizza, an der andern Seite der Conte Spirinelli. Da Herr von Winterfeld die Tischordnung gemacht hatte, schloß Ronald eifersüchtig daraus, daß diesem daran zu liegen schien, wenn seine Tochter die Bewerbung des Conte annähme. Er erschien ihm wohl als der geeignetste. Dem Amerikaner, der schon an die Fünfzig war, hatte er Dani wohl als Nachbarin bestimmt, damit diese ihn bezaubern sollte. Und mit einemmal fiel es Ronald glühendheiß aufs Herz, daß Herr von Winterfeld seine schöne Tochter vielleicht sogar zum Lockvogel herabwürdigte. Vielleicht nicht mit ausgesprochener Absicht, aber doch aus dem Empfinden heraus, es könne ihm nützlich sein, Dani in ihrer vornehmen, unschuldigen Reinheit gewissermaßen als Aushängeschild zu benutzen.

Als ihm dieser Verdacht aufstieg, wäre er am liebsten aufgesprungen und hätte Dani von dieser Tafel hinweggerissen und sie hinausgeführt. Mit Mühe nur beruhigte er sich so weit, daß er seine Fassung nicht verlor. Er saß Dani fast direkt gegenüber, und gerade jetzt begegneten sich ihre Blicke. Ach, welch ein Himmel von Unschuld und Reinheit aus ihren Augen strahlte. Blond bis ins Herz hinein und rein und klar wie ein Bergquell. Ein schwerer Seufzer hob seine Brust, und ein fast finsterer Blick traf ihren Vater, der heiter und gutgelaunt plauderte und scherzte, als hätte er das reinste Gewissen der Welt.

Der eine Franzose aus Nizza, der an Ronalds Seite saß, zog ihn jetzt in ein Gespräch. Er mühte sich, deutsch mit ihm zu sprechen.

»Sie sein Landsmann von Herrn von Winterfeld?«

»Ja.«

Mehr antwortete Ronald nicht auf diese Frage.

»Oh, Sie sein sicher sehr gut bekannt mit ihm und seine schöne Tochter.«

»Wir haben uns erst hier kennengelernt, Monsieur«, erwiderte Ronald in tadellosem Französisch, worauf der Franzose, sich elegant verneigend, sagte, diesmal auch in französischer Sprache:

›Sie sprechen ein vorzügliches Französisch, ich bewundere das, mein Deutsch ist sehr mangelhaft.«

Ronald lächelte.

»Ihnen ist es wahrscheinlich nicht von Kind auf wichtig erschienen, die deutsche Sprache zu erlernen. Wir Deutschen haben aber immer gewußt, daß Französisch im internationalen Verkehr die Sprache der guten Gesellschaft war, wenigstens solange die englische Sprache vornehmlich für den Geschäftsverkehr reserviert blieb.«

»Oh, Sie machen Komplimente.«

»Durchaus nicht, ich konstatiere nur Tatsachen.«

»Also Sie kennen Herrn von Winterfeld erst kurze Zeit.«

»So ist es.«

»Haben Sie schon mit ihm gespielt?«

Ronald sah besorgt zu Dani hinüber.

»Man soll hier nicht vom Spiel reden, solange die Tochter des Gastgebers anwesend ist«, sagte er leise.

»Ich weiß, Herr von Winterfeld ist sehr ängstlich. Seine Tochter liebt das Spiel nicht?«

»Sie haßt es und verabscheut es wie ein schlimmes Laster«, sagte Ronald bestimmt. Ihm war, als müsse er Dani weitab von dem Gewerbe ihres Vaters rücken.

»Oh, man kann das verstehen, wenn man Mademoiselle ansieht. Aber ihr Vater liebt das Spiel sehr – kein Wunder –, er hat viel Glück.«

Ronald stutzte leise. Ihm wollte scheinen, als hätten die Worte des Franzosen einen leisen ironischen Unterton. Er heuchelte aber völlige Unbefangenheit.

»So, hat er Glück gehabt?«

Der Franzose lachte hart.

»Das kann man wohl sagen. Wenigstens drüben in Nizza hatte er großes Glück, allerdings erst, nachdem er eine hübsche Summe mit Grazie und guter Laune verloren hatte – so, als wisse er, daß Fortuna doch zu ihm zurückkehren würde. Das geschah dann auch; meine Freunde und ich haben es schmerzlich erfahren müssen, und einige Freunde von ihm, die dabei waren, ebenfalls. Aber – er hatte uns gezeigt, wie man mit Anstand verliert, und wir haben uns das gemerkt. Als wir aber am nächsten Abend abermals vom Unglück verfolgt wurden, ging uns die gute Laune aus. Wir verlangten abermals Revanche – und er hat sie uns versprochen. Heute abend noch – nach Tisch. Nur nach Nizza wollte er nicht schon wieder kommen. Wir sollten uns die Revanche hier bei ihm holen.«

Ronald hatte ein seltsames Empfinden, als wenn die Worte des Franzosen einem Mißtrauen entsprangen. Angst um Dani stieg in ihm auf.

So unbefangen wie möglich sagte er:

»Man kann verstehen, daß er seine Tochter nicht so oft allein lassen will. Und da sie nie an einem Spieltisch geht, mußte er Sie schon hierherbitten.«

Ein seltsames Lächeln umspielte den Mund des Franzosen.

»Das verstehen wir nun auch, nachdem wir Mademoiselle gesehen haben.«

Irgendein Empfinden gab Ronald ein, daß Dani vielleicht heute abend als Schutzengel für ihren Vater fungieren würde. Er konnte dies Gefühl nicht erklären, aber es schien ihm, als habe in den Worten des Franzosen eine leise Drohung für Herrn von Winterfeld gelegen. Am liebsten hätte er diesen gewarnt, er möge vorsichtig sein. Aber das ging selbstverständlich nicht. Er konnte sich nicht aus Liebe zu Dani und aus Sorge um sie zum Mitschuldigen ihres Vaters machen.

Er brachte das Gespräch auf ein anderes Thema, und der Franzose ging gewandt darauf ein. Heimlich beobachtete Ronald die drei Franzosen und den Amerikaner, und es wollte ihm scheinen, daß der eine der Franzosen nicht gewöhnt war, in so eleganter Gesellschaft zu verkehren. Irgendwelche Kleinigkeiten verrieten, daß er in seinem gesellschaftlichen Benehmen etwas unsicher war, wenn er auch ein sehr ruhiges energisches und kluges Gesicht hatte.

Aber Ronald schalt sich selbst aus, daß er aus Angst um Dani nervös sei und überall Gespenster sähe. Was war schon auffallend daran, wenn ein Franzose unsicher war im gesellschaftlichen Verkehr. Auch in Frankreich hatte diese Zeit Emporkömmlinge hervorgebracht, die mit dem guten Ton etwas auf Kriegsfuß standen.

Damit suchte er seine unerklärliche Unruhe zu bekämpfen,

und es gelang ihm endlich auch, als er sich sehr eingehend mit dem Franzosen über allerlei Tagesfragen unterhielt.

Währenddessen flog sein Blick immer wieder voll heimlicher Sehnsucht zu Dani hinüber. Auch sie konnte den Blick kaum von ihm abwenden, und wenn sie auch nicht zusammen sprechen konnten, weil die große runde Tafel zwischen ihnen lag, so sagten sich doch ihre Augen mehr, als der Mund hätte verraten dürfen.

Endlich wurde die Tafel aufgehoben und der Mokka serviert. Diesen nahm man in zwanglosen Gruppen ein, und nun war es Ronald endlich vergönnt, einige Worte mit Dani zu sprechen.

»Ich hoffe, Sie unterhalten sich gut, Herr Norden?« fragte sie ihn.

Er sah ihr tief in die Augen.

»Ich konnte Sie ansehen, mein gnädiges Fräulein. Und zuweilen durfte ich einen Blick von Ihnen erhaschen. Das mußte mich dafür entschädigen, daß ich nicht mit Ihnen plaudern konnte.«

Sie seufzte leise.

»Was sollten wir uns auch sagen, was wir nicht schon gewußt hätten.«

»Sie haben recht, wir können uns nur immer wieder das eine sagen – wie schwer uns der Verzicht wird.«

»Wir müssen tapfer sein«, sagte sie leise.

Er seufzte.

»Ich war noch niemals so wenig tapfer wie jetzt.«

Hier wurde ihnen von einem Kellner der Mokka gereicht. Sie bedienten sich. Als der Kellner weiterging, sagte Dani:

»Ich werde mich nun bald zurückziehen müssen, und Papa wird mit seinen Geschäftsfreunden von Geschäften sprechen. Da wird es sehr langweilig für Sie werden.«

»Wie überall, wo Sie nicht sind, mein gnädiges Fräulein.«

Jetzt trat der Amerikaner heran und wandte sich lächelnd an Dani.

»Sie sprechen ein so vorzügliches Englisch, daß ich gern noch ein wenig mit Ihnen plaudern möchte.«

Obwohl Dani viel lieber mit Ronald gesprochen hätte, neigte sie doch liebenswürdig das Haupt.

»Herr Norden spricht ein mindestens ebenso gutes Englisch, Mister Traily, wir können zu dritt weiterplaudern.«

So hielt Dani zugleich Ronald fest und kam dem Wunsch des Amerikaners nach. Sie plauderte anscheinend unbefangen und heiter, nur Ronald konnte immer wieder ein wehes Licht in ihren schönen Augen aufblitzen sehen.

Die Stimmung der kleinen Gesellschaft war sehr animiert. Die Weine, die Herr von Winterfeld hatte servieren lassen, waren gut gewesen, und niemand hatte bemerkt, daß der Gastgeber selbst diesen Weinen sehr mäßig zugesprochen hatte. Er wußte ja, daß er einen klaren Kopf behalten mußte. Zu viel stand für ihn auf dem Spiel.

Kurz vor elf Uhr sah Ronald, daß Herr von Winterfeld seiner Tochter verstohlen einen Wink gab, worauf sie sich ohne Zögern verabschiedete. Sie wurde ein wenig geneckt. Kleine Kinder müßten zeitig zur Ruhe gehen, und die Rosen auf Mädchenwangen würden verbleichen, wenn Lampenschein sie allzulange beschien. Dani quittierte alle diese Scherze mit liebenswürdiger Schelmerei und entzückte jedermann durch ihre anmutige Klugheit. Von Ronald verabschiedete sie sich zuletzt.

»Auf Wiedersehen?« sagte sie unruhig fragend.

Er drückte ihre Hand.

»Morgen auf Wiedersehen.«

Dann ging sie hinaus durch die Tür, die in den kleinen Salon nebenan führte. Und nicht nur Ronald allein wurde zumute, als sei es auf einmal viel dunkler in dem Zimmer geworden.

Es dauerte aber nicht lange, da sagte der Amerikaner:

»Nun, Herr von Winterfeld, Ihr Fräulein Tochter ist zur Ruhe gegangen, Sie haben uns Revanche versprochen, deshalb sind wir hier.«

Mit einem liebenswürdigen Lächeln verneigte sich Horst von Winterfeld.

»Ich stehe selbstverständlich zur Verfügung.«

Die Kellner hatten die Tafel längst abgeräumt, hatten wie immer einige Flaschen Sekt, einige Flaschen Vichy und die nötigen Gläser auf einen kleinen Tisch am Fenster gestellt und sich entfernt. Im Nu war die große runde Tafel zum Spieltisch umgewandelt.

Ronald beobachtete das alles mit scharfen Augen und merkte sehr wohl, daß alles schon zum Spiel vorbereitet gewesen war. Aus einer Schublade, zu der nur Herr von Winterfeld den Schlüssel besaß, erschienen wie durch Zauberei alle Requisiten, die zu dem Spiel nötig waren. Die Sessel wurden um den Tisch gestellt, und fast alle nahmen ihre Plätze ein. Ein fragender Blick aus Herrn von Winterfelds Augen traf auch Ronald, der sich noch im Hintergrund hielt.

»Spielen Sie mit, Herr Norden?«

Dieser winkte leicht ab.

»Ich bin heute nicht in Stimmung – vielleicht später –, erst will ich ein wenig zusehen, wenn es erlaubt ist.«

»Aber bitte, ganz nach Belieben. Dort drüben steht Sekt und Wasser, bedienen Sie sich bitte, die Kellner stören nur und werden nicht mehr erscheinen.«

Ronald verneigte sich leicht.

Das Spiel begann, und mit heimlicher Angst waren Ronalds Augen auf Winterfeld gerichtet, als müsse er diesen hypnotisieren, daß er nicht unehrlich spielte. Aber so scharf er auch aufpaßte, es ging alles mit rechten Dingen zu. Und etwas beruhigt beschloß Ronald, nun auch zur Ruhe zu gehen. Es hatte keinen Zweck mehr, wenn er blieb. Er zögerte aber doch immer wieder eine Weile. Und er merkte, daß Herr von Winterfeld verlor, immer wieder verlor, kleinere Summen freilich, aber beständig. Sein Gesicht verlor aber die heitere Ruhe nicht. Nur für Ronald erkennbar, zuckte zuweilen ein nervöser Zug über sein Gesicht.

Und nachdem Winterfeld eine ganz ansehnliche Summe verloren hatte, begann er zu gewinnen. Erst einmal, zweimal, verlor wieder, gewann, verlor noch einmal – alles sah ganz korrekt aus.

Aber dann blieb ihm das Glück ständig treu, und je höher das Spiel getrieben wurde, desto stabiler war seine Glücksserie.

Ronald erfaßte plötzlich ein so nervöses Unbehagen, daß ihn die Luft in dem Zimmer zu erdrücken schien. Es verlangte ihn, einige Atemzüge frische Luft zu nehmen, und er sagte sich, wenn er in den kleinen anstoßenden Salon treten würde, könnte er das Fenster öffnen.

Um diesen Entschluß auszuführen, verließ er vorsichtig und unbemerkt von den in ihr Spiel vertieften Menschen das Zimmer.

Dani hatte sich heute etwas widerwillig in ihr Schlafzimmer zurückgezogen. Ohne sich auszukleiden, ließ sie sich in einen Sessel nieder und sah vor sich hin. Warum nur hielt der Vater immer so streng darauf, daß sie sich punkt elf Uhr zurückzog? Bis jetzt war sie immer damit einverstanden gewesen und hatte nicht weiter darüber nachgedacht. Heute aber wäre sie gerne noch geblieben. Ronald Norden war doch noch drüben im Salon und – sie würde ihn nicht mehr lange zu sehen bekommen, das erschien ihr gewiß. Warum also mußte sie sich die wenigen Stunden, da sie in seiner Nähe weilen durfte, noch verkürzen? Gut – Papa wollte nicht, daß Sie irgendwie mit seinen Geschäften in Berührung kam. Aber Ronald Norden hatte doch gewiß keine Geschäfte mit ihm zu erledigen. Er würde sich sehr langweilen und wagte wohl nur aus Höflichkeit nicht, zeitig aufzubrechen. Sie hätten so nett noch zusammen plaudern können. Ach, seine Worte waren zwar Gift für sie, da sie ihm niemals würde angehören dürfen, aber es war ein so süßes Gift. Und sie würde so lange, lange davon zehren müssen, ein ganzes Leben lang – ein ödes, trauriges Leben lang. Denn ohne ihn, das wußte sie, würde das Dasein immer öde und traurig für sie sein. Nie mehr sein geliebtes Gesicht sehen, nie mehr in seine guten, lieben Augen blicken, nie mehr auf den sonoren Klang seiner Stimme hören dürfen – wie traurig mußte das sein, nun, da sie erfahren hatte, wie sehr das alles beseligen konnte.

Und eine heiße Sehnsucht überfiel sie, noch einmal in seine Augen zu sehen, heute abend, ehe sie zur Ruhe ging. Warum sollte sie das nicht tun? Sie konnte doch einfach wieder hinübergehen – so, als habe sie dem Vater noch eine Frage vorzulegen oder unter sonst einem Vorwand. Das war doch nicht schlimm, das konnte sie doch tun? Sie würde ja den Vater und seine Geschäftsfreunde nicht stören, sondern sich gleich wieder zurückziehen. Der Vater würde ja nicht gleich schelten. Und – wenn er es auch tat – sie hatte dann wenigstens Ronald Norden noch einmal gesehen.

Wie seine Augen aufleuchten würden, wenn sie erschien! Ja, sie wußte gewiß, daß sie aufleuchten würden, und diese Gewißheit ließ sie heute dem Gebot des Vaters trotzen. Schnell erhob sie sich, trat vor den Spiegel, um zu sehen, ob sie noch gut aussah. Sie war zufrieden. Und schnell verließ sie ihr Zimmer und betrat zunächst den kleinen Salon, um durch diesen zum großen Salon zu gehen. Durch die Tür vom Korridor aus hätte sie übrigens den Salon gar nicht betreten können, denn diese Tür pflegte ihr Vater abzuschließen, sobald die Kellner den Raum verlassen hatten.

Sie stand nun ein wenig zaghaft vor der aus dem kleinen in den großen Salon führenden Tür, und gerade in diesem Moment öffnete Ronald Norden diese Tür, um nebenan frische Luft zu schöpfen. Erschrocken sah er Dani vor sich stehen und zog, so schnell er konnte, die Tür wieder hinter sich zu. Aber Dani hatte der kurze Blick in den großen Salon genügt, um zu sehen, daß man da drüben um einen Spieltisch saß und spielte. Mit großen erschrockenen Augen starrte sie Ronald an. Und er sah sie ebenso erschrocken an. Er sah, daß Dani bleich geworden war.

»Was ist das?« hauchte sie fast tonlos.

Er faßte nach ihrem Arm und wollte sie fortführen aus der Nähe der Tür. Aber sie stand wie festgewurzelt.

»Was tut man da drinnen? Das – das war doch ein Spieltisch? Um Gottes willen – da drinnen spielt man«, stieß sie bebend hervor.

Er sah, wie entsetzt sie war, und wollte sie beruhigen.

»Aber, mein gnädiges Fräulein, weshalb erschrecken Sie so sehr? Man hatte Lust auf ein kleines Spiel und setzte sich zusammen. Ich hatte keine Lust, daran teilzunehmen, und wollte hier in diesem Zimmer das Fenster öffnen, um ein paar Züge frische Luft zu schnappen. Es ist ein Glück, daß ich gerade in diesem Moment herauskam und Sie am Eintreten hinderte. Ihr Herr Vater wäre sicherlich böse geworden.«

Auch er sprach leise, damit man sie drinnen nicht hören konnte.

Dani krampfte die Hände zusammen, und in ihren Augen lag eine dumpfe Unruhe.

»Ach bitte, lassen Sie mich doch hinein, Papa soll nicht spielen – es bereitet mir so große Angst und Unruhe, gleichviel, ob er gewinnt oder verliert.«

Und sie wollte ihn beiseite drängen. Aber er sagte sich, Dani dürfe dieses Zimmer nicht betreten. Niemand durfte sie in diesem zum Spielzimmer umgewandelten Salon sehen. Er wußte jetzt, weshalb der Vater immer so streng darauf hielt, daß sie vor dem Spiel den Salon verließ. Seine Tochter wollte er wenigstens schützen, falls er wieder beim Falschspiel ertappt wurde. Sie sollte vor jedem Verdacht der Beihilfe bewahrt bleiben. Diese Erkenntnis machte ihn ganz ruhig, ganz bestimmt. Er faßte wieder ihren Arm.

»Sie dürfen dort nicht hinein, eine Dame gehört nicht an einen Spieltisch.«

»Aber es sind doch andere Damen darinnen?«

»Die sind älter als Sie und verheiratete Frauen, die in Gesellschaft ihrer Männer spielen. Sie dürfen nicht hinein.«

»Aber – begreifen Sie doch, mein Vater darf nicht spielen. Wenn er verliert, steht unsere Existenz auf dem Spiel, und gewinnt er – solches Geld bringt keinen Segen. Es quält mich namenlos, daß mein Vater spielt. Er soll es nicht tun, ich ängstige mich.«

»Warum nur sind Sie noch einmal herübergekommen?« fragte er gequält.

Sie strich sich wie besinnend über das Haar.

»Ach – ich dachte an Sie, daß Sie sich langweilen würden, wenn Papa Geschäfte erledigt, und – ich weiß doch, daß wir uns bald nicht mehr sehen können. Es erschien mir als eine nutzlose Quälerei, daß ich wie ein kleines Mädchen zu Bett geschickt wurde, während Sie noch hier sind. Zum erstenmal wollte ich mit Absicht meinem Vater ungehorsam sein, und mir scheint, das hat der liebe Gott so gefügt. Ich bin gerade zurecht gekommen, hoffentlich noch nicht zu spät, um Papa vor allzugroßen Verlusten zu bewahren. Bitte lassen Sie mich zu ihm, ich will ihn veranlassen, aufzuhören.«

Er wußte nicht, wie er sie länger zurückhalten sollte, und sagte ziemlich hart und energisch:

»Sie dürfen um keinen Preis hineingehen, Ihr Herr Vater würde sehr böse werden, und – Sie würden ihn vor seinen Freunden bloßstellen. Er wird dann geneckt, daß er unter dem Kommando seiner Tochter steht, begreifen Sie das doch. So etwas verträgt kein Mann, und während es sich jetzt nur um ein kleines Gesellschaftsspiel zu ganz niedrigen Sätzen handelt, steigern Sie ihn vielleicht in einen Trotz hinein, und er spielt dann gerade unvernünftig. So sind wir Männer, wir wollen uns von keiner Frau gängeln lassen.«

Unschlüssig sah sie ihn an.

»Aber meine Angst! Was tue ich nur?«

»Sie müssen jetzt ganz ruhig wieder in Ihr Zimmer zurückgehen. Ich werde mich wieder hineinbegeben und Ihrem Herrn Vater sagen, Sie ängstigten sich und daß ich Sie nur mit Mühe habe zurückhalten können. Bitte gehen Sie, man darf Sie hier nicht finden. Ich gebe Ihnen mein Wort, daß ich Ihren Herrn Vater sofort zu Ihnen schicke und daß nicht weitergespielt wird.«

Sie atmete auf.

»Wollen Sie das tun, wirklich?«

»Ich gebe Ihnen mein Wort.«

»Ach, ich danke Ihnen. Es ist vielleicht töricht, ist kindisch von mir – aber ich kann nicht dagegen an. Alle Menschen sehen so schrecklich aus, wenn sie spielen. Papa soll es nicht tun.«

»Ich sage Ihnen ja, es ist nur ein harmloses Gesellschaftsspiel. Bitte beruhigen Sie sich doch. In kurzer Zeit wird Ihr Herr Vater bei Ihnen sein und Sie beruhigen.«

Sie sah ihn mit feuchten, bangen Augen an.

»Ich danke Ihnen – Sie sind so gut! Ich werde also in mein Zimmer zurückkehren. Bitte, bitte, lösen Sie Papa von diesem Spiel, wenn es auch noch so harmlos ist, er könnte Geschmack daran finden, und das darf nicht sein! Unsere ganze Existenz steht auf dem Spiel.«

»Ja, ja, seien Sie nur ruhig, es wird alles gutgehen. Gute Nacht, mein gnädiges Fräulein!«

»Gute Nacht, Herr Norden! Und nochmals vielen Dank. Ich hätte vielleicht wirklich eine Torheit begangen, wenn ich selbst hineingegangen wäre.«

»Ganz bestimmt wäre es eine Torheit gewesen.«

Sie nickte ihm noch einmal zu und verließ das Zimmer. Ronald sah ihr aufatmend nach. Wie gut, daß er auf dem Posten gewesen war. Sie durfte nie am Spieltisch ihres Vaters gesehen werden. Wenn er noch einen Funken von Argwohn gehabt hätte, daß Dani vom Treiben ihres Vaters nichts wußte, so wäre dieser Argwohn jetzt geschwunden. Ihre völlige Unschuld hätte sie nicht besser beweisen können als durch diese Angst, dieses Entsetzen, daß der Vater überhaupt spielte.

Sich aufraffend, begab er sich leise in den Spielsalon zurück. Dort war das Spiel in vollem Gang, und Horst von Winterfeld war noch immer am Gewinnen. Vor seinem Platz lag ein Haufen Banknoten, und sein bleiches Gesicht zuckte vor Erregung. Als Ronald jetzt hinter ihn trat, sah er gerade, daß zwei Franzosen aus Nizza sich weit vorbeugten und mit starren Augen auf die Hände von Horst von Winterfeld sahen. Eine jähe Angst überfiel ihn. Ihm war, als könne sich jeden Moment die Szene aus dem Berliner Klub wiederholen. Er war durch Danis Angst selber ganz nervös geworden.

»Herr von Winterfeld!« rief er halblaut, die Hand auf dessen Schulter legend.

Mit einem Ruck fuhr dieser zu ihm herum und starrte ihn an, während sein Gesicht aschgrau wurde. Glaubte er doch einen Augenblick, Ronald habe ihn ertappt, denn gerade in diesem Moment wollte er wieder ein falsches Spiel machen.

»Was wollen Sie?« fragte er mit starren Augen.

»Ich wollte Sie bitten, das Spiel zu beenden.«

»Warum?« fragte Herr von Winterfeld scharf und doch mit einem Unterton von Angst.

»Ich habe Ihrem Fräulein Tochter versprochen, Sie sofort zu

ihr hinüberzuschicken. Als ich zufällig in das Nebenzimmer trat, um ein wenig Luft zu schöpfen, trat auch sie gerade ein und wollte hierher kommen. Sie hat irgend etwas Wichtiges mit Ihnen zu besprechen. Sie war sehr unruhig und aufgeregt, und ich konnte sie nur dadurch davon abhalten, hier einzutreten, daß ich ihr versicherte, die Gesellschaft würde ohnehin jetzt aufbrechen und Sie würden zu ihr hinüberkommen.«

Ronald merkte sehr wohl, wie es in Winterfelds Zügen arbeitete, und er wußte, was in diesem vorgegangen war. Mit einem liebenswürdig verlegenen Lächeln wandte sich Herr von Winterfeld an die Gesellschaft.

»Meine verehrten Herrschaften – das Spiel ist nun einmal gestört, und ich fange nie ein zweites Mal an. Lassen wir es für heute genug sein, ich muß zu meiner Tochter, sie darf, wie gesagt, nicht ahnen, daß wir hier spielen.«

Die drei Franzosen und der Amerikaner sahen sich mit ärgerlicher Enttäuschung an, und der Amerikaner sagte gereizt:

»Und wir sind abermals die Verlierer, Herr von Winterfeld.«

»Das bedauere ich, meine Herren, aber ich kann es nicht ändern.«

»Wir sind wieder nicht zu einer Revanche gekommen«, sagte einer der Franzosen.

»Ich habe sie Ihnen bereitwilligst gegeben, aber das Glück hat sich wieder zu meinen Gunsten entschieden.«

Der andere Franzose wollte gereizt etwas erwidern, aber Ronald sah, daß Monsieur Gradieu, eben der Herr, dessen Kinderstube ihm nicht ganz einwandfrei erschienen war, mit einem bedeutsamen Blick seinen Arm faßte.

»Das Spiel ist vorzeitig unterbrochen worden«, sagte er nur.

»Nun, meine Herren, ich kann nichts anderes tun«, ließ sich Winterfeld vernehmen, »als mich abermals zur Revanche stellen. Und damit wir nicht wieder gestört werden, komme ich morgen zu Ihnen nach Nizza und halte mich Ihnen zur Verfügung, solange Sie mich haben wollen. Mehr kann ich doch nicht tun.«

Ronald bewunderte die Nervenkraft dieses Mannes. Er zeigte sich absolut ruhig. Die Herren aus Nizza sahen sich an, und der

Franzose, der den andern vorhin am Sprechen gehindert hatte, sagte ruhig:

»Nun, wenn Herr von Winterfeld uns nochmals Revanche geben will, soll es uns recht sein – ich bin ebenfalls der Ansicht, daß wir in Nizza ungestörter sind. Heute wird es ja doch nichts mehr werden.«

Dabei warf er den andern Herren aus Nizza wiederum einen bedeutungsvollen Blick zu, aber er stand so, daß er von Ronald jetzt nicht gesehen werden konnte. Andere hatten sich dazwischengeschoben.

Man brach nun ziemlich schnell auf. Herr von Winterfeld und der Kommerzienrat, die beide gewonnen hatten, steckten ihre Banknotenbündel ein, und die Kommerzienrätin sagte lachend und harmlos zu ihrem Gatten:

»Meinen Verlust mußt du mir ersetzen, da du gewonnen hast.«

»Soll mir nicht darauf ankommen«, erwiderte er vergnügt.

Alle verabschiedeten sich von Herrn von Winterfeld, auch Ronald. Diesem fiel nicht auf, daß die Nizzaer Herren sich ziemlich kühl Herrn von Winterfeld empfahlen. Aber wenn es ihm auch aufgefallen wäre, Spieler, die verloren haben, sind niemals sehr liebenswürdig gegen die, die gewonnen haben. Auch Herr von Winterfeld schrieb diese Kühle nur diesem Umstand zu.

Aber als er endlich allein war, klappte er in einem Sessel zusammen. Nur mit Aufbietung seiner ganzen Kraft hatte er sich noch aufrecht halten können. Denn der Augenblick, da Ronald Norden ihm die Hand auf die Schulter legte und seinen Namen nannte, war furchtbar für ihn gewesen. Er hatte nichts anderes geglaubt, als daß er beim Falschspiel ertappt worden sei.

Er mußte sich zunächst fassen. Auch Danis Absicht, zurückkommen zu wollen, entgegen seinem strengen Gebot, hatte ihn erschreckt. Sie sollte doch um jeden Preis vom Spieltisch ferngehalten werden.

Aufatmend erhob er sich, strich sich hastig über das Gesicht und trank einen Schluck Wasser. Nun war er wieder ganz Herr seiner selbst. Es war wirklich bewundernswert, wie dieser Mann sich in der Gewalt hatte.

Langsam räumte er alle Requisiten in die Schublade zurück und verschloß sie. Dann schaltete er das Licht aus, nachdem er sich aufmerksam umgeblickt hatte, ob alle Spuren des Spiels verwischt seien, und ging hinaus.

Er klopfte an Danis Tür. Sie öffnete ihm sofort und sah ihn vorwurfsvoll an.

Er erschrak bei ihrem Anblick. Geisterbleich war ihr Antlitz.

»Was ist denn, Dani? Weshalb wolltest du mich sprechen, was ist geschehen?«

Aufschluchzend warf sie sich in seine Arme.

»Papa – lieber Papa –, tu das doch nie, nie wieder, ich habe so große Angst vor dem Spiel!«

Leise zuckte es in seinem Gesicht.

»Was denn? Was meinst du? Von welchem Spiel sprichst du?«

»Ach Papa, hat dir denn Herr Norden nicht gesagt, daß ich einen Moment in den Salon gesehen habe und euch alle am Spieltisch sitzen sah. Er sagte mir zwar, es sei nur ein harmloses Gesellschaftsspiel, aber mir war so sterbensbange. Wenn du nun verlierst – Papa, wir haben doch nichts zu verlieren.«

Winterfeld war Norden für zweierlei dankbar, einmal dafür, daß er drüben nicht gesagt hatte, daß Dani um das Spiel wußte, und zugleich dafür, daß er ihr gesagt hatte, es sei nur ein harmloses Gesellschaftsspiel.

Lachend faßte er Dani bei den Schultern und schüttelte sie ein wenig.

»Um solcher Kindereien willen sprengt mein kleines, törichtes Kind meine ganze Gesellschaft auseinander. Zum Glück hatten wir heute keine ernsthaften Geschäfte, weshalb wir ein harmloses kleines Gesellschaftsspiel begannen. Ein Glück nur, daß Herr Norden nichts von deiner kindischen Angst verraten hat, du hättest mich einfach lächerlich gemacht. Man neckt mich ohnedies schon genug, daß ich unter dem Pantoffel meiner Tochter stehe. Diese närrische Aversion gegen ein harmloses Spiel mußt du dir abgewöhnen, Dani, du kannst doch deinen Vater nicht am Gängelband führen. Was denkst du nur? Ich weiß doch, was ich tue, du dummer, kleiner Kerl! Jetzt gehst du schleunigst zu Bett. Ich will nicht, daß du so lange aufbleibst, das schadet deinem Aussehen. Gute Nacht, Kind!«

Sie schämte sich ein wenig, vermochte aber doch nicht ganz ruhig zu sein.

»Verzeih mir, Papa, ich war vielleicht wirklich sehr töricht, aber ich hatte solche Angst.«

Er drückte ihr Köpfchen fest an sich, und sein Blick flog über sie hinweg ins Leere. Er spürte, daß ihr feines Gespür die Gefahr ahnte, in der er jetzt permanent schwebte. Hoffentlich konnte er sich und sie bald aus diesem Leben lösen; niemand sehnte sich so sehr danach wie er selber.

»Also, jetzt lege dich schlafen, und vergiß deine törichten Besorgnisse, Dani. Gute Nacht! Morgen muß ich nun doch wieder nach Nizza hinüber. Ich hoffte alle noch schwebenden Angelegenheiten heute abend erledigen zu können, aber die Herren brachen gleich auf, weil Herr Norden davon sprach, daß du nach mir verlangtest.«

Sie seufzte leise auf.

»Wann fährst du hinüber?«

»Erst gegen Abend, den Tag haben wir für uns.«

Dann ließ er sie allein und ging in sein Schlafzimmer hinüber. Er zählte dort seine Barschaft. Er hatte weniger gewonnen als sonst, weil das Spiel zu früh abgebrochen war. Aber immerhin überlegte er, daß er vielleicht noch einige tausend Schweizer Franken auf sein Guthaben in Montreux einzahlen könne. Aber er kam doch wieder davon ab. Morgen abend mußte er, ehe er zu spielen begann, eine gutgefüllte Brieftasche zeigen, damit die Herren sahen, daß er gewillt war, etwas zur Revanche zu riskieren. Und so behielt er alles bei sich.

XII

Am anderen Morgen erwartete Ronald Dani wieder im Vestibül. Er sah, daß sie sehr bleich aussah und matte Augen hatte.

»Sie sehen aus, als hätten Sie nicht gut geschlafen, mein gnädiges Fräulein«, sagte er besorgt, während sie, als könnte es nicht anders sein, nebeneinander dahinschritten.

Sie seufzte.

»Ich habe auch nicht gut geschlafen. Ich konnte lange nicht einschlafen. Das Herz war mir so schwer. Papa kam zwar sehr bald zu mir, wie Sie es mir versprochen hatten, und er hat auch versucht, mich zu beruhigen, halb scherzhaft, halb streng. Vielleicht bin ich wirklich sehr töricht, daß ich ein Grauen vor dem Spiel habe. Ich glaube, es war sehr gut, daß Sie mich abhielten, in den Salon zu gehen. Papa wäre wohl sehr böse geworden. Er sagt, es ging nicht an, daß ich ihn am Gängelband führe, und er würde schon damit geneckt, daß er unter meinem Pantoffel stünde. Ich kann mich ja selbst nicht verstehen, daß ich mich so aufgeregt habe, als ich merkte, daß Papa spielte. Aber ich kann es nicht ändern! Nun bilde ich mir sogar ein, daß es nicht das erstemal war, daß gestern in unserem Salon gespielt wurde. Ich wage Papa freilich nicht danach zu fragen, aber es liegt mir jetzt so im Gefühl, daß man stets gespielt hat, wenn ich zu Bett geschickt worden bin. Ich werde jedenfalls fortan nie mehr ruhig sein, wenn ich nicht bei ihm sein kann und nicht weiß, was er tut. Ich kann allerdings verstehen, daß es ihn lockt, sein Glück im Spiel zu versuchen. Ich bin schrecklich mißtrauisch geworden seit gestern abend. Papa hat mir zuweilen Geld geschenkt mit der Bemerkung, daß er gute Geschäfte gemacht habe. Und letzthin war es ein sehr hoher Betrag auf einmal, über zehntausend Franc. Und nun bilde ich mir ein, es könnte Geld sein, das Papa im Spiel gewonnen hat. Wenn er aber so viel gewann, kann er doch leicht ebensoviel verlieren – oder mehr. Ich glaube, ich kann erst wieder ruhig werden, wenn wir hier abgereist sind. Hier liegt das Spielen eben in der Luft.«

Mitleidig hatte er sie angehört. Und als sie nun schwieg, sagte er beruhigend:

»Sie sehen das alles wirklich zu schwarz. Aber vielleicht ist es tatsächlich gut, wenn Sie mit Ihrem Herrn Vater bald von hier fortgehen.«

»Er wird das nicht tun, solange ihn seine Geschäfte hier festhalten«, sagte sie, noch immer ahnungslos, daß ihr Vater außer dem Spiel hier keine Geschäfte zu erledigen hatte.

Ronald sah die Notwendigkeit ein, um ihr Ruhe zu schaffen, möglichst bald mit Horst von Winterfeld zu sprechen und ihm zu einer anderen, weniger gefährlichen Existenz zu verhelfen. Er hatte schon verschiedene Pläne entworfen, wollte das ruhig mit ihm besprechen und ihm sagen, daß er damals Zeuge jener Katastrophe in dem Berliner Klub gewesen sei und daß er um seiner Tochter willen dieses unehrliche Gewerbe aufgeben müsse. Er zweifelte auch nicht, daß Winterfeld mit beiden Händen zugreifen würde, wenn ihm eine Existenz geboten würde, die ihn und seine Tochter anständig ernähren würde.

Heute, das wußte er, würde sich diese Gelegenheit zu einer offenen Aussprache noch nicht finden, denn am Nachmittag fuhr er wohl schon wieder nach Nizza hinüber. Aber er wollte es morgen versuchen.

Am liebsten hätte er, um Dani zu trösten, zu ihr gesagt, was er vorhabe, aber er wollte sie nicht beschämen. Es war besser, sie erfuhr nicht, daß er im Leben ihres Vaters Vorsehung spielen wollte, um ihr Schicksal günstig beeinflussen zu können.

»Vielleicht hat er seine Geschäfte bald erledigt, mein gnädiges Fräulein, sehen Sie nur nicht mehr so traurig aus, denn es betrübt mich.«

Sie zwang sich zu einem Lächeln.

»Gestern haben Sie mich wegen meiner Tapferkeit gelobt, und heute bin ich so verzagt. Ich will es aber nicht mehr sein. Gott wird schon helfen, daß alles gutgeht.«

Sie plauderten nun noch über alltägliche Dinge, die ihnen aber gar nicht alltäglich erschienen, eben weil sie zusammensein konnten. Lange blieben sie auch nicht mehr allein, es kamen Bekannte und unterhielten sich mit ihnen. Und dann kam auch

Horst von Winterfeld herunter, der heute absichtlich nicht die Gardinen von seinem Fenster entfernt hatte, weil er einem Alleinsein mit Dani ausweichen wollte. Er fürchtete, daß sie zuviel fragen würde.

Sehnsüchtiger als je dachte er an ein stilles, friedliches Heim, in dem er mit seiner Tochter leben konnte, ohne diese ewige nervenmarternde Jagd nach dem Glück.

Trotzdem gab er sich gerade heute sehr angeregt und munter. Er plauderte lebhaft mit den Damen, neckte seine Tochter ein wenig und schien sehr guter Dinge zu sein. Das beruhigte Dani ein wenig. Und ehe man sich allerseits zum Lunch zurückzog, fragte er die Herren, wer heute mit nach Nizza käme. Es meldeten sich einige, und zu Danis Überraschung auch Ronald Norden. Dieser hatte ein Gefühl, als dürfe er Danis Vater heute nicht allein lassen. Er wich Danis fragenden Augen aus, und diese dachte traurig und unruhig: »Ganz gewiß wird auch in Nizza gespielt – und Ronald Norden will dabei sein. Wie schrecklich, daß alles hier von diesem gräßlichen Spiel besessen ist.

Ronald merkte ihr an, was sie dachte, und als sie zum Lunch ins Hotel gingen, nahm er den Platz an ihrer Seite ein.

»Sie brauchen nicht beunruhigt zu sein – ich werde nicht spielen.«

Überrascht sah sie zu ihm auf.

»Woher wissen Sie, daß ich das fürchte?

Er lächelte.

»Sie haben sprechende Züge, und – ich verstehe darin zu lesen.«

»Ich wollte, Papa läse auch darin und gäbe mir gleichfalls das Versprechen, daß er nicht spielen wird.«

»Aber – Sie haben mir doch einmal gesagt, daß Ihr Herr Vater Ihnen versprochen hat, daß er nicht mehr verlieren wird, als er damals im Kasino gewonnen hat.«

Sie seufzte.

»Ich mußte das glauben, eben weil er es mir versprach. Aber ich bin heute entschieden nervös und sehe Gespenster am hellen Tag.«

»Weil Sie nicht gut geschlafen haben. Morgen wird alles besser sein, Sie werden wieder ruhiger und zuversichtlicher sein.«

Sie konnten nicht weiter miteinander sprechen, denn sie waren am Hotel angelangt.

Lächelnd forderte Herr von Winterfeld Ronald auf, an ihrem Tisch zu speisen.

»Ich habe Ihnen noch gar nicht dafür gedankt, daß Sie mein kleines Mädchen gestern abend beruhigt und von einer Torheit zurückgehalten haben. Sie haben mir wirklich einen Dienst erwiesen, und ich danke Ihnen sehr«, sagte er dann, als sie zusammen bei Tisch saßen.

Dani hatte sich erst noch einmal auf ihr Zimmer begeben, und so waren die beiden Herren eine Weile allein.

»Es bedarf keines Dankes, Herr von Winterfeld. Ich freute mich, Ihr Fräulein Tochter etwas beruhigen zu können. Sie hat allerdings eine fast krankhafte Angst vor dem Spiel, die man sich kaum erklären kann. Aber – ich – verzeihen Sie, wenn ich mir da einen Übergriff erlaube –, ich würde Ihnen doch raten, das gnädige Fräulein ernsthaft zu beruhigen. Sie schien mir sehr nervös zu sein, gestern abend.«

Mit einem seltsamen Blick sah Herr von Winterfeld in die Augen des jungen Mannes. Zum erstenmal blitzte der Gedanke in ihm auf, ob dieser Herr Norden etwa Absichten auf seine Tochter habe. Das wäre allerdings ein unerhörtes Glück. Dani als Gattin dieses sympathischen, gesunden und reichen jungen Mannes – dann hätte er ein für alle Male für Dani ausgesorgt. Freilich – in Berlin dürfte er selber in Gesellschaft sobald nicht wieder auftreten, denn die Sache in dem Klub hatte doch eine ganze Anzahl Zeugen gehabt. Doch – da ließe sich sicherlich ein Arrangement treffen. Jedenfalls wollte er den jungen Mann im Auge behalten, denn die Sache mit dem Conte war hoffnungslos. Dani wehrte da zu entschieden ab. Aber dieser junge Norden war eine ganz andere Persönlichkeit und durchaus in der Lage, einem Mädchenherzen gefährlich werden zu können.

»Nun ja«, sagte er leichthin, »ich werde dafür sorgen, daß sie sich nicht wieder zu beunruhigen braucht. Vor allem werde ich in Zukunft nicht mehr in meinem Salon spielen lassen. Das habe ich mir schon vorgenommen, als ich die Unruhe meiner Tochter sah.«

Diese Versicherung beruhigte Ronald sehr. Und er sagte nun auch gleich, seinen Plan im Auge behaltend:

»Würden Sie mir morgen vielleicht eine Stunde reservieren, in der ich mit Ihnen ungestört über eine geschäftliche Angelegenheit sprechen könnte?«

Etwas erstaunt sah ihn Horst von Winterfeld an, aber er entgegnete sehr höflich:

»Selbstverständlich stehe ich zu Diensten. Welche Stunde wollen wir festsetzen?«

»Paßt es Ihnen zwischen elf und zwölf Uhr?«

»Gewiß. Wollen Sie mich in meinem Salon aufsuchen?«

»Ich möchte nicht Gefahr laufen, gestört zu werden. Auch wünsche ich, daß Ihr Fräulein Tochter nichts von unserer Unterredung erfährt, ich habe bestimmte Gründe dafür.«

Wieder sah Horst von Winterfeld erstaunt zu ihm hinüber.

»Sie machen mich neugierig. Aber gut – wo wollen wir uns aussprechen?«

»Wenn Sie mir die Ehre geben wollten, mich auf meinem Zimmer zu besuchen. Ich habe das Eckzimmer im zweiten Stock, und neben meinem Zimmer liegt das Badezimmer. Wir würden also ganz bestimmt unbelauscht sein.«

Herr von Winterfeld lachte ein wenig.

»Das klingt ja ganz geheimnisvoll. Aber selbstverständlich werde ich Sie um elf Uhr auf Ihrem Zimmer aufsuchen.«

»Ich danke Ihnen.«

Sie sprachen nun von belanglosen Dingen, und Herr von Winterfeld grübelte darüber nach, was der junge Mann von ihm wollte. Wenn er nicht von einer geschäftlichen Angelegenheit gesprochen hätte, würde er geglaubt haben, es handle sich um seine Tochter. Nun, er würde ja morgen vormittag zeitig genug erfahren, um was es sich handelte.

Bald darauf kam auch Dani, die sich schnell umgekleidet hatte, und sie begannen zu speisen.

Gegen Abend fuhren die Herren nach Nizza. Dani stand an dem Auto, das sie hinüberbringen sollte, und verabschiedete sich von dem Vater und Ronald Norden. Der Kommerzienrat und seine Frau standen neben ihr und wechselten Scherzworte mit den Abfahrenden. Der Kommerzienrat wurde scherzhaft von den Abfahrenden aufgefordert, mit von der Partie zu sein, aber er schüttelte den Kopf.

»Ich muß erst mal wieder ein paar Nächte ausschlafen, das halte ich nicht aus«, sagte er.

Ein letzter Blick wurde zwischen Ronald und Dani getauscht, dann faßte sie mit einem neuen Aufwallen ihrer Angst des Vaters Hand.

»Komm nicht zu spät, Papa!«

Er nickte lächelnd.

»Heute kann ich nicht dafür garantieren, daß ich zeitig zurückkomme, aber ich verspreche dir, daß ich heute das letztemal ohne dich nach Nizza fahre und daß ich dann mindestens acht Tage ganz solide sein werde, wie ich dir schon gesagt habe.«

Er hatte mit Dani besprochen, daß sie den großen Salon ganz aufgeben wollten, weil er nicht mehr beabsichtige, Gesellschaften zu geben. Sie war sehr froh darüber. Der Vater hatte auch wirklich schon der Hotelverwaltung mitgeteilt, daß der große Salon für sie wieder zur Verfügung stehe. Da er diesen, wie sein ganzes Appartement, schon bis zum nächsten Wochenschluß im voraus bezahlt hatte, bemerkte er, man möge ihm das zuviel gezahlte Geld auf der nächsten Rechnung gutschreiben. Man hatte ihn gefragt, ob er angeben könne, wie lange er die anderen drei Zimmer noch behalten werde, weil neue Anfragen vorlägen, und er hatte geantwortet, daß er nach Ablauf dieser Woche höchstens noch eine weitere Woche bleiben würde. Er hoffte, bis dahin sein Ziel erreicht zu haben, um dann mit Dani ein stilles Fleckchen aufsuchen zu können, wo sie sich ein bescheidenes Heim gründen konnten.

Dies alles hatte er auch mit Dani besprochen, und sie war sehr froh gewesen, daß sie Monte Carlo bald verlassen würden. So schön es hier war und so glücklich sie, freilich nur für kurze

Zeit, hier gewesen war, sehnte sie sich doch fort, zumal sie sehr wohl wußte, daß Ronald auch nicht mehr lange bleiben würde. Ohne ihn aber würde ihr Monte doppelt traurig erscheinen.

Mit einem tapferen Lächeln sah sie ihren Vater an, und er drückte ihre Hand schmeichelnd an seine Wange. Sie nickten sich abschiednehmend zu, und alsbald fuhr der Wagen davon. Danis letzter Blick galt Ronald, da sie ihres Vaters Gesicht nicht mehr sehen konnte. Er grüßte noch einmal zurück, und Dani winkte mit ihrem Taschentuch. An der Wegkreuzung sah sie ihres Vaters Gesicht noch einmal, und es wollte ihr scheinen, als sähe er sehr blaß aus. Aber das war wohl nur eine Täuschung, denn vorher war es ihr nicht aufgefallen. Sie schauerte plötzlich zusammen wie im Frost, und ihr war zumute, als sei sie mit einemmal ganz allein auf der Welt. Die Kommerzienrätin schob aber ihre Hand unter Danis Arm.

»Speisen Sie heute abend bei uns im Hotel, Fräulein Dani, wir bringen Sie dann in Ihr Hotel zurück.«

Dani nahm diese Einladung an. Sie fürchtete sich ein wenig vor dem Alleinsein. In ihrer Einsamkeit würde sie immer nur daran denken müssen, daß der Vater wieder spielte und so viel verlor, daß er all die Zeit umsonst gearbeitet hatte.

Zum Glück fiel ihr das Bankkonto in Montreux ein. Gottlob, daß der Vater wenigstens dieses Geld in Sicherheit gebracht hatte, für den Fall, daß er wirklich alles verlor, was er bei sich trug. Und – das Hotel war auch bis zum Wochenschluß bezahlt, und die Woche hatte eben erst angefangen. Das beruhigte sie ein wenig, und in der Gesellschaft des immer vergnügten rheinischen Ehepaares gelang es ihr auch, ihre Sorgen auf einige Zeit zu vergessen. Sie blieb sogar über die Zeit hinaus im Hotel ihrer Gastgeber. Es war halb zwölf, als sie wieder in ihrem Hotel ankam, von den beiden Herrschaften begleitet, die sich herzlich von ihr verabschiedeten.

Dani war aber, obwohl es später war als sonst, noch gar nicht müde. Sie setzte sich noch eine Weile an das Fenster ihres Schlafzimmers und beobachtete das Leben und Treiben vor dem Kasino. Sie hatte an diesem Abend keine große Abendtoilette gemacht, weil sie ja gleich mit dem kommerzienrätlichen Paar in dessen Hotel gegangen war. So trug sie ein stahlblaues Nachmittagskleid mit einem hübschen Spitzenkragen. Das legte sie auch noch nicht ab, weil sie noch keine Lust hatte, zu Bett zu gehen.

Und so saß sie fast noch eine Stunde. Als sie sich eben von ihrem Platz erheben wollte, um zur Ruhe zu gehen, sah sie plötzlich ein Auto schnell herankommen. Und im hellen elektrischen Licht, das über dem Platz lag, erkannte sie darin Ronald Norden. Ihr Herzschlag setzte aus, wie immer, wenn sie ihn unverhofft sah. Sie öffnete das Fenster und beugte sich hinaus und sah, daß Ronald mit einem Satz aus dem Wagen sprang und dem Chauffeur etwas zurief. Dieser wendete den Wagen, ließ ihn aber etwas abseits vom Eingang halten.

»Er will wieder fortfahren«, dachte Dani etwas beunruhigt und schloß das Fenster. In demselben Moment hörte sie, daß es an ihre Tür klopfte.

Sie zuckte zusammen.

»Wer ist da?«

»Ronald Norden, mein gnädiges Fräulein. Ich sah noch Licht in Ihrem Zimmer. Ich muß Sie unbedingt sprechen.«

Dani flog zur Tür und öffnete sie.

»Kommen Sie in meinen kleinen Salon«, sagte sie mit bebender Stimme.

In dem wenig beleuchteten Korridor konnte sie sein Gesicht nicht erkennen. Aber als sie ihm dann im Salon gegenüberstand und das helle Licht eingeschaltet hatte, schrak sie zusammen.

»Mein Gott – wie sehen Sie aus? Was ist geschehen?«

»Dani, Sie müssen jetzt ganz tapfer sein – ich – ich bringe Ihnen keine gute Kunde – ich bin unglücklich, daß ich sie Ihnen bringen muß, aber – ich hätte es doch keinem andern überlassen können.«

Sie war leichenblaß geworden.

»Papa? Mein Gott, ist meinem Vater ein Unglück widerfahren?«

»Ja, Dani, das kann man wohl sagen.«

Sie faßte seinen Arm und rüttelte ihn.

»So sprechen Sie doch, um Gottes willen, was ist meinem Vater geschehen?« fragte sie wie außer sich vor Angst und Entsetzen.

Er wollte reden, und doch kam ihm kein Wort über die Lippen. Sie erbarmte ihn zu sehr. Da wurden ihre Augen starr und weit.

»Tot? Um Gottes willen, nein sagen Sie, daß er lebt«, schrie sie angstgequält auf.

»Er lebt! Aber – fast möchte ich Ihnen wünschen, daß er lieber tot wäre.«

Sie schwankte und faßte nach ihm wie nach einem Halt.

»So sprechen Sie doch endlich, martern Sie mich nicht. Was ist meinem Vater geschehen?«

Er holte tief Atem, dann stieß er hervor:

»Verhaftet!«

Sie fiel in einen Sessel, aber mehr erstaunt, konsterniert, als entsetzt. Sie konnte das nicht fassen, nicht verstehen und atmete wie erlöst auf.

»Mein Gott, ich dachte schon, es sei ihm wirklich etwas passiert. Verhaftet? Mein Vater verhaftet? Das kann doch nur ein Irrtum sein, nichts als ein Irrtum, der sich schnell aufklären wird«, sagte sie viel ruhiger als zuvor.

Seine Augen ruhten mit brennendem Mitleid auf ihr. Die Art, wie sie diese Nachricht auffaßte, bewies abermals ihre völlige Unschuld und Ahnungslosigkeit. Es wurde ihm schwer, ihr die Wahrheit zu sagen, allein es half nichts, sie mußte jetzt klar sehen, ganz klar.

»Leider kann ich Ihnen diesen Trost nicht lassen, es ist kein Irrtum. Ihr Vater ist zu Recht verhaftet worden.«

Sie schüttelte blaß und verständnislos den Kopf.

»Kein Irrtum? Zu Recht verhaftet? Aber mein Gott, warum denn nur, mein Vater kann doch unmöglich etwas Unrechtes getan haben?«

Er faßte in heißem Erbarmen ihre Hand.

»Sie müssen alles wissen, Dani. Ihr Vater, er – er ist des Falschspiels, des gewerbemäßigen Falschspiels überführt und deshalb verhaftet worden. Leider war ich Zeuge dieses Vorkommnisses.«

Sie reckte sich hoch auf, streckte wie in jäher Abwehr die Hände aus und stammelte tonlos mit blassen Lippen:

»Nein! Nein! Das – das kann ja nicht wahr sein, das ist nicht wahr, das ist nicht wahr!«

»Leider ist daran kein Zweifel, und, damit Sie sich nicht an eine Hoffnung klammern, die doch zusammenbrechen muß – ich weiß, seit ich Ihren Vater hier zum erstenmal wiedersah, daß er dieses unselige Gewerbe betreibt, denn – ich war im Januar in einem Berliner Klub Zeuge, daß er auch dort als Falschspieler entlarvt wurde. Damals hat er mich nicht bemerkt, aber ich erkannte ihn sogleich wieder, als Sie mit ihm hinunter auf die Terrasse kamen. Damals ist von einer Anzeige abgesehen worden, man ließ ihn laufen. Heute fand er unbarmherzige Ankläger, die ihm wohl schon seit längerer Zeit auf der Spur sind. Sie hatten schon gestern einen Geheimpolizisten hierher mitgebracht, der ihn verhaften sollte. Es kam jedoch nicht dazu – weil Sie der Himmel schickte, um das Spiel zu stören. Heute ist er entlarvt worden. Man hat ihn sofort verhaftet.«

Dani hatte das alles mit einer leichenhaften Starrheit angehört. Ronald mußte denken, daß sie jetzt plötzlich ihrem Vater ähnlich sah, was sonst nicht der Fall war, bis auf die Augen. Aber sie hatte jetzt genau dasselbe tote, erstorbene Gesicht wie damals ihr Vater, und wie er es auch heute wieder gehabt hatte, als der Geheimpolizist plötzlich seine Hand mit der falschen Karte erfaßt hatte und ihm zurief, daß er verhaftet sei.

Ronald hatte sich nicht am Spiel beteiligt, er hatte nur sorgenvoll und unruhig Winterfeld beobachtet, hatte aber nicht bemerkt, daß er mit falschen Karten spielte. Zu vorsichtig und geschickt hatte er gearbeitet. Aber dem geübten und geschärften Spürblick des Geheimpolizisten, der durch die wiederholt ausgebeuteten beiden Franzosen und den Amerikaner gedungen worden war, entging es auf die Dauer nicht, wie Winterfeld manipulierte. Er war nahe daran gewesen, ihn schon am Abend vorher in seinem eigenen Salon zur Strecke zu bringen, hatte ihn jedoch geschont, als Ronald Winterfeld zu seiner Tochter rief. Da war das Verhängnis noch einmal an ihm vorbeigegangen. Heute aber war er seinem Schicksal erlegen. Sein ganzer großer

Gewinn sowie alles, was er bei sich hatte, war ihm abgenommen worden, und man hatte ihn abgeführt. Ein letzter qualzerrissener Blick war zu Ronald hinübergeflogen, in dessen Augen er Mitleid las, nicht Verachtung. Und im Vorübergehen hatte er leise zu ihm gesagt:

»Meine Tochter!«

Darauf hatte Ronald ganz laut gesagt, aber nur so in den Tumult hinein:

»Ich bringe sie in Sicherheit!«

Ein letztes erleichtertes Aufleuchten seiner Augen hatte ihm gedankt, dann war er abgeführt worden.

Ronald hatte sich aus all dem Trubel gelöst, der dieser Verhaftung folgte. Seine ganze Sorge galt jetzt Dani. Er hatte sich heimlich fortgestohlen, hatte ein Auto genommen und war in schnellstem Tempo herübergefahren. Den Chauffeur hatte er gefragt, ob er ihn in der Nacht noch weiterfahren würde. Dieser hatte lachend erwidert:

»Wenn Monsieur gut bezahlt, warum nicht.«

»Sie werden gut bezahlt, warten Sie etwas abseits«, hatte er dann unten vor dem Hotel dem Chauffeur zugerufen. Und nun stand er vor Dani und hatte seine Unglücksbotschaft auf sie herabstürzen lassen müssen, und nun stand sie mit demselben erstorbenen Gesicht vor ihm.

Sie wankte plötzlich, wurde noch bleicher und verlor das Gleichgewicht. Er fing sie in seinen Armen auf. Aber das rief die letzten Reste ihrer Kraft zusammen. Jäh riß sie sich los.

»Rühren Sie mich nicht an! O mein Gott – nun weiß ich, weshalb unser Traum ausgeträumt sein mußte. Als Sie meinen Vater sahen, wußten Sie, daß ich die Tochter eines Falschspielers war, eines Ehrlosen. Und nun weiß ich auch, daß Sie recht taten, sich von mir zu lösen. Nein, rühren Sie mich nicht an, denn – daß Sie es nur wissen, ich kann meinen Vater nicht verachten und verurteilen, auch jetzt noch liebe ich ihn, denn ich weiß, er hat unsäglich schwer gekämpft, ehe er so weit kam. Ich weiß, er hat es nur für mich getan, um mir ein sorgloses Leben zu verschaffen. Auf ehrliche Weise gab man ihm keine Gelegenheit. Wenden Sie sich von mir, und verdammen Sie mich, wenn

Sie meinen Vater verdammen. Ich liebe ihn – oh, ich liebe ihn und will zu ihm.«

Und sie wollte zur Tür eilen. Er aber hielt sie fest.

»Hören Sie mich an, Dani, ich verdamme Ihren Vater gewiß nicht. Weiß Gott, wie ich mich gebangt habe, Ihretwegen, daß er wieder falsch spielen würde! Ich wollte ihm zu einer Stellung verhelfen, wo Sie beide in Sicherheit gewesen wären. Für morgen hatte ich ihn um elf Uhr auf mein Zimmer bestellt, um alles mit ihm zu beraten, ohne daß Sie eine Ahnung davon haben sollten. Ich darf Sie nicht heiraten, Dani, obwohl ich weiß, daß Sie das edelste, unschuldigste Geschöpf sind, weil mein Vater mir nie die Einwilligung zu dieser Verbindung geben würde. Aber in Frieden wollte ich Sie wissen. Glauben Sie, ich wäre noch eine Minute hiergeblieben, um Sie und mich mit dem täglichen Aufrühren unserer Wunden zu quälen, wenn ich nicht durch meine Angst und Sorge um Sie zurückgehalten worden wäre? Ich bin außer mir, daß ich nicht schon heute mit Ihrem Vater sprach, um ihn von diesem Ausflug zurückzuhalten. Aber er hatte sein Wort verpfändet, daß er Revanche geben würde. Das Unheil ließ sich nicht aufhalten. Aber nun bin ich hier, um wenigstens Sie in Sicherheit zu bringen. Sie müssen fort, so schnell wie möglich deshalb bin ich hier.«

Die Starrheit ihrer Züge hatte nachgelassen.

»Ich danke Ihnen – Sie sind gut und hilfreich wie immer. Aber ich halte zu meinem Vater! Wo er ist, bleibe auch ich.«

Wieder faßte er ihren Arm.

»Begreifen Sie doch – der Fall kann eintreten, daß man auch Sie verhaftet, daß man Sie der Beihilfe anklagt. Und – Ihr Vater hat mich zu Ihnen geschickt, um Sie in Sicherheit zu bringen, und ich habe es ihm versprochen. Sie können ihm nicht helfen, können ihm nur alles viel schwerer machen. Weiß er Sie in Sicherheit, wird ihm alles leichter werden. Sie – Sie sollen sofort in Ihre Pension nach Montreux zurückkehren und dort auf weitere Nachricht von ihm warten.«

Dies alles gab ihm nur die Angst und Sorge um Dani ein. Er hatte sich das alles schon auf der Fahrt hierher überlegt. Hatte er sie erst über der Grenze in Sicherheit, dann war noch immer

Zeit, ihrem Vater irgendwie mitzuteilen, daß seine Tochter sich nach Montreux begeben hatte.

Dani ahnte nicht, daß er das alles nur erfand. Immer zum Gehorsam erzogen, fügte sie sich auch jetzt in das, was, wie sie wähnte, der Vater über sie bestimmt hatte.

»Was also soll ich tun – was bestimmt mein Vater?«

»Hier ist Geld, das schickt Ihnen Ihr Vater, er konnte es mir heimlich zustecken im Trubel seiner Verhaftung.«

Sie zuckte vor diesem Geld zurück.

»Spielgeld – unrecht erworben –, ich mag es nicht. Ich brauche es auch nicht, Papa hat mir einiges Geld gegeben, das bringt mich bis Montreux, und dort liegt auf der Bank noch mehr. Einundzwanzigtausend Schweizer Franken. Oh, mein Gott – er ahnte wohl, daß ihn das Schicksal ereilen könnte, deshalb überwies er das Geld zugleich auf seinen und meinen Namen, so daß ich es jederzeit abheben kann. Aber – oh, mein Gott!«

Sie krampfte die Hände zusammen und sah starr vor sich hin.

»Was ist Ihnen?«

»Auch das ist Spielgeld, wahrscheinlich auch unrecht erworben – wie mir davor graut.«

»Daran dürfen Sie sich jetzt nicht stoßen, Dani, Sie müssen dieses Geld benutzen, müssen fliehen und müssen in der Schweiz davon leben.«

Sie strich sich über das Haar und sah ihn mit einem erbarmungswürdigen Blick an.

»Wo ist all mein Stolz geblieben? Ja, ich muß von diesem Geld nehmen, bis ich mir selbst mein Brot verdienen kann. Hoffentlich kann ich es dann ersetzen, ich betrachte es nicht als mein Geld. Eines Tages werde ich es zurückerstatten können und es irgendeiner Stiftung übergeben, damit der Fluch, der darauf ruht, sich in Segen verwandelt. Denn auch mein Vater wird von diesem Geld nichts mehr verbrauchen, wenn er wieder freikommt. Wir werden ehrlich arbeiten, er und ich, und werden auf dieses Geld verzichten. Es muß gehen. Ich betrachte es nur als Darlehen einstweilen.«

Er drängte ihr das von ihm kommende Geld auf. Es waren einige tausend Franc in französischen Banknoten, was er gerade bei sich gehabt hatte. Sie nahm es willenlos, weil sie glaubte, es komme von ihrem Vater.

»Und was soll ich nun weiter tun?« fragte sie, in ihr Schicksal ergeben.

»Packen Sie so schnell wie möglich Ihre Sachen. Noch heute nacht müssen Sie fort, ehe man sich in Nizza überlegt, daß man auch Sie verhaften könne. Ich habe das Auto unten warten lassen. Darin bringe ich Sie über die italienische Grenze. Sie haben doch Ihren Paß?«

»Ja, auch alle meine sonstigen Papiere. Papa verlangte immer, ich sollte alles bereit haben, und auch, daß mein Schrankkoffer immer gepackt sei. Mein Gott, jetzt ahne ich, weshalb er das alles so bestimmte.«

Sie sank in einen Sessel und barg das Gesicht in den Händen. Er bebte vor Ungeduld und Angst und zwang sich zu einem harten, bestimmten Ton.

»Raffen Sie sich auf. Sie müssen sich beeilen. Wie lange brauchen Sie, um fertig zu sein?«

»Eine Viertelstunde genügt«, sagte sie, sich aufraffend.

»Gut, also schnell. Ich gehe jetzt hinunter, bezahle Ihre Rechnung im Hotel und sage, daß Sie zu Ihrem Vater nach Nizza kommen sollen. Man weiß ja hier noch nicht, was geschehen ist.«

»Die Rechnung ist bezahlt, noch bis Wochenschluß«, sagte sie matt.

Besorgt sah er sie an, aber er durfte nicht weich werden.

»So beeilen Sie sich, ich hole nur aus meinem Zimmer, was ich brauche, dann komme ich zu Ihnen und helfe Ihnen. Ich bringe alles in Ordnung, Sie brauchen sich um nichts zu kümmern. Und ziehn Sie sich einen warmen Mantel an, die Nacht ist kühl.«

Er drängte sie unruhig zur Tür, immer in Angst, daß ein Haftbefehl für sie eintreffen könnte. Sie ließ sich willenlos führen, und, in ihrem Schlafzimmer angelangt, überfielen sie, als sie allein war, der Jammer und das Herzweh mit einer Heftigkeit, daß sie am ganzen Körper zitterte. Aber sie tat dabei doch, was Ronald befohlen hatte, und packte die wenigen Sachen, die sich außerhalb ihres Koffers befanden, schnell ein. Sie war schon damit fertig, als er wiederkam und ohne weiteres in ihr Schlafzimmer trat. Jetzt war keine Zeit zu Rücksichten, die sonst selbstverständlich waren.

»Ich bin fertig«, sagte sie, einen kleinen Filzhut aufsetzend und mit seiner Hilfe den Mantel anziehend.

»Gut! So kommen Sie, alles ist bereit.«

Sie zögerte einen Moment.

»Was wird aus den Sachen meines Vaters?«

»Darum werde ich mich kümmern, wenn ich zurückkomme. Das ist jetzt Nebensache. Die Zimmer gehören ja noch Ihnen bis zum Wochenschluß. Kommen Sie!«

Er ließ ihr Gepäck hinunterschaffen.

Er sah auf seine Armbanduhr, es war schon ein Uhr vorüber. Er führte sie durch das Vestibül, in dem sich nur noch der Nachtportier und ein Boy aufhielten. Beide hatte Ronald schon verständigt, und sie begleiteten Dani bis zu dem Portal. Man wunderte sich in Monte Carlo über nichts. Wenn ein Gast brav bezahlte, was er schuldig war, machte man ihm keine Schwierigkeiten.

Aber Ronald bebten doch die Hände. Immer war er in Sorge, es könne noch etwas geschehen, was Danis Flucht vereiteln würde. Er atmete auf, als er sie im Wagen hatte. Schnell gab er dem Chauffeur Weisung, wohin er fahren sollte.

»Nach Ventimiglia!«

Der Chauffeur stutzte. Dann begann er erst einige Umstände zu machen, es sei zu weit, sein Benzin reiche nicht aus.

»Mann, Benzin können wir unterwegs an einer Tankstelle bekommen, halten Sie uns nicht auf, wir sind in Eile, wir müssen den Frühzug in Ventimiglia erreichen.«

»Den erreichen wir auch ohne Eile, Monsieur.«

»Wir haben es aber sehr eilig. Nennen Sie Ihren Preis, darum geht es Ihnen doch.«

Der Chauffeur war nicht gerade bescheiden, aber Ronald bewilligte ohne weiteres seine Forderung.

»Sie müssen bedenken, Monsieur, ich fahre leer zurück.«

»Nein doch, in Dreiteufelsnamen, ich fahre mit zurück. Nun los!«

Der Chauffeur war nun ganz verblüfft. Er hatte sich gedacht, es handle sich hier um die Entführung der schönen jungen Dame. Aber wenn der Herr wieder mit zurückfuhr – dann stimmte etwas nicht.

Der Chauffeur rückte noch ein wenig an Danis Schrankkoffer. Ihre kleine Reisehandtasche hatte er neben seinem Sitz placiert. Der Koffer mußte befestigt werden. Ronald fieberte vor Unruhe, aber er mußte warten. Endlich war alles in Ordnung, und nun kurbelte der Chauffeur den Motor an.

Der Wagen fuhr los, und Ronald atmete auf.

Dem Nachtportier hatte er gesagt, daß er Dani nach Nizza bringen würde zu ihrem Vater, der dort Wohnung genommen habe.

»Das Gepäck des Herrn von Winterfeld bleibt in seinen Zimmern, bis Order eintrifft«, hatte er gesagt, und niemand hatte irgendwelchen Argwohn geschöpft. Herr von Winterfeld hatte ja immer den Termin seiner Abreise offengelassen.

Nun fuhren die beiden jungen Menschen am Meeresstrand dahin, weiter und weiter.

Dani lag mit geschlossenen Augen und bleichem Gesicht im Fond und rührte sich nicht. Immer wieder sah Ronald ihr angstvoll ins Gesicht. Wieder und wieder deckte er sorglich die warme Decke über sie, wenn diese herabfiel. Auch er kam nun erst innerlich zur Ruhe und begann zu überlegen, ob er nicht vielleicht eine ungesetzliche Handlung begangen habe, indem er Dani zur Flucht verhalf. Aber was kümmerte ihn das, wenn er sie nur in Sicherheit wußte. Sobald sie die italienische Grenze passiert hatten, war sie in Sicherheit. Sie konnte dann über Genua und Mailand in die Schweiz reisen, nach Montreux. Dort würde sie wenigstens vorläufig in guter Hut sein. Was dann weiter kam – das mußte man abwarten.

Es war eine wundervolle Nacht, etwas kühl, aber von zauberhafter Schönheit. Der Mondschein flimmerte über dem Meer, das nur mäßig bewegt war, und eine würzige Luft umspielte die beiden in sich versunkenen Menschen.

Was in Dani in diesen Stunden vorging, hat sie später niemandem beschreiben können. Sie hatte nie ein richtiges Heimatgefühl kennengelernt, aber jetzt erschien sie sich wie ein loses Blatt im Wind. Sie wußte nicht, wohin sie getrieben würde. Wohl hatte sie ein vorläufiges Reiseziel, aber wenn das erreicht war, was dann? Und die Angst und Sorge um den Vater, das brennende Herzeleid und die Schmach, die er auf sich geladen hatte, das qualvolle Mitleid mit ihm und – das Mitleid mit sich und mit dem Mann an ihrer Seite, der mit ihr ins Verhängnis hineingerissen worden war – all das wirbelte wie ein bunter Reigen durch ihren Kopf. Einmal warf sie einen sehnsüchtigen Blick auf das Meer – da hinauslaufen, sich langsam von den Wellen tragen lassen bis in das ewige Vergessen –, wie gut mußte das sein!

Aber dann biß sie die Zähne zusammen und krampfte die Hände ineinander. Ronald sah es und legte mit einer zarten, gütigen Bewegung seine Hand auf die ihre, ohne ein Wort zu sagen. Der sanfte Druck dieser Hand, das Gefühl, wenigstens jetzt noch nicht ganz allein und verlassen zu sein, trieben ihr endlich erlösende Tränen in die Augen. Der Tränenstrom war gelöst – sie weinte, weinte, als müsse sie sich alles Weh von der Seele weinen. Sie wurde geschüttelt von einem krampfhaften Schluchzen. Da nahm er sie erbarmend in seine Arme und hielt sie fest, trocknete ihr die Tränen wie einem Kind und streichelte ihr immer wieder die Hand.

Das tat ihr gut und half ihr, ihre Fassung wiederzufinden. Und dann konnte sie wieder sprechen.

»Ich habe all Ihre Hilfe wie etwas Selbstverständliches angenommen, Herr Norden, aber nun, da ich anfange, mich selbst wiederzufinden, sehe ich ein, daß ich ein großes Opfer von Ihnen annahm. Sie kommen um Ihren Schlaf, müssen die weite Nachtfahrt machen und morgen wieder zurückkehren. Und was Sie sonst noch alles für mich und meinen Vater getan haben. Wie soll ich Ihnen das danken?«

»Indem Sie versuchen, ruhig zu werden und sich mit dem Unabänderlichen abzufinden.«

»Ich will es versuchen, schon um Ihnen keinen Kummer mehr zu machen. Nie vergesse ich Ihnen, was Sie für mich getan haben.«

»Hätten Sie weniger für mich getan?« fragte er leise.

»Vielleicht nicht!«

»Nein ganz gewiß nicht. Ich bin froh, daß ich Sie in Sicherheit habe. Meine Angst um Sie war namenlos in all der Zeit, seit ich wußte – wer Ihr Vater war.«

»Der Arme – ach der Arme!« klagte sie herzzerreißend. »Werden Sie ihn noch einmal wiedersehen, wenn Sie zurückkommen?«

»Ich werde es jedenfalls versuchen, werde überhaupt alles tun, was in meiner Macht steht, um Ihnen Beruhigung zu verschaffen.«

»Oh, wenn Sie ihn sehen, sagen Sie ihm, wie sehr ich mit ihm leide, wie ich ihn bemitleide, wie meine Liebe zu ihm nur noch größer geworden ist, seit ich weiß, wie elend er in all der Zeit war. O ja, ich weiß, ruhig hat er das alles nicht ertragen, und ich begreife nun, was zuweilen seine Augen so düster blicken ließ.«

»Auch ich bin davon überzeugt, daß er schwer gelitten hat. Ich habe nie sein erstorbenes Gesicht vergessen, als er damals in Berlin überführt wurde. Wie gern ich ihm geholfen hätte! Es ist sein Verhängnis, daß es nicht dazu kam.«

»Wie danke ich Ihnen, daß Sie so von ihm sprechen. Er ist unglücklich gewesen, aber nicht schlecht, das dürfen Sie mir glauben.«

»Ich glaube es Ihnen.«

»Und bitte sagen Sie mir nun, was ich tun muß, wenn wir in Ventimiglia ankommen.«

»Ich werde bei Ihnen bleiben, bis Sie im Frühzug nach Genua untergebracht sind. Sie fahren nach Genua. Dort haben Sie Anschluß nach Mailand. Von dort fahren Sie über Domodossola durch das Rhonetal und haben direkte Verbindung bis Montreux. Ich werde in Ventimiglia ein Telegramm an die Vorsteherin des Pensionats aufgeben, damit man Sie erwartet. Sie geben mir bitte die Adresse.«

Das tat Dani, Ronald notierte sie, dann fuhr er fort:

»In Montreux erwarten Sie weitere Nachrichten von mir. Möglicherweise komme ich selbst über Montreux, um Ihnen über alles Bericht zu erstatten.«

Er fühlte, wie sie erbebte.

»So brauche ich vielleicht heute noch nicht für immer Abschied von Ihnen zu nehmen – für immer?«

»Nein – einmal sehen wir uns noch wieder«, sagte er.

Sie faltete die Hände.

»Wie dankbar bin ich dem Schicksal dafür. Heute – heute wäre es zu schwer, auch von Ihnen Abschied nehmen zu müssen. Wenn ich Sie in Montreux noch einmal wiedersehe, bin ich hoffentlich schon etwas ruhiger geworden und gefaßter. Ich kann dann vielleicht wieder tapfer sein.«

Es schnitt ihm ins Herz, wie sie das sagte. Ach, nie hatte er sie so sehr geliebt wie jetzt.

Er konnte nicht antworten, und sie sah, wie sein Gesicht zuckte. Da legte sie die Hand auf die seine.

»Schön war es doch, daß ich Sie kennenlernen durfte. So wird doch mein Leben nie ganz ohne Sonne sein, ich werde an Sie denken, werde Sie lieben dürfen. Das kann mir doch kein Mensch wehren? Ich will ja nichts weiter als diese Erinnerung.«

Er beugte sich überwältigt über ihre Hand und drückte diese an seine Augen, an seine Wange.

»Sie können so erbarmungswürdig genügsam sein, Dani, ich kann das nicht, ich werde immer mit dem Schicksal hadern, daß es mir nicht gestattet, Sie zu besitzen.«

Sie schauerte wie im Frost zusammen. Er hüllte sie sorgsam wieder in die Decke. Nie vergaßen sie beide diese Fahrt durch die wundersame Sternennacht am Meeresufer entlang.

Aber einmal nahm auch diese Fahrt ein Ende. Sie kamen noch früh genug in Ventimiglia an, um im Bahnhof noch eine Tasse Kaffee zu trinken und etwas zu sich zu nehmen. Dani wollte nichts essen und trinken, aber er zwang sie dazu.

So saßen sie, bis der Zug kam. Ronald hatte Danis Koffer

nach Montreux aufgegeben und reichte ihr den Gepäckschein. Und er gab ihr nochmals einige Verhaltungsmaßregeln. Am liebsten wäre er gleich mit ihr nach Montreux gefahren, aber er wußte, daß er ihr nützlicher sein konnte, wenn er sich um ihren Vater kümmerte.

Fürsorglich brachte er sie in einem Abteil unter, das ganz leer war, und rückte ihre Handtasche im Gepäcknetz zurecht. Aber dann mußte er aussteigen. Mit krampfhaftem Druck reichte er ihr die Hand. Sie sahen sich an mit einem wehen, schmerzlichen Blick. Und dann konnte er doch nicht widerstehen, er riß sie aufstöhnend in seine Arme und preßte seine Lippen auf die ihren. Ein einziges Mal mußte er das tun, sonst hätte er diesen Abschied nicht ertragen. Und sie lag still in seinen Armen und küßte ihn wieder mit der ganzen scheuen Innigkeit des unberührten. Mädchens.

Dann riß er sich los und sprang aus dem Wagen. Sie sank in das Polster zurück und schloß die Augen. Sie wollte ihm nicht noch einmal in die Augen sehen nach diesem Abschied. Und er verstand sie, sah sehnsüchtig in das Fenster ihres Abteils hinein und sah sie blaß und in sich versunken mit geschlossenen Augen sitzen. Das war der letzte Eindruck, den er von ihr hatte. Der Zug fuhr an, fuhr weiter – er blieb allein zurück.

XIII

Ohne sich länger in Ventimiglia aufzuhalten, fuhr Ronald nach Monte Carlo zurück. Unterwegs überlegte er sich, was er nun noch für Dani tun konnte – und für ihren Vater. Ja, dieser Mann tat ihm leid, trotz allem, was er getan hatte. Er war eines der vielen Opfer des Krieges und der Inflation, die ihn aus der Bahn gerissen hatten. Leicht war ihm der Schritt vom Weg nicht geworden, das konnte man in den Augen dieses Mannes lesen. Er wollte ihn nicht verurteilen, schon Danis wegen nicht, die mit kindlicher Liebe an ihrem Vater hing. Was ihn traf, mußte auch sie treffen, und was er ihm zugute tat, würde er auch ihr zugute tun.

In Monte Carlo angekommen, stellte er fest, daß im Hotel noch immer nichts bekannt war von Herrn von Winterfelds Verhaftung.

Er zog sich auf sein Zimmer zurück, um noch einige Stunden zu schlafen. Um elf Uhr wollte er geweckt werden.

Er schlief auch wirklich schnell ein. Die durchwachte Nacht und die überstandene Aufregung hatten ihn müde gemacht. Als er um elf Uhr geweckt wurde, glaubte er einen Moment, alles nur geträumt zu haben, aber schnell wurde er sich bewußt, daß alles Wirklichkeit war.

Er erhob sich rasch und kleidete sich an. Dann ging er hinunter und fragte den Portier, ob irgendwelche Nachricht für ihn eingetroffen sei. Es war selbstverständlich nicht mehr der Nachtportier, der gesehen hatte, daß Ronald mit Fräulein von Winterfeld diese Nacht abgefahren war, sondern der Tagesportier. Dieser teilte ihm mit, daß von Nizza die Nachricht eingetroffen sei, daß Herr von Winterfeld wegen Falschspiels verhaftet worden sei. Diese Meldung hatte das ganze Hotel alarmiert. Ronald verriet mit keinem Wort, daß er bei der Verhaftung anwesend gewesen war, enthielt sich überhaupt jeder weiteren Bemerkung, und der Portier meinte:

»Die Verhaftung des Herrn von Winterfeld muß kurz darauf erfolgt sein, nachdem seine Tochter in Nizza angekommen war. Sie haben doch die junge Dame nach Nizza begleitet, wie mir der Nachtportier mitgeteilt hat?«

Ronald nickte.

»Ja, Herr von Winterfeld bat mich, seine Tochter nach Nizza zu bringen, da ich ohnedies noch einmal hinüberfahren wollte. Ich hatte meine Brieftasche hier im Hotel vergessen und wollte sie holen. Als ich dann mit dem gnädigen Fräulein in Nizza eintraf, hörten wir von der Verhaftung des Herrn von Winterfeld. Wir nahmen aber an, daß es sich nur um einen Irrtum handeln konnte. Fräulein von Winterfeld ist dann, glaube ich, in Nizza in ein Hotel gegangen, um abzuwarten, was weiter geschehen würde. Ich bin mit einer anderen Gesellschaft zusammengetroffen, und wir haben lange zusammengesessen. Aber es interessiert mich selbstverständlich, was aus Herrn von Winterfeld geworden ist.«

»Nun, mein Herr, das kann ich Ihnen sagen. Er ist vollkommen geständig, daß er falsche Karten gebraucht hat, und man hält ihn im Gefängnis fest. Wir haben polizeiliche Order, seine Sachen auszuliefern, die durchsucht werden sollen.«

Ronald wurde der Hals trocken vor Aufregung.

»Und Fräulein von Winterfeld? Was ist mit ihr?«

»Das weiß ich nicht, von ihr war nicht die Rede. Wahrscheinlich ist sie noch in Nizza, wenn sie nicht weitergereist ist.«

Ronald dankte und ging. Als er über den Kasinoplatz ging, traf er Kommerzienrat Köppen und seine Frau.

»Haben Sie schon gehört? Winterfeld ist in Nizza wegen Falschspiels verhaftet worden«, sagte der Kommerzienrat aufgeregt.

Ihm gegenüber machte Ronald kein Hehl aus seiner Mitwisserschaft.

»Ja, ich war ja selbst dabei!«

»Ah so, richtig, Sie waren ja mit in Nizza. Nun sagen Sie nur, wie ist das zugegangen? Wir sind konsterniert, meine Frau und ich.«

»Ach mein Gott, mir tut nur seine Tochter leid. Die hat sicherlich keine Ahnung gehabt, daß ihr Vater ein Falschspieler war. Ich wollte zu ihr und sie fragen, ob ich ihr helfen könnte. Es erbarmt einen, wenn so ein junges Ding plötzlich jedes Schutzes beraubt dasteht. Aber – sie ist fort. Man sagt, sie sei gestern nacht noch nach Nizza geholt worden«, mischte sich seine Gattin dazwischen.

Ronald zögerte einen Moment, aber er sah die ehrliche Betrübnis in dem Gesicht der alten Dame und sagte:

»Wenn Sie mir Ihr Wort geben, Diskretion zu wahren, dann werde ich Ihnen sagen, wer sie abgeholt hat.«

Die alten Herrschaften gaben ihm beide ihr Wort. So sagte Ronald:

»Als Herr von Winterfeld verhaftet wurde und man ihn an

mir vorbeiführte, rief er mir, mit einem jammervollen Ausdruck in den Augen, zu: ›Meine Tochter!‹ Ich las die ganze Angst und Sorge in seinem Blick. Und mag der Mann gesündigt haben, noch und noch, seine Tochter ist völlig unschuldig, völlig ahnungslos. Ich rief ihm in all dem Tumult zu: ›Ich bringe sie in Sicherheit!‹ Und ein erlöster Blick aus seinen Augen dankte mir. So fuhr ich hierher und brachte Fräulein von Winterfeld die Nachricht von dem Geschehenen. Sie war zum Glück noch nicht zur Ruhe gegangen. Ich sprach mit ihr in ihrem kleinen Salon, und aus der Art, wie sie meine Kunde aufnahm, ging unwiderleglich hervor, daß sie keine Ahnung gehabt hatte von dem Treiben ihres Vaters.«

Er berichtete ausführlich, was er mit Dani gesprochen und wie er sie dann über die Grenze gebracht hatte.

»Ich weiß nicht, ob ich mich damit einer ungesetzlichen Handlung schuldig gemacht habe oder nicht, aber ich konnte nicht anders, ich mußte sie in Sicherheit bringen.«

Die alte Dame drückte ihm die Hand.

»Jedenfalls haben Sie menschlich gehandelt, denn auch wir waren sofort davon überzeugt, daß das arme Ding unschuldig ist. Es war das einzig Gute und Richtige, daß ihr Vater sie seinem Treiben fernhielt. Jetzt erst verstehen wir, daß er immer in so großer Sorge war, sie könnte von dem Spiel etwas merken. Mein Gott, das arme Ding! Was wird nun aus ihr?«

Ronald verriet den Herrschaften, daß der Vater bei einer Schweizer Bank einen Notgroschen für Dani sichergestellt habe und daß sie noch mit einigem Geld versehen gewesen sei. Daß auch er ihr Geld gegeben hatte unter dem Vorwand, es komme von ihrem Vater, verschwieg er.

Während sie noch zusammen sprachen, kam der Conte Spirinelli dazu. Er sah sehr blaß und übernächtig aus und begann gleich sehr lebhaft zu klagen, daß er in dieser Nacht nicht ein Auge habe schließen können.

Auch er war ja bei Winterfelds Verhaftung anwesend gewesen. Er konnte seinem Entsetzen gar nicht bildhaft genug Ausdruck geben und berichtete, er habe Fräulein von Winterfeld seine Hilfe anbieten wollen, doch sie sei verschwunden.

»Ich werde diese Affäre nie in meinem Leben vergessen – und – ich hatte die Absicht, Fräulein von Winterfeld zu meiner Frau zu machen! Davon kann selbstverständlich jetzt keine Rede mehr sein, es ist ein Glück, daß ich mich noch nicht erklärt hatte«, sagte er elegisch.

Der Conte jammerte noch eine Weile und ging dann ins Kasino. Er wollte spielen.

Sein Unglück in der Liebe ließ ihn Glück im Spiel erhoffen.

Ronald sagte darauf zu Köppens, daß er nach Nizza hinüberfahren werde, um zu versuchen, Winterfeld irgendwie Nachricht zukommen zu lassen, daß seine Tochter in Sicherheit sei.

Herzlich verabschiedeten sich die alten Herrschaften von ihm. Sie waren in einer sehr bedrückten Stimmung. Monte war ihnen verleidet. Herr von Winterfeld sei nun einmal das belebende Element gewesen, und wenn sie auch hier und da ein Sümmchen an ihn verloren hätten, er habe sich dafür revanchiert, indem er ihnen viel Vergnügen verschafft habe.

Ronald fuhr nach Nizza hinüber. Unterwegs überlegte er sich, wie er unverfänglich mit Winterfeld in Verbindung treten könnte. Er beschloß, erst einmal zu versuchen, den Amerikaner und die beiden Franzosen, die ihn durch den Geheimpolizisten zur Strecke gebracht hatten, zu treffen.

Er hatte Glück. Als er die Promenade des Anglais hinabfuhr, sah er die drei Herren auf dem Bürgersteig promenieren. Er ließ seinen Wagen anhalten, bezahlte den Chauffeur und trat grüßend an sie heran.

Sie erkannten ihn sogleich und begrüßten ihn. Er fragte, ob die Herren wüßten, wo Herr von Winterfeld untergebracht sei. Ja, sie wußten es, und Mister Traily, der Amerikaner, bemerkte:

»Wir sprachen soeben von der Tochter dieses Mannes. Keiner von uns will glauben, daß sie eine Ahnung von dem Treiben ihres Vaters gehabt hat. Sie erschien uns so rein, so unschuldig und vornehm. Auch daß ihr Vater sie stets dem Spiel ferngehalten hat, spricht für sie. Sie hat uns sehr leid getan, und wir haben sie auch nach Kräften geschont. Keiner hat sie erwähnt, damit sie nicht auch noch mit der Polizei in Konflikt gerät.«

»Das ist sehr edelmütig von Ihnen, meine Herren, und auch wir sind alle davon überzeugt, daß Fräulein von Winterfeld unschuldig war. Ich selbst habe ihr gestern nacht die Unglücksbotschaft überbracht, und wie sie diese aufgenommen hat, war mir Beweis genug, daß sie keine Ahnung von dem Vergehen ihres Vaters hatte.«

»Und – wissen Sie, was sie nun zu tun gedenkt?«

»Sie ist abgereist, da sie ja völlig mittellos war und nicht länger bleiben konnte. Ich glaube, sie hat sich zu Verwandten begeben.«

Das gab Ronald zur Sicherheit Danis an, damit diese nicht doch noch irgendwelcher Verfolgung ausgesetzt würde.

»Ah, so ist sie in großer pekuniärer Bedrängnis? Wir haben ja veranlaßt, daß Herrn von Winterfeld seine ganze Barschaft abgenommen wurde. Diese hat gerade unsere Verluste gedeckt. Aber – man hätte der jungen Dame eine kleine Summe zur Verfügung stellen können«, sagte der eine Franzose.

»Ich glaube nicht, daß sie das angenommen hätte. Sie hat die Absicht, sich durch ihre Sprachkenntnisse ihren Unterhalt selbst zu verdienen«, lavierte Ronald diplomatisch zu Danis Gunsten weiter.

»Arme Mademoiselle! Wir sind übrigens heute morgen schon mit Herrn von Winterfeld konfrontiert worden, und er hat uns um Verzeihung gebeten. Der Mann ist ganz verstört – aus Lust am Bösen hat er kaum gefehlt. Aber man kann so etwas selbstverständlich nicht hingehen lassen. Wir waren allzu ärgerlich über unsere ständigen Verluste.«

Ronald merkte, daß die Herren heute nicht mehr so aufgebracht waren wie gestern, und beschloß, das auszunutzen, um sein Ziel zu erreichen.

»Ihn wird vor allen Dingen die Unruhe quälen, was aus seiner Tochter geworden ist. Er weiß ja, daß sie völlig mittellos ist. Ihre Freunde, die alle an ihre Unschuld glauben, haben ihr das Reisegeld vorgeschossen. Aber davon weiß er nichts. Wenn man ihm wenigstens die Nachricht bringen könnte, daß seine Tochter zu Verwandten unterwegs ist.«

Die Herren sahen ihn nachdenklich an.

»Das könnte man wohl! Wir allerdings, die ihn angeklagt haben, möchten das nicht tun, aber Sie könnten es ihm mitteilen.«

Ronald zuckte die Achseln.

»Aus Menschenpflicht würde ich das schon tun, aber wie komme ich zu ihm? Man wird mich nicht vorlassen.«

»Ach, nichts leichter als das. Kommen Sie mit uns, wir wollen eben Monsieur Gradieu, den Geheimpolizisten, der ihn verhaftet hat, aufsuchen. Er wird es Ihnen ermöglichen, mit ihm zu sprechen.«

»Nun gut«, sagte Ronald anscheinend ganz ruhig, »ich begleite Sie.«

Innerlich aber frohlockte er über sein Glück.

Eine halbe Stunde danach hatte er wirklich einen Erlaubnisschein in Händen, mit Herrn von Winterfeld sprechen zu können. Er war noch in Untersuchungshaft, aber es bestand keine Verdunklungsgefahr, er hatte sein Vergehen offen eingestanden, und so machte es keine Schwierigkeiten, Ronald den Passierschein zu beschaffen.

In welcher Verfassung Horst von Winterfeld in seiner Zelle des Untersuchungsgefängnisses saß, kann man sich vorstellen. Er war vollständig zermürbt und von der Angst um das Schicksal seiner Tochter gequält. Und doch wartete er in fieberhafter Unruhe, daß er Nachricht von Dani erhalten würde. Vor einem Wiedersehen mit ihr fürchtete er sich mehr als vor allem anderen. In die unschuldigen Augen seines Kindes sehen und als ein Verfemter vor ihr stehen, erschien ihm härter als der Tod. Seine Verhaftung war ganz unerwartet gekommen, er hatte sich absolut sicher gefühlt und bereits so viel gewonnen, daß er sich sagte, nun sei es genug, nun könne er daran denken, sich mit Dani ein kleines, bescheidenes Heim zu gründen und endlich wieder von ehrlicher Arbeit zu leben. Mit dem kleinen Vermögen, das er zusammenhatte, konnte er abwarten, bis seine schriftstellerischen Arbeiten sich durchgesetzt haben würden.

Und da ereilte ihn das Geschick.

Wie er die Nacht verbracht, mit welchen Gefühlen er heute morgen seinen Anklägern gegenübergestanden hatte und wie unsagbar ihn die Angst um Danis Schicksal quälte, das wußte nur er allein. Eine Hoffnung hatte er für Dani – er hatte den Zuruf des jungen Norden verstanden. Und nun wartete er darauf, zu erfahren, in welcher Weise Ronald Norden sein Versprechen eingelöst haben würde.

Immer schon, seit er zu seinem unehrlichen Handwerk gezwungen gewesen war, hatte er sich gesagt, daß er nicht überleben würde, wenn man ihn ins Gefängnis werfen würde. Und nun war es soweit. Für diesen Fall hatte er seit langem Vorsorge getroffen. Er hatte sich ein Gift verschafft, das er im Gehäuse seiner Uhr versteckthielt. Seine Uhr, die nicht sehr kostbar war, hatte man ihm auf seine Bitte hin zurückgegeben. Niemand ahnte, daß diese Uhr Gift enthielt.

Winterfeld sagte sich, als überführter Verbrecher könne er seiner Tochter nichts mehr sein. Er würde ihr nur als Klotz am Bein hängen, wenn er wieder aus dem Gefängnis entlassen würde. Sie würde sich besser allein durchs Leben schlagen. Der Notgroschen auf der Bank in Montreux würde sie vor dem Schlimmsten bewahren. Sie würde ihre Sprachkenntnisse verwenden können. Und er war müde vom Leben und hatte mit einem Mal alle Spannkraft verloren. Die ständige aufreibende Nervenmarter der letzten Zeit hatte ihn vollständig ruiniert. Ja, er wollte sterben – sobald er nur Gewißheit hatte, daß Dani in Sicherheit war. Er wollte ihr nicht wieder gegenübertreten. Sie sollte den Vater nicht wiedersehen als Gebrandmarkten. Er konnte es nicht ertragen, in ihre unschuldsvollen Augen zu sehen. Und so wartete er, wartete mit fieberhafter Unruhe, ob er nichts von Ronald Norden und seiner Tochter hören würde.

Und diese qualvolle Wartezeit füllte er aus, indem er einen langen Brief an seine Tochter schrieb, worin er ihr all seine Leiden und Kämpfe schilderte, die ihn an den Rand der Verzweiflung getrieben hatten, während sie in der Pension weilte. Ganz ausführlich schilderte er, wie er endlich nach langem Kampf der Versuchung erlegen war und mit falschen Karten gespielt hatte. Er versicherte ihr, daß er niemals einem Bedürftigen, der selber zu kämpfen hatte, im Spiel etwas abgenommen habe, sondern nur bei reichen Leuten, die es verschmerzen konnten, das Glück zu seinen Gunsten korrigiert habe.

Offen schilderte er ihr die Szene in dem Berliner Spielklub, wo er zum erstenmal ertappt worden war und alle Bitterkeiten des Mannes durchkostet hatte, der seiner Ehre verlustig gegangen war. Und wie er dann doch keinen andern Ausweg gewußt hatte, sich und seine Tochter ehrbar zu ernähren, als daß er abermals spielte.

Mit bewegten Worten teilte er ihr mit, wie er sich gewehrt habe, nochmals falsch zu spielen, wie er erst eine Weile Glück gehabt und auf ehrliche Weise gewonnen hatte und wie er dann fast alles wieder verlor. Erst da habe er sich wieder zum Falschspiel verleiten lassen, und er sei nun gerade so weit gewesen, daß er mit dem Gewonnenen ein ehrliches Leben hätte beginnen können, als ihn das Schicksal gestern abend erreicht habe.

Wie angstvoll er ihr sein Treiben verborgen, wie sorgsam er sie diesem ferngehalten habe, alles das schilderte er ihr mit zu Herzen gehenden Worten. Und zum Schluß bat er sie um Verzeihung, sie möge ihm ihre Liebe nicht entziehen, möge ihn nicht verdammen, denn schwer genug habe er selber unter dem Bewußtsein gelitten, ein Ehrloser zu sein. Sie möge ruhig die kleine Summe, die er auf der Bank auch unter ihrem Namen deponiert habe, verbrauchen, denn mehr als das habe er im ehrlichen Spiel gewonnen. Was er auf unehrliche Art gewonnen habe, sei ihm alles wieder abgenommen worden. Er wisse, ihre Gewissenhaftigkeit werde sie davor zurückschrecken lassen, das Geld zu verbrauchen, aber sie könne es getrost tun, in dem beruhigenden Bewußtsein, daß er den fraglichen Betrag auf ehrliche Art gewonnen habe und daß man ihm in den beiden Fällen seiner Entlarvung mehr abgenommen habe, als er auf unehrliche Weise gewonnen habe.

Weil er ihr in diesem Brief nicht mitteilen wollte, daß er die

Absicht hatte, aus dem Leben zu gehen, und da er doch Abschied von ihr nehmen wollte, beendete er seinen Brief mit den Worten:

»Dadurch, daß ich durch meine Schuld ins Gefängnis gekommen bin, habe ich das Recht auf Deine Liebe verloren, habe ich es verscherzt, auch ferner mit Dir zusammenzuleben. Ich will mein Schicksal von Dir trennen, mein geliebtes Kind, Du sollst nicht verdammt sein, mit einem Vater zusammenzuleben, der Dich in Unehre gebracht hat. Dein Weg soll rein bleiben. Deshalb werde ich nie mehr zu Dir zurückkehren, wenn ich aus dem Gefängnis entlassen werde. Ich flehe Dich an, verzeihe mir und verachte mich nicht. Meine Liebe wird bei Dir sein bis zu meinem letzten Atemzug. Der Himmel möge meine Schuld nicht an Dir heimsuchen, das wird mein letztes Gebet sein. Gott mit Dir, meine Dani! Er wird Dir helfen! Du hast in Deinen Sprachkenntnissen einen guten Fonds. Du bist noch jung, mir waren viele Türen verschlossen, weil ich schon zu alt war. Mit meines Herzens heißesten und innigsten Wünschen begleite ich Dich auf Deinem ferneren Lebensweg, den Du leichter ohne mich als mit mir gehen wirst. Lebe wohl, mein geliebtes Kind! Verzeihe Deinem Vater und vergiß ihn nicht ganz.

In treuer, inniger Liebe mit all meinem Segen.

Dein treuer Vater«

Als er diesen Brief beendet hatte, saß er noch lange, in trübe Gedanken versunken, da. Es schmerzte ihn sehr, daß er Dani nicht wiedersehen sollte, aber er nahm es gewissermaßen als Sühne für das Geschehene hin. Und er überlegte, wie er ihr diesen Brief zukommen lassen könne. Offiziell konnte er ihn nicht an sie abschicken, denn seine Briefe würden die Zensur passieren, und er war dankbar, daß Danis Name nicht in seine Affäre hineingezogen worden war. Zum Glück hatte niemand bisher von ihr gesprochen. Er verbarg den Brief vorläufig, auf eine Gelegenheit hoffend, ihn befördern lassen zu können, ohne daß er die Zensur passieren mußte.

Dann zog er seine Uhr hervor. Er öffnete sie verstohlen und entnahm ihr das winzige in Stanniol gehüllte Päckchen, das schon lange Zeit das Gift enthielt, das er stets als letzte Rettung vor dem Gefängnis betrachtet hatte. Als man ihm gestern die Uhr abgenommen hatte, war er vor Schreck außer sich gewesen und war erst wieder ruhig geworden, als man ihm auf seine inständige Bitte hin die Uhr wieder auslieferte, weil sie, wie er angab, ein Andenken an seinen Vater sei.

Nun überkam ihn aber wieder die Sorge, daß ihm die Uhr abermals abgenommen werden könne. Deshalb entnahm er dem Gehäuse das Gift und barg es an seinem Körper.

Ruhelos ging er nun in dem kleinen Raum auf und ab, den man ihm angewiesen hatte. Und er hielt erst inne, als seine Tür geöffnet wurde und hinter dem Wärter Ronald Norden zu ihm eintrat.

Mit großen, unruhigen Augen sah ihm Horst von Winterfeld entgegen, und kaum hatte der Wärter die Zelle verlassen, als er heiser hervorstieß:

»Bringen Sie mir Nachricht von meiner Tochter?«

Ronald sah voll Erbarmen auf den völlig gebrochenen Mann.

»Ja, Herr von Winterfeld, sie ist in Sicherheit. Ich selbst brachte sie diese Nacht noch nach Ventimiglia und dort in den Zug nach Genua. Ich habe ihr gesagt, Sie wünschen, daß sie vorläufig nach Montreux in das Pensionat zurückkehrte. Sie wäre sonst nicht gegangen, sie wollte unbedingt zu Ihnen, wollte sich nicht von Ihnen trennen.«

Und er berichtete ihm kurz, wie Dani die Nachricht von seiner Verhaftung aufgenommen habe.

Mit brennenden Augen sah der Gefangene ihn an und las ihm jedes Wort vom Mund ab, und als er hörte, daß Dani ihn nicht verurteilte, sondern ihn nur tief beklagte und ihm ihre Liebe nicht entzogen hatte, atmete er wie erlöst auf.

»Ich danke Ihnen für diese Nachricht, Herr Norden, danke Ihnen für Ihre Güte, für Ihre Mühe. Sie wissen nicht, welche Wohltat Sie mir dadurch erwiesen haben, indem Sie meiner

Tochter Ihren Beistand angedeihen ließen. Am Dank eines verlorenen Menschen, wie ich es bin, mag Ihnen nicht viel liegen. Ich will mich auch nicht vor Ihnen zu rechtfertigen suchen, nur bitte ich Sie, mir zu glauben, daß ich erst nach langen, bitteren Kämpfen der Versuchung erlegen bin. Darf ich Sie nun auch noch mit einer Bitte belästigen? Würden Sie meiner Tochter auf irgendeine Weise einen Brief zustellen?«

»Gewiß!«

Hastig lieferte Winterfeld ihm den Brief an Dani aus.

»Bitte verwahren Sie ihn gut – er muß meine Tochter auf jeden Fall erreichen. Und ich habe keinen Menschen, dem ich ihn anvertrauen könnte. Sie haben sich mir so menschlich gezeigt, daß ich es wage, Sie auch damit noch zu behelligen. Und mein heißester Dank wird Ihnen gehören, wenn Sie mir auch noch diesen Dienst erweisen.«

»Das will ich tun – schon Ihrem Fräulein Tochter zuliebe. Und – damit Sie wissen, daß mir viel daran liegt, ihr einen Dienst zu erweisen, will ich Ihnen sagen, daß ich Ihre Tochter liebe. Ich wollte sie zu meiner Frau machen – sie gewann mein Herz auf den ersten Blick, und ihr Herz flog mir ebenso schnell zu. Leider kann ich das jetzt nicht mehr ausführen, ich darf meinem Vater das nicht antun. Und, damit Sie alles wissen – ich war in Berlin an jenem Abend Zeuge, als Sie – beim Falschspiel ertappt wurden. Als ich Sie hier wiedersah und in Ihnen den Vater des Mädchens erkannte, das mein Herz so schnell gewonnen hatte, war ich mir dessen bewußt, daß ich auf ihren Besitz würde verzichten müssen. Aber – ich wollte sie in ein ruhiges, friedliches Leben hinüberretten und wollte Ihnen eine Stellung verschaffen, in der Sie sorgenlos hätten leben können. Deshalb bat ich Sie um die Unterredung in meinem Zimmer. Sie hat nun nicht mehr stattfinden können – ich bin zu spät gekommen.«

Tief bewegt schwieg Ronald, denn er sah, wie es in Winterfelds Gesicht zuckte, und wie sich seine brennenden Augen feucht verschleierten. Ein Stöhnen brach aus seiner Brust, und seine Zähne bissen wie im Krampf aufeinander. Endlich sagte er heiser:

»Ja – zu spät! Aber – ich danke Ihnen doch, daß Sie mir helfen wollten. Mit Entsetzen erkenne ich nun auch noch, daß – daß ich das Glück meiner Tochter zerstört habe. Ich unseliger Mensch!«

Er konnte nicht weitersprechen. Voll tiefen Mitleids sah Ronald ihn an.

»Fassen Sie sich! Und ich verspreche Ihnen, Sie nicht im Stich zu lassen. Wenn Sie Ihre Strafe verbüßt haben, werde ich versuchen, Ihnen zu helfen – um Danis willen.«

Ein seltsamer Blick lag in Winterfelds Augen.

»Mein armes Kind!« sagte er heiser.

»Beunruhigen Sie sich nicht. Wenn ich sie auch leider nicht zu meiner Frau machen kann und darf, so soll sie doch in mir allezeit einen treuergebenen Freund finden.«

»Sie sind ein guter, edler Mensch, ich danke Ihnen. Die Hand darf ich Ihnen nicht reichen – meine Hand ist unrein.«

Da reichte ihm Ronald mit einem schönen Lächeln die Hand.

»Wer kann von sich sagen, daß er in Ihrer Lage rein geblieben wäre? Ich kann und will Sie nicht verurteilen, wie es auch Ihre Tochter nicht konnte. Nur bedauern kann ich Sie, von ganzem Herzen.«

Er zuckte aber nicht mit der Wimper.

Dann sagte er aufatmend:

»Ich glaube, die mir gewährte Zeit ist um, ich muß Sie verlassen. Kann ich noch etwas für Sie tun?«

»Nein, ich danke Ihnen. Wann verlassen Sie Monte?«

»Übermorgen, es hält mich nichts mehr. Und – vielleicht fahre ich über Montreux, um Ihrem Fräulein Tochter Ihr Schreiben selbst zu überbringen.«

Sinnend sah Winterfeld in Ronalds Gesicht. Dann sagte er leise:

»Das wäre sehr gütig von Ihnen – vielleicht ist es meiner Tochter ein kleiner Trost, daß – daß Sie so menschlich zu ihrem Vater waren und daß Sie selbst ihr Kunde von mir bringen werden. Gott geleite Sie auf Ihrem Weg – und grüßen Sie mein Kind!«

Zaghaft ergriff Winterfeld die Hand des jungen Mannes und drückte sie in tiefer Erregung so fest, daß es Ronald schmerzte.

In diesem Moment trat der Wärter ein, der vor der Tür gewartet hatte.

»Es ist Zeit, Monsieur!« sagte er zu Ronald.

Winterfeld winkte Ronald Norden abschiednehmend zu, er konnte nicht mehr sprechen; er sah nur mit großen Augen zu ihm hinüber. Ronald verbeugte sich, sah noch einmal voll Erbarmen auf den Mann, der sich selbst verloren hatte im harten Lebenskampf, und ging hinaus.

Als Winterfeld allein war, brach er in einem Stuhl zusammen und barg das Gesicht in den Händen.

»Das Glück meines Kindes habe ich zerstört! Wie glücklich hätte sie mit einem solchen Mann werden können! Das ist hart und bitter – schon deshalb habe ich den Tod verdient«, flüsterte er vor sich hin.

So saß er noch lange. Dann raffte er sich auf und schrieb einige Worte auf einen Briefbogen.

An Herrn Ronald Norden,

Hotel de Paris, Nizza

Sehr geehrter Herr Norden! Einen letzten Dank für Ihre Güte. Bitte machen Sie deren Maß voll, und bringen Sie meiner Tochter schonungsvoll die Kunde von meinem Tod bei. Ich mag nicht leben als ein Entehrter, als einer, der mit Gefängnis bestraft wurde. Ich würde meiner Tochter nur eine Last sein, aber keine Stütze und Hilfe. Gott möge ihr helfen. Dank Ihnen für den Händedruck – er war die letzte Wohltat, die mir von einem Menschen erwiesen wurde. Sie soll Ihnen Segen bringen. Leben Sie wohl, und alles Gute auf Ihren Weg! Grüßen Sie mein Kind und bringen sie ihm meinen Segen.

Ihr dankbarer

Horst von Winterfeld

Als er das geschrieben hatte, holte er vorsichtig das in Stanniol gehüllte Gift hervor, entfernte die Hülle und nahm es schnell zu sich, worauf er einen Schluck Wasser trank. Dann legte er sich auf sein Lager und erwartete den Tod, mit starren Augen vor sich hinsehend.

»Dani! Meine Dani!« sagte er leise. Und dann war ihm, als zerfließe das Bild seines Kindes in das seiner verstorbenen Frau. Es war, als schwebe diese zur Tür herein, auf sein Lager zu und beuge sich liebevoll über ihn.

»Sabine! Sabine – gut, daß du kommst!« hauchte er. Und dann überfiel ihn ein Krampf, ein Stöhnen brach aus seiner Brust, und seine Hände streckten sich wie hilfeflehend aus. Dann war alles vorüber. Horst von Winterfeld hatte sich selbst gerichtet, strenger, als der strengste Richter es hätte tun können.

Wer unter uns ist ohne Schuld?

XIV

Ronald Norden war wieder nach Monte zurückgekehrt und hatte sich in seinem Zimmer niedergelegt, um zu ruhen. Der Besuch bei Winterfeld hatte ihn sehr angegriffen, und von neuem überfiel ihn der Schmerz des Bewußtseins, von Dani lassen zu müssen! Ihr Vater war schuldig geworden, ja – aber nur die Macht der Verhältnisse hatte ihn zum Straucheln gebracht. Mochte er getan haben, was er wollte, er, Ronald, konnte ihn nicht restlos verdammen.

Oh, die Macht der Verhältnisse! Auch er unterlag ihnen. Ginge es nach ihm allein, er würde nicht von Dani lassen; aber mußte er nicht Rücksicht nehmen auf seinen Vater? So bitter es war, es blieb ihm kein Ausweg, als die Geliebte aufzugeben.

Dennoch wollte er sie noch einmal sehen und sprechen. Er wollte sie in Montreux aufsuchen und ihr den Trost geben, daß er sich ihres Vaters nach dessen Entlassung aus dem Gefängnis annehmen würde. Irgendwie, irgendwo würde es ihm schon gelingen, ihn unterzubringen.

Mit diesem Entschluß schlief er ein und wurde erst wieder wach, als es an seine Tür klopfte. Er sprang auf und rief: »Herein.« Der Kellner trat ein und meldete ihm, ein Herr aus Nizza wünsche ihn zu sprechen.

Ronald antwortete, er werde gleich hinunterkommen. Unten im Vestibül fand er dann zu seinem Erstaunen Mister Traily, den Amerikaner. Dieser kam ihm mit sehr ernstem Gesicht entgegen.

»Was verschafft mir die Ehre Ihres Besuchs, Mister Traily?« fragte Ronald, von einem unbehaglichen Gefühl befallen.

Dieser zog ihn mit sich in eine stille Ecke des Vestibüls.

»Sie sehen mich sehr erschüttert, Herr Ronald. Die Verhaftung des Herrn von Winterfeld hat Folgen gehabt, die ich wahrlich nicht beabsichtigt habe, die mir aber trotzdem auf der Seele lasten.«

»Was ist geschehen?« fragte Ronald besorgt.

Mister Traily seufzte.

»Man hat Herrn von Winterfeld etwa eine Stunde nach Ihrem Besuch tot aufgefunden.«

Ronald zuckte zusammen. Er dachte an Dani.

»Mein Gott, wie ist das möglich? Hat man ihm denn eine Waffe gelassen?«

»Er hat sich vergiftet, wie der herbeigerufene Anstaltsarzt sofort festgestellt hat. Monsieur Gradieu, der Geheimpolizist, brachte uns die Kunde und zugleich einen von dem Toten hinterlassenen Brief, der an Sie gerichtet ist. Der Brief war offen und man hat nichts einzuwenden, daß er Ihnen ausgeliefert wird. Ich habe mich erboten, Ihnen den Brief zu überbringen.«

Er reichte Ronald Winterfelds Brief. Tief erschüttert las dieser ihn durch.

»Der Ärmste! Sie sehen hoffentlich daraus, Mister Traily, daß der Mann mehr unglücklich als schlecht war.«

»Ich kann Ihnen nur sagen, hätte ich geahnt, was daraus entstehen würde, so hätte ich lieber den Verlust ertragen, als ihn festnehmen lassen. Aber geschehen ist geschehen, und nun möchte ich nur noch mit Ihnen besprechen, ob man seiner Tochter nicht irgendwie helfen kann. Ich würde es sehr gern tun.«

Ronald sah nachdenklich vor sich hin. Dann sagte er:

»Ich bin überzeugt, Mister Traily, daß Fräulein von Winterfeld gerade von Ihnen keine Hilfe annehmen würde. Sie will wohl überhaupt niemandem verpflichtet sein. Und Sie können versichert sein, wenn ich sie überhaupt dazu bringe, Hilfe von fremder Hand anzunehmen, dann werde ich ihr diese Hilfe angedeihen lassen. Ich werde den Wunsch ihres Vaters erfüllen und ihr selbst die Nachricht von seinem Tod überbringen. Morgen schon werde ich abreisen. Es wird eine schwere Aufgabe für mich sein, aber ich fühle mich ihr gewachsen. Jedenfalls danke ich Ihnen in ihrem Namen für Ihre freundliche Absicht, und ich werde nicht verfehlen, ihr davon zu berichten.«

»Bitte tun Sie das. Und hier haben Sie meine Adresse, unter der ich jederzeit Post erhalte. Wenn die junge Dame meiner bedarf, soll sie es mir mitteilen. Ich werde ihr dann zu helfen suchen.«

Ronald verneigte sich, der Amerikaner erhob sich. Ehe er sich verabschiedete, fragte er:

»Sagen Sie mir, Herr Norden, hätten Sie an meiner Stelle anders gehandelt? Hätten Sie den Falschspieler nicht der Gerechtigkeit überliefert?«

Ronald sah in sein bekümmertes Gesicht und erwiderte:

»Wer kann von sich sagen, was er in dieser oder jener Situation tun würde. Augenblickliche Eingebungen sprechen da sehr viel mit. Aber ich kann Ihnen jedenfalls sagen, daß Sie nicht die Spur eines Vorwurfs trifft. Sie wurden geschädigt und wehrten sich, das war Ihr gutes Recht. Und wenn Ihnen jetzt Nebenumstände die Angelegenheit bedauerlich erscheinen lassen, so zeugt das für Ihr gutes Herz und menschliches Empfinden.«

Der Amerikaner reichte Ronald die Hand.

»Ich danke Ihnen. Ihre Worte beruhigen mich, wenngleich ich sicher bin, daß ich in den nächsten Nächten nicht sehr gut schlafen werde. Also good bye! Wir werden uns wohl kaum noch einmal wiedersehen!«

»Kaum! Aber eines möchte ich Ihnen noch ans Herz legen, sorgen Sie bitte dafür, daß Fräulein von Winterfeld der Totenschein ihres Vaters nach einigen Tagen zugesandt wird.«

Der Amerikaner verneigte sich, dann verabschiedeten sich die beiden Herren.

Ronald war tief erschüttert durch die Kunde von Winterfelds Tod. Jetzt wußte er, daß dieser schon bei seinem Besuch die Absicht gehegt hatte, freiwillig aus dem Leben zu scheiden. Er hatte, bevor er Schluß mit allem machte, wohl nur noch eine Nachricht über Danis Ergehen abwarten wollen.

Vermutlich nahm er in seinem an sie gerichteten Brief Abschied von ihr. Dieser durfte ihr daher nicht eher ausgehändigt werden, als bis er, Ronald, sie schonend über des Vaters Tod benachrichtigt hatte.

Am Abend dieses Tages traf Ronald nochmals mit Kommerzienrat Köppen und dessen Frau zusammen und berichtete ihnen von seinem Besuch bei Winterfeld und von dem, was danach geschehen war. Auch diese beiden guten Menschen waren tief bewegt und bedauerten Vater und Tochter sehr. Und die Kommerzienrätin bat Ronald, Dani zu sagen, wenn sie Hilfe brauche, möge sie sich an sie wenden.

Ronald berichtete von Mister Trailys Angebot und versprach, Dani auch die Bestellung der Kommerzienrätin auszurichten.

Am nächsten Morgen reiste Ronald in aller Frühe ab. Er nahm dieselbe Route, die Dani genommen hatte, nur bestieg er den Zug nach Genua schon in Monte Carlo. Seine Augen schweiften zurück zu diesem Miniatur-Fürstentum, und ein schwerer Seufzer hob seine Brust. Er reiste sehr viel schwereren Herzens ab, als er angekommen war. Und vor seinen geistigen Augen sah er Dani so, wie er sie auf der Corniche bei der Autopanne kennengelernt hatte. Das schien ihm schon um Jahre zurückzuliegen. Konnte wirklich erst so kurze Zeit verstrichen sein, seit er Dani kennengelernt hatte?

Mit brennendem Blick ließ er seine Augen über das Meer schweifen. Blau lag es vor ihm im Widerschein des wolkenlosen Himmels. So schön war die Welt – doch ihm erschien sie grau und leer – ohne Dani.

Sein Herz flog dem letzten Wiedersehen mit Dani entgegen, und er wußte, dies Wiedersehen würde ein schmerzliches sein – für sie und für ihn.

Dani wurde in Montreux auf dem Bahnhof von Madame Boilieu empfangen. Das von Ronald aufgegebene Telegramm hatte sie darum ersucht und sie zugleich gebeten, ein Zimmer für Fräulein von Winterfeld bereitzuhalten, da diese einige Zeit wieder bei ihr Wohnung nehmen würde.

Wie Dani diese Fahrt überstanden hatte, wußte sie selbst kaum. Sie hatte bis Genua, in trübes Sinnen verloren, in ihrer Wagenecke gesessen. Dort hatte sie gleich Anschluß nach Mailand gefunden, aber in ihrem Abteil hatte eine mehr als lebhafte italienische Familie Platz genommen. So wurde sie etwas aus ihrer Lethargie aufgerüttelt, indem sie versuchte, das schnelle Italienisch, das zwischen Eltern und Kindern getauscht wurde, zu verstehen, was ihr auch gut gelang.

Erlöst atmete sie auf, als sie in Mailand von den lärmenden Coupégenossen befreit wurde. Sie hatte Kopfweh und sie sehnte sich nach Ruhe, damit sie wieder ungestört über ihr Elend nachgrübeln konnte.

Da sie jetzt das Abteil nur mit einer stillen, alten Dame teilte, die ebenfalls in ihre Gedanken versunken war, konnte sie das auch tun. Schmerzhaft bohrte sich immer wieder der Gedanke in ihr Hirn: Dein Vater ist ein Ehrloser, und Ronald Norden kann dich deshalb nicht zu seiner Frau machen.

Immer wieder kehrten ihre Gedanken zu diesem einen Punkt zurück, und zugleich peinigten sie die Sehnsucht nach Ronald und die Angst um den Vater.

Während der ganzen Fahrt durch das Rhonetal goß es in Strömen, und die Landschaft war unter dem Regenschleier verhüllt. Man sah weder die Rhone noch die Berge hüben und drüben. Dadurch hatte Dani ein Gefühl, als schwebe sie in einer grauen Wolkenschicht. Sie verglich diese mit ihrem künftigen Leben. Ja, so grau und leer und unfreundlich würden von nun an ihre Tage sein. Nichts würde sie mehr freuen, nichts beglücken. In harter Pflichterfüllung mußte sie Befriedigung finden. Wie lange sie wohl den Vater würde entbehren müssen? Und wenn er ihr wiedergegeben war, was würde dann geschehen? Sie mußte jedenfalls schon vorher alles tun, um sich eine Existenz zu gründen. Der Gedanke, bei Madame Boilieu um eine Anstellung als Sprachlehrerin zu bitten, kam ihr nicht wieder. Sie mußte ja daran denken, daß sie nach der Freilassung mit dem Vater zusammensein konnte. Er bedurfte ihrer dann, elend und zermürbt, wie er sein würde. Irgendwie mußte sie versuchen, ein Unterkommen zu finden, in dem auch Platz für den Vater war.

Aber schließlich war sie so zermürbt und elend von allem Denken und Grübeln, daß sie sich dagegen wehrte. Mochte kommen, was wollte, vorläufig würde sie bei Madame Boilieu unterschlüpfen, bis sie sich wieder im Leben zurechtfinden und Pläne für die Zukunft machen konnte. Leider mußte sie vorläufig von dem Geld nehmen, das auf der Bank in Montreux lag. Es widerstrebte ihr unsagbar, aber es half nichts, ohne Geld konnte man nicht existieren. Gott würde helfen, daß sie das Geld eines Tages wieder zurücklegen konnte. Dann wollte sie den Vater bestimmen, es irgendeiner Wohltätigkeitsstiftung zu überweisen.

So kam sie in Montreux an, und Madame Boilieu erschrak, als sie in ihr blasses Gesicht sah.

»Mon dieu! Wie sehen Sie aus, Fräulein Daniela? Sie sind doch nicht krank?« fragte sie, mehr bestürzt als besorgt.

»Nein, nein, ich bin nur müde und abgespannt. Ich hatte eine gräßliche Fahrt, und bis Martinique goß es in Strömen. Erst dann klarte der Himmel etwas auf. Ich danke Ihnen, daß Sie mich abholen.«

»Aber das wurde mir doch telegrafisch mitgeteilt. Das Telegramm hat wohl Ihr Herr Vater aufgegeben?«

Dani zögerte. Dann sagte sie leise:

»Ja, mein Vater hat es aufgegeben, weil – weil er mich nicht begleiten konnte. Er – er ist geschäftlich zu einer längeren Reise gezwungen und hofft, daß Sie mich in seiner Abwesenheit vorläufig wieder aufnehmen, bis ich ein anderes Unterkommen gefunden habe.«

Nicht um die Welt wäre es Dani möglich gewesen, Madame die ganze schreckliche Wahrheit zu enthüllen. Sie wußte, diese würde sie nicht aufnehmen, wenn sie ahnte, daß ihr Vater ein Falschspieler war.

»Aber selbstverständlich, chérie, es freut mich außerordentlich, Sie wiederzusehen. Übrigens, Ihr Zimmer ist noch leer. Jetzt, vor Ostern, kommen keine neuen Zöglinge mehr. Nun aber beeilen Sie sich, damit Sie zur Ruhe kommen, Sie sehen wirklich sehr elend und abgespannt aus.«

»Ja, ich muß mich erst einmal ausschlafen, dann wird mir wieder wohler sein«, sagte Dani matt.

In der Pension angelangt, zog sie sich, ohne etwas zu sich zu nehmen, auf ihr Zimmer zurück und suchte sofort ihr Lager auf. Und ihre gesunde Natur machte bald ihre Rechte geltend. Sie schlief sofort ein – nicht ahnend, daß sie inzwischen eine Waise geworden war.

Sie schlief bis zum andern Morgen und wurde erst durch den vertrauten Klang des Gongs geweckt, der zum Frühstück rief. Da fuhr sie empor und sah schlaftrunken umher.

Gottlob, dachte sie, ich habe alles nur geträumt, ich bin ja noch bei Madame Boilieu, bin gar nicht fortgewesen.

Aber da sah sie ihren Schrankkoffer stehen und ihre Reisehandtasche. O nein, sie hatte nicht geträumt, alles war wahr, all das Schreckliche war geschehen – und auch Ronald Norden war keine Traumgestalt, er war wirklich in ihr Leben getreten, war ihr über alles lieb und teuer geworden, hatte ihr so süße, holde Worte gesagt, sie so liebevoll angeblickt – und war ihr nun doch wieder fern gerückt, so fern, daß keine Brücke mehr zu ihm hinüberführte.

Sie erhob sich langsam und sah grübelnd vor sich hin. War es nicht doch eine Torheit gewesen, daß sie sich hatte fortschicken lassen, daß sie nicht versucht hatte, den Vater wiederzusehen und bei ihm zu bleiben, oder wenigstens in seiner Nähe?

Aber nein, die Riviera war ein teures Pflaster. Der Vater

hatte schon recht gehabt, sie fortzuschicken, sonst – ja – sonst hätte man sie vielleicht auch ins Gefängnis gesteckt.

Sie schauerte fröstelnd zusammen. »Vater im Himmel, das wirst du doch nicht zulassen, ich bin ja ganz unschuldig!«

Aber zuweilen werden auch ganz unschuldige Menschen verhaftet, das wußte sie. Und Ronald hatte sehr große Angst um sie gehabt, das hatte sie ihm angemerkt. Er war erst ruhig geworden, als er sie in Ventimiglia über die Grenze gebracht hatte.

Und dann überfiel sie plötzlich die Erinnerung an seinen Kuß, und sie schloß die Augen. Sie hätte sterben mögen in jenem Moment, als er sie in seinen Armen gehalten hatte, von seiner Liebe überwältigt. Ja, er liebte sie, wie sie ihn liebte, und das mußte ihr trotz allem ein Trost sein, das würde immer wie ein helles wärmendes Licht über ihrem Leben stehen. Davon wollte sie zehren, und – das mußte ihr Kraft geben, ihr Schicksal zu tragen. Sie mußte sich seiner würdig zeigen, durfte nicht schwach und haltlos Unabänderlichem nachtrauern.

Sie richtete sich auf. Etwas wie Verklärung lag über ihren blassen Zügen, und nie war sie schöner und bezaubernder gewesen als jetzt.

Schnell kleidete sie sich an und ging hinunter in das Frühstückszimmer. Sie begann zu spüren, daß sie gestern den ganzen Tag nichts zu sich genommen hatte als einen Tee und etwas Butterbrot. Sie fühlte sich körperlich schwach und hatte Angst, krank zu werden. Das durfte nicht sein, um keinen Preis, sie mußte essen, um bei Kräften zu bleiben.

Und sie zwang sich zu essen, und nachdem sie die ersten Bissen genommen hatte, stellte sich der natürliche Hunger ein, und sie aß sich satt an Weißbrot, Eiern und Schokolade, die bei Madame Boilieu für alle Pensionärinnen zum Frühstück gereicht wurde.

Ihr wurde etwas besser, nachdem sie das Frühstück eingenommen hatte, und nun fühlte sie sich den Ereignissen etwas mehr gewachsen.

Sie war ganz allein im Frühstückszimmer, da sie zu spät gekommen war, und erhob sich nun, um Madame Boilieu aufzusuchen. Sie fand diese in ihrem Wohnzimmer.

»Ah, Fräulein Dani, haben Sie sich gründlich ausgeschlafen?«

»Ja, Madame Boilieu, ich fühle mich nun bedeutend wohler.«

»Nun, Gott sei Dank, ich fürchtete wirklich, Sie seien krank. Sehr wohl sehen Sie auch jetzt noch nicht aus.«

Dani zwang ein Lächeln in ihr Gesicht.

»Sie vergessen, daß eine Saison an der Riviera anstrengend ist. Wir waren erst in San Remo, wo es noch ziemlich ruhig war, aber dann haben wir in Monte Carlo gewohnt, und da ist es sehr lebhaft. Auch das Blumenfest in Nizza habe ich mitgemacht.«

Madame war ganz Ohr.

»Oh, davon müssen Sie mir erzählen, chérie! Haben Sie sich gut amüsiert? Sie haben sicher Furore gemacht mit Ihrem Aussehen und werden meiner Erziehung Ehre gemacht haben. Aber nun sagen Sie mir, wie kommt es, daß Ihr Herr Vater sich schon wieder von Ihnen getrennt hat?«

Dani konnte die Wahrheit ja nicht sagen und hatte eine Ausrede parat.

»Papa muß in Geschäften eine Seereise machen, die ihn vielleicht monatelang fernhält. Und ich wollte nicht mitreisen. Es wäre für mich zu anstrengend gewesen. So hat mir Papa freigestellt, wo ich bis zu seiner Rückkehr Aufenthalt nehmen wollte. Es fiel mir nichts ein. Da dachte ich, daß Sie mich noch für einige Zeit, bis ich im klaren bin, aufnehmen würden.«

»Aber selbstverständlich, chérie, Sie sind sehr willkommen, solange Sie bleiben wollen.«

»Ich denke doch, ich kann unter den alten Bedingungen vorläufig bei Ihnen wohnen, Madame Boilieu? Gern möchte ich auch noch einige Stunden in spanischer Sprache nehmen, wenn es sich einrichten läßt. Mit dem Italienischen bin ich gut vorangekommen« – der arme Conte, dachte Dani dazwischen –, »aber ich möchte auch noch perfekt im Spanischen werden, denn – ja, ich werde wohl später versuchen, meine Sprachkenntnisse irgendwie zu verwerten. Ich möchte nicht immer von meinem Vater abhängig sein und mir selber Geld verdienen.«

»Oh, werden Sie das nötig haben?«

»Ob nötig oder nicht, Madame Boilieu, wozu habe ich so viel gelernt, wenn ich es nicht verwerten will?«

»Nun ja, aber – bei Ihrem Aussehen, chérie, werden Sie nicht lange Zeit haben, Ihre Sprachkenntnisse auszunützen – Sie werden sehr bald heiraten.«

»Schwerlich, Madame Boilieu, ich bin ein armes Mädchen.«

»Sagen Sie ehrlich, chérie, haben sich keine Verehrer dort unten eingestellt, wo man allen schönen Frauen huldigt?«

Ein leichtes Rot huschte über Danis Gesicht.

»Verehrer, die einem Blumen schenken und Komplimente machen, ja, das liegt dort in der Luft – man nimmt es nicht ernst«, sagte sie kühl.

Sie war keine von den Frauen, die sich ihrer Erfolge beim männlichen Geschlecht rühmen. Aber Madame hatte ihr Erröten bemerkt und wußte genug. Sie hätte sich auch sehr wundern müssen, wenn Danis Schönheit, ihre Grazie und ihr Charme ungewürdigt geblieben wären.

»Gewiß, Sprachunterricht können Sie nehmen, chérie. Näheres müssen Sie mit der Lehrerin vereinbaren. Und wie lange gedenken Sie, hierzubleiben?«

Dani dachte nach.

»Ich muß erst Nachricht von Papa abwarten, bevor ich mich definitiv entscheiden kann.«

»Nun gut, ich dränge Sie nicht, und selbstverständlich sind Sie dem strengen Zwang entwachsen, der hier im Hause für unsere jungen Zöglinge gilt. Ich kenne Sie ja gut genug, um Ihnen unbedenklich mehr Freiheit zugestehen zu können.«

»Davon werde ich nicht viel Gebrauch machen, Madame Boilieu, wenn es mir auch lieb ist, ungehindert ausgehen zu können. Und – Papa wird mir wohl Nachricht senden durch einen jungen Freund, der in unserer Gesellschaft war. Er wird auf der Rückreise von der Riviera in Montreux vorbeikommen. Werden Sie mir gestatten, ihn zu empfangen?«

»Aber selbstverständlich, chérie, wenn er von Ihrem Herrn Vater geschickt wird, können Sie ihn unbesorgt empfangen.«

Damit war das Gespräch vorläufig beendet, und Dani konnte sich wieder auf ihr Zimmer zurückziehen. Im Laufe des Vormittags ging sie aus, unter dem Vorwand, Besorgungen machen zu wollen. Sie wollte sich aber nur Zeitungen kaufen, weil sie fürchtete, daß irgend etwas über die Spielaffäre ihres Vaters darin stehen könnte. Da mußte sie gewappnet sein.

Aber zu ihrer Beruhigung fand sie in keiner der Zeitungen eine Andeutung.

Sie überlegte nun, ob sie ihren Schrankkoffer auspacken, oder ob sie es halten sollte wie in Monte. Und sie beschloß, zumindest erst Nachricht von Ronald abzuwarten.

Um sich von ihren quälenden Gedanken zu befreien, begann sie an ihren Vater zu schreiben. Sie hoffte bestimmt, daß er ihre Briefe erhalten dürfte. Jedenfalls mußte sie ihr Herz erleichtern, und sie schrieb einen rührenden Brief an ihn, worin sie ihm mitteilte, daß sie ihn lieben würde wie zuvor, daß sie sehr wohl verstehe, daß ihn nur bittere Not zu dem Schritt gezwungen habe, den er getan, und daß er nur daran gedacht habe, ihr eine lebenswerte Existenz zu schaffen. Sie malte ihm aus, wie sie zusammen leben und arbeiten wollten, wenn er wieder frei sein werde, und tröstete ihn mit liebreichen Worten.

Dieser Brief löste zwar eine Tränenflut bei ihr aus, aber er machte ihr das Herz doch etwas leichter und freier.

Am nächsten Tag wartete sie mit fiebernder Ungeduld auf irgendeine Nachricht aus Monte Carlo.

Die Stunden vergingen – nichts kam, kein Brief, kein Telegramm! Warum nicht, was bedeutete das?

Hunderte von Vorstellungen begannen sie zu peinigen. Ihr war, als versinke sie in einen Abgrund, als drohe ihr ein Unheli, das sie vollends vernichten wolle.

Allerbarmender, welche neue Schrecken warteten noch auf sie!

XV

Ronald hatte von Mailand aus den Nachtzug nach Montreux benutzt und, dort angekommen, sich zunächst in ein Hotel begeben. Es war jetzt noch zu früh, um Dani einen Besuch zu machen. Er erfrischte sich also zunächst, frühstückte und ging dann ein Stück am Seeufer entlang, bis es Zeit war, sich zum Pensionat der Madame Boilieu zu begeben.

Dort angekommen, ließ er sich zunächst bei Madame Boilieu melden. Diese empfing ihn und fragte ihn, was ihn zu ihr führe.

»Ich bin gekommen, um Fräulein von Winterfeld eine Nachricht von ihrem Vater zu überbringen«, sagte er, so ruhig er es vermochte.

»Ah, sie sprach mir davon, daß sie einen jungen Freund ihres Vaters erwarte, aber erst in einigen Tagen.«

»Meine Reise hierher wurde früher nötig, als ich es ursprünglich annahm. Ich ließ mich zuerst bei Ihnen melden, weil ich Ihrer Mithilfe bedarf. Ich bringe Fräulein von Winterfeld leider eine Unglücksbotschaft, die mich veranlaßte, schon heute zu kommen. Ich habe ihr« – er machte eine kleine Pause – »die Mitteilung zu machen, daß Herr von Winterfeld plötzlich gestorben ist.«

Madame erblaßte.

»Mein Gott, wie ist das möglich – so schnell?«

»Ein Unglücksfall! Sie werden begreifen, daß es für mich eine schwere Aufgabe ist, Fräulein von Winterfeld diese Botschaft zu überbringen. Ich muß es so schonend wie möglich tun, muß sie langsam vorbereiten und brauche deshalb längere Zeit für die Unterredung. Sie werden das begreifen.«

Madame begriff. Außerdem war ihr Ronald Norden sehr sympathisch, und sie wollte ihm gefällig sein.

»Selbstverständlich! Mein Gott, das arme Ding! Wirklich eine schwere Aufgabe für Sie! Sie wartete schon unruhig auf Nachricht von ihrem Vater. Wie geschah denn das Unglück?«

Ronald zögerte. Was sollte er sagen? Schließlich dachte er an ein Autounglück, das war am wahrscheinlichsten.

»Er verunglückte mit einem Auto auf der Straße von Nizza nach Monte Carlo und – starb nach sehr kurzer Zeit. Vor seinem Tod konnte er mir noch den Auftrag erteilen, seine Tochter von dem Geschehenen in Kenntnis zu setzen. Außerdem habe ich ihr einen Brief des Toten zu überbringen, den er mir bereits vorher gegeben hatte.«

»Mein Gott, wie schwer wird Daniela das alles treffen! So lange Jahre hat sie sich nach ihrem Vater gesehnt, und nun, nachdem sie kurze Zeit mit ihm zusammen war, bedrückte es sie sehr, daß er eine Seereise machen wollte, auf der sie ihn nicht begleiten konnte. Und nun – diese furchtbare Nachricht! Ich werde Ihnen selbstverständlich zu einer ungestörten Aussprache verhelfen, das Sprechzimmer steht Ihnen zur Verfügung. Bitte, ich führe Sie hinüber und rufe Ihnen dann Daniela herbei.«

So geschah es auch. Ronald trat in das kleine Sprechzimmer, das ein wenig wie das Wartezimmer eines Arztes aussah, so freudlos und unpersönlich.

Madame ging selbst zu Dani hinauf.

»Der erwartete Besuch ist schon heute eingetroffen, chérie, ein Herr Norden wünscht Sie zu sprechen.«

Dani zuckte zusammen.

»Er selbst, heute schon?« fragte sie halb erschrocken, halb erfreut.

»Ja, er ist unten im Sprechzimmer und wartet auf Sie. Ich sehe, Sie sind fertig.«

Dani nahm allen Mut zusammen. Das Herz schlug ihr bis zum Hals. Sie mußte an ihren Abschied von Ronald denken. Sein Kuß brannte ihr noch auf den Lippen, und sie mußte eine große Verwirrung überwinden. Aber schnell hatte sie sich gefaßt.

»Ich komme gleich, Madame Boilieu«, sagte sie mit bebender Stimme.

Diese ging wieder hinaus. An der Tür wandte sie sich um und sagte:

»Vergessen Sie Ihr Taschentuch nicht, chérie!«

Dani sah ihr verwundert nach. Wie komisch, daß Madame sie an ihr Taschentuch erinnerte. Aber gehorsam steckte sie ein solches zu sich. Und sie zögerte noch eine Weile und preßte die Hände aufs Herz. Sie wußte ja, nun kam der letzte Abschied von Ronald Norden. Nie würde sie ihn danach wiedersehen. Und das würde ein sehr schmerzlicher Abschied werden. Was für Nachricht vom Vater würde er ihr bringen?

Endlich raffte sie sich auf, sie durfte nicht länger zögern. Es hatte auch keinen Zweck, nichts würde leichter gemacht durch dieses Zögern.

Und so ging sie mit etwas wankenden Schritten hinunter und betrat das Sprechzimmer. Ronald stand in dessen Mitte mit einem blassen, erregten Gesicht und streckte ihr die Hände entgegen.

Sie flog auf ihn zu und legte ihre Hände in die seinen.

»Oh, Sie sind schnell gekommen, mein lieber Freund – ich danke Ihnen. Bringen Sie mir Nachricht von meinem Vater?«

Auge in Auge blieb er vor ihr stehen und sah sie an, trank sich satt an ihrem Anblick, und ihm schien, als sei sie nie so schön gewesen wie in diesem Augenblick.

»Ja, ich bringe Ihnen Nachricht, Dani. Kommen Sie, setzen Sie sich zu mir, ich habe Ihnen viel zu erzählen.«

Er führte sie an den Händen bis zu einem Sessel und drückte sie sanft hinein. Dann zog er sich einen andern Sessel heran und setzte sich ihr gegenüber.

Sie kämpfte noch ein wenig mit ihrer Verlegenheit, weil sie an ihren Abschied in Ventimiglia dachte. Auch er dachte daran und sah sehnsüchtig auf ihre blassen Lippen, aber er beherrschte sich. Er durfte jetzt nicht an sich denken, nicht an seine Liebe, sondern nur daran, wie er ihr den Schlag schonungsvoll beibringen konnte, der sie treffen mußte.

»Sagen Sie, wie geht es meinem Vater? Haben Sie von ihm gehört?«

»Ich habe ihn sogar gesehen, ich war bei ihm.«

Sie faßte seine Hand.

»Wie gut, wie gut von Ihnen. Nie vergesse ich Ihnen das.

War er sehr elend?«

»Lassen Sie mich der Reihe nach berichten, das wird das beste sein.«

Und er berichtete ausführlich, wie er nach Nizza gefahren war, um zu versuchen, Zutritt zu ihrem Vater zu erlangen, und wie er dabei Mister Traily und die beiden Franzosen getroffen hatte. Genau beschrieb er ihr, um Zeit zu gewinnen, wie er den Erlaubnisschein erhalten hatte und dann bei ihrem Vater eingetreten war. Sie zuckte leise zusammen, und er streichelte sanft und beruhigend ihre Hand.

Fast wortgetreu berichtete er ihr die Unterredung mit ihrem Vater, schilderte ihr, wie sehr sich dieser gefreut hatte, daß sie in Sicherheit war und daß sie ihm ihre Liebe nicht entzogen hatte, ihn nicht verurteilte.

Erzitternd hörte Dani das an und las jedes Wort von Ronalds Mund, und als er ihr sagte, wie tief es ihren Vater gerührt hätte, daß er ihm die Hand gereicht habe, bückte sie sich plötzlich nieder und küßte seine Hand in schrankenloser Dankbarkeit und Rührung. Er zog seine Hand erschrocken zurück.

»Was tun Sie, Dani.«

Ein trockenes Schluchzen entstieg ihrer Brust.

»Ich kann Ihnen ja nicht anders dafür danken, daß Sie so gut zu meinem armen Vater waren.«

»Glauben Sie mir, Dani, ich war so voll Mitleid und Teilnahme, daß ich ihm gern noch anderes zugute getan hätte. Aber nun hören Sie weiter. Er gab mir einen schon bereitgehaltenen Brief an Sie, froh, einen Boten zu finden, der den Brief vor der Zensur bewahrte.«

»Oh, geben Sie mir den Brief, mein lieber Freund!«

»Später, Dani, den können Sie lesen, wenn Sie nachher allein sind, ich glaube, er ist sehr umfangreich. Lassen Sie mich zunächst weiter berichten. Ich hatte, als ich von Ihrem Vater fortging, das Gefühl, als sehne er sich nach dem Tod.«

Sie zuckte zusammen und sah ihn mit großen, angstvollen Augen an.

»Man hat ihm doch seinen Browning nicht gelassen?«

»Nein, den hatte man ihm abgenommen. Aber ich bin überzeugt, hätte er ihn behalten können, er hätte Gebrauch davon gemacht.«

Sie barg das Gesicht in den Händen. Zart strich er über ihr Haar.

»Können Sie das nicht verstehen, Dani? Was Ihr Vater auch getan hat, von seiner Not getrieben, er war doch trotz allem ein aufrechter Mann, und es muß ihm doch furchtbar sein, jetzt seine Augen vor den Menschen senken zu müssen. Wenn Sie ihn wirklich sehr liebhaben und ihn richtig zu verstehen suchen, dann müßten Sie ihm als liebevolle Tochter wünschen, man hätte ihm seinen Browning gelassen.«

Sie schluchzte auf.

»Wie kann ich das wünschen? Ich verstehe ja, daß er sich danach sehnen würde, das zu tun, aber – er muß doch daran denken, daß ich dann ganz allein auf der Welt wäre.«

»Gerade um Ihretwillen würde er es gern getan haben, um Ihnen nicht später eine Last zu sein.«

»Nie würde er mir das sein! Ich würde gern für ihn arbeiten.«

»Und wie, denken Sie, würde er ein solches Leben ertragen? Von seinem Kind abhängig sein, immer den Gedanken hegen müssen, daß er sein Kind in Unehre gebracht hat, daß er nie mehr frei und stolz das Haupt heben kann. Verstehen Sie das nicht?«

»Oh, jetzt sehe ich zum erstenmal, daß Sie auch grausam sein können. Bitte sprechen Sie nicht mehr so zu mir. Gewiß verstehe ich das alles, aber dennoch will ich meinen Vater nicht hergeben. Wir können irgendwo hingehen, wo ihn keiner kennt und niemand etwas von seiner Schuld weiß. Meine Liebe wird ihm das Leben schon wieder erträglich machen.«

»Aber höchstens erträglich, Dani, und das ist wenig für einen Mann. Schelten Sie mich nicht grausam, wenn ich Ihnen sagte, daß ich ihm lieber den Tod gönne als solch ein Leben.«

Sie weinte schmerzlich auf.

»Der Arme! Der Arme, wie muß er leiden!«

Er nahm ihre Hände fest in die seinen.

»Ja, Dani, furchtbar müßte er leiden unter solch einem Leben, und – nun will ich es Ihnen sagen – davor hat ihn der Himmel bewahrt. Dani, bitte, seien Sie tapfer, ich weiß, daß ich Ihnen abermals sehr, sehr weh tun muß, aber ich hoffe, Sie werden es leichter ertragen nach dem, was wir jetzt besprochen haben. Dani – man nahm ihrem Vater seinen Browning, aber – man ließ ihm, ohne daß es jemand ahnte, eine andere Waffe – Dani!«

Sie war zusammengezuckt und starrte ihn geisterbleich an.

»Eine Waffe? Eine Waffe! Allmächtiger Gott, was werde ich hören müssen«, stöhnte sie auf.

Er behielt ihre Hände fest in den seinen und sah sie beschwörend an.

»Dani, Ihr armer Vater ist erlöst – er hat alle Leiden hinter sich.«

Da sank sie in sich zusammen wie unter einem Schlag, der sie vernichten wollte. Ohne einen Laut brach sie so in sich zusammen und wurde von einem krampfhaften Schluchzen geschüttetelt. Er ließ sie eine Weile gewähren, wußte, daß dies jetzt eine Wohltat für sie war. Er strich nur immer wieder über ihr Haar, damit sie fühlen sollte, daß sie in dieser schrecklichen Stunde nicht allein war.

Endlich ließ das krampfhafte Schluchzen nach, sie richtete sich mit verstörtem Gesicht wieder auf und sah ihn mit einem erschütternden Blick an.

»Nun weiß ich, warum Sie so grausam schienen. Oh, mein Gott – wie sehr mühten Sie sich, mir diese Kunde erträglich zu machen. Ich danke Ihnen. Mein armer, armer Vater! Nun bin ich ganz allein! Und er mußte allein sterben, niemand war bei ihm, der ihn trösten konnte. Wie hart ist das Leben, wie grausam, ich – ich möchte am liebsten auch sterben. Was soll ich noch auf der Welt?«

»Ich will diese Worte nicht von Ihnen gehört haben, Dani. Sie sind jetzt vollständig verstört und zermürbt, aber Sie sind jung und gesund und werden wieder Lebensmut fassen. Jeder Mensch hat seine Aufgabe zu erfüllen. Wer weiß, wozu Sie noch auf der Welt sind. Und – wenn wir uns auch nicht angehören dürfen, Dani, wir werden trotz allem immer zusammengehören. Für mich ist es nötig, daß Sie auf der Welt sind. Ich muß doch wissen, daß meine Sehnsucht Sie irgendwo suchen kann. Sagen Sie mir, ist es nicht auch Ihnen ein kleiner Trost, daß Sie an mich denken können, daß unsere Gedanken sich begegnen werden, immer und immer wieder?«

Sie sah ihn mit ihren schönen hellen Augen liebevoll an.

»Wie recht Sie haben, Ronald Norden. So viele Menschen müssen durch das Leben gehen, ohne jemand lieben zu dürfen, ohne geliebt zu werden. Ich will nicht undankbar sein. Lassen Sie mir nur ein wenig Zeit, diesen letzten Schlag zu verwinden. Mein armer Vater! Ach, ich kann ihn nur zu gut verstehen, er konnte das Leben nicht weiter ertragen und glaubte, mir besser helfen zu können, wenn er ganz aus meinem Leben ginge. Aber begreifen Sie doch – wir Menschen sind schließlich alle egoistisch, auch in der Liebe, und mein Vater war all die Jahre das einzige Wesen, das ich lieben konnte. Wie sehnte ich mich nach ihm, und wie jubelte ich, als er mich endlich auf mein Flehen mit sich nahm! Nur kurze Zeit wurde mir das Glück zuteil, bei ihm sein zu können, und in diese kurze Zeit drängte er alles hinein, was er mir an Liebe geben konnte. Er vergaß, daß er auf unehrliche Weise das erwarb, was mir das Leben angenehm machen konnte. Und er träumte von einer Zukunft, in der wir in Ruhe und Frieden zusammen auf einem stillen Fleck ein ruhiges, schlichtes Leben führen könnten, wo wir arbeiten und zufrieden sein durften. Dieser bescheidene Lebenswunsch ist unerfüllt geblieben. Fern von mir ist er gestorben, hat sich selbst gerichtet.«

Und wieder weinte sie schmerzlich.

Er ließ sie eine Weile gewähren und war froh, daß sie das Ärgste überstanden hatte. Als sie ruhiger geworden war, teilte er ihr mit, daß Mister Traily ihm ein letztes Schreiben von ihrem Vater gebracht habe, und daß der Amerikaner dafür sorgen würde, daß ihr in einigen Tagen der amtliche Totenschein ihres Vaters zugeschickt würde. Er fügte hinzu, daß Mister Traily gern bereit sei, sich in Zukunft ihrer anzunehmen, und daß auch Frau Kommerzienrat Köppen sich erboten habe, ihr zu helfen.

Sie schüttelte den Kopf.

»Das ist gut gemeint, aber ich kann keine fremde Hilfe annehmen. Ich muß jetzt versuchen, auf eigenen Füßen zu stehen.«

Er nickte.

»Ich habe gewußt, daß Sie keine Hilfe annehmen würden, und wenn ein Mensch Ihnen helfen dürfte, könnte nur ich es sein, nicht wahr, Dani?«

Sie schüttelte abermals den Kopf.

»Auch Sie nicht, mein Freund – Sie vielleicht am wenigsten, das werden Sie begreifen. Es ist Ihnen bekannt, daß mein Vater mir etwas Geld hinterlassen hat. Ich weiß, daß es nicht auf ehrliche Art erworben wurde, und werde davon nur nehmen, was unbedingt sein muß, bis ich eine Existenz gefunden habe. Dann soll es meine erste Pflicht sein, dies Geld zurückzuzahlen. Und da ich nicht weiß, wem es gehört, so will ich es hingeben zum Wohl entlassener Sträflinge. So soll es Segen stiften und meines Vaters Schuld verringern.«

»Und werde ich von Ihnen hören, wie sich Ihr Schicksal gestaltet hat, Dani? Sie müssen mir zuweilen eine Nachricht senden«, sagte er dringend.

Sie sah ihn leidvoll an.

»Wird es nicht besser sein, wenn Sie nichts mehr von mir hören, wenn Sie mich vergessen?«

Vorwurfsvoll sah er sie an.

»Werden Sie mich vergessen können?«

Sie schüttelte den Kopf.

»Nein, o nein.«

»Und mir trauen Sie zu, daß ich Sie vergessen könnte?«

»Sie – Sie werden eine andere Frau heimführen, wenn die Wunde vernarbt ist, die ich Ihnen schlagen mußte. Sie – Sie haben doch Pflichten zu erfüllen.«

Er seufzte tief.

»Man kann sich doch das Herz nicht aus der Brust reißen! Und ohne Liebe heiraten – das ist bitter. Das, Dani, wünschen Sie mir nicht.«

Sie krampfte die Hände zusammen.

»Das Schicksal hat es nicht gut mit Ihnen gemeint, als es Sie auf der Corniche auf meinen Weg führte. Doch lassen Sie uns jetzt nicht davon sprechen, wir müssen das alles dem Schicksal überlassen.«

Er sah sie unruhig an.

»Dani – werden Sie einst einen andern Mann mit Ihrer Hand beglücken?«

Mit einem bitteren Lächeln sah sie ihn an.

»Nie würde ich ohne Liebe heiraten. Und – wie denken Sie sich das? In wessen Mannes Leben sollte ich Unehre bringen, ich, die Tochter eines Falschspielers – eines Selbstmörders?«

Er zuckte zusammen.

»Nicht so, Dani, sprechen Sie das nicht aus, ich kann es nicht hören. Ihr Vater war ein Unglücklicher, nichts weiter. Wie viele Menschen haben Schwereres auf dem Gewissen und laufen doch frei und stolz herum. Niemand darf einen Stein auf ihn werfen.«

Sie rang die Hände.

»Niemand tut das weniger als ich. Aber die Welt wird nicht so milde urteilen wie Sie und ich. Und ich werde einsam meine Straße ziehen – und niemand wird mich veranlassen, meiner ersten Liebe untreu zu werden.«

Bei diesen Worten flog ein süßes, trauriges Lächeln über ihr Gesicht, das er gern fortgeküßt hätte. Aber er wagte es nicht. Sie mußte ihm heilig sein. Einmal hatte er ihre Lippen geküßt – es mußte bei diesem einen Mal bleiben, er hatte nicht das Recht, sie in seine Arme zu ziehen.

Er lieferte ihr nun den Brief ihres Vaters aus und die Zeilen, die dieser an ihn geschrieben hatte. Dazu Mister Trailys Adresse, die sie jedoch mit einer heftigen Gebärde zerriß.

Und dann erhob er sich.

»Ich habe nun meine traurige Pflicht erfüllt, Dani, und muß Sie verlassen. Madame Boilieu sagte ich, Ihr Vater sei mit einem Auto verunglückt. Dabei bleiben Sie.«

Auch Sie erhob sich mit einem blassen, zuckenden Gesicht und nickte.

»Ja, Ronald, ich danke Ihnen, und nun gehen Sie. Und herzinnigen Dank für alles, was Sie an mir und meinem Vater Gutes taten. Wann reisen Sie von Montreux ab?« fragte sie, sich mühsam zur Ruhe zwingend.

»Erst mit dem Nachtzug, Dani. Sollten Sie mir noch etwas mitzuteilen haben, telefonieren Sie, ich werde das Hotel nicht verlassen. Es könnte doch sein, daß ich Ihnen noch einen Dienst leisten kann.«

»Es ist besser, ich gewöhne mich möglichst rasch daran, für mich selbst einzustehen. Aber ich möchte Ihnen vielleicht den Brief meines Vaters zur Einsicht geben – vielleicht enthält er eine Rechtfertigung für ihn. Ich möchte gern, daß Sie dann seine letzten Worte an mich lesen. Dürfte ich sie Ihnen zusenden?«

»Ich bitte darum. Sobald ich sie gelesen habe, lasse ich den Brief an Sie zurückgelangen. Und – hier ist meine Adresse, unter der mich Ihre Nachrichten immer sicher erreichen. Bitte lassen Sie mir zuweilen ein Wort zukommen, und gestatten Sie mir, Ihnen darauf antworten zu dürfen. Es ist ja so bitter wenig, was das Schicksal uns beiden gönnt.«

Sie reichte ihm mit einem tapferen Gesicht die Hand.

»Gut, ich werde Ihnen zuweilen schreiben, ganz kurz und sachlich, wie es mir geht. Nur zu Ihrer Beruhigung.«

Mit krampfhaftem Druck faßte er ihre Hand.

»Damit muß ich mich begnügen. Leben Sie wohl, Dani!«

Mit umflorten Augen sahen sie sich an, lange und schweigend. Dann preßte er seine Lippen auf ihre Hand, drückte diese an seine Augen und riß sich los, weil er seine Fassung zu verlieren fürchtete.

Sie sah ihm nach mit einem wehen Blick, und als er verschwunden war, sank sie mit einem Schmerzenslaut zusammen.

Ronald begegnete draußen Madame Boilieu.

»Bitte nehmen Sie sich Fräulein von Winterfelds an – sie ist sehr erschüttert«, sagte er hastig, grüßte und ging schnell davon.

Madame Boilieu betrat das Sprechzimmer und sah Dani kraftlos am Boden liegen. Sie wunderte sich nicht darüber, glaubte sie doch, es sei nur der Schmerz um den jähen Tod ihres Vaters, der sie niedergeworfen hatte. Und nun wurde doch das Mitleid in dem etwas verknöcherten Herzen der Pensionsvorsteherin lebendig. Sie beugte sich über die halb Ohnmächtige.

»Mein armes Kind! Wie sehr bedauere ich Sie. Kommen Sie, ich bringe Sie auf Ihr Zimmer, Sie müssen Ruhe haben.«

Mit starren Augen ließ sich Dani aufrichten. Mühsam schleppte sie sich die Treppe empor, von Madame Boilieu gestützt. In ihrem Zimmer sank sie haltlos in einem Sessel zusammen und bat mit leiser Stimme:

»Bitte, lassen Sie mich allein – ich muß allein sein.«

Das verstand Madame Boilieu sehr wohl, strich mitleidig über Danis Haar und sagte beklommen:

»Gott helfe Ihnen, arme Daniela!«

Dann ging sie hinaus.

Dani lag mit geschlossenen Augen in ihrem Sessel, die Briefe ihres Vaters an sie und Ronald krampfhaft in der Hand haltend. Widerstandslos überließ sie sich ihrem Schmerz, ihrem Jammer. Nun erst war sie für immer von Ronald getrennt und hatte auch keinen Vater mehr. Ein Grauen befiel sie vor der grenzenlosen Einsamkeit, und am liebsten wäre sie gestorben.

Stundenlang hatte sie so in dem Sessel gelegen, als Madame Boilieu wieder bei ihr eintrat und sie bat, sich doch etwas aufzuraffen. Sie möge wenigstens eine Kleinigkeit zu sich nehmen.

Aber Dani schüttelte den Kopf. Mühsam richtete sie sich aus ihrer Versunkenheit auf.

»Ich danke Ihnen, aber ich kann jetzt nicht, ich kann nicht – später vielleicht. Bitte lassen Sie mich noch ein wenig allein, ich muß mich erst zu fassen suchen. Aber ich danke Ihnen für Ihre Teilnahme. Entschuldigen Sie mich bei Tisch. Wenn Sie mir eine Tasse Tee heraufschicken wollen, bin ich Ihnen dankbar.«

Da ließ Madame sie wieder allein und schickte ihr Tee mit einigen Toasts. Dani trank aber nur eine Tasse Tee. Er war stark, und das belebte sie ein wenig. Und nun erst vermochte sie den Brief ihres Vaters zu lesen. Aufs tiefste bewegte es sie, durch ihn zu erfahren, wie ihr Vater gekämpft und gerungen hatte, um ehrliche Arbeit zu finden, um für sein Kind und sich den Lebensunterhalt zu verdienen. Wie ihm alles fehlschlug, wie er sich gegen die Versuchung wehrte, das Glück zu korrigieren, und wie er endlich doch erlag. Und dann las sie seine Abschiedsworte. Ach, er sprach nicht davon, auf welche Weise er sich von ihr trennen wollte. Aber sie las zwischen den Zeilen, daß er schon vor dem Abfassen dieses Briefes den Entschluß gefaßt hatte, zu sterben. Das waren bewußt die letzten Worte eines Vaters an seine Tochter. Etwas beruhigte sie die Versicherung, daß das Geld, das er hinterließ, auf ehrliche Weise im Spiel gewonnen war. Sie konnte sich nun mit etwas weniger Grauen dieses Geldes bedienen. Aber – es war Spielgeld, und darum in ihren Augen mit Fluch behaftet.

Nachdem sie den Brief ihres Vaters noch einmal durchgelesen hatte, steckte sie ihn in ein Kuvert, schrieb Ronalds Adresse darauf und schrieb auf einen Zettel, den sie beifügte:

»Bitte lesen Sie diesen Brief meines Vaters, Ronald Norden. Dann werden Sie seine Schuld noch milder beurteilen als bisher. Senden Sie mir den Brief nach Durchsicht zurück, und sorgen Sie sich nicht um mich. Ich werde versuchen, tapfer zu sein. Herzliche Grüße!

Dani.«

Sie sandte den Brief sogleich zum Hotel und las dann die Zeilen, die ihr Vater an Ronald geschrieben hatte. Wieder flossen ihre Tänen, und ihr Herz war von Dankbarkeit erfüllt gegen Ronald, daß er dem Vater die Hand gereicht und ihm dadurch eine letzte Wohltat erwiesen hatte.

Ronald hatte voll Unruhe gewartet, ob er noch etwas von Dani hören würde. Er wollte gerade mit Madame Boilieu telefonieren, um von ihr zu hören, wie es Dani gehe, als der Bote mit dem Brief eintraf. Wie erlöst fühlte er sich, obwohl er eigentlich nicht gewußt hatte, was er befürchtete. Sogleich machte er sich an die Lektüre des Briefes und war tief erschüttert, als er die

Lebensbeichte dieses Mannes las. Ein noch tieferes Mitleid als bisher erfüllte ihn. Vor allem ging aus diesem Brief einwandfrei hervor, daß Dani allem ferngestanden hatte, was nicht streng ehrenhaft gewesen war.

Danis Zeilen, die ersten, die er von ihr erhielt, drückte er an seine Lippen. Mit trüben Augen sah er auf die klaren, feinen Schriftzüge herab, die unwiderleglich die Reinheit und Vornehmheit ihres Wesens widerspiegelten. Er barg diese wenigen Zeilen in seiner Brieftasche, um wenigstens ein greifbares Andenken an die Geliebte zu haben.

Dann antwortete er ihr:

»Liebe Dani! Dank, daß Sie mir Einsicht in diesen Brief ihres Vaters gewährten. Er hat mir sein Bild noch lieber gemacht. Wir wollen nur noch an sein Unglück denken, nicht an seine Schuld, die er so schwer gebüßt hat. Bleiben Sie tapfer, Dani, ich sorge mich unbeschreiblich um Sie. Gott mit Ihnen auf allen Wegen.

Ihr Ronald Norden«

Sorglich schloß er den Brief und diese Zeilen in ein Kuvert. Dann ging er aus, suchte eine Gärtnerei auf und kaufte ein Körbchen mit Veilchen. Das schickte er Dani mit dem Brief, und dann schritt er am Ufer des Sees auf und ab, in tiefe Gedanken versunken. Wieder riß es schmerzhaft an seinem Herzen, daß er Dani aufgeben mußte. Er wußte ja, keine andere Frau konnte ihm je das sein, was sie ihm hätte sein können. Und er fragte sich, ob er nicht seinem Vater die Entscheidung überlassen sollte, ob er Dani heimführen dürfe oder nicht. Aber dann schüttelte er mutlos den Kopf. Der Vater konnte nicht anders, als ihm ein Nein sagen. Und es würde ihn nur betrüben, weil er eben keine andere Entscheidung treffen durfte, treffen konnte. Die Tochter eines Falschspielers und Selbstmörders gehörte nicht in das hochachtbare Haus seines Vaters, wenn es auch noch so viele Entschuldigungen für das Vergehen des Toten geben mochte.

In Gedanken versunken, ging er zum Hotel zurück, nachdem

er zuvor noch ein Telegramm an seinen Vater aufgegeben hatte, daß er am nächsten Abend zu Hause eintreffen würde. Er kam fast acht Tage früher wieder heim, als er ursprünglich beabsichtigt hatte, aber die Lust war ihm vergangen, noch länger unterwegs zu sein. Er brauchte Arbeit, viel Arbeit, um sein seelisches Gleichgewicht wiederzufinden.

So reiste er am Abend von Montreux ab, wahrlich mit schwerem Herzen.

Als er zu Hause ankam und sein Vater ihn freudestrahlend begrüßte, fiel es ihm schwer aufs Herz, wie mutterseelenallein Dani jetzt in der Welt stand. Der Vater sah ihn forschend an.

»Nun, mein Junge, du kommst ja viel früher zurück, als ausgemacht war. Hast du dich nicht gut amüsiert?«

Ronald sagte sich, der Vater würde es ihm leicht anmerken, daß er nicht freien Herzens wiedergekommen war, und hielt es für angezeigt, ihm freiwillig zu sagen, was er sagen konnte.

»Amüsiert habe ich mich allerdings sehr wenig, Vater. Aber ich will dir gestehen, daß ich ein ernstes Erlebnis hatte. Du würdest es mir ja doch anmerken. Also – ich habe mein Herz verloren, gründlich und für alle Zeit an eine Frau, die blond war bis ins Herz hinein und lieb und gut und schön. Aber – ein unüberwindbares Hindernis trennt mich für immer von ihr, obwohl auch sie mich liebt. Und damit muß ich mich abzufinden suchen.«

Der alte Herr sah ihn unruhig forschend an.

»Junge – dann kann es doch nur eine Frau gewesen sein, die einem andern gehörte. Was für Hindernisse könnte es sonst für dich geben?«

»Nein, sie ist nicht anderweitig gebunden, Vater, aber trotzdem für mich verloren. Bitte forsche und frage nicht weiter, ich möchte keine Ausflüchte machen, und die Wahrheit kann und will ich dir nicht sagen. Ich muß das mit mir selbst ausmachen. Du solltest es nur wissen, damit du dir nicht Sorge machst, wenn ich ein bißchen bedrückt bin. Gib mir nur tüchtig Arbeit, dann werde ich am besten darüber hinwegkommen.

Der Vater fragte und forschte nicht mehr. Er kannte seinen

Sohn. Und so gab er ihm in der kommenden Zeit genügend Arbeit, damit sein Tag ausgefüllt war.

Ronald erfuhr bald, Lizzi Bernd habe es durchgesetzt, daß ihr Vater die Einwilligung zu ihrer Verlobung mit dem von ihr auserwählten Mann gab, wenn es vorher auch zu einigen Szenen gekommen war. Sie würde nun in Bälde Frau Dernburg heißen und sich ihr Leben nach ihrem Geschmack einrichten.

Ronald berührte das wenig. Was lag ihm an Lizzi Bernd! Sie war ihm immer gleichgültig gewesen und war es jetzt mehr denn je – ebenso wie alle anderen Frauen.

Mit Tante Herta hatte er es etwas schwerer. Wenn sie sich auch nicht in sein Vertrauen drängen wollte, so hätte sie ihm doch gern geholfen, und sie sagte eines Tages mehr betrübt als ärgerlich:

»Wenn du einen aber auch so im Dunkeln tappen läßt, Ronald, dann kann man dir doch nicht helfen. Und denkst du, es macht mir Spaß, dich mit so unglücklichen Augen herumlaufen zu sehen?«

Er drückte ihr die Hand.

»Gute Tante Herta, helfen kann mir kein Mensch, sonst hätte ich mir, weiß Gott, schon selbst geholfen.«

»Aber du sagst doch, sie liebt dich ebensosehr, wie du sie liebst. Das ist doch die Hauptsache. Und an einen andern gebunden ist sie auch nicht. Was also kann zwischen euch stehen, was man nicht mit gutem Willen wegräumen könnte. Ist sie arm?«

»Ja, arm ist sie auch, aber das würde mich nicht stören, und Vater würde sich schließlich auch damit abfinden.«

»Nun, dann weiß ich nicht mehr, wo ich ein Hindernis suchen soll.«

»Gib es nur auf, Tante Herta. Du kannst dir denken, daß ich besiegbare Hindernisse schon forträumen würde. Es gibt eben Dinge, die sich nicht forträumen lassen. Und nun laß uns nicht mehr davon sprechen.«

»Na schön, so muß ich eben, ruhig oder nicht, zusehen, wie du dich mit deiner unglücklichen Liebe herumquälst.«

So schwer es ihr fiel, sie sprach nicht mehr davon, umgab

aber Ronald, wenn er bei ihr war, mit einer so rührenden Sorge, daß er bei sich dachte: Hätte doch die arme Dani einen Menschen, der sich so um sie sorgte.

Kurz vor Ostern reiste sein Vater nach Rom, und Ronald hatte nun doppelt viel zu tun und war sehr froh darüber. So kam er möglichst wenig zum Nachdenken über sein Herzeleid. Von Tag zu Tag hoffte und wartete er auf Nachricht von Dani. Er konnte sich wohl denken, daß sie ihm noch keine wichtige Veränderung in ihrem Leben mitzuteilen hatte, und aus einem andern Grund würde sie bestimmt nicht schreiben.

XVI

Dani konnte sich ihrem Schmerz nicht lange hingeben. Jeder Tag kostete Geld, und sie mußte so schnell wie möglich versuchen, solches zu verdienen. Tapfer bezwang sie sich. Nachdem sie einige Tage ihren traurigen Gefühlen nachgehangen und in dumpfem Vorsichhinbrüten zugebracht hatte, immer den Korb mit Ronalds Veilchen vor sich, in denen sie ihr blasses Gesicht vergrub, suchte sie entschlossen eines Morgens Madame Boilieu in ihrem Wohnzimmer auf.

»Ich komme heute mit einer Bitte zu Ihnen, Madame Boilieu. Bisher war ich nicht imstande, über meine Verhältnisse mit Ihnen zu sprechen, aber ich darf nun nicht länger hinauszögern, was sein muß. Sie wissen, daß mein Vater starb, und daß er mir nur einen Notgroschen hinterlassen konnte, den – den ich eben nur im Notfall angreifen möchte. Ich sage Ihnen ganz offen, daß ich darauf angewiesen bin, mir mein Brot zu verdienen, und je früher desto besser. Ich darf mich meiner Trauer und meinem Schmerz nicht länger hingeben. Zum Glück habe ich bei Ihnen eine sehr gute Erziehung genossen. Ich denke, am besten komme ich fort, wenn ich meine Sprachkenntnisse ausnütze. Ich werde mich fleißig um passende Stellen bewerben und auch einige Male ein Inserat aufgeben. Aber – bis ich eine Stelle gefunden habe, möchte ich gern in Ihrem Haus bleiben und frage Sie deshalb, ob es Ihnen nicht möglich ist, mir den Pensionspreis zu ermäßigen, wenn ich mich mit einem kleineren Zimmer begnüge und – wenn ich mich vielleicht irgendwie im Haus nützlich machen kann.«

Madame Boilieu war nicht sehr angenehm berührt, aber immerhin besaß sie soviel Anstand, sich einzugestehen, Dani habe ihr Jahre hindurch eine gute, feste Einnahme gebracht, wenn ihr Vater auch einige Male unpünktlich gezahlt hatte. Sie verschloß sich Danis Notlage nicht und sagte seufzend:

»Sie wissen, Daniela, ich bin auf die Einkünfte aus meiner Pension angewiesen, und glänzend gehen die Geschäfte schon lange nicht mehr. Es sind schlechte Zeiten. Viele Herrschaften, die früher ihre Kinder in Pension gegeben hätten, können sich das heute nicht mehr leisten. So stehen immer einige Zimmer leer, und verdienen kann ich nur, wenn alles besetzt ist. Aber Ihrer Notlage will ich mich trotzdem nicht verschließen. Ich will Ihren Pensionspreis auf die Hälfte ermäßigen, auch ohne daß Sie Ihr Zimmer aufzugeben brauchen. Es würde ja doch leerstehen. Wenn es wider Erwarten nach Ostern besetzt werden sollte, werden wir ein anderes Arrangement treffen. Und was das Nützlichmachen hier im Haus anbelangt – so könnten Sie mich vielleicht in einigen Lehrstunden vertreten. Ich würde mir gern etwas mehr Ruhe gönnen.«

»Das will ich gern übernehmen, Madame Boilieu, und ich danke Ihnen für Ihr freundliches Entgegenkommen. Und, nicht wahr, ich darf Sie auch bitten, Auskunft über mich zu geben, falls Referenzen von mir verlangt werden?«

»Das ist ja selbstverständlich, Daniela, ich kann Ihnen ja auch nur das beste Zeugnis ausstellen. Die einzige Schwierigkeit wird eben sein, daß Sie noch nie angestellt waren. Aber wie gesagt, ich werde Sie mit gutem Gewissen empfehlen.«

Damit war diese Angelegenheit erledigt. Madame Boilieu war nicht schüchtern und ließ sich ordentlich bezahlen für die nachgelassene Pension. Dani übernahm fast alle Stunden, die sonst Madame selbst gegeben hatte, also Literatur, Musik, Geographie und Anstandslehre. Sie war froh, daß sie sich nützlich machen konnte und nicht so viel Zeit hatte, ihren traurigen Gedanken nachzuhängen. In ihrer freien Zeit trieb sie fleißig Spanisch und Italienisch mit der Sprachlehrerin, für die sie als Revanche ebenfalls einige Stunden übernahm. Dabei suchte sie fleißig in den Zeitungen nach einer Anstellung und gab auch einige Inserate auf, die nur leider sehr teuer waren. Aber lange Zeit waren all ihre Bemühungen erfolglos. Ostern und Pfingsten gingen vorüber, und Dani war noch immer stellungslos. Da mußte sie so oft an ihren Vater denken. Auch er hatte sich immer wieder erfolglos bemüht. Aber endlich, nach Pfingsten, gab ein Zufall ihr eine Chance in die Hand. Ein berühmter Arzt in Montreux, der viele Ausländer als Patienten hatte, suchte eine Empfangsdame, die möglichst viele Sprachen beherrschte und einen eleganten Eindruck machte. Zufälligerweise hatte Dani das erfahren und ging sofort zu diesem Arzt und bot ihm ihre Dienste an. Er wollte anfangs ablehnen; sie sei zu jung für den Posten, es käme oft darauf an, ängstliche Patienten in seinem Wartezimmer zu beruhigen.

Dani sah ihn bittend an.

»Vielleicht machen Sie doch einen Versuch mit mir, Herr Professor, ich werde mir viel Mühe geben, all Ihren Wünschen gerecht zu werden. Es würde mich glücklich machen, eine Stellung in Ihrem Haus zu erhalten. Und ich beherrsche alle Sprachen: Englisch, Italienisch und Französisch, wie sie wünschen. Außerden spreche ich auch noch leidlich Spanisch.«

Er sah sie durch seine Brillengläser an und fand, daß sie eine weiche, dunkle Stimme hatte, die wohl geeignet war, auf nervöse Patienten beruhigend zu wirken. Und sie machte einen sehr vornehmen und eleganten Eindruck.

»Welche Stellung haben Sie bisher bekleidet? Haben Sie Zeugnisse?« fragte er.

Dani klopfte das Herz. Sie wußte, daß alle, die eine Stellung zu vergeben hatten, nach Zeugnissen fragten. Sie sagte aber tapfer:

»Ich war bisher nur als Aushilfslehrerin im Pensionat der Madame Boilieu tätig. Früher war ich selbst Zögling dieser Pension. Madame Boilieu wird Ihnen bereitwilligst alle mich betreffenden Fragen beantworten.«

Während sie das sagte, dachte sie beklommen: »Zum Glück weiß sie nicht, wie mein Vater ums Leben kam, das muß Geheimnis bleiben, wenn ich je eine Stellung erhalten soll.«

Wieder sah sie der Arzt forschend an.

»Nun, man könnte ja immerhin einen Versuch machen. Sind Sie imstande, die Stellung gleich anzutreten?«

»Ja, Herr Professor, Madame Boilieu wird mich auf Wunsch sofort freigeben.«

»Gut! Und Ihre Gehaltsansprüche?«

»Bitte, wollen Sie diese selbst bestimmen, Herr Professor.«

Dieser überlegte. Dann sagte er rasch:

»Ich zahle Ihnen zweihundert Franken bei vollkommen freier Station. Sie können hier im Sanatorium wohnen und werden ein eigenes Zimmer bekommen. Ich muß Sie jedoch darauf aufmerksam machen, daß Sie immer gut gekleidet sein müssen. Ich habe vornehme Patienten, und meine Empfangsdame muß sozusagen repräsentieren. Sind Sie gut mit Garderobe versorgt?«

»Ich denke, daß ich das bejahen kann, Herr Professor.«

»Sie tragen aber Trauer.«

»Ja – um meinen Vater.«

»Während Ihrer Dienststunden müssen Sie die Trauerkleider unbedingt ablegen. Kranke werden nicht gern an den Tod erinnert.«

Dani neigte den Kopf.

»Das kann ich verstehen, ich werde auf dies äußere Zeichen meiner Trauer verzichten.«

»Vernünftig! In den Kleidern liegt ja nicht das Herz. Also gut – treten Sie übermorgen vormittag um zehn Uhr hier an. Vorausgesetzt, daß Madame Boilieu mir nichts Nachteiliges über Sie zu melden hat.«

Dani errötete jäh, sagte aber, so ruhig sie konnte:

»Das wird bestimmt nicht der Fall sein.«

»Gut! Und – Ihr Name?«

»Daniela von Winterfeld.«

Er schmunzelte ein wenig und nickte beifällig.

»Fräulein von Winterfeld, das klingt gut und repräsentativ, das wird meine Patienten freuen. Also, sagen wir monatlich zweihundertundfünfzig Franken – weil Sie doch Ihre Toilette davon bestreiten müssen.«

Daniela fühlte, diese Aufbesserung hatte sie nur ihrem adligen Namen zu verdanken. Wenn der Professor ahnte, daß dieser Name mit Schmach beladen war – nie hätte sie diese Stellung erhalten.

Aber sie war jedenfalls froh, Boden unter die Füße bekommen zu haben. Vorläufig war sie so gut mit Garderobe versehen, daß sie eine ganze Weile nichts zu kaufen brauchte. Sie konnte also schon beginnen, etwas von dem Geld, das sie wider Willen verbraucht hatte, zurückzulegen. Das machte ihr das Herz leichter, als es die ganze Zeit über gewesen war.

Als sie zur Pension zurückkehrte, berichtete sie Madame Boilieu, daß sie bei Professor Sturm als Empfangsdame engagiert sei, sie möge so freundlich sein und ihm eine gute Auskunft geben. Madame gratulierte ihr und war gar nicht sehr erbaut, daß sie nun ihre Stunden wieder selbst geben mußte, ließ sich das aber nicht anmerken.

Dani suchte ihr Zimmer auf, um zu packen und – um an Ronald Norden ihre erste Nachricht zu senden. Sie schrieb an ihn:

»Mein lieber Freund! Um mein Versprechen zu halten und Sie zu beruhigen, teile ich Ihnen mit, daß ich endlich nach langem Suchen eine Stellung als Empfangsdame bei dem bekannten Arzt Professor Sturm erhalten habe, worüber ich um so froher bin, da ich ein gutes Gehalt beziehen werde. Im übrigen geht es mir so gut, wie es die Umstände erlauben. Ich bin ruhiger geworden und habe mich in mein Schicksal ergeben. Das wünsche ich Ihnen auch von ganzem Herzen! Meine neue Adresse ist: Sanatorium des Professors Doktor Sturm, Montreux. Seien Sie herzlich gegrüßt von

Ihrer Daniela Winterfeld.«

Mehr schrieb sie nicht. Das mußte genügen. Kein Wort von ihrer Liebe und ihren Schmerzen. Es hätte ihn doch nur beunruhigt, und sie wollte seinen Frieden nicht stören.

Auf diesen Brief erhielt sie nach einigen Tagen, als sie schon ihre neue Stellung angetreten hatte, folgende Antwort von Ronald:

»Meine liebe, teure Dani! Sie müssen mir gestatten, daß ich Sie so nenne, denn es will mir noch nicht gelingen, an Sie zu denken wie an eine gute Freundin. Endlich Nachricht von Ihnen! Ich war bereits in großer Sorge um Sie. Herzinnigen Dank, daß Sie nun endlich etwas von sich hören ließen. Es freut mich, daß Sie eine Stellung gefunden haben, die hoffentlich gut und angenehm ist. Gott mit Ihnen! Bitte, bitte, geben Sie mir zuweilen Nachricht, meine Gedanken sind immer bei Ihnen, das wissen Sie – wie ich weiß, daß Sie meiner gedenken.

Immer Ihr ergebener Freund

Ronald Norden.«

So hatte auch er alles in seinem Brief vermieden, was sie aufregen und beunruhigen konnte. Sie lasen aber beide zwischen den Zeilen und wußten, daß ihre Herzen sehnsüchtig nacheinander riefen.

Dani hatte sich schnell in ihr neues Amt eingewöhnt, aber es war kein leichtes Amt, und sie mußte all ihre Selbstbeherrschung aufbieten, um allen an sie gestellten Anforderungen genügen zu können.

Das Sanatorium des Professors Sturm war voll besetzt, seine Sprechstunden außerdem stark besucht. Dani mußte die Namen aller Patienten, die in seine Sprechstunde kamen, notieren, sowie die Zeit, die sie von ihm in Anspruch nahmen. Diese Notizen gab sie zum Schluß der Sprechstunden in der Buchhalterei ab. Während der Sprechstunden mußte sie sich den wartenden

Patienten widmen und für alle ihre Klagen und Nöte Verständnis haben, mußte sie trösten und aufrichten und ihre Ungeduld beschwichtigen, wenn sie zu lange warten mußten. Das war keine leichte Aufgabe, denn Kranke sind, auch wenn sie nicht bettlägerig sind, ungeduldig und nervös. Die ersten Tage meinte Dani, daß sie das nicht lange würde ertragen können, aber sie riß sich immer wieder zusammen und sagte sich: »Du mußt!« – Ja, sie mußte Gott danken, daß sie endlich eine Stellung gefunden hatte, mußte ihre Kräfte bis zum äußersten anspannen. Und wenn sie, was oft geschah, Unfreundlichkeiten begegnete, dann biß sie die Zähne zusammen und bemühte sich, doppelt geduldig und freundlich zu sein.

Sobald die Sprechstunde vorüber war, durfte sie ihre Mahlzeit einnehmen. Dann aber mußte sie sich den leichteren Kranken und den Rekonvaleszenten im Sanatorium widmen und ihnen Gesellschaft leisten, sofern es gewünscht wurde. Und bald wurde das von allen Seiten gewünscht. Dani gewann sich die Herzen der Patienten durch ihr freundliches, immer gleichmäßiges Wesen, durch ihre Schönheit und ihre Liebenswürdigkeit. Dadurch wurde sie aber wiederum über Gebühr in Anspruch genommen. Froh war sie, wenn schönes Wetter war und sie in dem parkähnlichen Garten bei den Patienten sein konnte. Dann war sie wenigstens in frischer Luft.

Es waren sehr vornehme Patienten im Sanatorium des Professor Sturm, und unter diesen besonders viele Ausländer, mit denen sie in ihrer Sprache plaudern mußte. So kam sie den ganzen Tag nicht zur Ruhe, weder sonntags noch wochentags, und wenn sie abends in ihrem kleinen, aber sauberen und freundlichen Zimmer zu Bett ging, war sie zumeist so müde, daß sie schnell einschlief. Zeit zum Unglücklichsein blieb ihr auf diese Weise nicht.

Sie arbeitete sich aber immer besser ein und suchte sich überall nützlich zu machen. Der Professor war anscheinend sehr zufrieden mit ihr. Wenn er ihr begegnete, war er freundlich, wenn auch kurz angebunden. Eines Tages sagte er, als er ihr im Garten begegnete:

»Sie scheinen sich in die Herzen aller meiner Patienten zu

stehlen, Fräulein von Winterfeld, alle singen Ihr Lob in den höchsten Tönen.«

Sie sah ihn mit ihren schönen Augen an.

»Wenn Sie nur mit mir zufrieden sind, Herr Professor.«

»Bin ich! Zu meiner eigenen Überraschung erfüllen Sie Ihre Pflichten in tadelloser Weise. Fabelhaft bei Ihrer Jugend! Sie müssen eine ernste Lehre durchgemacht haben.«

Da schoß ihr das Blut ins Gesicht, und dann wurde sie blaß. Wenn er wüßte, was für Erfahrungen sie hinter sich hatte!

»Die Notwendigkeit ist ein strenger Lehrer, Herr Professor.«

»Hm! Stehen Sie ganz allein im Leben?«

»Ja, Herr Professor.«

»Ist ja schlimm für ein so junges Geschöpf. Na, machen Sie Ihre Sache nur weiterhin so gut wie bisher!«

Mit freundlichem Gruße ging er davon. Der vielbeschäftigte Mann hatte keine Zeit, sich lange mit einem fremden Schicksal zu befassen, und schließlich war Dani für ihn doch nichts weiter als eine Helferin in seinem großen Betrieb.

Dani ging weiter in den Garten hinein, der nun schon in Frühsommerpracht grünte und blühte. Tief atmete sie die herrliche Luft ein, die vom See herüberstrich. Der Park zog sich bis an das Ufer des Sees hin.

Bald gelangte sie auf einen großen Wiesenplatz, wo einige der Patienten in Liegestühlen lagen und sich von der Sonne bescheinen ließen. Sobald sie Dani erblickten, wurde sie von allen Seiten angerufen. Fast jeder hatte ein Anliegen an sie. Es handelte sich hier nur um Leichtkranke oder Rekonvaleszenten. Mit den Schwerkranken hatte Dani zum Glück nichts zu tun, dafür waren genügend Krankenschwestern im Hause. Aber gerade diese Halbkranken und Rekonvaleszenten hatten immer eine Menge Anliegen. Es waren nur kleine Dienste, die von Dani gefordert wurden, aber deren Menge ermüdete dennoch. Und es waren gerade unter diesen launenhafte und leicht reizbare Personen, denen man es bisweilen trotz des besten Willens nicht recht machen konnte.

Es war wirklich kein leichtes Amt, das Dani hatte, und manchmal war sie zum Sterben müde und fühlte selber, daß sie nervös wurde. Als sie das erkannte, befiel sie eine große Angst. Wie, wenn sie auf die Dauer den Anstrengungen dieses Amtes nicht gewachsen war, wenn sie vielleicht gar krank wurde? Bei diesem Gedanken klopfte ihr das Herz vor Angst.

Niemand bemerkte das. Keinem Menschen fiel es ein, zu fragen, ob dieses junge Mädchen überbürdet war. Alle hatten nur immer Ansprüche an sie zu stellen, alle verlangten ihre Aufmerksamkeit, ihre Teilnahme, und keinem fiel es ein, Rücksicht auf sie zu nehmen. Sie war allgemein beliebt, gewiß, aber immer mußte sie ein heiteres, freundliches Gesicht zeigen, wie ihr auch ums Herz war.

Sie hatte seit dem Antritt ihrer Stelle im Sanatorium Sturm noch einmal an Ronald Norden geschrieben:

»Mein lieber Freund! Sie sollen wieder einmal von mir hören. Es geht mir gut. Meine Stellung nimmt mich voll und ganz in Anspruch, so daß ich keine Zeit habe, mich unglücklich zu fühlen, und das ist ein Segen für mich. Machen Sie sich keine Sorgen meinetwillen, ich komme schon durch und habe das Geld, das ich von der Hinterlassenschaft meines Vaters verbrauchen mußte, schon wieder ersetzen können. Sie wissen, daß ich es am liebsten entlassenen Sträflingen zuwenden möchte. Können Sie mir dabei raten und helfen? Ich würde die in Frage kommenden Beträge dann eventuell nach Berlin überweisen lassen. Hoffentlich geht es Ihnen gut. Ich sende Ihnen herzliche Grüße.

Ihre Dani Winterfeld.«

Darauf hatte ihr Ronald sofort wieder geantwortet:

»Liebe, teure Dani! Innigen Dank für Ihre Nachricht. Es beruhigt mich sehr, daß Sie sich so tapfer in Ihr Schicksal finden. Aber ich bitte Sie dringend, geben Sie das Geld noch nicht fort, lassen Sie es ruhig noch auf der Bank liegen, bis Sie selbst in der Lage sind, sich einen Notgroschen zurücklegen zu können.

Sie könnten krank werden oder wieder einmal eine Zeitlang ohne Stellung sein, bedenken Sie das. Deshalb dürfen Sie noch nicht alle Schiffe hinter sich verbrennen, Sie müssen Reserven behalten, bis Sie sich selber solche geschaffen haben. Dann ist es noch immer Zeit, sich davon zu trennen. Ich kann es Ihnen ja nachfühlen, daß Sie sich von diesem Geld unabhängig machen wollen, obwohl Ihr Vater Ihnen in seinem letzten Brief schrieb, daß diesen Beträgen kein Makel anhaftet. Auf keinen Fall kann ich es für den Augenblick zulassen, daß Sie sich Ihres Kapitals entäußern. Später bin ich sehr gern bereit, Ihnen zu helfen, es so anzulegen, daß es Segen bringt.

Ich hoffe, Sie hören auf meinen Rat. Ich bin mit all meiner Sorge unablässig bei Ihnen und denke an Sie mit den gleichen Gefühlen wie zuvor. Bitte, lassen Sie wieder von sich hören.

Ihr ergebener, treuer Freund

Ronald Norden.«

Dani hatte seinen Rat befolgt, sosehr es ihr auf der Seele brannte, das Geld zu einem segensreichen Zweck zu benutzen.

So gingen ihre Tage dahin, bis zum Rand angefüllt mit Arbeit und Pflichten. Aber wenn sie sich abends zur Ruhe legte, dachte sie oft mit herzbeklemmender Pein daran, daß ihr ganzes Leben fortan nur in diesem ewigen Gleichmaß sich abrollen würde.

Die einzige Abwechslung bestand für sie in einem gelegentlichen Besuch bei Madame Boilieu. Dort wurde sie immer gut aufgenommen. Sie trank dann mit Madame und der Sprachlehrerin Tee und plauderte mit ihnen ein wenig von Literatur und Kunst oder von anderen Dingen, die sie etwas ablenkten von ihren Kranken. Andere Freuden hatte sie nicht.

XVII

Auch Ronald Norden hatte in all der Zeit hauptsächlich seiner Arbeit gelebt. Als sein Vater von Rom und Sizilien zurückgekommen war, saß er mit diesem des Abends zusammen und merkte nicht, daß der Vater ihn immer wieder mit heimlicher Sorge beobachtete. Das Heiratsthema berührte der alte Herr jetzt nicht mehr, er fühlte, daß das jetzt nicht angezeigt sein würde. Sein Sohn mußte erst zu verwinden suchen, was er auf seiner Reise erlebt hatte. Er fragte nie, sprach sich aber gelegentlich mit Tante Herta darüber aus. Diese war ebenfalls ganz verzweifelt, daß Ronald ihr nicht beichtete, was ihn quälte. Sie war stets hilfsbereit und hätte gar zu gern gewußt, ob sie wirklich nicht hätte helfen können.

Jetzt, da es auf den Sommer zuging, hatten Vater und Sohn wenig gesellige Verpflichtungen, und beide waren froh darüber.

Ende Juni rüstete Tante Herta zu ihrer alljährlichen Sommerreise, und als Ronald sie fragte, wohin sie diesmal gehen würde, sagte sie:

»Ich gehe selbstverständlich wieder in die Schweiz, aber ich schwanke noch zwischen Interlaken und Montreux. Ich glaube aber beinahe, es wird Montreux werden. Das liegt bequemer am See, und ich muß neben den Bergen etwas Wasser haben, um mich behaglich zu fühlen.«

Ronalds Herz klopfte rebellisch. Montreux? Wie gern wäre er mit ihr dorthin gereist. Oft fiel ihn die Sehnsucht nach Dani an wie ein wildes Tier, das sein Herz zerriß. Er hätte dann am liebsten alles stehen und liegen lassen, um zu ihr zu eilen und sich nur wieder einmal an ihrem erfreulichen Anblick laben zu können.

Dann sagte er sich, daß es doch widersinnig und töricht war, auf ihren Besitz zu verzichten. Sie liebten sich doch! Was sollte da die Schuld eines Dritten zwischen ihnen, und wenn dieser Dritte ihr Vater war? Mußte er denn für alle Zeit auf sie verzichten?

Sie war doch rein und schuldlos, ein Geschöpf ohne Sünde und

Fehl. Was konnte sie für die Schuld ihres Vaters? Und er geriet dann immer wieder in Versuchung, seinem Vater alles zu offenbaren und ihm die Entscheidung zu überlassen, ob er sein Leben lang ein einsamer, unglücklicher Mensch bleiben sollte, oder – ob er die Tochter des Falschspielers heiraten dürfe. Wenn er dann aber in seines Vaters Gesicht sah, in dieses rechtschaffene ehrliche Gesicht, dann verging ihm der Mut, und er verschloß wieder in sich, was er hatte beichten wollen. Nein, er konnte den Vater nicht vor diese Entscheidung stellen, es wäre nur eine grausame Quälerei für den alten Herrn gewesen. Ebensowenig konnte er sich Tante Herta anvertrauen. Als diese sich endlich für Montreux entschieden hatte und das Ronald mitteilte, seufzte dieser auf.

»Wenn ich doch mit dir reisen könnte, Tante Herta!«

Sie sah ihn überrascht an.

»Hättest du Lust dazu?«

»Große Lust!«

»So komm doch mit! Ich würde mich riesig freuen, einmal nicht allein reisen zu müssen, das ist ohnedies nur ein halber Genuß.«

Aber er schüttelte den Kopf. Es hatte keinen Zweck, ein Wiedersehen mit Dani herbeizuführen, für beide Teile wäre es nur eine neue Quälerei geworden.

»Ich kann nicht fort, Tante Herta, es gibt zur Zeit sehr viel Arbeit, und ich kann Vater nicht schon wieder allein lassen. Aber – grüße mir Montreux!«

Sie lachte.

»Mein Gott, das klang ja so sehnsüchtig, als solle ich ein geliebtes Wesen grüßen. Ich habe gar nicht gewußt, daß dir Montreux so lieb ist.«

Er sah versonnen vor sich hin.

»Es verknüpft sich mit diesem Ort eine liebe, wenn auch schmerzliche Erinnerung, Tante Herta.«

»Ah, hängt das vielleicht mit deinem Herzweh zusammen?«

Er nickte.

»Ja, das tut es!«

»Oh, lebt vielleicht die Frau in Montreux, die du so sehr ins Herz geschlossen hast?«

Er umarmte und küßte sie.

»Frage nicht, liebste, beste Tante. Laß ruhen, was vorbei ist.«

»Ist es denn wirklich ganz vorbei – für alle Zeit?«

»Leider! Aber nun von andern Dingen. Wann reist du ab?«

»Übermorgen, am achtundzwanzigsten Juni, und ich denke, ich bleibe bis Mitte August.«

»Dann erhole dich gut, Tante Herta.«

»Ja, ich werde mich meines Rheumas wegen mal wieder einer gründlichen Kur unterwerfen. Wahrscheinlich gehe ich in ein Sanatorium. Ich will nur nicht vorher mieten. Ich logiere mich erst im Hotel ein und strecke dann meine Fühler aus. Unsereiner muß ja immer im Sommer sehen, die Gebrechen loszuwerden, die man sich im Winter zugelegt hat.«

»Du fühlst dich doch nicht krank?«

»Nein, das wäre zuviel gesagt, aber ein bißchen erholungsbedürftig bin ich doch, und wenn man nicht im Sanatorium lebt, begeht man zu viele Torheiten hinsichtlich der Diät und so weiter.«

Ronald mußte daran denken, daß Dani in Montreux in einem Sanatorium in Stellung war. Wie, wenn Tante Herta ausgerechnet in dieses Sanatorium kommen würde? Es gibt seltsame Zufälle im Leben!

»Nun also, du schreibst uns bald, wohin du dich gewandt hast.«

»Selbstverständlich, ich gebe euch meine Adresse an. Aber du weißt, Briefeschreiben ist meine schwache Seite. Solange ihr nichts von mir hört, bin ich gesund und munter. Greulich ist es, daß ich wieder allein reisen muß. Ich muß mir wirklich einmal ernstlich Mühe geben, eine junge Gesellschafterin für mich zu finden. Gerade auf Reisen hätte ich gern jemand um mich.«

Ronald war am übernächsten Tag am Bahnhof, als Tante Herta abreiste. Er brachte ihr Blumen, Lektüre und Näschereien. Sie dankte ihm ganz gerührt.

Er überzeugte sich, daß sie gut untergebracht war, gab dem Schaffner ein gutes Trinkgeld mit dem Vermerk, er möge sich der alten Dame, wenn nötig, etwas annehmen, was dieser diensteifrig versprach.

»Also, ich werde Montreux ganz besonders von dir grüßen, Ronald«, sagte Frau Herta Reinert, ihrem Neffen zum Abschied die Hand reichend.

Er sah sie mit einem seltsam versonnenen Blick an.

»Ja, Tante Herta, vergiß das nicht.«

Der Zug fuhr davon, und Ronald sah ihm sehnsüchtig nach. Aufseufzend wandte er sich zum Gehen. Alle seine heißen Wünsche waren wieder aufgewühlt. Er konnte Dani nicht vergessen, sah sie im Wachen wie im Traum mit ihrem blassen, süßen Gesicht, mit den schönen, hell leuchtenden Augen und dem goldglänzenden Haar vor sich. Oft stand sie so deutlich vor seinem geistigen Auge, daß er glaubte, sie greifen zu können. Und jedes ihrer Worte bewahrte er in seinem Herzen wie ein köstliches Gut.

Frau Herta Reinert fuhr inzwischen ihrem Ziel entgegen. Sie hatte eine gute Fahrt, ein angenehmes Schlafwagenabteil und erreichte Montreux am nächsten Tag nach zwölf Uhr mittags. Ihr großes Gepäck ließ sie am Bahnhof und nahm nur eine Reisehandtasche mit dem Nötigsten mit ins Hotel. Denn ihren großen Koffer wollte sie direkt ins Sanatorium bringen lassen. In Basel war eine ältere Dame zu ihr ins Abteil gestiegen, mit der sie ins Gespräch kam. Diese teilte ihr mit, daß sie nach Montreux fahre, um im Sanatorium von Professor Sturm eine Kur durchzumachen, die sie alle drei oder vier Jahre wiederhole, weil sie ihr so besonders guttue und sie jedesmal ganz wunderbar erfrische. Sie sagte so viel Rühmendes über Professor Sturm und seine Kuren, daß Frau Herta aufmerksam wurde und sich fragte, ob das ein Wink des Schicksals sei.

Als sie sich in Montreux auf dem Bahnhof von ihrer Reisegenossin verabschiedete, sagte sie lächelnd zu ihrer Fahrtgenossin:

»Vielleicht sehen wir uns wieder im Sanatorium von Professor Sturm, gnädige Frau.«

»Es sollte mich freuen! Auf Wiedersehen«, erwiderte diese lachend.

Frau Herta fuhr zunächst zum Hotel, und nachdem sie sich erfrischt hatte, ging sie in den Speisesaal, um den Lunch einzunehmen.

Wieder einmal empfand sie es sehr bitter, so allein zu sein. Die Unterhaltung mit der Baseler Dame hatte sie erfrischt und angeregt, und sie dachte, wie angenehm es sein würde, könnte sie mit ihr zusammen im Sanatorium sein.

Nach Tisch erkundigte sie sich nach der Lage des Sanatoriums Sturm und nach den Sprechstunden des Professors. Sie bekam genauen Bescheid. Für heute war es schon zu spät, die Sprechstunde aufzusuchen. Aber sie machte einen Spaziergang am Seeufer entlang und sah das Sanatorium liegen. Interessiert sah sie durch das Gitter in den großen Park hinein. Es gefiel ihr alles sehr gut.

Am nächsten Vormittag fand sie sich in dem Wartezimmer des Sanatoriums ein. Wie alle andern Patienten des Professors wurde sie von Dani empfangen, und das schönheitsdurstige Herz der alten Dame tat sich weit auf, als sie Dani sah und beobachten konnte. Sie ahnte nicht, daß sie da der Frau gegenüberstand, die ihres Neffen Herz für immer gewonnen hatte. Und Dani ahnte ebenfalls nicht, als sie auf ihre liebenswürdige Frage nach dem Namen der alten Dame Bescheid erhielt, daß diese Frau Reinert aus Berlin Ronald Nordens Tante sein könne. Nie hatte sie von ihm gehört, daß er eine Tante besaß.

Frau Herta Reinert fühlte sich von der jungen Empfangsdame auf der Stelle seltsam angezogen. Sie wirkte so vornehm und elegant und war doch so liebenswürdig und bescheiden. Mit heimlicher Rührung bemerkte sie, wie sich Dani um eine alte Dame bemühte, die anscheinend große Angst vor einer ärztlichen Untersuchung hatte. Sie sprach ihr so liebreich zu, daß sie endlich Mut faßte und dann ziemlich gefaßt in das Zimmer des Professors ging.

»Sie sind ja selbst ein halber Arzt, mein gnädiges Fräulein«, sagte Herta Reinert zu Dani.

Diese wandte sich ihr lächelnd zu.

»Oh, leider kann ich nicht helfen, nur ein bißchen Mut muß ich manchen Patienten machen, und das tue ich gern.«

Jetzt begann ein etwas cholerischer Herr, der verdrossen in einer Ecke saß, mit einem Redeschwall in französischer Sprache über Dani herzufallen. Er beschwerte sich, daß er zu lange warten müsse, er sei schon längst an der Reihe.

Dani wandte sich ihm zu und bat ihn in tadellosem Französisch, er möge doch noch etwas Geduld haben.

»Geduld? Geduld? Ich sitze doch schon stundenlang hier und warte. Was denken Sie sich? Das kann man doch mit mir nicht machen!«

Dani sah ruhig in ein Buch.

»Verzeihen Sie, mein Herr, Sie sind elf Uhr drei gekommen, und jetzt ist es elf Uhr zweiundzwanzig. Sie sind gerade neunzehn Minuten hier. Und außerdem haben Sie Ihre Nummer, die Sie gleich nach Ihrem Eintritt bekommen haben, Nummer sechzehn. Die Dame, die eben zum Herrn Professor hineinging, hatte Nummer vierzehn, Sie werden also bald an der Reihe sein. Bitte gedulden Sie sich nur noch wenige Minuten, es geht doch nicht anders. Jeder kommt dran, sobald er an der Reihe ist.«

Das sagte Dani zwar sehr ruhig und freundlich, aber doch sehr bestimmt, denn sie hatte schon genügend Erfahrung mit ungeduldigen Patienten. Der Franzose hatte aber anscheinend sehr wenig Geduld – und sehr wenig Bildung. Er brauste auf, nannte Dani eine unverschämte Person, die sich erlaube, ihm Vorschriften zu machen und ihn zu schikanieren, er werde sich bei dem Herrn Professor beschweren und so weiter.

Frau Herta sah, daß die junge Dame vor Schreck ganz blaß wurde. Sie sah hilflos zu dem Wütenden hinüber und sagte beklommen:

»Bitte, mein Herr, ich will Ihnen gewiß keine Vorschriften machen, muß Sie aber bitten, mich nicht mit Ihren Ausdrücken zu beleidigen. Ich kann nicht anders, als nach den Anordnungen des Herrn Professor handeln. Es wäre sehr unrecht von Ihnen, wenn Sie mich deshalb, weil ich meine Pflicht tue, bei ihm verklagen würden, ich – ich könnte meine Stellung verlieren.«

Der Franzose schimpfte ungerührt weiter und zog sich wütend in seine Ecke zurück. Dani trat auf ihn zu.

»Haben Sie vielleicht Schmerzen?« fragte sie ihn.

»Lassen Sie mich in Ruhe, das geht Sie gar nichts an!« schrie er sie an.

Frau Herta sah mitleidig in das blasse, zuckende Gesicht der jungen Dame.

»Mein armes Kind, haben Sie mehr solche unliebenswürdigen Patienten?« fragte sie in deutscher Sprache, die der Franzose anscheinend nicht verstand.

Dani bekam bei diesen teilnahmsvollen Worten feuchte Augen. Sie war so gar nicht gewöhnt, daß jemand auf sie Rücksicht nahm.

»Patienten fühlen sich meist nicht gut, man muß Ihnen kleine Ausfälle nachsehen. Ich – ich bin das nun schon gewöhnt.«

»Dann haben Sie aber ein schweres Amt«

»Oh, man muß froh sein, wenn man überhaupt eine Anstellung hat, gnädige Frau. Man darf nicht wählerisch sein.«

Frau Herta dachte, daß sie diese junge Dame vom Fleck weg als Gesellschafterin engagieren würde, wenn sie es nur wollte. Aber sie sprach es nicht aus. Dani wurde auch bereits von anderer Seite in Anspruch genommen. Und nun kam die ängstliche alte Dame mit erleichtertem Gesicht wieder aus dem Sprechzimmer des Professors.

»Nun, nicht wahr, es war nicht schlimm?« fragte Dani lächelnd.

»Nein, gar nicht, es hat gar nicht weh getan, ich bin so glücklich, es hat auch gar nichts auf sich«, erwiderte die alte Dame redselig, wie die meisten Frauen, die glücklich eine ärztliche Konsultation hinter sich haben.

Jetzt war eine Dame im Sprechzimmer, die Nummer fünfzehn hatte.

Dani versuchte ihr Heil noch einmal bei dem Franzosen.

»Sie werden nun gleich drankommen, mein Herr. Es wird nicht mehr lange dauern.«

Er knurrte sie nur ein wenig an, schien sich doch seiner Ausfälle einigermaßen zu schämen, und Dani brachte es fertig, ihm ermunternd zuzunicken, als er dann an der Reihe war.

»Das ist ja ein goldiges Geschöpf. Herrgott, wenn man die so den ganzen Tag um sich haben könnte«, dachte Frau Herta Reinert.

Die Zeit wurde ihr gar nicht lang, bis ihre Nummer, fünfundzwanzig, an die Reihe kam. Immer wieder ergötzte sie sich an Danis Schönheit und Liebenswürdigkeit. Und als sie wieder einmal etwas Zeit für sie hatte, fragte sie:

»Wissen Sie vielleicht, gnädiges Fräulein, ob noch Zimmer im Sanatorium des Herrn Professor frei sind?«

»O ja, gnädige Frau! Heute morgen sind zwei schöne Zimmer mit Seeblick frei geworden. Nur – diese Zimmer sind etwas teurer als andere, die nicht nach dem See hinaus liegen.«

»Mir wäre es schon recht, wenn ich ein Zimmer nach dem See hinaus haben könnte.«

»Brauchen Sie die Kur, gnädige Frau? Sie sehen, gottlob, gar nicht so aus, als hätten Sie das nötig.«

»Nun, in meinem Alter hat man immer allerlei Gebrechen, wenn es auch nichts Ernsthaftes ist. Ich hoffe aber, mich hier gut zu erholen, und werde eines der Zimmer mieten, wenn sie nicht schon vergeben sind.«

»Vergeben sind sie bestimmt noch nicht, das wüßte ich. Also werde ich Ihnen das schönste der Zimmer reservieren, bis Sie mit Herrn Professor einig geworden sind.«

Frau Herta nickte lächelnd.

»Ganz gewiß ist mir das lieb. Sind Sie schon lange hier in dieser Stellung?«

»Nein, erst kurze Zeit.«

»Aber Sie waren schon vorher in einer ähnlichen Stellung?«

»Nein, gnädige Frau, ich war nie zuvor in Stellung. Herr Professor hatte erst Bedenken, mir diese Stellung anzuvertrauen, weil er mich zu jung dafür hielt. Deshalb wäre es mir doppelt unangenehm, wenn sich der französische Herr über mich beschweren würde.«

»Nun, seien Sie unbesorgt, ich werde dem Herrn Professor

bezeugen, daß Sie eine Engelsgeduld mit diesem Herrn gehabt haben.«

Dani strahlte sie mit ihren schönen Augen dankbar an, und Frau Herta fühlte sich durch diesen Blick bis ins Herz hinein erwärmt.

»Ich danke Ihnen sehr, gnädige Frau! Es wäre sehr schmerzlich für mich, würde ich meine Stellung verlieren. Es ist sehr schwer, eine neue zu finden.«

O du armes, kleines, goldenes Mädelchen, wie hart muß dich das Leben schon angefaßt haben, daß du so bange bist um eine solche Stellung, in der du sicher nicht auf Rosen gebettet bist, dachte Frau Herta mitleidig. Sie sagte aber nur:

»Ihr Herr Professor hat gar nicht so unrecht: Sie sind zu jung, um so einer schweren Aufgabe gewachsen zu sein, aber trotzdem finden Sie sich in bewundernswerter Weise damit ab.«

Dani sah die alte Dame dankbar an. Diese war ihr sehr sympathisch, und sie war sehr gerührt, daß diese fremde sympathische Frau so viel Güte für sie an den Tag legte.

»Ich gebe mir alle Mühe«, sagte sie leise.

Dann wurde sie wieder anderweitig in Anspruch genommen.

Frau Herta ließ aber ihre Augen nicht von ihr; und es tat ihr wohl, zu denken, daß der liebe Gott etwas so Schönes und Liebes geschaffen hatte wie diese junge Dame.

Ehe sie es sich dessen versah, war sie an der Reihe und verschwand in dem Sprechzimmer des Arztes, dessen imponierende Persönlichkeit ihr sofort Vertrauen einflößte.

»Ich will Ihre kostbare Zeit nicht lange in Anspruch nehmen, Herr Professor. Außer einem kleinen chronischen Muskelrheumatismus fehlt mir nichts, aber dem möchte ich mal wieder gründlich zu Leibe gehen. Und eine Dame aus Basel empfahl mir Ihre Kuren, nach denen man sich wie neugeboren fühlen soll. Ich will ja nun nicht gerade wieder zum Säugling werden, aber ein bißchen auffrischen möchte ich mich lassen. Meinen Sie, daß ich dazu Aussicht habe?«

So begann Frau Herta resolut die Verhandlung.

Der Professor blitzte sie durch seine Brillengläser belustigt an. Er war andere Jeremiaden gewöhnt, und dieser kernige, resolute Ton erfrischte ihn geradezu.

»Meine gnädige Frau, wer dem Leben eine so starke Schulter zeigt, kann allerhand von ihm erwarten. Auch in Ihrem Alter. Wie hoch soll ich Sie schätzen – Anfang bis Mitte fünfzig?«

»Na, noch ein bißchen über die Mitte hinaus, bald an die Sechzig, Herr Professor.«

Er begann die Untersuchung, stellte Fragen, sah sie durch seine Brillengläser scharf an und nickte dann.

»Alles intakt, gnädige Frau, und dem Rheumatismus wollen wir schon beikommen. Sie wollen also eine Kur in meinem Haus machen?«

»Ja, und ich will mich dabei ein bißchen erholen. Ich denke, das gelingt mir hier. Gleich, wenn man bei Ihnen ins Wartezimmer kommt, wird man schon froh und halb gesund. Sie haben da eine Empfangsdame, die einfach bewundernswert ist. Trotzdem hat sie vorhin ein französischer Herr angeblafft wie ein wütender Kettenhund. Fabelhaft, wie sie sich dabei verhalten hat. Ein so junges Ding, und schon so viel Selbstbeherrschung.«

Er lächelte.

»Das Lob dieser jungen Dame höre ich in den verschiedensten Variationen von allen Seiten. Und was den französischen Herrn anbelangt – er wollte sich beschweren über ungerechte Behandlung meiner Empfangsdame. Ich habe ihm gleich gesagt, daß er sich irren müsse – sie ist äußerst korrekt und zuverlässig. Der französische Herr ist übrigens schwerer Neurastheniker, man muß ihm das zugute halten.«

»Aha, wenn mir selbst nicht wohl ist, weshalb soll es dann andern wohl sein?« scherzte Frau Herta.

Er nickte ihr zu, und sie lachten beide. Dann besprachen sie alles weitere, und der Professor rief Dani herein, da jetzt nur noch wenige Patienten warteten.

»Bitte, Fräulein von Winterfeld, führen Sie die gnädige Frau hinüber, und zeigen Sie ihr die beiden freigewordenen Zimmer, sie wird sich eines davon aussuchen.«

Dani verneigte sich, und nachdem sich Frau Herta vom Professor verabschiedet hatte, folgte sie Dani durch eine andere Tür in das Innere des Sanatoriums.

Als sie das ihr zusagende Zimmer gewählt hatte, sagte sie lächelnd zu ihrer Führerin:

»Wegen des Franzosen brauchen Sie nicht in Unruhe zu sein, Ihr Herr Professor weiß anscheinend ganz genau, was er an Ihnen hat.«

Dani wurde rot vor Freude.

»Wie lieb von Ihnen, daß Sie mir das sagen, gnädige Frau, ich fürchtete schon, eine Rüge zu bekommen.«

»Der Franzose hat es allerdings versucht, sich über Zurücksetzung seiner Person zu beschweren, aber der Professor hat sich nicht beirren lassen, sondern hat ihn widerlegt und beruhigt. Er ist davon überzeugt, daß Sie ganz korrekt und zuverlässig sind.«

»Das macht mich sehr froh, und ich danke Ihnen, daß Sie mir das sagten. Herr Professor ist sehr zurückhaltend und spricht nicht darüber, ob er mit mir zufrieden ist. Nur einmal am Anfang hat er es mir kurz gesagt, aber wenn ich angeklagt werde, kann sich seine Ansicht doch ändern.«

»Nun, er scheint mir viel zu klug zu sein, um nicht zu wissen, daß er in Ihnen eine Perle gefunden hat. Also dieses Zimmer nehme ich. Heute nachmittag richte ich mich hier ein. Ich will zuvor ins Hotel zurück, meine Rechnung begleichen und noch einige Besorgungen machen.«

»Es wird alles zu Ihrem Empfang bereit sein, gnädige Frau«, sagte Dani in ihrer liebenswürdigen Art.

Frau Herta entfernte sich.

XVIII

Nun war Frau Herta schon seit zwei Wochen im Sanatorium und fühlte sich sehr behaglich. Die Bedienung war aufmerksam, die Küche tadellos, die Behandlung intensiv, aber nicht ermüdend. Und die wunderbare See- und Bergluft tat das übrige, um sie frisch und froh zu machen. Am belebendsten aber wirkte auf ihre Stimmung – Dani von Winterfeld. Wenn sie im Garten in der Sonne lag und Dani auftauchte, dann lachte ihr immer schon das Herz im Leibe. Es hatte sich ein eigenartiges Verhältnis zwischen diesen beiden Damen entwickelt. Frau Herta fühlte sich von Dani umsorgt wie von einer liebevollen Tochter und konnte dem brachliegenden Muttergefühl in ihrem Herzen nachgeben und Dani ein wenig bemuttern. Immer inniger fühlten sich die beiden Frauen zueinander hingezogen, und wenn Dani von den andern Sanatoriumsgästen rücksichtslos hin und her gejagt wurde, dann konnte Frau Herta sehr ungehalten werden und machte ihrem Ärger darüber manchmal recht deutlich Luft. Die Herrschaften erschraken dann ein wenig, sie hätten es ja gar nicht so gemeint, und so junge Beine konnten doch ohne Ermüdung den ganzen Tag herumlaufen. Aber Frau Herta machte ihnen klar, was Dani alles zu tun habe, und forderte die andern zur Rücksichtnahme auf.

Man war erst sehr erstaunt, ja ein bißchen beleidigt. Man hatte eben Fräulein von Winterfeld gern und ließ sich am liebsten von ihr alle möglichen kleinen Dienste verrichten. Aber Frau Herta sagte ruhig und bestimmt, dazu seien doch die Schwestern da, die sonst nichts weiter zu tun hätten. Es sei viel netter und verständiger, wenn Fräulein von Winterfeld sich zu ihnen setze und ihnen etwas vorplaudere, als wenn sie von allen hin und her gejagt würde, um ein Garnknäuel zu holen oder ein Glas Wasser oder einen Sonnenschirm.

Da gingen sie alle in sich und befolgten Frau Hertas Rat. Dani wußte nicht, wie ihr war, als sie auf einmal merkte, daß man sie zuweilen ein Stündchen ruhig sitzen ließ und nur von ihr verlangte, daß sie mit allen plaudern sollte. Das tat Dani –

in verschiedenen Sprachen, wie es verlangt wurde, und in immer charmanter und bereitwilliger Weise. Und sie merkte bald, daß sie diese Erleichterung Frau Reinert verdankte, und deshalb sprach sie ihr eines Abends, als sie noch für einige Minuten in ihr Zimmer gekommen war, ihren Dank aus.

»Aber Kindchen, wofür danken Sie mir? Die gedankenlose Art, mit der Sie von all diesen Menschen in aller Liebe und Güte hin und her gehetzt wurden, ging mir auf die Nerven. Das konnte ich nicht mehr mit ansehen, und da habe ich ein bißchen aufklärend gewirkt. Ich hoffe, es hat nachhaltig gewirkt. Sie müssen ja abends todmüde sein.«

Dani lächelte schwach.

»Nun ja, der Tag ist lang, aber ich werde mich schon daran gewöhnen.«

Frau Herta sah sie teilnahmsvoll an.

»Und nun halte ich Sie auch noch auf. Setzen Sie sich wenigstens, ich möchte noch etwas mit Ihnen besprechen, wenn Sie nicht gar zu müde sind.«

»Wenn ich ein wenig sitzen kann – bin ich nicht so müde.«

»Gut, nehmen wir Platz. Und hier sind Pralinen, greifen Sie zu. Ich wollte Sie nur fragen, ob Sie nicht der Ansicht sind, daß die Stellung hier im Haus auf die Dauer doch zu anstrengend für Sie ist? Ich habe das Gefühl, daß Sie eines Tages einfach zusammenklappen werden. Dieser Posten fordert eine robuste, abgehärtete Person, die sich durch nichts aus der Ruhe bringen läßt. Für Sie ist das nichts.«

Erschrocken sah Dani zu ihr auf.

»Ach bitte, sagen Sie das nicht! Ich wäre unglücklich, wenn ich meine Stellung verlieren würde. Es war schwer, überhaupt eine Stelle zu finden. Und wenn ich nach so kurzer Zeit meine Tätigkeit hier aufgeben müßte, wieviel schwerer würde es für mich sein, irgendwoanders unterzukommen. Es macht einen schlechten Eindruck, wenn man nicht lange aushält.«

»Nun, Sie können sich denken, daß ich nichts davon gesagt hätte, wenn ich Ihnen nicht zugleich etwas anderes in Aussicht stellen könnte. Hören Sie einmal zu, Kindchen. Ich suche seit langem eine Gesellschafterin, habe aber nie eine passende Persönlichkeit gefunden. Ich kann mich schwer an eine fremde Person gewöhnen, und ich brauche jemanden, der mir sympathisch ist, der ein bißchen liebevoll auf meine Altfrauenschrullen eingeht und – den ich ein bißchen bemuttern kann. Ich bin eine kinderlose Frau und möchte in einer Gesellschafterin so etwas wie ein Töchterchen haben. Ich wohne ganz allein in meiner Villa, die viel zu groß und geräumig für mich ist. Außer meinem Schwager und meinem Neffen sehe ich nie einen Menschen, der mir nahesteht. Diese Einsamkeit wird immer drückender für mich, je älter ich werde. Und nun habe ich Sie hier gefunden, und vom ersten Augenblick an habe ich mir gedacht: Das ist eine Persönlichkeit, wie ich sie suche. Sehen Sie, Kindchen, Sie müßten immer um mich sein, aber Sie hätten es doch nur mit mir allein zu tun, hier fordern viele Ihre Dienste. Sie müßten allerdings im Sommer mit mir auf Reisen gehen – sehen Sie, allein reisen ist etwas Schreckliches für eine alte Frau. Es ist selbstverständlich, daß Sie zwei hübsche Zimmer für sich bekommen, und zudem steht Ihnen mein ganzes Haus offen. Es ist von einem großen Garten umgeben, und es würde Ihnen schon gefallen. Berlin ist ja eine Riesenstadt, aber man kann sich von ihr zurückziehen, wenn man sie nicht mag; hat man Verlangen nach ihr, dann sucht man sie auf. Selbstverständlich würde ich Ihnen mindestens dasselbe Gehalt bezahlen, das Sie hier bekommen. Ich weiß, es ist nicht ganz fair von mir, daß ich Professor Sturm seine tüchtige Empfangsdame entführen will, aber Sie würden doch über kurz oder lang zusammenbrechen unter der Last Ihrer schweren Pflichten. Das werde ich dem Professor schon klarmachen. Wenn Sie einwilligen, werde ich ganz offen mit ihm sprechen, er kann sich dann rechtzeitig noch Ersatz besorgen. Und Sie würden bei mir eine Lebensstellung finden, wenigstens für die Dauer meines Lebens. Was sagen Sie dazu?«

Dani hatte mit widerstreitenden Empfindungen diesen Worten gelauscht. Sie fühlte sich sehr zu Frau Herta hingezogen, hatte sie als eine gütige, vornehm denkende Frau erkannt und genügend Beweise ihrer rücksichtsvollen Art erhalten. Alles lockte sie, diese Stellung anzunehmen, zumal sie längst gefühlt hatte, daß ihre Kräfte auf die Dauer ihrer Stellung nicht gewachsen sein würden. Was ihr hier geboten wurde, war ein großer Glücksfall, wie er wohl jedem Menschen nur einmal begegnet. Und sie hätte sofort dankbar zugegriffen, wenn nicht ein Bedenken sie erschreckt hätte. Berlin! In Berlin lebte Ronald Norden! Ihm durfte sie nicht wiederbegegnen, um seinetwillen nicht und auch um ihretwillen nicht. Lief sie nicht Gefahr, ihn in Berlin irgendwo zu treffen? Wie groß diese Gefahr war, ahnte sie dabei nicht einmal, da sie ja nicht wissen konnte, daß der Zufall sie in das Haus seiner Tante führen würde. Aber es war doch zu verlockend, die ihr gebotene Stellung anzunehmen. Und die alte Dame war so lieb und gut! Wie wohl mußte es tun, unter ihrem Schutz leben zu können. Die Tränen traten Dani in die Augen. Ach nein, sie konnte nicht zurückweisen, was ihr geboten wurde. Berlin war groß, unendlich groß, und zwei Menschen konnten sich in dieser Stadt ausweichen. Sie konnte Ronald Norden nach ihrem Eintreffen in Berlin mitteilen, wo sie sich befand, und ihn bitten, ihr aus dem Weg zu gehen.

Sie wandte die feuchten Augen zu Frau Herta und sagte mit bebender Stimme:

»Was Sie mir bieten, ist sehr verlockend für mich. Es wäre mir eine große Wohltat, liebe verehrte gnädige Frau. Ich fühle es selbst, daß ich hier oftmals über meine Kräfte hinausgehen muß. Vielleicht bin ich selbst schuld daran. Ich habe mich zu allen möglichen Pflichten gedrängt, um mich unentbehrlich zu machen. Ich bin darauf angewiesen, mir mein Brot zu verdienen; ich bin arm, und wenn ich nichts verdienen kann, habe ich nichts zu leben. Ich fühle mich aber ein wenig undankbar, wenn ich dem Herrn Professor kündigen soll, er hat doch den Versuch mit mir gewagt.«

»Nun ja, und wenn der Versuch mißglückt wäre oder wenn Sie eines Tages zusammenbrechen würden, dann müßte er Sie doch auch entlassen und würde es tun, ohne sich mit Bedenken zu quälen. Ich bin überzeugt, daß er all das ohne weiteres einsieht. Verhandlungen mit ihm lassen Sie meine Sorge sein, ich will nur von Ihnen wissen, ob Sie mit mir gehen wollen, wenn ich Mitte August nach Berlin zurückkehre?«

Dani faßte ihre Hand und drückte ihre Lippen darauf.

»Wie soll ich Ihnen danken für so viel Güte?«

»Indem Sie versuchen, einer einsamen alten Frau ein bißchen Liebe zu schenken, ihr ein wenig das Gefühl geben, daß sie nicht mehr allein ist. Wenn Sie wollen, mache ich mit Ihnen einen langjährigen Vertrag, der aber nur mich binden soll. Denn selbstverständlich will ich Sie nicht wie eine Sklavin in Fesseln legen. Sie sind jung und schön und werden wahrscheinlich einen Mann finden, der Sie heimführt.«

»Ich werde nie heiraten, gnädige Frau«, sagte Dani ernst.

Frau Herta lachte ein wenig.

»Das sagen die meisten Mädchen, ehe es soweit ist.«

»Bei mir ist das etwas anderes, gnädige Frau, ich – ich habe einen Mann, den ich sehr liebe, aufgeben müssen, weil es die Verhältnisse forderten. Nie wird mir ein anderer Mann etwas sein können, und – nie werde ich dem Mann, den ich liebe, die Treue brechen. Sie können sich schon darauf verlassen, daß ich nie heiraten werde.«

Mit einem forschenden Blick sah Frau Herta in das stille, blasse Mädchengesicht und – sie hatte das Gefühl, als handle es sich hier wirklich um einen unerschütterlichen Entschluß. Sie faßte Danis Hand.

»Armes Kind! So jung und schon mit dem Leben fertig? Nun, um so lieber will ich Sie haben, will versuchen, Ihnen bei mir eine Heimat zu geben. Also – stimmen Sie zu?«

»Ja, gnädige Frau, von Herzen gern, und ich danke Ihnen sehr, daß Sie mir so viel Vertrauen schenken. Was ich tun kann, um mich Ihnen dankbar zu erweisen, soll geschehen.«

Und Dani preßte ihre Lippen dankbar und verehrungsvoll auf die Hand der alten Dame. Einen Moment stieg der Wunsch in ihr auf, dieser zu sagen, wie sie ihren Vater verloren hatte. Sie meinte, so viel Güte gegenüber dürfe sie das nicht verschweigen, aber es wollte dann doch nicht über ihre Lippen. Und so gütig Frau Reinert auch war, daran hätte sie doch wohl Anstoß genommen und ihr Angebot zurückgezogen. Und darauf durfte sie es nicht ankommen lassen. Eine solche Stellung würde ihr nie mehr geboten werden, und was sollte aus ihr werden, wenn sie hier kraftlos zusammenbrach? Nein, sie mußte schweigen, und Gott mochte ihr das verzeihen. Hoffentlich fragte und forschte Frau Reinert später nicht nach ihren Eltern, besonders nicht nach ihrem Vater, damit sie nicht absichtlich zu lügen brauchte.

Für diesen Abend zog Dani sich auf ihr Zimmer zurück, und Frau Herta schlief in dieser Nacht außerordentlich gut. Sie war glücklich, eine sympathische Persönlichkeit gefunden zu haben, nicht mehr allein sein zu müssen und außerdem noch diesem lieben holden Geschöpf eine Wohltat erwiesen zu haben.

Gleich am andern Tag, als der Professor einen Rundgang durch das Sanatorium machte, hielt sie ihn auf und trug ihm mit viel Diplomatie und Klugheit ihr Anliegen vor. Wie sie ihm alles hinstellte, hätte sich der Professor für einen Unmenschen halten müssen, wenn er seine Einwilligung nicht gegeben hätte. Er sagte, freilich nicht sehr erfreut:

»Eine solche Empfangsdame bekomme ich nie wieder, das weiß ich.«

»Ja, Herr Professor, das glaube ich auch. Aber Sie als Arzt müssen doch am besten wissen, daß diese Stelle nicht für eine so zarte, junge Dame paßt. Sie ahnen allerdings nicht, wie das arme Ding den ganzen Tag hin und her gehetzt wird, Sie müssen es ja nicht mit ansehen. Aber ich habe es nun all die Tage beobachtet, und ich garantiere Ihnen, in kurzer Zeit würde Ihnen das arme Ding zusammenklappen. Dann ist ihre Existenz vernichtet. Sie muß ja leben von dem, was sie verdient. Und das wollen Sie doch nicht auf Ihr Gewissen nehmen?«

Er lachte ein wenig.

»Sie setzen einem aber ganz schön zu, gnädige Frau, man kommt sich ja als der reine Leuteschinder vor.«

»So würden Sie mir höchstens vorkommen, wenn Sie nun, da ich Ihnen die Augen geöffnet habe, Fräulein von Winterfeld nicht gutwillig entlassen würden. Sie werden das tun, das weiß ich, denn ich habe Sie als einen sehr ehrenwerten Mann kennengelernt.«

»Und Sie sind eine bewundernswerte Frau. Was ich von Ihnen sah und hörte, hat mir durchweg imponiert. Ich gebe mich also geschlagen und werde so schnell wie möglich für Ersatz sorgen. Sobald ich jemand habe, werde ich Fräulein von Winterfeld von ihrem Dienst dispensieren.«

»Und wenn das sehr lang dauert?«

Er lachte.

»Keine Angst, es gibt wenig offene Stellen dieser Art und ein Überangebot an Bewerbern. Ersatz werde ich bald haben, leider keinen vollwertigen.«

Damit war diese Angelegenheit erledigt.

Dani kam ihren Pflichten wie immer mit großer Hingabe nach, aber schon nach acht Tagen war eine Vertreterin für sie gefunden. Es war eine Walkürenfigur, eine sture, hartköpfige Schweizerin, gewissenhaft, pflichteifrig, aber von einer Pomadigkeit, an der alle Nervosität der Patienten abprallte wie von einem Prellbock. Sie regte sich nicht wie Dani innerlich auf, wenn die Patienten jammerten oder ungeduldig wurden, sie ließ sich auch nicht von den Insassen des Sanatoriums hin und her jagen.

»Eines kann ich nur auf einmal tun!«

So pflegte sie zu sagen, und gemächlich tat sie ihre Pflicht, aber auch kein Jota mehr. Dabei wirkte ihr frisches, gesundes Gesicht doch ganz angenehm, und dank ihrer Ruhe wurden auch die Nervösesten schließlich ruhig. So konnte der Professor im großen und ganzen zufrieden sein, aber er seufzte doch manchmal, wenn der wuchtige Schritt der neuen Empfangsdame durch die Korridore des Hauses dröhnte und nicht mehr Danis leichter, graziler Gang durch die Räume huschte.

Dani war gleich in Frau Reinerts Dienste übergetreten und durfte von niemandem mehr in Anspruch genommen werden. Höchstens ihrer Baseler Reisebekanntschaft gestattete Frau Herta es zuweilen, einen kleinen Dienst von Dani erbitten zu dürfen.

Dani wußte gar nicht, wie ihr geschah, weil sie nicht mehr umhergehetzt und umhergejagt wurde. Daran mußte sie sich erst wieder gewöhnen. Häufig sprang sie noch beinahe automatisch auf, wenn irgendwer Hilfe brauchte. Dann drückte aber Frau Herta sie lachend in ihren Sessel zurück.

»Ruhe, Kindchen! Das geht Sie nichts mehr an, Sie sollen sich zunächst noch ein bißchen erholen, damit Sie wieder Kraft bekommen. Ich wette, es steht Ihnen viel besser, wenn Sie ein bißchen zunehmen.«

Dani hatte wirklich in ihrer Stellung über zehn Pfund abgenommen, und man sah ihr an, daß sie eine Erholung brauchte. Der Professor verschrieb ihr denn auch lächelnd ein appetitanregendes Präparat.

»Die gnädige Frau hat recht. Als Sie zu mir kamen, waren Sie voller, und das kleidete Sie besser. Ich habe es nur nicht bemerkt, daß Sie so viel abgenommen haben. Aber das holen wir bald wieder ein.«

Und Dani nahm wirklich zu. Sie erholte sich zusehends und bekam wieder etwas Farbe in ihr blasses Gesicht.

Es waren angenehme Tage, die sie jetzt im Sanatorium verlebte, und ihr Herz war voll Dankbarkeit gegen ihre Wohltäterin. Sie merkte erst, als sie zur Ruhe kam, wie kraftlos sie geworden war. Dazu hatte freilich auch noch ihr Kummer beigetragen, und da sie nun auch innerlich etwas ruhiger wurde, nahm sie schnell wieder an Kräften zu und fühlte sich bald körperlich wieder auf der Höhe.

Sie war eines Tages zu Madame Boilieu gegangen und hatte dieser von der Wende ihres Schicksals berichtet. Diese hatte ihr gratuliert und ihr gesagt, daß sie großes Glück gehabt hätte. Das wußte Dani allerdings selbst.

An Ronald Norden hatte sie noch nicht wieder geschrieben, sie wollte das erst tun, wenn sie mit Frau Reinert in Berlin eingetroffen sein würde. Dann konnte sie ihm gleich ihre neue Adresse mitteilen, damit er ihre Nähe meiden konnte. Sie wußte ja noch nicht, in welcher Gegend von Berlin Frau Reinert ihre Villa hatte, wußte auch nicht, wie weit sie von der Villa Norden entfernt war. Und selbstverständlich hatte sie keine Ahnung, daß ihre neue Herrin und Ronald Norden verwandtschaftliche Bande verknüpften. Sonst hätte sie um keinen Preis diese Stellung angenommen.

Auch Frau Herta hatte nichts nach Hause berichtet von einer Gesellschafterin. Sie schrieb sehr ungern Briefe und hatte nur einige flüchtige Postkarten an Ronald und seinen Vater geschickt. Allerdings ersah Ronald aus der Adresse seiner Tante, daß das Schicksal sie ausgerechnet in das Sanatorium des Professor Sturm geführt hatte, aber wieweit seine Tante sich mit Dani angefreundet hatte, ahnte er nicht. Er hoffte nur, daß er von seiner Tante mancherlei über Dani in Erfahrung bringen würde, wenn sie erst wieder zu Hause war. Er wollte sie schon diplomatisch ausforschen. Und das beruhigte ihn ein wenig darüber, daß er von Dani noch nichts wieder gehört hatte.

XIX

Mister Traily, der Amerikaner, fühlte sich dauernd durch das Bewußtsein bedrückt, durch sein Einschreiten den Anlaß zu Horst von Winterfelds Selbstmord gegeben zu haben. Er hatte dafür gesorgt, daß der Unglückliche ein anständiges Begräbnis erhielt, und hatte einen Kranz auf dessen Grab gelegt. Das hatte er auch Dani bei der Übersendung des Totenscheins mitgeteilt. Nizza und die ganze Riviera waren Mister Traily nach diesem Vorkommnis verleidet. Er reiste bald darauf ab, machte noch eine Tour durch die Schweiz und Deutschland und fuhr dann von Hamburg aus wieder nach Amerika zurück. Er hatte sein festes Domizil in New York, wo er eine große Fabrik besaß.

Zu seinen Freunden gehörte der Präsident einer New Yorker Bank, der als geborener Deutscher seit langen Jahren in Amerika lebte und sich vom einfachen Bankbeamten zum Präsidenten emporgearbeitet hatte.

Er hieß Theodor Rosener, und seine Frau Ursula, die mit ihm

nach Amerika gekommen war, war eine geborene Freiin von Letzerode – war Danis Tante. Diese freilich hatte keine Ahnung von der Existenz dieser Verwandten. Wohl hatte ihre verstorbene Mutter ihr einmal von ihrer Schwester erzählt und daß diese infolge ihrer Heirat mit einem einfachen Bankangestellten mit ihrer Familie zerfallen sei. Allein Dani war damals zu jung gewesen, um dergleichen alten Geschichten besondere Bedeutung beizulegen. Wie konnte sie diese Schwester ihrer Mutter interessieren, von der man niemals wieder ein Lebenszeichen erhalten hatte!

Ursula Rosener, die schon über das große Wasser gefahren war, als Danis Mutter noch in den Kinderschuhen steckte, hatte angenommen, auch ihre Schwester würde von der Verwandtschaft beeinflußt sein und sich im Herzen vollständig von ihr losgesagt haben. Deshalb hatte sie überhaupt niemals den Versuch gemacht, die einmal zerrissene Familienverbindung wieder zu knüpfen. Trotzdem hatte sie später einmal durch eine Auskunftei Erkundigungen eingezogen, was aus ihrer Schwester geworden war, und hatte in Erfahrung gebracht, daß diese sich mit einem Herrn von Winterfeld verheiratet hatte. Da war sie überzeugt, daß ihre Schwester Sabine auch in jenen Adelskreisen lebte, die alles ablehnen, was nicht zu ihnen gehört, und hatte es lieber unterlassen, sich ihr zu nähern, aus Angst, daß die Schwester sie brüskieren würde, wie die andern Verwandten auch.

Erst nach Kriegsende hatte sie abermals nach der Schwester forschen lassen und erfahren, daß diese gestorben sei und eine einzige Tochter hinterlassen habe. Über den Verbleib des Gatten und der Tochter ihrer Schwester hatte sie jedoch nichts mehr erfahren.

Ursula Rosener war eine noch immer schöne Frau von dreiundfünfzig Jahren. Ihre Ehe war, zu ihrem großen Schmerz, kinderlos geblieben, aber sie lebte mit ihrem Gatten in innigster Harmonie und war stolz darauf, daß er sich emporgearbeitet hatte. Freilich hatte er auch Glück gehabt, ohne Glück kein Erfolg.

Sie wußte, daß ihr Gatte ausersehen war, in Kürze nach

Deutschland zu reisen, um über eine Anleihe mit dem Deutschen Reich zu verhandeln. Und diese Gelegenheit wollte Mistreß Rosener, wie sie jetzt hieß, benutzen, um nach so langen Jahren ihre deutsche Heimat endlich wiederzusehen.

Es war kurz nach Pfingsten, als Mister und Mistreß Rosener Mister Traily, den Freund des Hausherrn, zu einem intimen Abendessen erwarteten. Sie hatten ihn noch nicht wiedergesehen und wollten von ihm hören, wie seine Europareise verlaufen sei.

Mister und Mistreß Rosener bewohnten eine schöne Villa am Meer, und man hatte von New York aus fast eine Stunde mit dem Auto zu fahren, ehe man sie erreichte. Aber Mister Traily wohnte nicht weit von Roseners entfernt.

Er wurde von Mister und Mistreß Rosener in einem eleganten Salon empfangen, und als er Mistreß Rosener begrüßte, stutzte er einen Moment und sagte versonnen:

»Jetzt weiß ich, an wen mich eine sehr schöne, junge Dame erinnert, die ich in Monte Carlo kennenlernte. Sie hätte Ihre Tochter sein können, Mistreß Rosener, so ähnlich sah sie Ihnen. Das wird mir erst jetzt klar, da ich Sie wiedersehe.«

Ursula Rosener lächelte.

»Wollen Sie mir Komplimente machen, Mister Traily, indem Sie mir sagen, daß mir eine schöne junge Dame ähnlich gesehen hat?«

»Nein, nein – ich erkannte das jetzt mit einemmal, während ich mir in Monte Carlo immer überlegte, an wen mich diese junge Dame erinnerte. Aber sprechen wir nicht mehr davon, ich möchte das alles vergessen. Es ist nämlich eine unangenehme Erinnerung, obwohl dieses Fräulein von Winterfeld absolut nichts dafür konnte.«

Jetzt zuckte es in Ursula Roseners Augen auf. Sie sah ihren Gatten an, und auch diesem schien der Name aufzufallen, da er ja wie seine Frau wußte, daß deren Schwester einen Herrn von Winterfeld geheiratet hatte.

»Was für einen Namen nannten Sie, Mister Traily?«

»Fräulein von Winterfeld – Fräulein Daniela von Winterfeld.«

Mistreß Rosener erblaßte leicht. Daniela war der Vorname ihrer Mutter gewesen.

»Wie alt war dieses Fräulein von Winterfeld?« fragte sie hastig.

Mister Traily sah sie erstaunt an.

»Etwa zwanzig Jahre. Aber warum interessiert Sie das?«

Mistreß Rosener zwang sich zur Ruhe.

»Der Name ist mir nicht fremd, Mister Traily. Kommen Sie, setzen Sie sich und erzählen Sie mir bitte alles, was Sie von diesem Fräulein von Winterfeld wissen.«

»Auch wenn ich Ihnen Unangenehmes darüber sagen müßte?« fragte er vorsichtig.

Die Hausfrau nickte energisch.

»Alles, ohne jede Beschönigung, ich bitte darum.«

»Nun, sie war in Begleitung ihres Vaters, eines Herrn Horst von Winterfeld. Und ich erfuhr später, daß er früher Gutsbesitzer gewesen, aber verarmt war und auf alle mögliche Weise versucht hatte, wieder auf einen grünen Zweig zu kommen. Es gelang ihm nicht – und – er versuchte sein letztes Heil im Spiel – und weil er im ehrlichen Spiel verlor, im Falschspiel. Als er verhaftet wurde, vergiftete er sich und ließ seine schöne, unschuldige Tochter, die keine Ahnung von dem Treiben ihres Vaters hatte, in äußerst prekärer Lage zurück.«

Ursula Rosener war sehr blaß geworden. Sie faßte die Hand ihres Mannes. Blut ist dicker als Wasser, und Frau Ursula fühlte zum erstenmal in ihrem Herzen, daß sich etwas Mächtiges regte für die Tochter ihrer einzigen Schwester. Jetzt, da sie diese Tochter in Not wußte, fühlte sie sich ihr verwandt.

»Mister Traily, Sie sind unser treuer Freund, und wir wissen, Sie können diskret sein. Warum mich das, was Sie mir eben sagten, so erregt, werden Sie verstehen, wenn ich Ihnen sage, daß ich eine einzige Schwester hatte, die mit einem Herrn von Winterfeld verheiratet war. Er hieß Horst. Und meine Mutter hieß Daniela. Sie sagen, daß mir diese Daniela von Winterfeld ähnlich sah. So erscheint es mir kaum zweifelhaft, daß sie meine Nichte ist. Sie können nun verstehen, wenn ich Sie bitte, mir alles zu berichten, was Sie über meinen unglückseligen Schwager und seine Tochter wissen.«

Ja, Mister Traily verstand das. Er machte sich ein wenig Vorwürfe, daß er von Dani von Winterfeld gesprochen hatte, aber zugleich hoffte er, daß die peinliche Lage der jungen Dame sich eventuell bessern ließ durch das Eingreifen ihrer Verwandten, gegen das sie sich vielleicht nicht so stolz wehren würde.

So berichtete er denn in gedrängter Kürze, aber doch ausführlich, was er über die ganze Affäre Winterfeld wußte. Nichts verschwieg er, auch von Ronald Norden sprach er und von dem, was er durch diesen in Erfahrung gebracht hatte.

Atemlos lauschte Ursula Rosener seinen Worten.

Als Mister Traily seine Erzählung beendet hatte, stand Ursulas Herz ihrer Nichte weit offen. Sie fühlte mit einemmal wieder, daß sie eine Schwester gehabt hatte, daß deren Kind Blut von ihrem Blute war und daß sie dieses Kind nicht in Sorge und Elend verkommen lassen durfte. Irgendwie mußte sie ihm helfen, irgendwie mit ihm in Verbindung treten.

Und da hörte sie, daß Mister Traily in seinem Notizbuch noch die Adresse hatte, an die er den Totenschein Horst von Winterfelds geschickt hatte. Sie bat um diese Adresse. Und als sie nun alles wußte, erinnerte sie sich erst ihrer Hausfrauenpflichten.

»Verzeihen Sie, Mister Traily, über Ihrer interessanten Mitteilung habe ich ganz vergessen, daß wir zu Tisch gehen müssen. Das wollen wir schnell nachholen.«

Man ging zu Tisch, aber Ursula Rosener quoll der Bissen im Munde. Sie kam nicht mehr los von dem Gedanken an die Tochter iher Schwester. Ihre Erinnerung rief ihr das Bild Sabines zurück, die damals, als sie von ihr ging, noch ein Kind gewesen war. Dieses Erinnerungsbild wirkte wie ein Vorwurf. Warum hatte sie sich nie um diese junge Schwester gekümmert? Freilich, sie war anfänglich nicht in der Lage gewesen, etwas für sie zu tun. Sie und ihr Mann hatten einen bitteren Kampf um die Existenz führen müssen, ehe sie sich emporgearbeitet hatten.

Und dann hatte sich die Schwester verheiratet, und Ursula

hatte sie in den besten Verhältnissen geglaubt und gefürchtet, sie werde nichts von ihr wissen wollen. Aber sie hätte doch, als die ältere, versuchen müssen, sich mit der Schwester zu verständigen. Vielleicht hätten sie sich doch zusammengefunden. Freilich, der Krieg hatte jede Verbindung unmöglich gemacht, und als er beendet war, war die Kluft zwischen ihr und der Heimat so groß geworden, daß sie an die Herstellung einer Verbindung nicht mehr dachte.

Aber immerhin, Ursula Rosener war heute unzufrieden mit sich, und es bedrückte ihr das Herz, daß das einzige Kind ihrer Schwester vielleicht in großer Not war. Was Mister Traily von Daniela erzählte, rührte sie sehr. Sie mußte ein feiner, stolzer Mensch sein und würde furchtbar leiden unter der Schuld ihres Vaters. Wie schrecklich, daß dieses unschuldige Kind in eine solche Affäre verwickelt worden war.

Kurzum, Frau Ursula fand keine Ruhe mehr. Als Mister Traily an diesem Abend seine Gastgeber verlassen hatte, saß Ursula Rosener in trübe Gedanken versunken da. Ihr Gatte beobachtete sie mit scharfen Augen. Eine Weile ließ er sie gewähren, dann trat er zu ihr und strich ihr über das noch immer golden schimmernde Haar.

»Nun, Ursula, willst du dich nicht aussprechen?«

Sie sah zu ihm auf.

»Es wäre wohl das erstemal, Theo, daß du nicht wüßtest, was mich bewegt, noch ehe ich es ausgesprochen habe.«

Er lächelte gutmütig.

»Nun ja, ich weiß es auch diesmal, aber schließlich müssen wir uns doch darüber einigen, was nun geschehen soll. Wie ich dich kenne, hast du jetzt nur den einen Wunsch, deiner elternlosen Nichte, die sich sicherlich in sehr schwierigen Verhältnissen befindet, beizuspringen. Solange deine Familie dich nicht brauchte und hochmütig über dich hinwegging, hast du dich von ihr losgesagt. Nach meinen Erkundigungen, die ich auf deinen Wunsch einzog, wissen wir, daß alle deine Verwandten tot sind. Wir wußten nur nicht in Erfahrung zu bringen, was aus dem Gatten deiner verstorbenen Schwester und ihrem einzigen Kind geworden ist. Nun wissen wir es. Und nun springt dir der Wunsch, zu helfen, nur so aus den Augen.«

Sie erhob sich und fiel ihm halb lachend, halb weinend um den Hals.

»Du wirst das verstehen, Theo!«

»Selbstverständlich verstehe ich es, ich weiß schon seit einiger Zeit, daß du ein wenig aus den Fugen bist – seit es feststeht, daß du mich nach Deutschland begleiten sollst. Ich weiß, du hast die ganze Zeit schon darüber gegrübelt, ob es dir nicht möglich sein würde, dein Schwesterkind aufzufinden und mit ihm in Verbindung zu treten. Na, nun wissen wir, wie wir es erreichen können, und nun magst du einmal deine Fühler nach ihm ausstrecken, ob es dir gefällt, ob verwandte Saiten in euch zum Klingen gebracht werden können. Und ich weiß auch, deine Gedanken sind noch weitergegangen. Du weißt, wie gern ich ein Kind adoptiert hätte, da uns leider Kindersegen versagt blieb. Du konntest dich nicht dazu entschließen, hattest Angst vor der Verantwortung und vor fremdem Blut. Nun, vielleicht fügt es das Schicksal, daß ich doch noch zu einer Adoptivtochter komme – und du brauchst dich dann nicht an fremdes Blut zu gewöhnen. Da deine Nichte dir sehr ähnlich sehen soll und anscheinend die besten Charaktereigenschaften hat – da sie Daniela heißt wie deine verstorbene Mutter und da sie wohl sehr notwendig eines Schutzes bedarf –, können wir vielleicht den Gedanken erwägen, sie zu uns zu nehmen.«

Ihre schönen, braunen Augen sahen ihn gerührt an.

»Du verstehst wirklich in meiner Seele zu lesen, Theo, gerade daran habe auch ich gedacht. Aber – ich fürchtete, du würdest dagegen protestieren, daß wir Daniela zu uns nehmen, weil – nun ja, weil ihr Vater doch ein Falschspieler war.«

Er streichelte ihr Haar.

»Meine liebe Ursula, Falschspieler sind wir Menschen im Grunde alle, einer mehr, einer weniger. Wer behauptet, daß er in seinem Leben, allerdings bildhaft gesprochen, nicht ein einziges Mal eine falsche Karte ausgespielt hat, der lügt. Die meisten werden nur nicht dabei erwischt. Und ein wenig steckt in uns allen ein Stück Spartaner. Du weißt, bei den Spartanern war das Stehlen nicht verboten, sondern nur das Sich-erwischen-Lassen. Horst von Winterfeld ist erwischt worden. Millionen Menschen taten nicht weniger Schlimmes und können den Kopf noch hoch tragen, weil sie nicht erwischt worden sind. Weißt du, als es mir damals – du weißt, welche Zeit ich meine – gar nicht glücken wollte, hochzukommen und ich dir oft das Nötigste versagen mußte, da wäre ich auch imstande gewesen, irgendein kleines Verbrechen zu begehen, wenn ich nur die Gewißheit gehabt hätte, nicht erwischt zu werden. Was uns Traily von deinem Schwager berichtet hat, klang trotz allem nicht unsympathisch, und daß er so ängstlich besorgt war, seine Tochter nicht in seine Affäre zu verstricken, spricht für ihn. Wer weiß, was er erst hat durchmachen müssen, ehe er zu falschen Karten griff. Krieg und Inflation haben in Deutschland arg gewütet. Da ist mancher zu Dingen gezwungen worden, die er sonst nicht getan hätte. Also mache dir keine Sorge. Wenn wir das Kind deiner Schwester rein und schuldlos finden, so ist das die Hauptsache, und wir wollen sie liebevoll aufnehmen. Ist es recht so?«

Sie nickte ihm mit feuchten Augen zu.

»Immer triffst du das Richtige und das Beste. Und du zeigst dich mir wie immer von einer großmütigen Seite.«

Er lachte.

»Vielleicht hat es mich nur bestochen, daß deine Nichte dir so ähnlich sein soll wie eine Tochter ihrer Mutter. Was meinst du, wie stolz ich sein würde, wenn ich eine Adoptivtochter hätte, die dir ähnlich ist? Ein schönes Mädchen muß sie ja sein. Wenn Traily darüber vergessen hat, ihren Vater schon an jenem ersten Abend in Monte Carlo festnehmen zu lassen, so will das schon etwas heißen. Also, ich denke, wir sehen sie uns auf jeden Fall einmal an. Gefällt sie uns, dann adoptieren wir sie. Gefällt sie uns nicht, dann helfen wir ihr auf andere Art. Wir wissen ja jetzt, wie wir sie auffinden können. Wir brechen etwas zeitiger auf, als ich es mir der Konferenzen wegen vorgenommen hatte, und fahren erst in die Schweiz. Wir machen in Montreux Station und werden dort wohl deine Nichte bei jener Madame Boilieu finden, von der uns Traily die Adresse gab.«

»Aber, wenn sie nicht mehr dort ist?«

»Dann hat sie, wie ich annehme, irgendeine Stelle angenommen, um sich ihren Unterhalt zu verdienen. Dann wird uns Madame Boilieu schon sagen können, wo wir sie finden.«

»Das kann lange dauern.«

»Lange nur für deine Ungeduld. Wir haben jetzt Anfang Juni. Mitte August treten wir unsere Reise an und sind spätestens Ende August in Montreux.«

»Inzwischen wird meine Nichte vielleicht tausend Sorgen und Ängste zu überstehen haben.«

»Das schadet keinem Menschen, Ursula, das wissen wir doch von uns selbst. Dabei kann sie beweisen, ob sie Art von deiner Art ist. Außerdem ist sie ja wohl nicht ganz ohne Freunde, die ihr im schlimmsten Falle beispringen würden.«

Sie seufzte ein wenig.

»Du hast recht, Theo, aber ich kann dir sagen, daß mir jetzt die Zeit bis zu unserer Abreise doppelt lang erscheinen wird.«

Er zog sie an sich und küßte sie.

»Inzwischen kannst du dir selbst noch einmal alles reiflich überlegen. Und die Zeit wird schneller vergehen, als du denkst. Wir werden beide viel Arbeit haben. Ich muß auf der Bank alle Vorbereitungen treffen für die Zeit meiner Abwesenheit und für die notwendigen Konferenzen drüben, und du mußt das Hauswesen auf lange Zeit versorgen, denn wir werden monatelang fortbleiben. Läßt sich in Montreux alles so an, wie wir uns wünschen, dann trete ich in Berlin nicht nur mit meiner schönen Frau auf, sondern vielleicht schon mit einer schönen Tochter. Du, Ursula, schön muß das sein, eine Tochter zu haben, nicht? Ich werde schon hier alle Vorkehrungen vor der Abreise treffen, daß die Adoption schnellstens erfolgen kann.«

Die beiden sahen sich mit großen Augen an und küßten sich herzlich. Dann war es Zeit, zur Ruhe zu gehen.

Daniela – immer wieder mußte Ursula Rosener an sie denken. Immer wieder bewegte sie die Frage, ob ihre junge Nichte mit dem Leben fertig werden würde – und wie! Würde sie scheitern, würde sie Siegerin bleiben? Aber schließlich sagte sie sich immer wieder, ihr Mann habe recht: Diese Prüfungszeit gäbe Daniela Gelegenheit zu beweisen, wes Geistes Kind sie sei. Hielt sie nicht durch, dann war an ihr vielleicht nicht viel verloren – hielt sie aber durch, war diese Zeit für sie eine gute Schule.

Immer mehr freute sie sich darauf, eines Tages eine Tochter zu besitzen. Sie durchschritt die Räume ihres schönen Hauses und begann zu überlegen, welche von ihnen sich am besten für Daniela eignen würden. Und dabei wurde ihr ganz eigen ums Herz. Das Mütterliche in ihr, das bis zur Stunde brachgelegen, begann sich zu entfalten. Bislang hatte nur eines – die Liebe zu ihrem Gatten – ihr Leben ausgefüllt. Fortan sollte noch etwas anderes in ihrem Herzen Platz finden. Da mußte doch ihr Herz groß und weit werden.

Wenn das Ehepaar jetzt des Abends zusammensaß – am Tage war nie viel Zeit dazu –, sprachen sie von Daniela und machten Pläne und sorgten sich, wie es Eltern für ihre Kinder tun.

Mister Traily wurde bei der nächsten Gelegenheit eingeweiht, und er freute sich darauf, die schöne Daniela von Winterfeld später als Haustochter im Hause seines alten Freundes begrüßen zu können.

So verging die Zeit rascher, als Ursula geglaubt hatte. Eines Tages gingen sie an Bord des Ozeanriesen, um die Überfahrt nach Hamburg zu machen. Von Hamburg aus wollten sie dann direkt in die Schweiz reisen.

XX

Ahnungslos, was über ihr Schicksal beschlossen worden war von Verwandten, von deren Existenz sie überhaupt keine Ahnung hatte, und ebenso ahnungslos, daß Frau Reinert, ihre neue Herrin, Ronald Nordens Tante war, fuhr Dani Mitte August mit dieser nach Berlin. Sie hatte sich von Madame Boilieu verabschiedet. Diese hatte großmütig zu ihr gesagt, wenn sie wider Erwarten einmal wieder ihre Hilfe brauchen sollte, möge sie nur getrost zu ihr zurückkehren. Dani hatte darauf geantwortet, daß sie immer gern an Madame zurückdenken werde, daß sie aber hoffe, nun auf Jahre hinaus gut versorgt zu sein.

»Nun, man kann nie wissen, was das Leben bringt, Daniela. Sosehr ich Ihnen wünsche, daß Sie meiner Hilfe nie mehr bedürfen, so wird dennoch in meinem Haus immer ein Platz für Sie sein.«

Das sagte Madame in viel Gefühl, aber sie dachte dabei vor allem daran, was für eine großartige Hilfe sie an Dani gehabt hatte, als diese nur den halben Pensionspreis bezahlte, dafür aber so viel arbeitete wie eine Lehrerin, der sie neben freier Station auch noch hätte Gehalt zahlen müssen. Madame war eben großzügig – wenn es mit einem Vorteil für sie verbunden war.

Dani hatte ihr versprechen müssen, das nicht zu vergessen, und war ganz gerührt über Madames Großmut davongegangen.

Jetzt befand sie sich auf der Reise nach Berlin. Frau Herta schnurrte nur so vor Behagen, wenn Dani sie liebevoll umsorgte und in ihrer reizenden, klugen Art mit ihr plauderte, sooft sie Lust dazu hatte, und wenn sie sich an ihrer frischen Schönheit sattsehen konnte.

Dani hatte sich in den letzten Wochen im Sanatorium vollkommen erholt und strahlte wieder in ihrer ganzen Holdseligkeit und Lieblichkeit. Sie hatte auch nicht wieder Trauerkleider angelegt, um nicht dadurch ihrer Herrin die Frage nach ihrem Vater nahezulegen. Sie hatte nicht vergessen, was der Professor gesagt hatte, daß die Trauer im Herzen liege und nicht in den Kleidern.

Da sie ihre Garderobe immer tadellos in Ordnung hielt, war sie noch immer gut ausgestattet, und Frau Herta freute sich, daß sie immer so elegant und vornehm aussah.

Daß sie am Bahnhof weder von ihrem Neffen noch von ihrem Schwager erwartet werden würde, wußte sie, denn Ronald hatte ihr auf die Nachricht von ihrer bevorstehenden Heimkehr mitgeteilt, daß der Vater und er in diesen Tagen in einer dringenden geschäftlichen Angelegenheit nach Hamburg reisen müßten. Sie würden aber am Ende der Woche zurückkehren und sich dann freuen, die Tante zu begrüßen und sich dabei zu überzeugen, daß sie sich gut erholt habe.

Noch immer hatte Frau Herta nichts von ihrer jungen Gesellschafterin erwähnt. Sie wollte die beiden Herren damit überraschen. Ganz stolz war sie darauf, eine so reizende junge Dame für diesen Posten gefunden zu haben.

So wurden die beiden Damen am Bahnhof nur von dem Diener von Frau Reinert empfangen und von ihrem Chauffeur, der mit dem Auto am Ausgang des Bahnhofs wartete.

Ahnungslos hielt Dani ihren Einzug in der Villa der Frau Reinert und bekam zwei hübsche Zimmer, die sonst als Gastzimmer gedient hatten, angewiesen.

Schnell wurde sie heimisch in der behaglichen und vornehmen Häuslichkeit und übernahm ihre neuen Pflichten mit einer großen Freudigkeit. Frau Herta strahlte. Sie war nicht mehr allein, hatte immer dieses süße, goldene Mädelchen um sich und fühlte sich außerdem durch ihre Kur verjüngt und erfrischt.

So wartete sie nur noch sehnsüchtig darauf, daß ihr Schwager und ihr Neffe zurückkommen möchten.

Das sollte am Sonnabend geschehen, und für den Sonntag wollte sie beide Herren zum Mittagessen einladen. Das besprach sie mit Dani.

Diese hörte wohl ihre Herrin immer liebevoll von ihrem Neffen sprechen, hatte aber dessen Namen noch nicht gehört und war also ganz ahnungslos und unbefangen.

Am Sonnabend vormittag fuhr Frau Herta zu ihrem Zahnarzt, weil sich eine Plombe in einem ihrer Zähne gelockert hatte. Sie verabschiedete sich von Dani.

Dani hatte sich zwar dazu erboten mitzukommen, aber Frau Herta hatte gesagt:

»Wozu sollen Sie so lange im Vorzimmer des Zahnarztes auf mich warten, das wäre Unsinn. Und mir ist es auch lieber, Sie bleiben zu Hause, denn möglicherweise könnte mein Neffe schon heute morgen auf einen Sprung herüberkommen. Die Herren dürften mit dem Nachtzug zurückgekommen sein. Dann empfangen Sie einstweilen meinen Neffen, und suchen Sie ihn festzuhalten. Sehr lange werde ich ja nicht ausbleiben. Und passen Sie nur auf, was für Augen er machen wird, wenn sie ihm sagen, daß Sie meine neue Gesellschafterin sind. Das müssen Sie mir dann genau beschreiben.«

Dani hatte lächelnd genickt und versprochen, genau aufzupassen.

Als Frau Herta fortgefahren war, setzte sie sich in ihr Zimmer an den kleinen Schreibtisch, um nun endlich an Ronald Norden zu schreiben. Dieser Brief lautete:

»Mein lieber Freund! Sie werden staunen, wenn Sie von mir einen Brief mit dem Poststempel Berlin erhalten. Ja, ich befinde mich in Berlin, und das ist so zugegangen: Eine Dame, die sich unter den Patienten des Professor Sturm befand, hat Wohlgefallen an mir gefunden und mich aus meiner Stelle bei Professor Sturm gelöst, um mich als Gesellschafterin mit sich zu nehmen. Diese Dame, Frau Herta Reinert, war so unbeschreiblich gütig zu mir, daß ich nicht widerstehen konnte, dies Angebot anzunehmen, zumal ich den Anforderungen meiner Stellung im Sanatorium Professor Sturms körperlich nicht gewachsen war. Ich war schon in höchster Angst, ich könnte zusammenbrechen und existenzlos werden, als mir der Himmel diese gütige Frau schickte, die mit ihren klugen Augen erkannte, daß ich weit über meine Kräfte gegangen war. Sie können sich denken, daß ich anfänglich zögerte, diese Stellung anzunehmen, so verlockend sie auch für mich war, weil ich nach Berlin gehen mußte. Aber ich sagte mir, Berlin ist groß, und Sie und ich würden uns ausweichen können. Sie finden unten die Adresse der Frau Reinert. Ich hoffe, wir wohnen sehr weit von Ihnen entfernt und brauchen uns nicht zu begegnen. Ich bitte Sie jedenfalls, mir aus dem Weg zu gehen, wie ich mich bemühen werde, einer Begegnung mit Ihnen auszuweichen. Schriftlich werde ich Ihnen auch von hier aus zuweilen eine Nachricht geben.

Es geht mir sehr gut bei meiner neuen Herrin. Sie ist eine charmante Frau, so klug, so verständnisvoll und gütig. Aber –

ich habe nicht gewagt, ihr von meinem Vater zu erzählen, weil ich fürchtete, daß sie mich dann nicht würde haben wollen. Hoffentlich ist das kein allzu großes Unrecht. Ich werde mir sonst in jeder Weise Mühe geben, sie zufriedenzustellen.

Ihren Rat, das Geld, das mein Vater hinterließ, noch nicht fortzugeben, habe ich befolgt und werde noch eine Weile damit warten, bis ich mir einen Notgroschen gespart habe. Dann werde ich Sie nochmals darum bitten, diese Angelegenheit für mich zu erledigen.

Leben Sie wohl, mein lieber Freund, wir werden einander ebenso fern sein, als wäre ich noch in Montreux, nur unsere Gedanken dürfen sich begegnen. Seien Sie herzlich gegrüßt.

Ihre Dani Winterfeld.«

Diesen Brief machte Dani gleich postfertig und ging durch den Garten auf die Straße. Dort war, wie sie schon bemerkt hatte, gleich neben dem Gartentor ein Postkasten angebracht. Sie warf den Brief hinein und kehrte ins Haus zurück. Die freie Zeit, die ihr noch blieb, wollte sie benutzen, um einige kleine Nähereien an ihrer Garderobe auszuführen.

Während sie damit beschäftigt war, kam Ronald Norden in seinem Auto vorgefahren, um seiner Tante einen Besuch zu machen. Dani hörte wohl das Vorfahren des Autos, konnte es aber nicht sehen, weil die Fenster ihres Zimmers nach der andern Seite lagen. Daß ihre Herrin schon zurück sein könnte, nahm sie nicht an, und so sagte sie sich, daß wohl Besuch gekommen sei, wahrscheinlich der Neffe oder der Schwager der Herrin.

Ronald war, ahnungslos, welche Überraschung ihm bevorstand, aus dem Wagen gesprungen und betrat das Vestibül. Der Diener kam ihm entgegen.

»Meine Tante zu Hause, Joseph?« fragte er in seiner freundlichen Weise.

»Nein, gnädiger Herr, die gnädige Frau ist zum Zahnarzt. Aber sie hat hinterlassen, daß Sie, wenn irgend möglich, warten möchten. Ich werde die Gesellschafterin der gnädigen Frau rufen, die Sie so lange unterhalten soll, gnädiger Herr.«

Ronald staunte.

»Eine Gesellschafterin? Seit wann hat denn meine Tante eine engagiert?«

»Gnädige Frau haben das Fräulein von der Reise mitgebracht.«

Ronald überlegte. Er wollte seine Tante gern begrüßen.

»Ist meine Tante schon lange fort?«

»Wohl ein Stündchen, gnädiger Herr, sie muß bald wiederkommen«, sagte der alte Diener, der wußte, daß seine Herrin ihren Neffen nicht gern verpassen würde.

»Nun gut, dann werde ich warten und mich inzwischen mit der neuen Hausgenossin meiner Tante bekannt machen.«

Der Diener ließ ihn in das Empfangszimmer treten, und Ronald warf sich in einen Sessel. Lächelnd fragte er sich, was für ein Menschenkind seine Tante wohl aufgelesen haben würde. Noch immer war er ahnungslos.

Ebenso ahnungslos betrat Dani das Empfangszimmer. Der Diener hatte ihr nur gemeldet, daß der Neffe der gnädigen Frau gekommen sei und im Empfangszimmer warte.

Und nun stand Dani auf der Schwelle des Zimmers, und Ronald, der abgewandt in seinem Sessel saß, erhob sich, als er die Tür schließen hörte, und wandte sich um.

Und da standen sich die beiden jungen Menschen plötzlich gegenüber und sahen sich mit fassungslosem Staunen an, beide wie gelähmt durch diesen unerwarteten Anblick. Ronald faßte sich zuerst. Er trat auf Dani zu und reichte ihr beide Hände, während das Staunen in seinen Augen allergrößter Freude wich.

»Dani! Dani! Mein Gott, träume ich – sind Sie es wirklich?« und er faßte ihre Hände, die schlaff und kraftlos herabhingen. Ein Zittern flog über sie hin.

»Mein Gott! Mein Gott, Sie – Sie sind doch, um Gottes willen, nicht der Neffe von Frau Reinert?«

»Ja, das bin ich, Dani, aber – warum erschreckt Sie das so sehr?«

Sie machte ihre Hände frei und sank kraftlos in einen Sessel.

Leichenblaß war sie geworden, und ihre Augen sahen ihn mit einem unbeschreiblichen Ausdruck an. All ihre Liebe lag darinnen – aber auch alles Erschrecken, zu wissen, daß er der Neffe ihrer Herrin war.

»Barmherziger Gott, das habe ich nicht gewußt, nicht geahnt – sonst hätte ich doch die Stellung bei Ihrer Tante nicht angenommen.«

Er strich sich über die Stirn, wie aus einem schönen Traum erwachend.

»Also Sie – Sie sind die Gesellschafterin meiner Tante?«

Sie nickte matt und sagte tonlos:

»Ich lernte sie im Sanatorium von Professor Sturm kennen. Sie war so gut zu mir, bot mir die Stellung in ihrem Hause an – ich habe Ihnen eben das alles in einem Brief geschrieben, habe ihn gerade in den Kasten gesteckt. Ich dachte doch, Berlin sei groß genug, daß wir uns nicht zu begegnen brauchen.«

Seine Liebe loderte hell auf bei ihrem Anblick, er konnte jetzt nichts anderes tun, als das Glück genießen, sie nach langer Sehnsucht wiederzusehen.

»Ach Dani – Dani –, es macht mich doch trotz allem überglücklich, Sie wiederzusehen. Meine Sorge um Sie war sehr groß, da Sie so lange nichts von sich hören ließen. Ich eilte gleich nach meiner Rückkehr hierher, weil ich hoffte, von meiner Tante etwas über Sie zu hören, da ich wußte, daß sie im Sanatorium Sturm gewesen ist. Und nun Sie selber, nach langer Sehnsuchtspein! O Dani, wie sehr habe ich gelitten!«

Sie erzitterte und sah ihn mit wehen Blicken an, in denen doch so viel Liebe lag.

»Ich bin außer mir, daß ich Ihnen neue Kämpfe bringe, Ihnen neue Schmerzen verursache. Mein Gott, wie hätte ich ahnen können, daß Sie meiner Herrin verwandtschaftlich nahestehen. Wenn Sie mir doch mitgeteilt hätten, daß Frau Reinert Ihre Tante ist, da Sie doch wußten, daß sie zu Professor Sturm ins Sanatorium gekommen war.«

»Ich wollte Ihre Unbefangenheit nicht stören, Dani!«

»Ja, Sie meinten es gut, wie immer«, sagte sie. »Aber nun muß ich selbstverständlich wieder fort von hier. Ich darf nicht bleiben. Wenn ich nur wüßte, wie ich Frau Reinert davon überzeugen könnte, daß ich gehen muß, ohne daß sie mich für undankbar und unbeständig hält. Und ich kann ihr doch nicht sagen, warum ich gehen muß.«

Bestürzt ergriff er ihre Hände.

»Mein Gott, ich darf Sie doch nicht vertreiben aus diesem sicheren Hafen, den Sie erreicht haben! Das ist doch nicht auszudenken! Nein, nein, Sie dürfen nicht fort, Sie müssen bleiben. Ich werde das Haus meiner Tante meiden, soviel ich kann. Es macht mich doch überaus froh, Sie hier geborgen zu wissen. Ach, Dani, Dani, trotz allem bin ich ja so glücklich, daß ich Sie wiedersehen kann. Ich habe mich so gesehnt nach Ihrem Anblick. Sie müssen bleiben – dürfen nicht wieder fort!«

Sie schüttelte hilflos den Kopf.

»Unmöglich! Ich darf Sie nicht aus diesem Haus vertreiben. Ihre Tante liebt sie innig und hat mir gesagt, wie sehr sie sich immer auf Ihren Besuch freut. Ich muß fort, das steht fest – nur weiß ich noch nicht, wie ich das motivieren kann.«

Sie standen sich ratlos gegenüber, und Ronald konnte seinen Blick nicht von ihr lassen. Wieder preßte er seine Lippen inbrünstig auf ihre Hände. Dann richtete er sich energisch auf.

»Dani, ich werde meiner Tante und meinem Vater alles sagen. Mein Vater weiß, daß ich mein Herz an eine Frau gehängt habe und daß ich unglücklich bin, weil ein Hindernis zwischen uns steht. Das weiß auch meine Tante. Ich werde nun das Letzte versuchen – werde meinem Vater die Entscheidung überlassen, ob ich Sie ihm als Schwiegertochter bringen darf.«

Sie zuckte zusammen und sah ihn erschrocken an.

»Nein, nein – o nein, das dürfen Sie nicht tun! Vergessen Sie nicht, daß ich die Tochter eines Entehrten bin, ich darf mich nicht in eine ehrenwerte Familie drängen und will es auch nicht. So gedemütigt ich mich auch fühle, dazu bin ich doch zu stolz. Ihre Tante weiß nichts von meinem Vater. Ich hatte nicht den Mut, es ihr zu sagen, weil ich fürchtete, sie würde mich dann nicht in ihr Haus aufnehmen. Glauben Sie, ich hätte nun den Mut, mich ihr als Familienmitglied aufzudrängen, wenn sie die Wahrheit erfährt? Seien Sie vernünftig, lieber Freund, wir müssen es sein. Lassen Sie mich wieder fortgehen – der liebe Gott wird mir schon ein anderes Plätzchen bescheren, wo ich arbeiten und wirken kann. Sorgen Sie sich nicht, ich kann jeden Tag wieder bei Madame Boilieu Aufnahme finden, bis ich eine andere Stellung gefunden habe. Schlimmstenfalls muß ich noch einmal die Hinterlassenschaft meines Vaters angreifen, wenn ich nicht gleich wieder auf festen Boden komme. Ich habe schon alles zurückgezahlt und besitze auch noch genug, um wieder nach Montreux reisen zu können. Es wird schon alles gutgehen, wir müssen nur soweit wie möglich voneinander getrennt sein – sonst ertragen wir nicht, was uns auferlegt wurde. Bitte, bitte, beruhigen Sie sich – ich kann nicht sehen, daß Sie so tief betrübt sind.«

»Ach Dani, ich schwanke zwischen Glückseligkeit über Ihren Anblick und Verzweiflung, daß ich Sie abermals von mir lassen soll. Aber – da höre ich meine Tante kommen. Bitte fassen Sie sich – und beschließen Sie noch nichts. Wir wollen erst einmal über das alles sprechen. Geben Sie mir Ihr Wort – Sie gehen nicht fort, bevor wir uns nicht noch einmal gesprochen haben.«

Sie zwang sich zur Ruhe, so elend und verzagt ihr auch zumute war.

»Ja, ja – ich verspreche es. Ich werde alles in Ruhe überdenken und Sie wissen lassen, was ich tue.«

»Dank, innigen Dank!«

Sie hatten gerade noch Zeit, sich zu fassen und ein belangloses Gespräch zu beginnen, als Tante Herta eintrat. Freudig begrüßte sie Ronald, und in ihrer Lebhaftigkeit merkte sie nicht, daß die beiden jungen Menschen blaß und erregt waren.

»Wie freue ich mich, mein Junge, daß ich dich noch antreffe. Du hast inzwischen meine neue Gesellschafterin kennengelernt. Siehst du wohl, was lange währt, wird gut. Eine bessere Wahl konnte ich nicht treffen.«

Ronald hatte ihre Hand an die Lippen geführt.

»Ganz gewiß nicht, liebe Tante. Es freut mich, daß du eine junge Dame gefunden hast, die dir sympathisch genug war, sie zu engagieren«, sagte er, sich zusammennehmend.

»Sympathisch ist ein sehr schwacher Ausdruck, Ronald. Fräulein von Winterfeld ist mir so lieb wie ein Töchterchen. Und sie verwöhnt mich unbeschreiblich. Es ist herrlich, wenn man nicht den ganzen Tag allein zu sein braucht. Und morgen mittag mußt du mit deinem Vater bei mir speisen. Ihr müßt Fräulein von Winterfeld etwas näher kennenlernen.«

Ronald sah zu Dani hinüber. Diese wich aber seinem Blick aus, und Frau Herta lachte.

»Sie ist Herren gegenüber sehr scheu und zurückhaltend, das habe ich schon immer beobachtet. Es dauert lange, bis sie ihre Scheu überwindet. Aber sie weiß sehr klug zu plaudern, und ihr werdet euch bald sehr gut mit ihr verstehen.«

»Ich zweifle nicht daran, Tante Herta, obwohl ich nur wenige Worte mit Fräulein von Winterfeld wechseln konnte, ehe du kamst. Aber nun sage, wie es dir geht.«

Dani zog sich schnell mit einer Verbeugung zurück, und Frau Herta nickte ihr gütig zu, als sie davonging.

»Es geht mir herrlich, Ronald, ich bin um zwanzig Jahre jünger geworden und weiß nicht, ob daran mehr die Kur des Professors Sturm schuld ist oder der Einfluß meiner jungen Gesellschafterin. Ist sie nicht reizend?«

»O ja, sehr angenehm und sympathisch«, sagte er etwas gepreßt.

»Mein Gott, das klingt so formell! Wenn ich ein junger Mann wäre, würde ich mich Hals über Kopf in dieses schöne und liebe Geschöpf verlieben. Aber richtig – du hast ja dein Herz schon anderweitig vergeben. Wie steht es mit deiner Liebe, Ronald, noch immer aussichtslos und hoffnungslos?«

»Leider, Tante Herta!«

»Das ist ja schrecklich! Wenn ich nur wüßte, wie ich dir helfen kann.«

Er seufzte tief.

»Ich weiß, du würdest es gern tun, liebste Tante! Aber – jetzt kann ich mich nicht mehr länger aufhalten, ich habe Konferenzen und wollte dir nur schnell guten Tag sagen.«

»Nun, da muß ich dich wohl gehen lassen. Aber morgen bleibt ihr den ganzen Nachmittag hier, wir haben uns viel zu erzählen.«

Ronalds Blick flog sehnsüchtig zur Tür. Aber Dani erschien nicht noch einmal. Sie war froh, daß sie Gelegenheit gefunden hatte, sich zurückzuziehen, um ihre Fassung wiederzuerlangen. Dieses unerwartete Wiedersehen mit Ronald hatte alles in ihr aufgerüttelt, was schon halb überwunden und vergessen war.

So mußte Ronald gehen, ohne sie noch einmal gesehen zu haben. Aber er tröstete sich damit, daß er morgen wiederkommen und es ihm dann schon gelingen würde, ein kurzes Alleinsein mit Dani herbeizuführen. Inzwischen wollte er sich überlegen, was geschehen sollte, geschehen mußte.

Dani hatte wie zerbrochen oben in ihrem Zimmer in einem Sessel gelegen und sich zu fassen gesucht. Ihr Herz war wund und weh. Ronalds Blick hatte ihr gesagt, daß er sie nicht vergessen hatte, daß er sie immer noch von Herzen liebte. Und es traf sie fast härter, daß auch er leiden mußte, als daß sie selbst zu leiden hatte. Dazu kam noch der bittere Schmerz, daß sie diese sorglose Zuflucht wieder würde aufgeben müssen. Wie glücklich war sie gewesen, etwas wie eine Heimat gefunden zu haben. Und nun ging ihr diese Heimat wieder verloren. Keinen Augenblick zweifelte sie, daß sie gehen mußte, nur wußte sie noch nicht, wie sie ihr Gehen begründen sollte. Bis morgen wollte sie noch warten. Morgen wollte sie Ronald noch einmal wiedersehen. Aber wenn er dann mit seinem Vater gegangen war, wollte sie Frau Reinert sagen, daß sie fortmüsse. Sie wollte nur erst einen Vorwand erfinden, der ihren Wunsch, fortzugehen, begründete.

Lange konnte sie jetzt nicht mehr nachgrübeln. Sie hörte den Wagen Ronalds fortfahren und erhob sich schnell, kühlte sich das brennende Gesicht mit frischem Wasser und zwang ein unbefangenes Lächeln in ihr Gesicht.

So trat sie ihrer Herrin wieder gegenüber. Diese sah sie an und erschrak über Danis verändertes Aussehen.

»Aber Kindchen, was ist denn mit Ihnen? Sie sind so blaß?«

»Es hat nichts auf sich. Alte traurige Erinnerungen wurden nur einmal wieder in mir lebendig. Aber es ist schon vorüber.«

Die alte Dame legte den Arm um ihre Schulter.

»Sie sollen sich nicht vom Vergangenen niederdrücken lassen. Sie haben mir erzählt, Sie stünden ganz allein im Leben. Ich weiß, wie bitter das ist, aber es muß ertragen werden. Lassen Sie uns nicht mehr daran denken. Wir wollen versuchen, uns gegenseitig so viel zu werden, daß wir uns nicht mehr allein fühlen.«

Tiefbewegt führte Dani ihre Hand an die Lippen.

»Gott lohne es Ihnen, wie gut Sie zu mir sind.«

»Nun kommen Sie! Jetzt wollen wir uns einen netten Küchenzettel für morgen ausdenken. Wenn man Herren zu Tisch hat, muß man etwas Besonderes bieten. Wie gefällt Ihnen übrigens mein Neffe?«

»Er hat einen sehr guten Eindruck auf mich gemacht.«

»Leider hat er ein wenig an Frische und guter Laune verloren. Seit er von seiner Rivierareise zurück ist, hat er, glaube ich, noch nicht ein einzigesmal wieder so froh und unbekümmert gelacht, wie er das zu meiner Freude früher oft tat. Er hat nämlich ein schweres Herzenserlebnis hinter sich, er krankt an einer unglücklichen Liebe. Irgendwie möchte ich ihm helfen, aber ich weiß nicht, wie ich das machen soll. Er schweigt sich über diese Affäre vollständig aus. Nur soviel wissen wir, sein Vater und ich, daß er sein Herz verloren hat und daß auch er wiedergeliebt wird. Nur über die Art des Hindernisses, das zwischen ihm und seiner Liebe steht, befinden wir uns im unklaren.«

Frau Herta glaubte, es sei gut, wenn Dani davon unterrichtet wäre. Sie war so sehr davon überzeugt, daß ihr Neffe sehr liebenswert war, daß sie es für leicht möglich hielt, daß ihre junge Gesellschafterin sich in ihn verlieben könnte. Und so glaubte sie, es sei besser, wenn Dani im voraus wußte, daß eine Neigung ihrerseits ganz aussichtslos sein würde.

»Ihr Herr Neffe ist sehr zu bedauern, gnädige Frau! Und es spricht dafür, daß er einen sehr wertvollen Charakter hat, wenn ihm ein derartiges Gefühl so tief gehen kann«, erwiderte Dani, so ruhig sie konnte.

»Ja, für einen jungen Mann ist er entschieden zu tief veranlagt. Hoffentlich kommt er bald über diese unglückliche Liebe hinweg, denn sein Vater wünscht nichts sehnlicher, als daß er sich bald verheiratet. Jetzt darf man ihm damit aber nicht kommen.«

»Wie war es beim Zahnarzt, gnädige Frau, haben Sie Schmerzen leiden müssen?« lenkte Dani ab.

»Nein, gottlob, es war nicht schlimm, und ich habe schon wieder eine neue Plombe bekommen. Aber nun zu unserm Küchenzettel!«

Und die beiden Damen vertieften sich in diese Angelegenheit.

Dani war froh, als dieser Tag zu Ende war und sie, nachdem sie ihre Herrin verlassen hatte, allein in ihrem Zimmer sein konnte. Sie war den ganzen Tag nicht dazugekommen, ruhig nachdenken und sich über ihre Lage klar zu werden. Nun endlich war sie ungestört und konnte überlegen.

Was sie von ihrer Herrin über Ronalds unglückliche Liebe gehört hatte, konnte sie nicht vergessen. Sein Vater und seine Tante waren besorgt über die Veränderung seines Wesens, daß er seine Frische eingebüßt hatte und nicht über seine unglückliche Liebe hinwegkam. Ach, sosehr es sie beglückte, so von ihm geliebt zu werden, ebensosehr bedrückte es sie, daß sie daran schuld war, daß sein geliebtes Leben verdüstert wurde. Wie gern hätte sie ihm geholfen – zu jedem Opfer wäre sie bereit gewesen. War es nicht genug, daß sie unglücklich war? mußte auch er es sein?

Sie fragte sich, wie sie es ertragen würde, wenn er sie vergessen könnte. Und da zerriß ein brennender Schmerz ihr armes Herz. Aber sie sagte sich, daß sie auch über diesen Schmerz hinwegkommen würde, wüßte sie ihn nur wieder ruhig und glücklich.

Glücklich? So fragte sie sich. Konnte er je wieder glücklich werden – konnte sie es werden?

Aber Männer empfinden vielleicht anders. Vielleicht kam er darüber hinweg, wenn er sie ganz aus den Augen verlor und nie mehr von ihr hörte? Ja – dann vielleicht doch? Also mußte sie das Opfer bringen und ganz aus seinem Gesichtskreis verschwinden. Sie mußte nicht nur fort aus seiner Nähe, die sie törichterweise, wenn auch nicht wissentlich, aufgesucht hatte, sondern sie durfte ihm auch kein Lebenszeichen mehr geben, durfte ihm nie mehr schreiben, ihn nichts mehr von sich hören lassen. Ja, das mußte sein, wenn sie ernstlich wollte, daß sich sein Schicksal ganz von dem ihren löste. Würde er nicht mehr an sie erinnert werden, würde er ruhiger werden und endlich – endlich sie vergessen.

Sie erschauerte bei diesen Gedanken. Ein krampfhaftes Schluchzen stieg aus ihrer Brust empor, aber sie zwang sich zur Tapferkeit. Mutig wollte sie dies Opfer bringen – um ihn zu befreien – von seiner unglücklichen Liebe.

Aber dann war sie ganz allein auf der Welt – mutterseelenallein! Schwer kämpfte sie mit ihrer Sehnsucht, wenigstens eine Erinnerung in Ronalds Leben bleiben zu dürfen – eine Erinnerung an einige sonnenselige Tage in Monte Carlo. Mußte sie auch das hingeben? Aber nein, für sie würde diese Erinnerung bleiben – und die Genugtuung, sich für sein Wohl geopfert zu haben. Er sollte frei werden von seiner Sehnsucht nach ihr, sollte sie vergessen.

Der Wille, ihm zu helfen, machte sie stark, und ihr Entschluß war gefaßt. Morgen würde sie ihn noch einmal wiedersehen und dann nicht mehr, würde ihm dann noch ein letztes Mal einige Zeilen schreiben, die ihm ihren Entschluß mitteilten. Und dann mußte alles aus sein, alles vorbei.

Nun kamen erlösende Tränen, und sie ließ sie strömen, als müßten sie alle Schmerzen mit hinwegschwemmen.

Aber dann fragte sie sich wieder: Wie komme ich fort aus diesem Haus, wie mache ich es meiner gütigen Herrin klar, daß ich gehen muß, ohne daß sie mich für undankbar hält? Sie grübelte hin und her und wurde darüber schließlich so müde, daß sie sich niederlegen mußte und auch bald einschlief.

Am andern Morgen, als sie sich erhob, kam ihr dann ganz plötzlich ein Einfall, wie eine Motivierung ihres Fortgehens möglich war. Sie konnte Frau Reinert eine Beichte über alles, was mit ihrem Vater zusammenhing, ablegen und konnte ihr sagen, daß damals Ronald Norden in Monte Carlo gewesen war und Zeuge von ihres Vaters Verhaftung gewesen sei. Und gestern bei ihrem Zusammentreffen mit ihm habe er sie selbstverständlich sofort erkannt und sie gefragt, ob sie seiner Tante alles über ihren Vater gesagt habe. Sie habe eingestehen müssen, daß sie das verschwiegen habe, und nun habe ihr Neffe von ihr verlangt, sie solle beichten. Aber nun, da sie gebeichtet habe, könne sie nicht länger bleiben – sie schäme sich, mit Menschen zusammenszuleben, die um ihres Vaters Schuld wüßten. Ja – so würde sie zu Frau Reinert sprechen, würde sie um Verzeihung bitten und sie ersuchen, sie sogleich fortgehen zu lassen. Ronald durfte von diesem Vorhaben nichts wissen, er würde sie vielleicht an der Ausführung dieses Vorsatzes zu hindern suchen, würde überhaupt alles tun, um ihr die sichere Zuflucht bei seiner Tante zu erhalten. In einem Brief würde sie ihm nachträglich alles mitteilen. Erst wenn sie fort war, würde er diesen Brief erhalten.

Als sie diesen Entschluß gefaßt hatte, wurde sie ruhiger. Sie wußte, es würde ihr furchtbar schwer werden, von der Schuld ihres Vaters zu sprechen, aber ihre gütige Herrin würde ihr verzeihen, daß sie darüber geschwiegen hatte, und würde es bedauern, daß sie fortgehen mußte. Vielleicht würde sie so großmütig sein, sie halten zu wollen. Aber Dani mußte fest bleiben.

Schnell beendete sie ihre Toilette und suchte ihre Herrin auf, die eben mit der ihren fertig geworden war.

Herzlich begrüßte Frau Reinert Dani und plauderte gleich frisch und vergnügt darauflos. Sie freute sich auf den Besuch ihres Schwagers und ihres Neffen. Nachdem beide Damen gefrühstückt hatten, gingen sie in den Garten, um Blumen für den Tafelschmuck zu schneiden.

Auch dabei plauderten sie lebhaft. Dani brachte es über sich, eine ruhige Heiterkeit vorzutäuschen und ging auf die Unterhaltung ein.

Nachher gab es noch allerlei zu tun, und der Vormittag verging schnell. Als es an der Zeit war, sagte Frau Herta lächelnd:

»Nun wollen wir uns für die Tafel umkleiden. Machen Sie sich schön, Kindchen. Ich will Ehre mit Ihnen einlegen. Und wenn auch mein Neffe durch seine unglückliche Liebe gegen Frauenreiz gefeit ist, so ist eine gut angezogene, hübsche junge Dame doch ein ästhetischer Genuß für seine Augen. Und mein Schwager sieht auch lieber schöne Menschen als häßliche.«

Dani versprach, das möglichste zu tun.

Sie kleidete sich mit äußerster Sorgfalt an – wußte sie doch, daß Ronald sie heute zum letztenmal sehen würde.

Als sie fertig war, ging sie hinunter. Gleich darauf erschien auch Frau Herta, sehr stattlich und gediegen aussehend in einer grauen Seidenrobe. Dani trug ein schlichtes, aber sehr hübsches weißes Kleid, das sie seit Monte Carlo nicht mehr getragen hatte. Ronald hatte sie bereits in diesem Kleid gesehen, und es hatte ihm besonders gut gefallen. Sie sah wunderbar aus in diesem vornehm-schlichten Gewand, und als die beiden Herren kamen, hingen beide Blicke bewundernd an der schlanken, weißgekleideten Mädchengestalt. Ronald hatte seinem Vater berichtet, daß Tante Herta sich eine junge Gesellschafterin von der Reise mitgebracht habe und daß es eine sehr sympathische Persönlichkeit sei. Der alte Herr fand nun, daß sein Sohn sehr wenig gesagt hatte. Diese junge Dame war nicht nur sehr schön, sondern so lieblich und anmutig, daß er sich an ihrem Anblick freute und sie gleich sehr freundlich begrüßte.

Und während der Tafel sah der alte Herr fast ebensooft bewundernd zu Dani hinüber, wie es sein Sohn tat – dieser aber nur verstohlen und bei aller Glückseligkeit, mit Dani an einem Tisch sitzen zu dürfen, doch mit wehem Herzen.

Dani bereitete nach Tisch den Kaffee selbst auf einer Maschine und reichte den Herren und Frau Reinert die zierlichen, kostbaren Mokkatäßchen. Sie versorgte die Herrschaften mit Sahne und Zucker und reichte kleine Kuchen herum. Alles tat sie auf eine so vornehm anmutige Art, daß der alte Herr immer wieder behaglich schmunzelte.

Als Dani einige Minuten das Zimmer verlassen hatte, um einen Auftrag ihrer Herrin auszuführen, sagte Friedrich Norden ganz begeistert:

»Also, liebe Herta, deine Gesellschafterin ist ein entzückendes Geschöpf, da wird einem ja das alte Herz noch einmal warm.

Und außerdem sieht sie aus wie eine verkappte Fürstin. Du bist zu beneiden um eine so angenehme Gesellschafterin.«

»Weiß ich, Friedrich, weiß ich! Ich schnurre jetzt auch den ganzen Tag vor Behagen. Und ihr könnt nicht einmal erkennen, wieviel Geist und Wissen sich hinter ihrem bescheidenen Wesen verbirgt, man kann über alles mit ihr sprechen, und zwar in den verschiedensten Sprachen. Ich habe mein Englisch und Französisch wieder ausgegraben und plaudere ab und zu in diesen Sprachen mit ihr. Außerdem spricht sie auch Italienisch und Spanisch. Wenn ich jetzt auf Reisen gehen werde, sind mir keine Grenzen mehr gesteckt; mit einer solchen Reisebegleiterin wage ich mich durch die halbe Welt. Ich freue mich schon darauf, und ihr braucht euch nicht zu wundern, wenn ich noch unter die Globetrotter gehe.«

»Recht hast du, Herta. Mit dieser jungen Dame scheinst du wirklich einen Volltreffer gemacht zu haben. Wie bist du denn zu ihr gekommen?«

Frau Herta erzählte nun, wie sie Dani im Sanatorium kennengelernt habe, wie sie hin und her gejagt worden und unter der Last ihrer Pflichten fast zusammengebrochen sei.

»Sie sah so blaß und elend aus, daß sich mir das Herz im Leib umdrehte. Ihr habt keine Ahnung, was für Torturen zuweilen von Kranken ausgeübt werden. Ich sah mir das nicht lange mit an. Obwohl das arme Ding auch noch für jeden, der sie quälte, ein freundliches Lächeln hatte, wußte ich, daß sie zusammenbrechen mußte, wenn ich nicht eingriff. Na, und da habe ich mit ihr gesprochen und hatte meine liebe Not, sie von dem Wahn zu befreien, daß sie sich aus lauter Dankbarkeit, weil der Professor sie engagiert hatte, bis zum letzten Atemzug aufopfern müsse. Ich machte dann dem Professor klar, daß er für diesen Posten eine robustere Persönlichkeit anstellen müsse, und er war auch einsichtsvoll genug, um einzusehen, daß er sie gehen lassen müsse. Und da habe ich sie sich erst einmal vier Wochen im Sanatorium erholen und auffüttern lassen, und nun ist sie wieder auf dem Posten.«

Mit welchen Gefühlen Ronald diese Erzählung seiner Tante anhörte, läßt sich denken. Das Mitleid mit Dani brannte ihm im

Herzen wie ein heftiger Schmerz. Und es berührte ihn eigen, daß sein Vater und die Tante so viel Gutes und Liebes über Dani sagten. Ach, sein Herz wußte noch viel Lieberes über sie zu sagen, aber sein Mund mußte stumm bleiben, und sein Vater dachte, sein Sohn müsse gegen jede Weiblichkeit gefeit sein, daß er so kaltblütig dabeisaß.

Wenn er geahnt hätte, wie diesem ums Herz war!

Nach dem Mokka kam die alten Herrschaften das Bedürfnis zu einem Nickerchen an. Frau Herta sagte lächelnd:

»Daniela, Sie können mit meinem Neffen einen Spaziergang durch den Garten machen oder ihn sonst ein wenig unterhalten, während wir, mein Schwager und ich, eine kurze Siesta halten.«

Dani schlug das Herz hart und laut in der Brust, auch das Ronalds schlug rebellisch. Da war endlich die ersehnte Gelegenheit zu einem Alleinsein mit Dani. Auch er hatte seit gestern unablässig darüber nachgedacht, wie er es Dani ermöglichen konnte, bei seiner Tante zu bleiben, ohne daß er ihre Ruhe und die seine zu stark gefährdete. Er hatte aber keinen Ausweg gefunden. Denn gesetzt, er beichtete seinem Vater jetzt wirklich alles und überließ ihm die Entscheidung – fiel sie so aus, wie er fürchtete, dann würde er doch gerade durch diese Beichte Danis Stellung gefährden. Denn zweifelsohne würde sein Vater dann darauf dringen, daß Tante Herta Dani entließ. Schließlich hatte er sich gefragt: Muß ich wirklich verraten, welche Schuld Danis Vater auf sich geladen hat?

Aber bald fiel es ihm ein, daß dies nicht lange zu verheimlichen sein würde. Kommerzienrat Köppen und seine Frau kannten Dani, sie würden gewiß einmal nach Berlin kommen und, wenn Dani dann seine Frau war, sie hier finden. Dann mußte alles an den Tag kommen. Und dann würde der Vater außer sich sein. Nein, so ging es auch nicht. Und außerdem hätte Dani sicher nicht eingewilligt, mit einer solchen Heimlichkeit seine Frau zu werden.

Während seines Dahinwandelns mit Dani über die Steige des Gartens sagte er ihr, was er alles geplant hatte, um sie nicht wieder heimatlos machen zu müssen. Sie ersah daraus, wie lieb er sie hatte, und ihre Augen schimmerten feucht.

»Es ist für mich der größte Beweise, wieviel ich Ihnen gelte, lieber Freund, daß Sie sogar in Erwägung gezogen haben, Ihrem Vater die Schmach des meinen zu verheimlichen. Aber nie würde ich einwilligen, unter solchen Umständen Ihre Frau zu werden. Nein, nein – wir müssen vernünftig sein und nichts Unmögliches vom Schicksal verlangen. Bitte, zerbrechen Sie sich nicht weiter den Kopf, irgendwie werde ich versuchen, meine Entlassung von Frau Reinert zu erlangen. Lassen Sie mir nur einige Tage Zeit, sie vorzubereiten – Sie werden doch in den nächsten Tagen nicht wieder hierherkommen?«

»Nein, Dani, das verspreche ich Ihnen, lassen Sie sich ruhig Zeit, wenn es denn sein muß, daß Sie wieder fortgehen. Wie schmerzlich mir das ist, werden Sie verstehen können. Könnte ich Sie doch wenigstens in diesem Friedensasyl halten. Sagen Sie mir nur, was Sie anfangen wollen, wenn Sie wieder fortgehen? Die Stelle bei Professor Sturm ist für Sie ja auch unmöglich. Ich hörte mit Entsetzen vorhin von meiner Tante, welches Martyrium Sie dort ertragen haben.«

Sie errötete.

»Oh, es war gar nicht so schlimm – nur reichten eben meine Kräfte nicht aus. Wenn ich dies Haus verlasse, werde ich wieder nach Montreux gehen, weit fort von hier, und bei Madame Boilieu bleiben, bis ich ein anderes Unterkommen gefunden habe. Es wird sich schon wieder etwas finden, vielleicht versuche ich, eine Anstellung als Sekretärin zu erhalten, wo ich meine Sprachkenntnisse besser verwerten kann. Ich denke, in Genf wird sich derartiges finden lassen. Irgendwie bringe ich mich schon durch, darum fürchte ich mich nicht vor der Zukunft.«

Ach, sie log mit lächelndem Mund, denn sie hatte eine große Angst vor der Zukunft, wußte sie doch, wie schwer es war, eine Stellung zu finden, wenn man nicht besonderes Glück hatte. Aber das durfte er nicht wissen. Er sah schon ohnedies so unglücklich aus, daß ihr Herz um ihn zitterte.

Er seufzte tief auf.

»Ist es nicht entsetzlich, Dani, daß ich nicht imstande bin, Sie wenigstens vor allen Sorgen und Fährnissen zu bewahren, da ich Sie nicht besitzen darf. Ahnen Sie, wie mir dabei zumute ist?«

Ihre kleine kalte Hand stahl sich scheu in die seine.

»O ja, mein lieber Freund, ich kann Ihnen alle Ihre Schmerzen nachfühlen, und wenn ich wenigstens Ihre Schmerzen lindern könnte, würde mir viel wohler sein. Wissen zu müssen, daß mein Unglück auch Sie unglücklich macht, ist für mich das bitterste von allem.«

Fest und warm umschloß er die geliebte Hand.

»Und für mich ist das bitterste, daß ich Sie nicht beschützen und behüten kann, wie ich es möchte. Wenn ich Sie so vor mir sehe, erscheint es mir absolut widersinnig, daß wir uns nicht angehören können. Da habe ich nun die Frau gefunden, die mein ganzes Glück ausmachen könnte. Sie ist schön, gesund, klug, tugendhaft und rein und so liebenswert, daß jeder Mann sich glücklich preisen könnte, eine solche Weggenossin zu finden. Und eine unglückselige Schicksalsfügung macht es mir unmöglich, diese Frau an meinem Herzen festzuhalten, obwohl sie mich liebt, wie ich sie liebe. Man könnte verzweifeln!«

Und er biß die Zähne zusammen und preßte ihre Rechte wie im Krampf.

»Alle Menschen können nicht glücklich sein, mein Freund«, sagte sie leise und löste sanft ihre Hand aus der seinen.

»Ach Dani, Sie sind bewunderswert tapfer und – resigniert. Ich kann es nicht sein, ich hadere mit dem Schicksal und zergrübele mir immer wieder vergeblich den Kopf, wie ich es meistern könnte. So erbärmlich machtlos zu sein – wie hart ist das für einen Mann.«

Dani sah ein, sie mußte ihm helfen zu vergessen, das war das einzige, was sie für ihn tun konnte, um ihm seine Ruhe wiederzugeben. So zermürbte er sich nur und verbitterte und verzehrte sich in einer Sehnsucht nach ihr, die sie nicht stillen konnte. Und ihre Augen leuchteten auf in erhabenem Märtyrermut. Fast beglückend erschien es ihr nun, das Opfer bringen zu dürfen, das ihm, wie sie meinte, seine Ruhe wiedergeben konnte.

Und ehe er sie noch darum bitten konnte, sagte sie ruhig:

»Ich teile Ihnen noch schriftlich mit, welchen Entschluß ich gefaßt habe und was ich Ihrer Frau Tante als Grund für mein Fortgehen angeben werde. Ich weiß, sie läßt mich nicht gern ziehen. Ich fühle es, sie hat mich liebgewonnen, und ich habe auch mein Herz an sie gehängt. Aber noch hat sie sich nicht zu sehr an mich gewöhnt, noch wird sie mich entbehren können. Sorgen Sie sich nicht mehr um all das, mein Freund – es wird sich regeln lassen. Gestern war ich nur zu sehr erschrocken, als ich Sie plötzlich vor mir sah. Nun bin ich schon gefaßter. Was ist denn schließlich schlimmer geworden? Nichts im Grunde, ich versetze mich wenige Wochen zurück und bilde mir ein, daß ich Ihre Frau Tante nie kennengelernt hätte. So wird es leicht für mich werden.«

Mit brennendem Blick sah er sie an.

»Sie verlangen doch nicht, daß ich glauben soll, daß Ihnen das alles so leicht wird? Ach Dani, Sie können mich nicht täuschen, ich kenne Sie zu gut. Ich vermag Ihnen bis ins Herz zu sehen und finde darinnen nur einen bewundernswerten Opfermut, eine traurige Resignation, eine herbe Verzichtleistung. Und das zu wissen und doch nicht helfen zu können ist bitter.«

Sie blieb vor ihm stehen und sah ihn mit ihren wundervollen beseelten Augen an. So standen sie Auge in Auge, ihre Seelen flogen einander zu und sagten sich, was ihre Lippen nicht aussprechen durften. Und Ronald fragte sich, bis in sein Innerstes erbebend, ob es wirklich ein Verbrechen an ihr sein würde, wenn er sie bestürmte, sein eigen zu werden ohne die gesetzliche und kirchliche Sanktionierung. Mußte er sie glücklos verblühen lassen, weil er sie nicht heiraten konnte?

Aber als er das aussprechen wollte, sah er die stolze Reinheit auf ihrer Stirn. Nein, einem Mädchen wie Daniela vermochte kein Mann wie er einen solchen Antrag zu machen.

Endlich riß Dani ihren Blick aus dem seinen. Mit diesem Blick hatte sie einen letzten Abschied von ihm genommen. Bewußt hatte sie den Leidenskelch geleert; sie würde Ronald nicht wiedersehen, würde nichts mehr von ihm hören. Alles war aus und vorbei. Wenn er heute das Haus seiner Tante verließ, würde es keine noch so lose Verbindung mehr zwischen ihnen geben.

Sie schauerte zusammen.

»Lassen Sie uns wieder hineingehen. Frau Reinert und Ihr Herr Vater werden inzwischen ihre Siesta beendet haben.«

Stumm ging er neben ihr her. Sie sprach auch nicht mehr, fürchtete auch, daß ihre Stimme die Festigkeit verlieren würde. Und sie durfte um keinen Preis ihre Fassung verlieren.

Sie langten wieder im Hause an und fanden die beiden alten Herrschaften, schon munter miteinander plaudernd.

Sie mußten nun beide wieder an der Unterhaltung teilnehmen, und sie vermochten es auch, zu ihrem eigenen Erstaunen. Sie beherrschten sich so gut, daß man ihnen nichts von ihrer Erregung anmerkte.

Die beiden Herren nahmen dann noch den Tee mit den Damen, und Friedrich Norden machte Dani einige altväterliche Komplimente. Und ehe er sich verabschiedete, vereinbarte er mit seiner Schwägerin, daß sie am nächsten Sonntag mit ihrer Gesellschafterin in seinem Haus zu Mittag speisen sollte. Bei dieser Einladung des alten Herrn flog ein leises Zucken über Danis Gesicht. Ihr Blick glitt zu Ronald hinüber, und sie sah, daß es trotz allem in seinen Augen aufleuchtete. Scheinbar ruhig nahm sie die Einladung an und dankte dafür. Ronalds Vater war ihr sehr sympathisch, und sein warmer Händedruck beim Abschied tat ihr wohl. Ronald umkrampfte ihre Hand zum Abschied mit einem fast schmerzhaften Druck. Aber niemand bemerkte das. Nur, daß Dani unter seinem Blick erbebte, fühlte er.

So schieden sie – wie Dani wußte, für immer.

XXI

Als Dani an diesem Abend allein in ihrem Zimmer war, preßte sie aufatmend die Hände gegen ihr Herz und schloß einen Moment die Augen. So stand sie da wie eine Verkörperung des Schmerzes.

Dann raffte sie sich auf und setzte sich an ihren kleinen Schreibtisch. Sie schrieb einen langen Brief an Ronald, machte ihn postfertig und barg ihn in ihrer Handtasche.

Oft genug waren ihr dabei die Tränen über die Wangen gelaufen, und ab und zu mußte sie eine solche Träne mit dem Löschblatt auffangen. So vorsichtig das auch geschah, leise Spuren davon blieben doch auf dem Papier zu sehen.

Als sie fertig war, sank sie kraftlos in ihren Sessel zurück. So lag sie eine Weile da, eine Beute tiefsten Schmerzes. Aber sie riß sich zusammen und erhob sich, um ihren Koffer zu packen, denn morgen, sobald sie sich mit Frau Reinert ausgesprochen hatte, wollte sie deren Haus verlassen. Sie sah im Kursbuch nach. Kurz vor fünfzehn Uhr ging ein Zug nach Montreux, den wollte sie benutzen.

Als sie mit Packen fertig war, begab sie sich zur Ruhe, konnte aber nicht einschlafen. Ihr junges Herz wehrte sich noch einmal gegen das, was sie tun wollte, tun mußte. Aber sie zwang alles in sich nieder. Und schließlich fand sie doch einige Stunden Schlaf.

Als sie erwachte, war es hohe Zeit, sich zum Frühstück fertigzumachen. Dann ging sie hinab. Frau Herta erschien sehr bald, und sie nahmen zusammen das Frühstück ein. Als das geschehen war, sagte Dani, so ruhig sie konnte:

»Haben Sie etwas Zeit für mich, gnädige Frau, ich möchte Sie um eine Unterredung bitten?«

Erstaunt sah Frau Herta sie an.

»Mein Gott, Daniela, das klingt ja ganz feierlich? Selbstverständlich habe ich Zeit. Was haben Sie mir denn Wichtiges zu sagen?«

»Vielleicht darf ich Sie hinüber in Ihren kleinen Salon begleiten, gnädige Frau, da sind wir ungestörter – und – ich möchte ungestört mit Ihnen sein.«

Kopfschüttelnd erhob sich Frau Herta.

»Gut, kommen Sie, Kindchen! Hoffentlich haben Sie mir nichts Unangenehmes zu sagen?«

Dani erwiderte nichts, führte Frau Herta in ihren Salon und schob ihr einen Sessel zurecht. Dann rückte sie sich einen Schemel zurecht und ließ sich darauf nieder, so fast zu Füßen ihrer Herrin sitzend. Mit blassem Gesicht und traurigen Augen sah sie zu ihr, nahm ihre Hand und drückte ehrfurchtsvoll ihre Lippen darauf.

»Liebe, verehrte gnädige Frau, ich muß Ihnen leider etwas Unangenehmes sagen. Zuerst das Wichtigste: Ich bitte Sie um meine sofortige Entlassung!«

Frau Herta zuckte zusammen und richtete sich steif wie in jäher Abwehr auf.

»Daniela! Das ist doch nicht Ihr Ernst?«

»Doch, gnädige Frau, es muß leider sein.«

»Aber ich verstehe das nicht, Kind! Sie sind doch nicht launenhaft? Paßt Ihnen etwas nicht hier im Haus? Ist Ihnen jemand von der Dienerschaft zu nahe getreten? Oder was haben Sie sonst für einen Grund, mich plötzlich um Ihre Entlassung zu bitten?«

»Leider einen sehr stichhaltigen. Bitte hören Sie mich an – es wird mir namenlos schwer, Ihnen meine Beichte abzulegen, aber – es muß sein. Gnädige Frau, ich habe Ihnen, als Sie mich anstellten, in feiger Angst, daß Sie diese Anstellung zurücknehmen würden, etwas verschwiegen, was ich Ihnen hätte sagen müssen. Ich hoffte, ich konnte es Ihnen für immer verschweigen, aber – als ich vorgestern Ihren Herrn Neffen hier sah, da – da wußte ich, daß Sie alles erfahren würden. Denn – Ihr Herr Neffe war Zeuge eines Vorkommnisses, das eine Schmach auf meinen Namen warf. Er war Zeuge, daß mein Vater in Nizza wegen Falschspiels verhaftet wurde. Ich war in meines Vaters Gesellschaft in Monte Carlo. Er hatte einen Ausflug nach Nizza gemacht. Ihr Herr Neffe kannte mich, da er in Monte Carlo weilte. Und – nun sah er mich gestern hier wieder – und erfuhr von mir, daß ich Ihnen verschwiegen hatte, daß mein Vater ein Ehrloser war. Und – selbstverständlich mußte er nun erwarten, daß ich Ihnen alles sage und so schnell wie möglich Ihr Haus wieder verlasse.«

Frau Herta war vor Schrecken ganz blaß geworden.

»Um Gottes willen, Daniela, warum haben Sie mir das nicht gesagt? Was wurde mit Ihrem Vater? Ist er im – Gefängnis?«

Dani neigte das Haupt, und ein trockenes Schluchzen erschütterte sie.

»Nein – er hat sich selbst gerichtet. Er – nahm Gift, das er sich irgendwie beschafft hatte, er wollte seine Schmach nicht weitertragen, konnte es nicht.«

Frau Herta strich sich über die Stirn.

»Mein Gott, was muß ich da hören?«

»Bitte, liebe gnädige Frau, verurteilen Sie mich nicht, verurteilen Sie auch meinen Vater nicht! Hören Sie mich an.«

Und Dani erzählte ihre und ihres Vaters ganze Geschichte, zog dann auch den letzten Brief ihres Vaters hervor und bat mit heiserer Stimme:

»Bitte, lesen Sie diese Zeilen! Es ist der Brief eines Menschen, der sich bereits selbst zum Tod verurteilt hat, die Abschiedsworte meines Vaters an mich. Sie werden begreifen, daß in einer solchen Lage ein Vater sein Kind nicht belügt. Ich bürge für die Wahrheit jedes Wortes, das dieser Brief enthält. Bitte – lesen Sie ihn.«

Noch ganz benommen von dem, was sie hatte hören müssen, nahm Frau Herta den Brief und las ihn. Und die Beichte dieses Mannes erschütterte sie. Daß Dani absolut schuldlos war und von ihrem Vater über sein Treiben vollkommen im unklaren gelassen worden war, erkannte sie sehr wohl. Sie begriff auch, daß Dani nur aus Angst und Sorge über alles geschwiegen hatte. Ein tiefes Mitleid mit dem armen Kind erfüllte sie. Sie strich über Danis Haar.

»Mein armes Kind, ich fühle mich nicht berechtigt, den Stab über Ihren Vater zu brechen. Was er gefehlt in seiner Not, hat er schwer genug gebüßt. Und daß Sie mir das alles verheimlichten – lieber Gott, ich kann es verstehen. Sie sind ja völlig schuldlos, und niemand konnte von Ihnen verlangen, daß Sie Ihr Unglück preisgeben sollten. Hätten Sie Vertrauen zu mir gehabt, ich hätte sie doch angestellt. Und – ich denke auch nicht daran, Sie jetzt zu entlassen. Ich komme schon darüber hinweg, ich muß mich nur erst fassen.«

Dani küßte inbrünstig ihre Hand.

»Sie sind ebenso gut wie großzügig. Ich ahnte wohl, daß Sie mir verzeihen könnten, wenn Sie alles wüßten. Aber – ich kann trotzdem nicht bei Ihnen bleiben. Da Sie alles wissen, könnte ich Ihnen nie mehr offen in die Augen sehen. Und Ihr Herr Neffe weiß doch auch um das alles – und auch ihm kann ich nicht wiederbegegnen. Bitte, verstehen Sie mich, liebe, teure gnädige Frau! – Ich muß fort – noch heute, gleich nachher. Ich – ich habe gestern mit Ihrem Herrn Neffen gesprochen. Er – er war sehr gütig – aber ich kann ihm nie mehr begegnen – darf es nicht. Bitte lassen Sie mich gehen! Nie wäre ich zu Ihnen gekommen, hätte ich geahnt, daß Herr Norden Ihr Neffe ist. Es wird ja auch nie mehr so zwischen Ihnen und mir sein, wie es bisher war. Darum muß ich gehen. Es ist bitter für mich, diese freundliche Heimat, die Sie mir boten, zu verlassen, aber ich wußte schon am Sonnabend, daß es sein müßte. Sagen Sie mir nur, teuerste gnädige Frau, daß Sie mir nicht zürnen. Glauben Sie mir, es macht mich sehr unglücklich, daß ich Sie kränken mußte. Bitte verzeihen Sie mir!«

»Ach, armes Kind – wie soll ich Ihnen zürnen? In all Ihre Not kann ich doch nicht auch noch eine kleinliche Übelnehmerei hineintragen. Muß es denn wirklich sein, daß Sie mein Haus verlassen? Es wird Sie doch niemand kränken – auch mein Neffe nicht, so engherzig ist er doch nicht?«

Dani preßte die Lippen fest aufeinander, um nicht laut aufweinen zu müssen.

»Bitte halten Sie mich nicht, lassen Sie mich gehen, das ist die einzige Wohltat, die Sie mir erweisen können«, sagte sie endlich mit einem so erschütternden Ausdruck, daß Frau Herta die Tränen kamen.

»Beruhigen Sie sich nur, Kind. Und – wenn Sie durchaus fortwollen, ich kann und werde Sie nicht halten. Da findet man einmal einen Menschen, der einem lieb und teuer wird – und dann reißt ihn irgendein Verhängnis von einem fort. Ich bin ganz verstört. – Soll ich Sie wirklich gehen lassen? Können Sie unter keiner Bedingung bleiben?«

»Nein! Nichts und niemand kann mich zurückhalten, ich muß gehen. Und ich möchte auch die Qual der Trennung nicht verlängern, heute noch will ich fort. Meine Sachen sind schon gepackt. Ich will Ihnen gleich jetzt Lebewohl sagen, liebe, teure gnädige Frau. Herzinnigsten Dank für all Ihre Liebe und Güte! Und glauben Sie bitte, daß Sie all das nicht an eine Unwürdige verschenkt haben.«

Dani erhob sich, küßte in inbrünstiger Dankbarkeit noch einmal die Hand ihrer Herrin, die völlig konsterniert in ihrem Sessel saß und nicht wußte, was sie tun sollte.

Dani eilte hinaus und gab draußen dem Diener Weisung, er möge sofort ihren Koffer herabholen und jemand nach einem Taxi schicken.

Der Diener wunderte sich, tat aber, was sie ihn geheißen hatte.

Eiligst machte sich Dani fertig, immer in Angst, daß sie noch durch Frau Reinert aufgehalten werden könnte. Sie wußte, ließ sie dieser erst Zeit, sich zu fassen, dann würde sie ihre Abreise verhindern. Ihre Abreise glich einer Flucht, und es war auch eine Flucht.

Dani sagte sich, wenn sie nicht schnell dies Haus verließ, dann verlor sie doch die Kraft dazu.

Es ging alles sehr schnell. Ein Taxi war gerade am Tor. Der Koffer Danis und ihre Reisehandtasche wurden aufgeladen. Dani warf den Brief an Ronald in den Briefkasten, und dann sprang sie in den Wagen, getrieben von einer Angst vor sich selbst, vor ihrer eigenen Schwäche, die sie vielleicht doch zurückhalten könnte, wenn Frau Reinert sie dringend zum Bleiben auffordern würde.

Und ehe sich Frau Herta von ihrem Schrecken und ihrer Entschlußunfähigkeit erholt hatte, war sie schon davongefahren.

Frau Herta trat, sobald sie sich gefaßt hatte, aus ihrem Salon, schritt durch mehrere andere Zimmer in das Vestibül und stieg die Treppe zu Danis Zimmer hinauf. Sie glaubte diese noch dort zu finden und wollte ihr sagen, daß sie nicht fortgehen dürfe, daß sie sie nicht fortlassen würde.

Sie klopfte an die Tür zu Danis Zimmer. Darauf erschien eines der Hausmädchen, das bereits in Danis Zimmer Ordnung machte.

»Wo ist Fräulein Daniela?«

Das Mädchen sah ihre Herrin erstaunt an.

»Sie ist fort.«

Frau Herta erschrak.

»Was heißt das: fort?«

»Nun – sie ist mit ihrem Koffer fortgefahren, zum Bahnhof.«

Die alte Dame wurde blaß.

»Mein Gott – so schnell? Wie ist das möglich? Sie hat mich doch eben erst verlassen.«

»Ja, sie hatte große Eile, weil sie ihren Zug noch erreichen wollte, und es fuhr gerade ein Taxi vorbei. Darin ist sie fortgefahren.«

Langsam, ohne ein Wort zu sprechen, wandte sich Frau Herta ab und ging wieder die Treppe hinunter. Das Herz tat ihr weh. Sie merkte erst jetzt, wie lieb ihr Dani geworden war. Aber sie wollte die Dienerschaft nicht merken lassen, daß sie nicht mit Danis Abreise einverstanden war.

Unten im Vestibül begegnete ihr Joseph.

»Joseph, warum ist Fräulein Daniela nicht mit meinem Wagen fortgefahren?«

Joseph zuckte die Achseln.

»Sie verlangte ein Taxi, gnädige Frau, wahrscheinlich wegen ihres großen Schrankkoffers.«

»Hat sie noch etwas für mich hinterlassen?«

»Ich soll gnädiger Frau noch einen letzten Gruß bestellen, sie würde sich erlauben, noch einige Zeilen zu schreiben, sobald sie ihr Ziel erreicht habe.«

Frau Herta schauerte fröstelnd zusammen. Nun war sie wieder allein. Die junge, warme Stimme würde sie nicht mehr schmeichelnd fragen, ob sie ihr etwas zuliebe tun könne. Sie würde nicht mehr in die schönen, lieben Augen sehen, die zuletzt so erschütternd in die ihren geblickt hatten. Wie konnte sie nur so schnell fortgehen, ohne sie zur Besinnung kommen zu lassen? Armes, liebes Kind – die Scham über das Vergehen ihres Vaters hatte sie davongetrieben. Warum nur hatte Ronald ihr das nicht selbst gesagt? Warum hatte er von Dani verlangt, daß sie ihr beichten mußte?

Sie richtete sich auf und ging zum Telefon, um Ronald anzurufen. Aber man meldete ihr, die beiden Herren Norden seien nicht da, sie seien zu einer Sitzung gefahren.

Frau Herta hängte ein. Und dann stand sie in Gedanken versunken und überlegte, was sie tun sollte. Dani zum Bahnhof nachfahren und sie wieder zurückholen? Aber würde sie sich zurückholen lassen? Die Energie, mit der sie ihre plötzliche Abreise ins Werk gesetzt hatte, deutete an, daß sie fest entschlossen war, zu gehen. Sie schämte sich eben zu sehr, daß ihres Vaters Schande offenkundig geworden war und daß sie nicht rechtzeitig selbst gebeichtet hatte. Und feinfühlig, wie sie war, erschien es ihr unmöglich, zu bleiben.

Ganz verstört ging die alte Dame in ihren Salon zurück und suchte sich mit der Tatsache abzufinden, Dani verloren zu haben. Sie würde sich ganz bestimmt nicht wieder zurückholen lassen, dafür kannte sie Dani nun schon zu gut. Armes Kind! Armes, liebes Kind! Was wurde nun aus ihr? Ihre Stellung bei Professor Sturm hatte sie verloren – und sie hätte sie auch nicht mehr lange behalten können. Sie wollte nach Montreux zurück, zu dieser Madame Boilieu. Nun ja, da war sie ja vorläufig in Sicherheit. Aber man mußte doch sehen, daß man etwas für sie tun konnte. Man konnte sie doch nicht so ohne weiteres ihrem Schicksal überlassen! Wenn sie doch nur erst mit Ronald darüber sprechen könnte! Wie sonderbar, daß er ihr nichts gesagt hatte, daß er Dani bereits kannte. Sie grübelte darüber nach, und irgend etwas bedrückte sie, aber sie kam nicht auf die richtige Spur.

Am Nachmittag läutete sie nochmals bei Ronald an. Aber die Herren waren noch nicht zurück, sie speisten mit einigen Geschäftsfreunden in der Stadt und würden erst nach sechs Uhr nochmals in das Büro kommen, um die Abendpost zu unterzeichnen.

So mußte sie warten.

Ronald kam wirklich erst nach sechs Uhr mit seinem Vater zurück, und die beiden Herren begaben sich in ihre Büros, um zu erledigen, was noch zu erledigen war. Ronald erfuhr, daß seine Tante angerufen hätte, und er nahm sich vor, gleich hernach bei ihr anzuklingeln und sie zu fragen, was sie von ihm wünsche. Er hoffte dann auch zu hören, wie es Dani gehe.

Schnell erledigte er die aufgestapelte Post. Als das geschehen war, sah er zuletzt unter diesem Stapel einen Brief liegen mit der Aufschrift: »Privat«.

Er erkannte sofort an Briefpapier und Schrift, daß der Brief von Dani war. Er wußte auch, daß diese auf seine Anordnung immer dieses »Privat« auf die Adresse setzte. Wenn es fehlte, lief der Brief Gefahr, mit der andern Geschäftspost von dem Prokuristen geöffnet zu werden.

Das Kuvert enthielt zwei engbeschriebene Bogen. Seine Hand bebte, als er sie entfaltete. Was würde sie ihm zu sagen haben? Und er las erst erwartungsvoll und dann bestürzt:

»Mein lieber lieber, teurer Freund! Wenn Sie diesen Brief erhalten, bin ich bereits fort von Berlin. Ich wollte Ihnen und mir den Abschied ersparen und mich nicht in Gefahr bringen, mich von Ihnen umstimmen zu lassen. Wenn Sie diese Zeilen erhalten, werde ich meinen Entschluß ausgeführt und Ihrer hochverehrten Frau Tante gesagt haben, was ich ihr sagen mußte, um sie von der Notwendigkeit meiner Entlassung zu überzeugen. Und Sie sollen wissen, was ich vorgeben werde, um meinen Zweck zu erreichen. Ich will ihr sagen, daß ich fort muß, weil Sie damals Zeuge der Verhaftung meines Vaters waren, daß Sie mich erkannt und gefragt hätten, ob ich Ihrer Frau Tante gebeichtet habe, daß mein Vater ein Falschspieler und Selbstmörder war. Ich werde ihr auch sagen, daß Sie es mir zur Pflicht gemacht hätten, ihr zu beichten, daß ich aber, indem ich das tue, zugleich meine Entlassung fordern müsse, weil ich mich schämte, einen entehrten Namen zu tragen und es verschwiegen zu haben.

So wissen Sie, mein lieber Freund, unter welchen Angaben ich meine sofortige Entlassung erzwingen werde. Ich werde meiner gütigen Herrin gar nicht die Zeit lassen, mich zu halten, denn ich darf es nicht tun. Ich muß fort. Muß fort aus Ihrer Nähe, von der ich ja keine Ahnung hatte, muß ganz fort aus Ihrem Leben, mein Freund. Ich weiß durch Ihre Tante, wie sehr Sie verändert sind, wie Sie unter der Erinnerung an mich leiden. Und das darf, das soll nicht sein. Es ist genug, wenn ich leiden muß. Sie sollen lernen, mich zu vergessen, ich will ganz aus Ihrem Leben verschwinden, werde nie mehr an Sie schreiben, werde auch kein Schreiben von Ihnen mehr annehmen.

Sie sollen sich frei machen von der Erinnerung an mich und von den Schmerzen um mich. Ich ertrage es nicht, daß Ihr geliebtes Leben zerstört werden soll durch eine aussichtslose Liebe, die Sie mehr und mehr verdüstern wird. Lieber einziger Freund, helfen Sie mir, Sie frei zu machen von aller Pein. Wenn Sie nichts mehr von mir hören und sehen und sich selbst zwingen, nicht mehr an mich zu denken, dann werden Sie vielleicht eines Tages den Wunsch Ihres verehrungswürdigen Vaters erfüllen und eine Frau heimführen können, die Ihrer wert ist und zu der Sie sich stolz vor aller Welt bekennen können.

Um mich sorgen Sie sich nicht. Ich werde schon lernen, mein Dasein zu ertragen, auch wenn ich nichts mehr von Ihnen höre. Wie gesagt, es ist genug, daß ich leide – Sie sollen nicht länger unglücklich sein. Ich wünsche von ganzer Seele, daß Sie wieder ruhig werden und sich nicht mehr mit dem Gedanken an mich herumquälen. Ich möchte sterben, mein lieber, treuer Freund, um Sie von mir ganz frei zu machen, und glauben Sie mir, ich würde es freudig tun, wenn ich nicht wüßte, daß mein Tod Sie belasten würde.

Leben Sie wohl, Ronald Norden – und Dank, innigsten Dank dafür, daß Sie mich trotz allem Ihrer Liebe für wert hielten.

Mein Leben wird nie ganz ohne Sonne sein, weil ich die Erinnerung habe, daß ich von Ihnen geliebt wurde und weil ich Sie lieben darf bis an das Ende meiner Tage. Helfen Sie mir, mein Werk zu vollenden. Seien Sie tapfer und stark, und vergessen Sie mich. Versuchen Sie nicht, mir wieder zu schreiben, ich müßte Ihre Briefe sonst ungeöffnet an Sie zurückgehen lassen. Sie werden nie mehr von mir hören, es muß sein. Und Gott erhöre mein Flehen und lasse Sie glücklich werden. Noch ein letztes Mal

Ihre Dani Winterfeld.«

Wie vernichtet starrte Ronald auf diesen Brief. Er bemerkte sehr wohl die sorgsam verwischten Tränenspuren, wußte, dieser Brief war mit ihrem Herzblut geschrieben. Und er war bis ins tiefste Herz davon erschüttert. Wie konnte sie glauben, daß er sie je vergessen könnte? War doch seine Sehnsucht nach ihr von Tag zu Tag gewachsen. Und nun, da er sie wiedergesehen hatte und sie wieder hatte hinaustreiben müssen aus einem endlich erreichten Friedensasyl, nun liebte er sie um so heißer und inniger. Er drückte ihren Brief an seine Augen, an seine Lippen und erbebte unter der Gewalt seiner Liebe. Nein, er konnte nicht von ihr lassen, er mußte sie sich erringen, allen Hindernissen zum Trotz.

Er sprang auf. War sie schon fort? Nein, so schnell doch nicht?

Er griff nach dem Telefon und rief seine Tante an.

Diese meldete sich sogleich.

»Du, Ronald? Ach, Gott sei Dank, ich versuche schon den ganzen Tag, dich zu sprechen.«

»Ja, Tante, sag mir nur eines, ist Fräulein von Winterfeld noch bei dir?« fragte er mit vor Aufregung bebender Stimme.

»Nein, sie ist ganz plötzlich abgereist, deshalb wollte ich mit dir sprechen. Ronald, sie sagte mir, du kanntest sie von Monte Carlo her und – das mit ihrem Vater –, ich bin noch ganz fassungslos. Hals über Kopf ist sie fort und hat nicht auf das gehört, was ich ihr sagte.«

Ronald zwang sich zur Ruhe.

»Tante Herta – ich, ich komme nachher zu dir. Ich bringe auch Vater mit, ich habe euch beiden etwas zu sagen. Du sorgst doch bitte für einen Imbiß für Vater?«

»Selbstverständlich, Ronald, es ist mir sehr lieb, daß ich alles mit euch besprechen kann. Ach Ronald, ich bin ja wieder so einsam, ich kann die Trennung von Daniela nicht verwinden. Was kümmert mich, was ihr Vater getan hat – sie ist rein und schuldlos.«

»Ja, ja ja, liebe gute Tante, das ist sie! Wir sind also in spätestens einer halben Stunde bei dir.«

»Es ist gut, Ronald. Ich bin froh, daß ich nicht allein sein werde heute abend.«

Ronald hängte ein und starrte eine Weile vor sich hin. Dann ging er zu seinem Vater hinüber.

»Bist du fertig, Vater?«

»Ja, wir können nach Hause fahren.«

»Ich habe uns bei Tante Herta angemeldet. Sie hatte einige Male bei mir angeklingelt, und deshalb rief ich bei ihr an. Sie fühlte sich schrecklich einsam und verlassen und bittet, daß wir zu ihr kommen.«

Erstaunt sah sein Vater zu ihm auf.

»Einsam und verlassen? Mit einer so entzückenden Gesellschafterin?«

»Ja – die ist leider nicht mehr da, sie ist heute abgereist.«

»Abgereist? Was soll das heißen?«

»Sie hat ihre Stellung aufgegeben – ganz plötzlich.«

»Na, das verstehe ich nicht. Tante Herta sagte doch, sie würde für immer bei ihr bleiben.«

»Es – ja, es ist etwas geschehen. Du wirst das alles bei Tante Herta hören. Sie war ganz fassungslos und betrübt.«

»Na, das kann ich mir denken, wenn sie das reizende Mädel wieder hergeben muß – da würde ich auch betrübt. Ich kann wohl sagen, daß noch nie eine junge Dame einen solchen Eindruck auf mich gemacht hat wie dieses Fräulein von Winterfeld. Na, dann wollen wir zu Tante Herta fahren und hören, was da geschehen ist.«

Die beiden Herren machten sich auf den Weg und trafen bald in der Villa Reinert ein.

Tante Herta kam ihnen mit verweinten Augen entgegen. Nachdem sie die Herren begrüßt hatte, sagte sie seufzend:

»Ist das nicht närrisch von mir? Ich habe den ganzen Tag ein Gefühl gehabt, als hätte ich einen geliebten Menschen hergeben müssen? Wie kann man nur sein Herz so schnell und so fest an einen fremden Menschen hängen?«

»Ich kann dich schon verstehen, Herta, dieses Fräulein von Winterfeld hat es auch mir angetan. Aber nun sag doch: Weshalb ist sie so plötzlich wieder abgereist, was ist geschehen?«

»Ach, hat Ronald dir das noch nicht gesagt?«

»Nein, er sagte mir nur, daß etwas geschehen sei.«

Ronald strich sich über die Stirn.

»Liebe Tante, bitte laß Vater erst eine Tasse Tee trinken und ein Butterbrot essen. Wir wollen das alles nachher besprechen, ich – ich habe zu dieser Angelegenheit noch etwas Besonderes zu sagen.«

Verwundert sah sein Vater ihn an. Tante Herta fand nichts in seinen Worten, was sie erstaunt hätte, denn sie wußte ja oder glaubte zu wissen, worauf Ronald anspiele.

Sie gingen in das Eßzimmer, wo der Tisch bereits gedeckt war. Der alte Herr speiste aber fast allein, denn weder Tante Herta noch Ronald vermochten viel zu sich zu nehmen.

Das Mahl war ziemlich schnell beendet, und sie zogen sich in den kleinen Salon zurück, wo Tante Herta ihrem Schwager davon berichtete, was heute vormittag zwischen ihr und Daniela von Winterfeld vorgefallen war. Als sie endlich schwieg, sah der alte Herr seinen Sohn aufmerksam an.

»Also, du kanntest die junge Dame und warst bei der Affäre zugegen, die ihren Vater betraf?«

Ronald hatte, in düsteres Brüten verloren, gewartet, bis Tante Herta mit ihrem Bericht zu Ende war. Als nun sein Vater diese Frage an ihn richtete, erhob er sich und lehnte sich an den Kamin.

»Ja, Vater, ich kannte sie, und nun will ich euch die Angelegenheit näher erklären. Was euch an Fräulein von Winterfelds plötzlicher, fluchtartiger Abreise so unerklärlich erscheint, wird euch gleich klarwerden. Ich kann jetzt nicht länger darüber schweigen. Also Daniela von Winterfeld reiste so schnell wieder ab, weil – weil sie zu ihrer grenzenlosen Bestürzung bei meinem Besuch am Sonnabend erfuhr, daß ich der Neffe ihrer neuen Herrin war. Sie hatte schon mit einigem Zagen die Stellung in Berlin angenommen, weil eben ich in Berlin wohne. In einem Brief an mich, den sie kurz vor meinem Besuch in den Postkasten geworfen hatte, teilte sie mir mit, wo sie sich befinde, und bat mich, ihr weit aus dem Weg zu gehen. Statt dessen stand ich dann plötzlich vor ihr – und, weiß Gott, wir waren beide fassungslos erschrocken, als wir uns plötzlich wiedersahen. Denn – wir hatten in Montreux, wo ich sie das letztemal sah, Abschied für immer voneinander genommen. Nachdem ich euch das gesagt habe, werdet ihr wohl ahnen, daß Dani von Winterfeld die Frau ist, der mein ganzes Herz gehört, die blond ist ›bis ins Herz hinein‹ – und rein und schuldlos. Und obwohl sie mich ebenso liebt wie ich sie, mußten wir uns trennen, weil eben die Schuld des Vaters als Hindernis zwischen uns stand. Ich durfte es dir nicht antun, Vater, dir die Tochter eines Falschspielers als Schwiegertochter ins Haus zu bringen, und sie sah das ein und verzichtete, wie ich verzichten wollte. Aber, weiß Gott, Vater, ich habe nicht geahnt, wie schwer mich dieser Verzicht ankommen würde. Ich habe das Mädchen lieb mit allen Fasern meines Seins. Ich weiß, daß sie meiner wert ist, daß mir ihr ganzes Herz gehört und daß nur sie mir ein volles Lebensglück bereiten könnte. Und – wenn ich nicht auf dich hätte Rücksicht nehmen müssen, weiß Gott, nichts hätte mich hindern können, sie zu meiner Frau zu machen, auch nicht der Gedanke, daß ihr Vater ein Falschspieler und Selbstmörder war. Die Verhältnisse brachten ihn auf eine abschüssige Bahn. Er war mehr unglücklich als schlecht.«

Erschöpft schwieg Ronald und warf sich in einen Sessel, das zuckende Gesicht in den Händen verbergend.

Fassungslos sahen ihn die beiden alten Herrschaften an. Wie Ronald das alles vorgebracht hatte, zeigte zur Genüge, wie tief er getroffen war.

Tante Herta war von tiefstem Mitleid erfüllt. Nun verstand sie alles, nun wußte sie, daß Danis plötzlicher Aufbruch nur eine Flucht vor sich selbst, vor ihrer Liebe, gewesen war.

Und Friedrich Norden sah mit schmerzlichem Ausdruck auf seinen Sohn, sah, wie er litt, und wußte doch, daß er ihm nicht helfen konnte. Denn der Gedanke, die Tochter eines Entehrten in seine Familie aufzunehmen, ging wider sein Empfinden.

Lange saßen sie so beieinander. Keiner wagte ein Wort zu sprechen, aber alle drei waren in ihren Gedanken bei Dani, die heimatlos wieder in die Welt hinausgezogen war.

Schließlich raffte sich Ronald wieder auf und sagte heiser:

»Ich will euch nun alles berichten, was geschehen ist.«

Und er erzählte ausführlich alles, was er in Monte Carlo erlebt hatte, seit er mit Dani auf der Corniche bei der Autopanne zusammengetroffen war, bis er sich in Montreux von Dani verabschiedet hatte, nachdem er ihr den Brief ihres Vaters übergeben hatte. Auch erwähnte er, daß er in dem Berliner Klub schon einmal Horst von Winterfelds Entlarvung als Falschspieler miterlebt hatte, denn das gehörte zu der Geschichte. Und er sagte zum Schluß:

»Wenn ihr den Brief hättet lesen können, der die Lebensbeichte des Unglücklichen enthielt und den er zum Abschied an seine Tochter sandte, dann würdet ihr verstehen, daß er wirklich nur ein Unglücklicher war und mannhaft gerungen hatte, ehe er unterlag.«

Da richtete sich Frau Herta auf.

»Ich habe diesen Brief gelesen. Daniela gab ihn mir heute vormittag, und ich kann dir nur beistimmen, Ronald. Dieser Mann kann nicht schlecht gewesen sein.«

Friedrich Norden wehrte die Ergriffenheit von sich ab, die ihn bei seines Sohnes Bericht überfallen hatte. Wehmütig rief er sich Danis Bild vor seine geistigen Augen. Oh, er konnte verstehen, daß sein Sohn mit inniger Liebe an diesem schönen, liebenswürdigen und auch sicherlich liebenswerten Mädchen hing. Aber sie heiraten – nein, das war unmöglich.

Er raffte sich auf.

»Du kannst dir denken, mein Junge, wie tief mich alles bewegt hat, ich kann dir alles nachfühlen und – möchte dir und diesem armen Kind von Herzen gern helfen. Aber bedenke – sie führt den Namen Winterfeld, der den Herren im Klub hier wohlbekannt geblieben sein wird. Sie führt den Namen eines im Gefängnis durch eigene Hand aus dem Leben geschiedenen Mannes, der wegen Falschspiels verhaftet war. Mag sie rein und klar sein wie Bergwasser, sie trägt diesen Namen, und du müßtest diesen als den deiner künftigen Frau angeben. – Nein, mein Sohn – das könntest du selbst dann nicht, wenn du nicht auf mich Rücksicht zu nehmen hättest. Der Name Norden hat allzeit einen reinen, guten Klang gehabt, er darf nicht durch einen Schatten von Unehre getrübt werden. So leid du mir tust und so sehr ich das arme Kind bedaure, sie muß darauf verzichten, deine Frau zu werden.«

Ronald fühlte in diesem Moment selbst, daß sein Vater recht hatte. Er sah ihn mit trüben Augen an.

»Sie hat schon längst verzichtet, Vater – hier lies diesen Brief, den sie wohl heute morgen vor ihrer Flucht in den Postkasten geworfen hat. Daraus wirst du erkennen, wie sie bei allem Schmerz nur immer an mich denkt, nicht an sich.«

Er gab dem Vater Danis Brief. Der las ihn in tiefster Bewegung. Auch er sah sehr wohl die Tränenspuren. Ein inniges Mitleid mit den beiden jungen Menschen erfaßte ihn. Und als er zu Ende gelesen hatte und auch Frau Herta den Brief zum Lesen gab, sagte er schmerzlich:

»Wenn ich nur wüßte, was tun, um euch eine Verbindung zu ermöglichen, ohne die Schmach, die ihren Vater traf, auf unsern Namen zu übertragen. Wenn ich verbergen könnte, daß sie die Tochter dieses Mannes war – ich selbst wollte sie freudig aufnehmen als deine Frau. Dieses Zugeständnis ist aber alles, was ich tun kann. Solange der ihrem Namen anhaftende Makel auch auf den unsern fallen kann, ist an eine solche Verbindung nicht zu denken. Das mußt du selber einsehen, mein Junge.«

Ronald fuhr sich über die Stirn. Er sah sehr blaß aus.

»Ja doch, Vater, das sehe ich ein – wenn dieser blinde Zufall Dani nicht in Tante Hertas Haus geführt hätte, würde ich euch nicht mit der Geschichte meines, unseres Unglücks gekommen sein. Aber so mußte ich euch alles sagen. Und – man klammert sich immer noch an eine leise Hoffnung, als könne ein Wunder geschehen. Aber es geschehen keine Wunder.«

Mitleidig sah Frau Herta auf Ronald. Sie faßte seine Hand.

»Weiß Gott, lieber Junge, ich verstehe deinen Schmerz nur zu gut, denn ich weiß ja selber, wie weh eine Trennung von Daniela tut, und ich bin kein junger Mann, der sie liebt. Ich kann mir auch denken, wie sehr du dich um sie sorgst. Wir müssen unbedingt Mittel und Wege finden, etwas für sie zu tun, ohne daß sie ahnt, daß wir die Hand im Spiel haben. Ich weiß doch, daß sie ziemlich mittellos ist.«

Ronald berichtete nun von den einundzwanzigtausend Franken, die Herr von Winterfeld für seine Tochter sichergestellt hatte und von denen er behauptete, sie seien ehrlich gewonnen, daß aber Dani das Geld zum Besten für entlassene Sträflinge stiften wolle und ihn schon damit betraut habe, das Nötige zu veranlassen.

»Ich redete ihr zu, damit noch so lange zu warten, bis sie sich selbst einen Notpfennig zurückgelegt haben würde. Durch diesen Verlust ihrer Stellung wird sie wahrscheinlich wieder gezwungen sein, etwas von dem Geld zu nehmen. Aber ich weiß, es wird ihr erstes sein, sobald sie wieder verdient, dies Geld zurückzuzahlen. Sie betrachtet es nicht als ihr Eigentum.«

»Das beweist wieder, wie ehrenhaft ihre Gesinnung ist. Tante Herta hat recht, wir müssen ihr irgendwie zu helfen suchen, ohne daß sie ahnt, daß wir beteiligt sind, denn sonst würde sie kaum Hilfe annehmen, das erscheint mir sicher«, sagte der alte Herr.

»Aber wie soll man ihr helfen? Sie lehnte jede Hilfe von meiner Seite strikt ab.«

»Das wollen wir überlegen, mein Junge. Sagtet ihr nicht, daß sie verschiedene Sprachen spricht?«

»Ja, Englisch und Französisch beherrscht sie in Wort und Schrift perfekt, Italienisch in der Konversation, wenn auch im Schriftlichen noch nicht ganz perfekt, und Spanisch lernt sie noch.«

»Hm! Mir scheint, dann müßte sie mit ihren sonstigen Eigenschaften und diesen Sprachkenntnissen eine erstklassige Sekretärin abgeben. Ob wir ihr bei unsern Verbindungen nicht einen solchen Posten verschaffen könnten?«

Ronald atmete tief und schwer.

»Wenn das von dir aus geschehen würde, Vater, könnte es unverfänglich scheinen. Ich wagte nicht, solche Schritte für sie zu unternehmen, um ihren Ruf nicht zu gefährden.«

»Ja, ja, das verstehe ich. Laß mich das mal in Ruhe überlegen. Es wird sich schon was finden lassen. Wir können sie ja mit gutem Gewissen als tüchtige Kraft und ehrenhafte Persönlichkeit empfehlen. Und ich hoffe, wenn wir sie irgendwo gut untergebracht haben, wird dir das Herz etwas leichter werden, und du wirst beherzigen, um was sie dich selber gebeten hat, daß du vernünftig sein und versuchen sollst, sie zu vergessen.«

Ein bitteres Lächeln spielte um Ronalds Lippen.

»Ich will nicht pathetisch erscheinen, Vater, wenn ich sage, vergessen kann ich sie erst, wenn ich nicht mehr leben werde. Aber es ist so. Wer dieses Mädchen geliebt hat und von ihm geliebt wurde, kann es nicht vergessen – so vernünftig kann man nicht sein, wenn man jung ist.«

Sie sprachen noch lange hin und her. Der Vater und die Tante suchten Ronald seinen Schmerz zu erleichtern, soweit es in ihrer Kraft stand. Und als Ronald dann eine Weile das Zimmer verlassen hatte und draußen auf der Terrasse eine Zigarette rauchte, um sich zu beruhigen, sagte Friedrich Norden bekümmert zu seiner Schwägerin:

»Du mußt zugeben, Herta, daß ich meine Einwilligung zu dieser Verbindung nicht geben kann.«

Sie seufzte tief.

»Ich kann nur zugeben, daß wir Menschen seltsame Ehrbegriffe haben. Eine Lizzi Bernd hättest du mit offenen Armen als Schwiegertochter aufgenommen, obwohl sie nicht annähernd so viel wert ist wie Daniela. Lizzi hat nicht ein Jota Ehrgefühl, sieht mit Gefühlskälte und Egoismus ins Leben und wird eines Tages ihrem Gatten so gewiß und wahrhaftig Hörner aufsetzen, wie – nun ja, wie es ihre Mutter höchstwahrscheinlich mehr als einmal mit ihrem Vater gemacht hat. Aber ihr Vater ist ein reicher, angesehener Mann. Siehst du ein, Friedrich, wie kläglich es um unsere sogenannte Ehre bestellt ist?«

»Aber Herta, du willst doch nicht sagen, daß du es für richtig fändest, wenn ich Ja und Amen zu dieser Verbindung sagen würde?«

»Nein, das will ich nicht sagen, wohl aber, daß ich Daniela mit offenen Armen als meine Nichte aufnehmen würde. Und ich weiß nicht, ob der sogenannte Ehrbegriff so viel wert ist wie zwei zerstörte Menschenschicksale.«

Er wischte sich mit dem Tuch über die Stirn und sah betreten in ihr ernstes Gesicht.

»Du setzt mir mal wieder sehr zu, liebe Herta.«

»Du brauchst dich ja nicht daran zu kehren, was ich sage, aber ich kann aus meinem Herzen keine Mördergrube machen.«

Sie wurden gestört. Ronald trat wieder ein, und sein blasses, zerquältes Gesicht erschien seinem Vater wie ein stiller Vorwurf. Er mußte sich dagegen zur Wehr setzen.

Tante Herta legte ihre Hand in Ronalds Arm.

»Da du Daniela nicht mehr schreiben darfst und sie dir ganz gewiß nicht mehr schreiben wird, werde ich bei ihr anfragen, ob sie gut angekommen ist und wie es ihr geht. Ich kann mir sehr wohl vorstellen, daß sie sich nicht in den besten Umständen befindet, aber auf diese Weise werden wir wenigstens Nachricht von ihr bekommen. Und das ist jetzt die Hauptsache. Außerdem soll sie fühlen, daß wir uns um sie kümmern und daß ich ihr nicht zürne. Sie wollte mir noch Bescheid geben, aber das werde ich nicht abwarten.«

Ronald küßte ihr die Hand.

»Gute, liebe Tante Herta, ich danke dir. Es nimmt mir etwas die Sorge um sie.«

Sie strich über sein Haar.

»Kopf hoch, mein Junge, vielleicht geschieht doch noch ein Wunder, man darf nur den Glauben daran nicht verlieren.«

Dabei warf sie einen raschen kurzen Seitenblick auf ihren Schwager, der seltsam versonnen dasaß.

Sie plauderten dann von anderen Dingen, aber das Gespräch stockte häufig, weil die drei Menschen immer wieder daran dachten, daß jetzt ein junges, vereinsamtes Geschöpf durch die Nacht dahinfuhr, einem ungewissen Schicksal entgegen.

Als die beiden Herren sich von Frau Herta dann verabschiedet hatten, fuhren sie, in tiefes Schweigen versunken, nach Hause zurück.

XXII

Wie Dani die weite Fahrt überstanden hatte, wußte sie selber nicht zu sagen. Im Geiste verglich sie diese Fahrt mit der von Ventimiglia nach Montreux. Da war sie auch so unglücklich und elend gewesen. Sie wollte nicht an das denken, was sie hinter sich gelassen hatte, und doch drangen die quälenden Gedanken immer wieder auf sie ein. Sie mußte ausrechnen, wann Ronald ihren Brief bekommen würde, und suchte sich sein Gesicht vorzustellen, mit dem er auf ihren Brief herabsehen mochte. Sie hatte getan, was sie tun konnte, um sich für immer von ihm zu lösen, und spürte nun doch, daß es sie unsagbar unglücklich machen würde, vergäße er sie wirklich. Und sie betete inbrünstig für sein Glück und seine Seelenruhe, erschauerte aber zugleich vor namenlosem Schmerz, wenn sie daran dachte, er könne eines Tages eine andere Frau heimführen.

Und so kam sie ziemlich elend in Montreux an, ließ ihre Koffer auf dem Bahnhof und ging zu Madame Boilieu.

Diese glaubte zu träumen, als Dani plötzlich wieder auf der Schwelle zu ihrem Wohnzimmer stand.

»Sie, Daniela? Mein Gott, ich glaubte Sie längst in Berlin!«

»Dort war ich auch, Madame Boilieu, aber nur wenige Tage. Ich mußte leider meine Stellung wieder aufgeben – weil – nun, es hat Unstimmigkeiten mit meiner Herrin gegeben.«

»Mein Gott, und Sie waren so sicher, daß Sie für alle Zeit ausgesorgt hatten! Aber mir kam diese Sache gleich etwas zu rosarot gefärbt vor. In solchen Fällen pflegt immer etwas Unangenehmes dahinterzustecken. Nun sind Sie dadurch Ihre gute

Stellung bei Professor Sturm los. Es ist eigentlich unerhört, daß man Sie mit allerlei Versprechungen fortgelockt hat.«

»Bitte glauben Sie nicht, daß Frau Reinert irgendwelche Schuld trifft. Auch mich trifft keine. Nur eine unselige Verkettung von Umständen hat meine Stellung unhaltbar gemacht. Ich möchte nicht weiter darüber sprechen, bitte erlassen Sie es mir. Und in Berlin mochte ich nicht bleiben, denn es ängstigte mich. So kam ich wieder hierher, weil Sie mir so gütig versprochen hatten, mich wieder zu den alten Bedingungen aufzunehmen. Werden Sie das tun?«

Madame war nur zu gern bereit. Sie hatte immer noch Zimmer leerstehen, und wenn Dani auch nur die Hälfte bezahlte, so leistete sie doch sehr viel für die andere Hälfte.

»Selbstverständlich halte ich mein Wort, Daniela, und ich will mich auch keineswegs in Ihr Vertrauen drängen. Aber ich kenne Sie gut genug, um zu wissen, daß Sie ganz gewiß keine Schuld trifft. Nun gehen Sie nur hinauf in Ihr altes Zimmer, es ist noch unbesetzt und vollkommen in Ordnung. Sie sehen wieder sehr elend aus.«

»Die lange, ermüdende Fahrt, Madame Boilieu! Morgen werde ich wieder frischer sein. Und ich werde mich bemühen, möglichst bald wieder eine Stellung zu bekommen, damit ich Ihnen nicht zu lange zur Last falle.«

»Sie können sich ruhig Zeit lassen, Daniela, es eilt mir nicht.«

Und dann saß Dani wieder oben in ihrem Zimmerchen und sah sich mit toten, leeren Augen darin um. Aber sie war nun endlich wieder allein, brauchte nicht vor neugierigen Blicken ihre Schmerzen zu verbergen und konnte sich ihrem Kummer ungestört hingeben.

Das tat sie dann auch mit einer Inbrunst ohnegleichen. Sie rührte sich nicht, saß wie gelähmt in ihrem Sessel und wußte, sie war wieder mutterseelenallein.

Wieder hätte sie gern ihr Leben dahingegeben, wenn es von ihr gefordert worden wäre. Sie kam sich ganz losgelöst vor, so verlassen wie ein Stein auf der Straße. Das Schicksal konnte ihr immer wieder Fußtritte versetzen, mochte sie auch noch so schuldlos sein.

Wie sie über die nächsten Tage hinwegkam, wußte sie kaum. Sie aß, um nicht krank zu werden, sie sprach, wenn es von ihr verlangt wurde, trat wieder für Madame in den Lehrplan ein und war froh, daß sie momentan keine Entschlüsse zu fassen brauchte.

Daß sie an Frau Reinert noch schreiben müsse, war ihr klar, aber sie konnte sich noch nicht dazu überwinden. Um so mehr überrascht war sie daher, einige Tage darauf einen Brief von ihr zu erhalten.

Der Brief lautete:

»Meine liebe Daniela! Ihre Flucht aus meinem Hause, denn anders als eine Flucht kann ich es nicht nennen, war mir so unbegreiflich, trotz allem, was Sie mir gesagt hatten, daß ich ganz fassungslos war. Ich konnte nicht verstehen, daß Sie schon fort waren, ehe wir uns noch richtig verabschiedet hatten. Aber am Abend jenes Tages wurde mir dann alles klar. Mein Neffe hat meinen Schwager und mir eine umfassende Beichte abgelegt. Wir wissen nun alles, und nun kann ich auch Ihre Handlungsweise verstehen und Sie von ganzem Herzen bemitleiden. Sie sind mir nun noch viel lieber geworden, mein armes, liebes Kind. Wenn es nach mir ginge, glauben Sie mir, dann müßte aus Ihnen und Ronald ein glückliches Paar werden. Was können Sie für das, wozu Ihren Vater Not und Sorge trieb? Und was kann mein armer Neffe dafür, daß auch er so unglücklich sein muß? Wie gesagt, ich würde Euch meinen Segen geben. Aber Männer empfinden anders. Obwohl mein Schwager sehr ergriffen war von allem, was er hören mußte, konnte er sich doch nicht entschließen, das einzige zu tun, was hier, meiner Meinung nach, das Richtige gewesen wäre – Euch seinen Segen zu geben. Sie sind ehrenwert, sind rein und schuldlos, nur darauf wäre es mir angekommen – und – Ronald auch. Aber wie gesagt, mein Schwager hängt am Hergebrachten, an seinem untadeligen Namen, er fürchtet, auf diesen könnte ein Schatten fallen, wenn der Name Winterfeld mit ihm vereinigt würde.

Doch damit will ich Ihnen das Herz nicht noch schwerer machen, mein armes Kind. Wie schmerzlich ich Sie vermisse, werden Sie sich denken können. Nun bin ich wieder allein und habe kein liebes Töchterchen mehr, das mich umsorgt und pflegt. Ich kann ja auch verstehen, daß Sie nicht bleiben konnten. Aber wir sorgen uns alle unbeschreiblich um Sie. Am meisten Ronald, der ganz verstört ist. Aber sogar meinen Schwager bekümmert Ihr Geschick. Das teile ich Ihnen mit, denn es wird für Sie ein kleiner Trost sein, zu wissen, daß wir alle in Gedanken bei Ihnen sind. Und wenn Sie glauben, daß Ihr Brief Ronald veranlassen könnte, nun weniger an Sie zu denken oder gar eines Tages eine andere Frau heimzuführen, dann sind Sie im Irrtum. Was der in sein Herz geschlossen hat, hält er fest. Und – wer sollte ihm auch eine Daniela ersetzen? Also, Ihr schöner, heldenhafter Opfermut wird nicht viel helfen. Und wenn Sie mir nun nicht schnellstens eine beruhigende Nachricht über sich senden, dann weiß ich nicht, wie ich Ronald einigermaßen beruhigen soll. Schreiben Sie schnell, Kind! Und wenn Sie Ronald keine Nachricht zukommen lassen wollen, so schreiben Sie wenigstens mir von Zeit zu Zeit. Das ist heute alles, was ich Ihnen zu sagen habe, denn der Brief muß fort. Ronald hat schon zweimal angefragt, ob ich mich mit Ihnen in Verbindung gesetzt hätte. Gott mit Ihnen, mein liebes, gutes Kind! Vorläufig weiß ich Sie geborgen bei Madame Boilieu, und wir werden sehen, was die Zukunft bringt. Ich grüße Sie herzlichst und bin wie immer

Ihre Sie liebhabende
Herta Reinert.«

Dieser Brief ließ erneut Danis Tränen fließen. Unendlich dankbar war sie Frau Reinert für alles, was sie ihr sagte. Und wenn sie auch annahm, es sei bloß, um sie zu trösten, gesagt, daß sie ihr ihren Segen nicht vorenthalten würde, so taten ihr diese Worte doch wohl und befreiten sie ein wenig von dem auf ihrer Seele lastenden Druck. Aber als sie dann ruhiger geworden war, sagte sie sich, daß sie nur ein halbes Opfer bringen würde, bliebe sie mit Frau Reinert im Briefwechsel. Ronald würde dann doch immer wieder von ihr hören und sie nicht vergessen können. Und wenn ihr auch das Herz vor Glück fast in Stücke gegangen wäre, als sie las, daß Ronald sie nie vergessen würde, sagte sie sich doch, sie müsse jedenfalls das Ihre tun, um ihm dazu zu verhelfen.

Und so schrieb sie, nachdem sie ruhiger geworden war:

»Meine gütige, anbetungswürdige Herrin! Ihr lieber Brief hat mich sehr erfreut und getröstet, weiß ich nun doch, daß Sie mir wirklich nicht zürnen, obwohl Sie nun alles erfahren haben. Ich danke Ihnen von ganzem Herzen für all ihre lieben, guten Worte. Aber ich bitte Sie, liebe gnädige Frau, seien Sie mir nicht böse, wenn ich einen Briefwechsel mit Ihnen für die Zukunft ablehne. Es ist mir ernst mit meinem Wunsch, Herrn Norden seine Ruhe wiederzugeben. Auch durch Sie soll er nichts mehr von mir hören. Damit Sie und er ruhig sein können, will ich Ihnen jedoch versprechen, daß ich mich an Sie wenden will, wenn ich einmal nicht mehr aus noch ein weiß. Hören Sie solches nicht von mir, so seien Sie dessen gewiß, daß ich mein Dasein tapfer ertrage und vor Not geschützt bin. Gottes reicher Segen für Sie – und für ihn!

Seinem Vater danken Sie bitte, daß er sich auch um mich sorgte. Es hat mir gutgetan. Und ich kann ihn sehr wohl verstehen – ich gehöre nicht in sein ehrenwertes Haus, wenn ich auch selber schuldlos bin.

Sie, liebe gnädige Frau, bitte ich, mich nicht ganz zu vergessen, es würde mir das ein Trost sein. Und dies sollen auch an Sie meine letzten Worte sein. Gott behüte Sie auf allen Wegen! Ich sende Ihnen ein letztes Mal meine verehrungsvollen Grüße und verbleibe immer

Ihre dankbar ergebene Daniela.«

Es ging auch beim Schreiben dieses Briefes nicht ohne Tränen ab. Aber als er beendet war, kam doch eine gewisse Ruhe über Daniela. Und vor allem wurde ihr nun klar, daß sie sobald wie möglich eine Stellung finden müsse, damit sie aus dem Haus Madame Boilieus kam. Man durfte sie nicht mehr hier finden, wenn man etwa nach ihr forschen sollte. Sie wollte ernstlich und endgültig aus Ronalds Leben verschwinden.

Und so machte sie sich wieder eifrig an das Durchsehen der Zeitungen und ließ auch wieder ein Inserat in eine Genfer Zeitung setzen, denn in Genf waren jetzt allerlei politische Büros eröffnet worden, vielleicht konnte sie dort die Stellung einer Korrespondentin oder Sekretärin erhalten. Denn eine Stellung wie bei Professor Sturm, wo sie sich über ihre Kraft hatte anstrengen müssen, wollte sie nicht wieder annehmen, weil sie fürchtete, krank zu werden. Das war ihre größte Sorge.

Sie schickte also den Brief an Frau Reinert ab. Damit sollte jede direkte und indirekte Verbindung zwischen Ronald und ihr abgebrochen sein.

Langsam beruhigte sie sich in den nächsten Tagen wieder. Sie hatte Madame Boilieu gebeten, Briefe an sie, die von Berlin kämen, wieder zurückgehen zu lassen. Sie wollte damit ihren Ernst und ihren festen Willen dokumentieren, falls Frau Herta doch wieder an sie schreiben würde.

Es war reichlich eine Woche vergangen, seit sie von Berlin zurückgekehrt war, als eines Tages ein Herr und eine Dame bei Madame Boilieu vorsprachen und auch von ihr empfangen wurden, nachdem sie ihre Karten hatten abgeben lassen. Etwas verwundert hatte sie auf diese Karten gesehen, die ihr den Präsidenten der City-Bank in New York, Mister Theodor Rosener und seine Gattin, meldeten. Sollten diese amerikanischen Herrschaften vielleicht eine Tochter haben, die sie ihr zur Erziehung übergeben wollten? Auf ein gutes Geschäft hoffend, empfing Madame die beiden Herrschaften mit ausgesuchter Liebenswürdigkeit.

Auf ihre Frage, womit sie dienen könne, sagte zunächst die Dame:

»Wir möchten uns bei Ihnen nach einer jungen Dame erkundigen, die, wie wir von einem amerikanischen Freund erfahren haben, nach dem Tod ihres Vaters wieder Zuflucht bei Ihnen gesucht hat. Die junge Dame heißt Daniela von Winterfeld.«

Madames Hoffnung auf ein gutes Geschäft versank in das Nichts, sie wurde einen Schein weniger liebenswürdig. »Ah, die Herrschaften haben wohl gehört, daß Fräulein von Winterfeld eine Stellung sucht?«

»Allerdings!« beeilte sich Frau Ursula Rosener zu antworten. Es war ihr lieb, vorläufig einmal noch nicht als Tante Danielas auftreten zu brauchen.

»Fräulein von Winterfeld befindet sich zur Zeit wieder bei mir. Sie hatte eine Zeitlang eine Stellung als Empfangsdame bei Professor Sturm inne. Eine der Patientinnen des Sanatoriums engagierte sie als Gesellschafterin – aber dies Engagement hat sich leider wieder zerschlagen, und so ist Fräulein von Winterfeld wieder auf der Suche nach einem passenden Unterkommen. Um welche Art Stellung würde es sich bei Ihnen handeln? Sie verzeihen, wenn ich danach frage, aber die junge Dame ist jahrelang mein Zögling gewesen, ich vertrete sozusagen Mutterstelle an ihr und möchte deshalb Bescheid wissen.«

»Ich möchte die junge Dame als Gesellschafterin engagieren. Darf ich Sie bitten, mir zu sagen, welche Eigenschaften sie besitzt?«

»Nun, Mistreß Rosener, Sie können sehr lange suchen, ehe Sie eine gleich wertvolle und tüchtige Persönlichkeit finden werden. Ich verspreche nicht zuviel, wenn ich Ihnen sage, daß Sie zu beneiden sein werden, wenn Sie sich mit Fräulein von Winterfeld einigen. Doch ich will Ihnen nicht mehr viel sagen, sehen Sie sich die junge Dame selber an. Wollen Sie sie aber mit nach Amerika nehmen, dann müßten Sie uns Garantien geben, daß sie in gute Hände kommt. Sie würde vielleicht nicht abgeneigt sein, mit nach drüben zu gehen, aber wie gesagt – wir würden um Referenzen bitten müssen.«

»Daran soll es nicht fehlen. Sie werden in jeder Weise zufriedengestellt werden und dürfen, falls ein Engagement zustande kommen sollte, hinsichtlich Ihres Schützlings ganz unbesorgt sein.«

Madame verneigte sich und führte die Herrschaften in das kleine Sprechzimmer.

»Ich werde Fräulein von Winterfeld sofort herunterschicken«, sagte sie.

Eilig begab sie sich hinauf und klopfte an Danis Tür. Als diese zum Eintritt rief, trat Madame ein.

»Daniela, da sind amerikanische Herrschaften gekommen, die Sie als Gesellschafterin engagieren wollen. Ein Bankpräsident und seine Gattin, anscheinend sehr honette Leute. Aber immerhin, wenn man Sie mit nach Amerika nehmen will, muß man vorsichtig sein. Gehen Sie also hinunter in das Sprechzimmer, wo man Sie erwartet. Vergessen Sie aber bei der Gehaltsfrage nicht, daran zu denken, daß drüben alles sehr teuer ist. Man muß Ihnen ein höheres Gehalt aussetzen, als es hierzulande üblich ist. Ich will gern die Verhandlungen für Sie zu Ende führen, wenn es so weit ist. Sie brauchen mich nur zu rufen.«

»Ich danke Ihnen, Madame Boilieu. Ich werde vorsichtig sein und gern Ihr Anerbieten annehmen, wenn die Herrschaften mich wirklich engagieren wollen.«

Madame hatte vergessen zu berichten, daß die Herrschaften davon gesprochen hatten, daß ein amerikanischer Freund ihre Aufmerksamkeit auf Dani hingelenkt habe. Dani glaubte also, die Herrschaften seien durch ihr Inserat aufmerksam geworden.

Sie ordnete schnell vor dem Spiegel noch ein wenig ihre Kleider, und der Spiegel warf ihr ein sehr anmutiges und schönes Bild zurück. Sie sah allerdings etwas blaß und traurig aus, aber das machte einen sehr rührenden Eindruck.

Und so trat sie in das Sprechzimmer und sah mit großen Augen zunächst auf Ursula Rosener. Irgend etwas in deren Aussehen mutete sie an wie etwas Bekanntes, sie wußte nur nicht, an wen sie diese Frau erinnerte. Daran dachte sie nicht, daß ein in ihrem Besitz befindliches Bild ihrer verstorbenen Mutter dieser fremden Dame sehr ähnlich sah und daß auch sie selbst ihr ähnlich sah.

In Frau Ursula Roseners Herzen gab es einen Aufruhr, als sie Dani erblickte. Ja, wahrhaftig, dieses rührend schöne Geschöpf sah ihr ähnlich wie eine Tochter, und von Danis Antlitz strahlte so viel Reinheit und Unschuld, daß sie nicht zu forschen und zu fragen brauchte. Ihr Herz zog sie mit Ungeduld zu ihrer verwaisten Nichte hin. Und auch Mister Rosener war wie verzaubert durch Danis Anblick. Noch mehr als seiner Frau fiel ihm die Ähnlichkeit der beiden Damen auf, und gleich beim ersten Sehen hatte er das sichere Empfinden, daß dieses schöne, liebliche Mädchen ihm eine geliebte Tochter werden könne.

»Madame Boilieu sagte mir, Sie seien gekommen, um mich eventuell als Gesellschafterin zu engagieren. Es würde mich freuen, wenn ich Ihren Anforderungen genügen würde, gnädige Frau«, sagte Dani artig, und ihre schönen Augen sahen Ursula Rosener wie fragend und forschend an.

Diese Augen erinnerten Ursula Rosener freilich nicht an die ihrer Schwester, denn diese hatte wie sie selbst braune Augen gehabt. Aber sonst glich sie ihrer verstorbenen Schwester so sehr, daß plötzlich sich ein leises Schluchzen über ihre Lippen drängte. Sie sah ihren Gatten fragend an, und dieser nickte ihr zu, als wolle er sagen: Leg dir keinen Zwang auf, ich bin mit allem einverstanden.

Befremdet und etwas beunruhigt sah Dani, daß sich Tränen in die Augen der fremden Dame drängten. Und nun sagte Ursula Rosener, Dani bei der Hand fassend:

»Kind, hat zu dir deine Mutter nie davon gesprochen, daß sie noch eine Schwester hatte?«

Dani zuckte leise zusammen, ihre Augen öffneten sich weit. Jetzt wußte sie mit einem Mal, diese fremde Dame glich dem Bild ihrer Mutter.

»Ja, mein Gott – ja, einmal sprach sie zu mir davon, daß ihre einzige Schwester verschollen sei. Sie habe sich gegen den Willen ihrer Familie verheiratet und sei mit ihrem Gatten hinausgezogen in die Welt. Und sie habe nie wieder von ihr gehört. Ja – so sagte meine Mutter, und sie weinte, weil sie nie mehr etwas von ihrer einzigen Schwester gehört hatte.«

Nun liefen die Tränen unaufhaltsam über Ursula Roseners Wangen.

»Sie weinte – weinte um ihre Schwester? Daniela, ahnst du

noch nicht, daß ich diese Schwester deiner Mutter bin, sagte sie dir nicht ihren Namen?«

Dani war sehr blaß geworden.

»Ja – ›Urselchen‹, – so nannte meine Mutter ihre Schwester.«

Das kam scheu und leise über Danis Lippen. Sie faßte es noch nicht, daß diese Dame wirklich die Schwester ihrer Mutter sein könnte.

Ursula Rosener ergriff Danis Hände und zog sie zu sich heran.

»Ich bin Ursula Rosener, geborene Freiin von Letzerode. Daniela, es erschüttert mich bis ins tiefste Herz, daß meine kleine Sabine um mich geweint hat. Und daß du ihr so ähnlich siehst. Kind, wirst du deine Tante Ursula ein wenig liebhaben können?«

Ein unbeschreiblicher Blick aus Danis Augen traf in die der Tante.

»Oh, mein Gott, wenn ich das dürfte – ich bin ja so mutterseelenallein auf der Welt – , wie gern, wie gern würde ich jemanden lieben, der zu mir gehört. Und nun weiß ich auch, Sie haben mich beim ersten Sehen an meine Mutter erinnert, ich erkannte das nur nicht gleich. O ja, ich möchte Sie liebhaben von ganzem Herzen, wenn Sie mir das gestatten. Aber – ich fürchte, Sie werden es mir nicht gestatten, ich – ach, mein Gott – ich müßte Ihnen erst etwas von meinem Vater erzählen.«

Da zog Ursula Rosener Dani fest in ihre Arme.

»Was du mir über deinen Vater erzählen willst, davon wird meine Liebe zu dir nicht abhängig sein. Ja, Daniela, ich habe dich liebgewonnen vom ersten Augenblick an, da du in dies Zimmer tratest. Die Stimme des Blutes ist stark und mächtig. Hoffentlich ist es auch dir möglich, mich ein wenig liebzuhaben, denn – wir sind gekommen, um dich mitzunehmen. Wir haben leider keine Kinder, du sollst unser liebes Kind sein.«

Dani erzitterte leise. Wieder zeigte ihr das Schicksal eine Fata Morgana. Aber auch diese würde verschwinden wie alles andere, sobald diese beiden Menschen erfahren würden, was ihr Vater getan hatte.

Sie wagte nicht, die Umarmung ihrer Tante zu erwidern.

»Liebe Tante Ursula – mein Gott, mir ist es wie ein Traum, daß ich eine Tante habe! Aber du wirst nichts mehr von mir wissen wollen, wenn ich dir eine traurige Eröffnung über meinen Vater gemacht hatte. Und – das muß nun gleich geschehen, ehe du mich noch mehr in dein Herz schließen wirst.«

Aber Frau Ursula küßte ihre Nichte herzlich und innig und sagte liebevoll:

»Du wirst uns noch vieles von deinem armen Vater berichten müssen, meine arme Daniela, aber das, was du meinst, wissen wir schon. Wir erfuhren deine hiesige Adresse von einem Freund meines Mannes, Mister Traily, der dich in Monte Carlo kennengelernt und dir den Totenschein deines Vaters zugesandt hat.«

Dani war zusammengezuckt.

»Mister Traily? O mein Gott – und obwohl er dir davon erzählt hat, was meinen armen Vater betrifft, kamst du zu mir?«

»Gerade deshalb, Daniela, denn nun wußte ich, daß du unserer bedürfen würdest. Wir wissen, daß du ganz allein im Leben stehst, und darum sollst du unser liebes Kind werden. Nicht wahr, Theo – auch du wirst Daniela liebevoll aufnehmen?«

Mit einem gerührten Lächeln hatte Mister Rosener dieser Begegnung beigewohnt. Nun trat er heran und reichte Dani seine Hand.

»Ich habe mich schon immer nach einem lieben Töchterchen gesehnt. Wenn du es sein willst, Daniela, dann hoffe ich, daß wir uns sehr bald gut verstehen werden. Ich weiß immer gleich, ob ich einen Menschen gut leiden mag oder nicht, und – dich mag ich sehr gut leiden.«

Dani faßte mit einem krampfhaften Druck seine Hand, als bedürfe sie eines Haltes.

»Verzeihen Sie mir nur, daß ich so benommen und fassungslos bin – aber es ist wie ein herrliches Wunder, daß ich plötzlich nicht mehr allein sein soll, es gibt Menschen, die mich lieben wollen und die ich lieben darf.«

Plötzlich erschütterte ein krampfhaftes Schluchzen ihren Körper, und sie warf sich, alle Reserve vergessend, in die Arme ihrer Tante. Ergriffen sahen die beiden Menschen auf das schluchzende Mädchen.

In diesem Schluchzen sprach sich die ganze Verlassenheit dieses armen Kindes aus. Und mit diesem Schluchzen wuchs sie der Tante fest ans Herz und eroberte sich zugleich einen festen Platz im Herzen Theodor Roseners. Eine Weile blieb es still, alle drei mußten erst ihre Ergriffenheit bezwingen, ehe sie wieder sprechen konnten.

Und dann war es Mister Rosener, der zuerst seine Ruhe wiederfand. Er legte mit einem gütigen Lächeln seinen Arm um seine Frau und Dani zugleich.

»Nun sind wir viel schneller zum Ziel gekommen, Ursula, als wir hofften. Aber ihr müßt nun beide erst ein wenig zur Ruhe kommen. Ich schlage daher vor, wir nehmen Daniela mit uns ins Hotel, wo wir uns ungestörter sprechen können als hier. Wir haben viel miteinander zu besprechen, es muß erst eine Brücke zwischen uns gebaut werden. Willst du uns gleich begleiten, Daniela, oder kannst du nicht so ohne weiteres dieses Haus verlassen?«

»Doch, mich hält nichts zurück, wenn Sie mich mitnehmen wollen.«

»Das wollen wir, aber nur unter einer Bedingung – daß du uns das verwandtschaftliche ›Du‹ gibst, wie es zwischen so nahen Verwandten üblich ist.«

Dani errötete jäh.

»Ach verzeih, lieber Onkel, es ist mir so neu, daß ich zu einem Menschen du sagen darf. Nie hat es außer meinem Vater einen Menschen gegeben, den ich so vertraulich anreden durfte. Es ist mir so ungewhont – aber so schön, so wunderschön. – Liebste Tante Ursula, lieber Onkel, daß ihr zu mir gekommen seid, ist mir ein Zeichen, daß der liebe Gott sich endlich meiner Verlassenheit erbarmt hat.«

Von ihren Gefühlen überwältigt, küßte Dani die Tante herzlich auf den Mund und faßte des Onkels Hand mit festem, warmem Druck. Aber der zog sie nun auch in seine Arme.

»Ich will auch nicht leer ausgehen, Daniela. Die Tante und ich werden eifersüchtig darüber wachen, daß keiner von uns zu kurz kommt«, scherzte er und küßte Dani väterlich auf Stirn und Wangen.

Wenige Minuten später verließ Dani mit den neugefundenen Verwandten das Haus der Madame Boilieu. Diese hatte nicht wenig gestaunt, daß Dani plötzlich Verwandte gefunden hatte, gratulierte ihr und fand es selbstverständlich, daß sie auf Wunsch ihres Onkels gleich ins Hotel übersiedelte. Dani wollte erst ihre Sachen packen, aber ihre Tante sagte mit der Selbstverständlichkeit der Amerikanerin:

»Das kann doch eine der Dienerinnen besorgen, Dani. Madame Boilieu wird das gestatten und uns die Ehre geben, morgen abend im Hotel mit uns zu speisen.«

Madame sagte geschmeichelt zu, und Mister Rosener meinte lächelnd:

»Wir werden Ihnen dann auch alle nötigen Legitimationen vorlegen, damit Sie beruhigt sind, daß Ihr Schützling in die besten Hände kommt.«

»Aber bitte sehr, Mister Rosener. Nun, da Daniela Verwandte gefunden hat, habe ich nicht mehr nötig, mich um ihre Zukunft zu sorgen. Ich hielt es nur für meine Pflicht, mich zu vergewissern, daß Daniela gut bei Ihnen aufgehoben sein wird. Ich wollte damit kein Mißtrauensvotum ausdrücken.«

»Sie brauchen sich nicht zu verteidigen. Wir sind Ihnen dankbar, daß Sie unserer verwaisten Nichte Ihren Schutz so lange haben angedeihen lassen. Und Sie müssen uns erlauben, Ihnen diesen Dank noch besonders abstatten zu dürfen.«

Das hörte Madame gern. Sie versicherte wiederholt, Dani brauche sich um ihre Sachen nicht zu kümmern, sie werde sie ins Hotel bringen lassen.

Daniela hatte nur schnell Hut und Handschuhe genommen. Es war reichlich warm, weiter brauchte sie nichts. Und nun ging sie mit Onkel und Tante von dannen. Diese hatten Dani zwischen sich genommen. Es war ein köstliches Gefühl für Dani, so zwischen zwei Menschen zu gehen, die zu ihr gehörten. – Ach – wann hatte sie eine solche Wohltat genossen?

Im Hotel angekommen, bestellte Mister Rosener erst einmal für seine Nichte ein Zimmer. Sie erhielt eines, das direkt neben dem von dem Ehepaar Rosener mitgemieteten Salon gelegen war.

In diesem Salon machten es sich die drei Personen nun behaglich. Mistreß Rosener ließ eine Erfrischung bringen, und dann saßen sie ungestört beisammen, und Dani mußte zunächst einmal ihre Geschichte erzählen. Das tat sie auch ausführlich. Sie legte zuerst Onkel und Tante den Brief ihres Vaters vor, den er im Untersuchungsgefängnis geschrieben hatte. Frau Ursula ergriff es vor allen Dingen, als Dani erzählte, wie sehr Vater und Mutter sich geliebt hatten und wie der Mutter einfach alle Lebenskraft zu entschwinden begann, als der Krieg den Vater entführte.

Über ihr Pensionsleben ging Dani schnell hinweg. Sie sprach nur von ihrer ständigen Angst und Sorge um den Vater und ihrer Unruhe, wenn das Pensionsgeld nicht zur Zeit eintraf. Anschließend bemerkte sie, daß Madame keine Ahnung hatte von dem Vergehen und dem Selbstmord ihres Vaters.

Nichts verschwieg sie von alldem, was sie erlebt und erlitten. Von ihrem Leben im Sanatorium sprach sie und davon, was ihr in dem Haus der Frau Reinert widerfahren war. Sie zeigte dem Onkel und der Tante den letzten Brief Herta Reinerts und sagte, was sie auf diesen geantwortet habe.

»Ich muß aus Ronald Nordens Leben verschwinden, muß ihm helfen, sich von mir innerlich frei zu machen. Deshalb soll er nichts von euch erfahren, soll nicht wissen, wohin ich mit euch gehen werde. Er mag, wenn er Erkundigungen bei Madame Boilieu einziehen läßt, erfahren, daß ich eine Anstellung in Amerika angenommen habe.«

Mit brennendem Interesse hatten der Onkel und die Tante diesem Bericht gelauscht. In eindrücklicherer Weise hätte Dani ihnen nicht bezeugen können, ein wie wertvoller und liebenswerter Mensch sie war. Sie bedauerten es sehr, daß Dani ein so tiefes Herzweh mit sich herumtragen mußte, aber sie sahen ein, daß daran bei der Einstellung von Ronalds Vater nichts zu ändern war. Und abgeklärt und erfahren, wie diese beiden Menschen waren, hofften sie, daß sich auch bei Dani eines Tages die ihrem Herzen geschlagene Wunde schließen würde. Vielleicht fand sie eines Tages doch noch ein anderes Glück.

»Du wirst in Zukunft unsere Tochter sein, Dani«, sagte Mister Rosener. »Wir werden dich adoptieren, du wirst den Namen Winterfeld ablegen, was auf alle Fälle gut sein wird. Als meine Tochter fängst du ein neues Leben an, wirst sozusagen ein ganz neuer Mensch. Und wenn du auch deinem Vater trotz allem Geschehenen ein gutes Andenken bewahren wirst, so wird er andern Menschen gegenüber eben nicht mehr existieren. Und damit wird auch vergessen sein, daß ein Makel an diesem Namen hängt. Und du brauchst nun nicht mehr mit dem deprimierenden Gefühl herumzulaufen, daß ein Mensch beim Anhören deines Namens irgend etwas argwöhnt. Ich selber rechne deinem Vater sein Vergehen nicht so hoch an, daß ich es ihm unter den obwaltenden Umständen nicht verzeihen könnte, und ich bedaure tief, daß wir nicht früher von euch gehört haben. Dann wäre deinem Vater und dir manches erspart geblieben. Aber obwohl ich nachforschen ließ, hörten wir nach deiner Mutter Tod nichts mehr von euch. Das ist mir jetzt allerdings verständlich, da dein Vater kein bleibendes Domizil mehr hatte, sondern heimatlos in der Welt herumziehen mußte.«

Dani kamen erneut die Tränen, weil sie daran dachte, wie gern der Onkel ihnen geholfen haben würde. Aber die Tante zog sie in ihre Arme.

»Über Geschehenes soll man nicht allzuviel nachgrübeln, es kommt nichts dabei heraus. Sei ruhig, mein armes Kind, in Zukunft wollen wir dir das Leben so leicht wie möglich machen.«

Wie süß war es für Dani, so liebevoll getröstet zu werden. Wohl brannte noch der Schmerz um Ronald in ihrem Herzen und würde immer brennen, aber sonst hatte ihr Leben plötzlich ein freundlicheres Gesicht bekommen.

Sie fragte sich, ob sie Ronald nicht mitteilen sollte, daß sie Verwandte gefunden habe, aber sie wies diesen Gedanken wieder von sich. Sie hatte sich selbst gelobt, ihm nie mehr eine Kunde von sich zu geben.

Onkel und Tante berichteten ihr nun auch ausführlich über ihr bisheriges Leben, von ihren früheren Lebenskämpfen und ihren jetzigen Verhältnissen. Dani erfuhr daher, daß der Onkel in einer Mission nach Berlin gehen würde. Sie erschrak und sagte angstvoll:

»Oh, nie wieder möchte ich einen Fuß nach Berlin setzen. Kann ich nicht während eures dortigen Aufenthaltes hier in Montreux zurückbleiben?«

»Nun, wir verstehen schon, daß du Berlin fernbleiben möchtest, und es wird sich ja einrichten lassen, daß du mit Tante an einem andern Ort weilst, solange ich in Berlin zu tun habe. Ich muß dann auch noch nach Paris und London, alles wegen dieses Anleihegeschäftes. Da kann ich alsdann meine schöne Tochter ausführen. In Berlin habe ich sehr viel zu tun, da könnte ich mich euch ohnedies nur wenig widmen. Aber in Paris und London habe ich nur Repräsentationspflichten zu erfüllen. Da kann ich mich euch ungestört widmen. Was meinst du, Ursula, wo willst du mit Dani bleiben, während ich in Berlin weile?«

»Wie lange wirst du dort zu tun haben?«

»Mindestens zwei Wochen.«

»Nun, wir werden uns jetzt in deiner Gesellschaft erst die Schweiz ansehen und vielleicht noch einen kurzen Abstecher nach Italien machen, wie wir es planten. Dann gehst du nach Berlin. Ich reise inzwischen mit Dani nach Paris voraus. Dort werden wir uns die Zeit damit vertreiben, unsere Garderobe zu vervollständigen. Ich freue mich darauf, Dani auszustatten. Du sollst stolz auf uns sein, wenn du uns in Paris und London ausführst.«

Er nickte ihr lächelnd zu.

»Das muß ich mir auch ausbitten. Ich will auf meine schöne Frau und meine schöne Tochter stolz sein. Wie du weißt, habe ich die Adoption Danis schon vorbereitet, es bedarf nur noch einiger Formalitäten, die ich in Kürze erledigen werde. Ehe ich Dani offiziell in Paris und London ausführe, wird sie als meine Tochter beglaubigt sein.«

So war Danis Leben nun plötzlich in ganz andere Bahnen gelenkt worden. Eine tiefe Dankbarkeit erfüllte sie gegen ihre künftigen Adoptiveltern. Und mit der feinfühligen und anschmiegenden Liebenswürdigkeit ihres Naturells nahm sie beide bald ganz für sich ein. Und wenn sie freundlich und zärtlich von Onkel und Tante umhegt und umsorgt wurde, so dankte sie es ihnen durch liebevolle Anhänglichkeit. Sie erwies ihnen all die kleinen Aufmerksamkeiten, die eine gute Tochter für ihre Eltern hat. Und auf Wunsch ihrer Verwandten mußte sie sich schon jetzt daran gewöhnen, sie Vater und Mutter zu nennen. Sehr schnell gewannen sich diese drei Menschen von Herzen lieb. Es war bald so, als seien sie schon immer zusammen gewesen.

Sie durchreisten die Schweiz, besuchten das Berner Oberland, den Engadin und alles, was schön und sehenswert war. Dann reisten sie noch nach Genua, Rom und Florenz, dann noch auf einige Tage nach Venedig, und Dani wußte nicht, wo es ihr am besten gefiel.

Sie konnten sich nirgends lange genug aufhalten, um alle Schönheiten und Sehenswürdigkeiten anzusehen, denn Mister Rosener mußte zu einem bestimmten Termin in Berlin sein. Aber sie sahen doch viel Neues und Schönes.

Mißtreß Rosener und Daniela begleiteten Mister Rosener bis nach Frankfurt am Main. Hier trennten sie sich. Mister Rosener fuhr nach Berlin, seine Gattin und Dani reisten direkt nach Paris.

Überall trat Dani schon als Miß Rosener auf. Sie gewöhnte sich schnell an diesen Namen, und wenn es sie im Anfang auch zuweilen schmerzte, den Namen ihres Vaters ablegen zu müssen, so glaubte sie doch, daß es gut war.

XXIII

Ronald hatte mit schwerem Herzen den Brief gelesen, den Dani von Montreux aus an seine Tante geschrieben hatte. Er sah daraus, daß sie fest entschlossen war, jede Verbindung mit ihm abzubrechen. Und er ertrug das um so schwerer, als er wußte, wie sehr sie selber darunter leiden mußte. Er war in einer Stimmung, die ihn ganz melancholisch machte. Seinem mannhaften Wesen erschien es niederdrückend, daß er nichts, gar nichts tun konnte, um sein und Danis Schicksal in freundlichere Bahnen zu lenken. Diese Machtlosigkeit war fast unerträglich für ihn.

Sein Vater beobachtete ihn mit schwerer Sorge. Immer wieder mußte er daran denken, was seine Schwägerin Herta gesagt hatte – ob seine subtilen Ehrbegriffe zwei zerstörte Menschenschicksale wert seien. Er kämpfte mit sich selbst. Manchmal war er drauf und dran, allen Widerstand aufzugeben und nach Montreux zu fahren, um sich die abgelehnte Schwiegertochter heimzuholen. Er malte sich die Freude der beiden jungen Menschen aus und wurde ganz weich. Aber ehe er dazu kam, einer solchen Eingebung nachzugeben, war sie schon wieder vorüber, und sein starres Ehrgefühl sagte: Es geht nicht!

Und später tröstete er sich damit, daß er ja doch nichts ändern könne, denn Tante Herta hatte durch Anfragen bei Madame Boilieu in Erfahrung gebracht, daß Dani mit einem amerikanischen Ehepaar, das sie als Gesellschafterin engagiert habe, abgereist sei. Sie habe keinerlei Adresse hinterlassen.

Als Ronald erfuhr, daß nunmehr das Weltmeer zwischen ihm und seiner Liebe lag, brach er vollkommen zusammen. Er wurde fast trübsinnig und zog sich von allem zurück. Dabei verfiel er fast zusehends. Sein Vater und Tante Herta waren in tiefer Sorge um ihn. Nichts konnte ihn trösten.

Da wurde seinem Vater so angst um ihn, daß er sonst etwas darum gegeben hätte, hätte er Dani wieder herbeischaffen können. Er machte sich die bittersten Vorwürfe, schalt sich einen sturen Rabenvater und machte seinem gequälten Herzen gegen seine Schwägerin Luft.

Sie sagte sich freilich, daß ihm seine Erkenntnis zu spät gekommen sei, um noch Nutzen schaffen zu können, allein er tat ihr nicht minder leid, als Ronald sie erbarmte. Eines Tages nahm sie sich den Neffen vor und sagte ihm, wie sehr der Vater seinetwegen leide; er müsse sich zusammennehmen und mannhaft seinen Schmerz bezwingen. Er sah sie mit leeren Augen an.

»Ich falle ja niemandem lästig mit meinem Schmerz«, sagte er bitter.

»Doch, mein Junge, du kannst dir doch denken, daß wir es nicht mit ansehen können, wie du dich langsam aber sicher aufreibst. Du mußt dich zusammenreißen. Nimm dir doch ein Beispiel an Dani. Wie tapfer trug sie, was nicht zu ändern war.«

Da stöhnte er auf.

»Ach Tante – das ist es ja, was mich zermürbt, daß ich weiß, daß sie noch viel mehr leidet als ich. Da ist sie nun über das Meer gegangen, auf der Flucht vor ihrem eigenen Herzen. Ich weiß und fühle es, daß sie mit ihren Gedanken bei mir ist, daß sie sich dieses unerhörte Opfer nur mit tausend Qualen abgerungen hat. Und einsam ist sie, elend und einsam, drüben über dem großen Wasser, bei fremden Menschen, die sie nicht verstehen – ich glaube, ich verliere noch den Verstand über diesem Gedanken.«

Sie strich ihm über die Stirn.

»Du mußt dich zusammennehmen, Ronald. Dein Vater ängstigt sich um dich. Er ist schon so zermürbt, daß er sich Vorwürfe macht, daß er euch seine Einwilligung nicht gegeben hat.«

Er lachte bitter auf.

»Diese Vorwürfe kommen zu spät!«

»Vielleicht doch nicht, Ronald, vielleicht finden wir doch noch eine Spur, wohin Daniela gegangen ist, und dann müssen wir ein Letztes versuchen, uns mit ihr in Verbindung zu setzen. Verzage nicht völlig. Ich habe Madame Boilieu gebeten, sie möge, sobald sie eine Nachricht von Dani erhält, dieser sofort mitteilen, daß sich hier mancherlei geändert habe und daß alles noch gut werden könne. Damit habe ich deinem Vater wohl vorgegriffen, allein ich denke, er wird es schließlich gutheißen. Einmal muß ja von Dani wieder eine Nachricht kommen, wenn auch nicht an uns. Ich habe Madame Boilieu geschrieben, daß uns viel daran liegt, Danis Adresse zu erhalten. Also raffe dich auf, und gib noch nicht alles verloren. Ich werde deinem Vater immer mehr klarzumachen suchen, daß seine starren Ehrbegriffe dich nur unglücklich machen. Was ich tun kann, um dir zu deinem Glück zu verhelfen, werde ich tun. Aber du mußt vernünftig sein, denn was hilft es, wenn ich schließlich mein Ziel erreicht habe und du bist zusammengebrochen?«

Er richtete sich auf, sah sie mit brennenden Augen an und sagte:

»Gute Tante, wie danke ich dir. Du wirst kaum etwas erreichen, aber ich sehe ein, so wie bisher darf ich mich nicht mehr gehenlassen. Ich mache Vater keinen Vorwurf, er konnte nicht anders handeln, als er es getan hat. Es ist ein Kampf gegen Windmühlen. Du sollst aber nicht umsonst mit mir gesprochen haben. Ich werde mich zusammenreißen und versuchen, Haltung zu bewahren.«

Und mit diesem Versprechen war es ihm ernst. Er zeigte sich nach außen ruhiger und gefaßter und vergrub sich mit zäher Energie in seine Arbeit. Sein Vater fragte ihn, ob er nicht eine Reise machen wolle, um sich abzulenken, aber Ronald verneinte. Er fühle sich am wohlsten, wenn er viel Arbeit habe.

Daraus entnahm der alte Herr mit einiger Erleichterung, daß Ronald nun wohl über das Schlimmste hinweg sei.

So vergingen Wochen, und keine Nachricht traf von Dani ein. Die beiden Herren hörten wohl mit Interesse, daß der Bankpräsident Theodor Rosener nach Berlin gekommen sei, um mit der deutschen Regierung über eine Anleihe zu verhandeln, allein sie ahnten nicht, daß dieser Mister Rosener ihnen Danis Aufenthalt hätte verraten können.

In diese Zeit fiel ein Besuch des Kommerzienrates Köppen mit seiner Frau. Sie waren wie immer im Hause Norden zu Gast, und die Kommerzienrätin sprach mit Ronald über Daniela von Winterfeld. Sie bedauerte, nichts mehr von der jungen Dame gehört zu haben, und in Gegenwart seines Vaters schwärmte sie direkt von Dani. Der Vater sah ängstlich auf seinen Sohn, weil er glaubte, die Kommerzienrätin erinnere ihn wieder zu sehr an Dani. Er ahnte nicht, daß dies nicht nötig war und daß Ronald ohnedies immerfort an Dani dachte.

Als das Ehepaar wieder abreisen wollte, erklärte es, daß es mit dem Flugzeug nach Köln reisen wolle. Friedrich Norden schüttelte darüber den Kopf. Er wäre, zumal jetzt zu Beginn des Winters, um keinen Preis mit dem Flugzeug gereist. Aber die beiden unternehmenden alten Leute lachten ihn aus und versicherten ihm, es reise sich mit nichts so schön und angenehm und vor allem so schnell wie im Flugzeug.

Herzlich wie immer verabschiedete man sich, und Vater und Sohn versprachen, demnächst einmal für einige Tage nach Köln zu kommen.

Sie ahnten nicht, wie bald es dazu kommen würde. Das Flugzeug mit Herrn und Frau Kommerzienrat Köppen stürzte kurz vor der Landung ab, und *beide* kamen dabei ums Leben.

Ronald und sein Vater, die diese Nachricht sehr erschütterte, reisten zur Beisetzung nach Köln. Unterwegs fragte Friedrich Norden seinen Sohn, ob sie nicht nach der Beerdigung einen kleinen Abstecher nach Paris machen wollten.

»Das Leben ist so kurz, mein Junge, man weiß nicht, ob es morgen aus und vorbei ist. Das sehen wir wieder bei diesem plötzlichen Tod unserer Freunde. Warum sollen wir uns nicht einige Tage in Paris amüsieren? Ich gestehe, daß ich mich gern auf andere Gedanken bringen lasse. Diese Todesnachricht ist mir nahegegangen.«

Ronald ahnte sehr wohl, daß der Vater diese Reise nur vorschlug, um ihn abzulenken, und so sagte er, um den alten Herrn nicht durch eine Absage zu kränken:

»Nun gut, Vater, das können wir tun, wir sind ja gerade jetzt für einige Tage abkömmlich.«

So fuhren Vater und Sohn gleich nach der Beisetzung nach Paris. Sie pflegten schon seit Jahren immer im Hotel Regina in der Rue Rivoli zu logieren. Es lag bequem, und sie wurden in dem Haus stets gut aufgenommen.

Gleich am ersten Abend sagte der Vater:

»Jeder soll seine eigenen Wege gehen, Ronald, damit wir uns gegenseitig nicht behindern. Mittags speisen wir aber immer zusammen hier im Hotel, dann können wir ja besprechen, wann wir außerdem füreinander Zeit haben.«

Ronald war einverstanden. Die Herren verbanden gleich einige geschäftliche Angelegenheiten mit dieser Reise und machten einige Besuche. Und dann erhielten sie auch eine Einladung zu einem Ball der Deutschen Botschaft. Friedrich Norden und sein Sohn waren prominente Persönlichkeiten aus den Kreisen der Großindustrie, und ihre Anwesenheit war auf der Botschaft bekannt. Aus Prestigegründen nahmen sie die Einladung an und fuhren an dem bestimmten Abend zusammen zur Deutschen Botschaft.

Sie hatten beide eine Anzahl Bekannte zu begrüßen, trennten sich im Laufe des Abends und hatten nur verabredet, daß sie nicht aufeinander warten würden. Jeder solle nach Hause fahren, wann es ihm beliebte.

So verloren sie sich in dem festlichen, glanzvollen Betrieb ganz aus den Augen. Nachdem Ronald seine geselligen Pflichten erfüllt hatte, zog er sich in ein ruhiges Nebenzimmer zurück und versank in schmerzliches Grübeln. Er saß hinter einer Blattpflanzengruppe und achtete nicht auf seine Umgebung.

Aber dann wurde er gestört. Jenseits der Blattpflanzengruppe hatten sich ein Herr und eine Dame auf eine Ruhebank niedergelassen, und zwar, ohne daß sie Ronald bemerkt hatten. Dieser hörte den Herrn in englischer Sprache sagen:

»Hier ist es tatsächlich etwas kühler, Miß Rosener, ich glaube, hier können Sie sich ein wenig von dem Trubel erholen.«

Darauf antwortete eine Stimme, die Ronald betroffen zusammenzucken ließ:

»Ja, hier ist es wirklich angenehmer, Mister Heart. Ich bin froh, mich ein wenig abkühlen zu können.«

Ronald glaubte seinen Ohren nicht zu trauen. Täuschte er sich, oder war das wirklich Danis Stimme? Aber nein, das konnte doch nicht sein, der Herr hatte die Dame doch Miß Rosener genannt, ganz deutlich hatte er das gehört. Er richtete sich leise auf und bog einige Blätter der Pflanzengruppe beiseite. Und da hätte er fast laut aufgeschrien, denn dicht vor ihm, nur durch einige Blattpflanzen getrennt, saß Dani, seine Dani, nach der er sich krankgesehnt hatte. Und er sah, kaum seine Fassung bewahren könnend, daß sie ein wundervolles und sicher sehr kostbares Kleid trug, daß sie schöner war als je, und daß kostbare Schmucksachen sie zierten.

Noch ganz benommen und atemlos vor Staunen hörte er, wie der Herr fragte:

»Sind Sie zum erstenmal in Paris, Miß Rosener?«

»Ja, Mister Heart, ich kannte es noch nicht.«

»Und wie gefällt es Ihnen?«

»Es ist eine wundervolle Stadt, ich freue mich, sie kennengelernt zu haben. Aber bitte, Mister Heart, lassen Sie sich nicht zurückhalten. Ich bin ja hier gut aufgehoben und möchte mich gern ein wenig ausruhen. Sie brauchen keine Rücksicht auf mich zu nehmen.«

Der Herr erhob sich, verbeugte sich tief und ehrerbietig und sagte artig:

»So will ich Sie nicht länger stören, Miß Rosener.«

Ronald war zumute, als träume er einen schweren, beängstigenden Traum. Dani hier als Gast der Deutschen Botschaft, Dani unter einem falschen Namen, Dani in einer äußerst kostbaren Garderobe und mit kostbarem Schmuck behängt? Barmherziger Gott, das konnte doch nur eine Deutung geben – Dani war in ihrer Not und Verlassenheit vom rechten Weg abgeirrt, sie konnte doch nur das Leben einer Abenteurerin führen? Wie war es sonst anders möglich, daß sie hier als eine Miß Rosener auftrat?

Er war wie von Sinnen. Sein Vater fiel ihm ein – wenn er ihr begegnete, wenn er gleich ihm die Erfahrung machte, daß sie hier unter falscher Flagge segelte . . .

Die Angst um sie, das Erbarmen mit ihr und ein brennender Schmerz, daß sie sich nun doch verloren hatte, jagten ihn auf. Mit wenigen Schritten bog er um die Pflanzengruppe herum. Das Zimmer war jetzt ganz leer, nur sie beide waren darin. So trat er vor sie hin, blaß bis in die Lippen und mit qualentstelltem Gesicht. Sie fuhr unwillkürlich zusammen, als er plötzlich vor ihr auftauchte, und sah ihm mit schreckensstarren Augen ins Gesicht. Ein leiser Ausruf entfuhr ihren Lippen, aber sie war nicht imstande, sich zu rühren. Er sah sie verzweifelt an.

»Dani«, sagte er heiser, »mein Gott, Dani, was haben Sie sich und mir angetan? Unter einem falschen Namen führten Sie sich hier ein. Ich hörte, wie jener Herr Sie Miß Rosener nannte. Und dieser Aufwand – Dani, um Gottes Barmherzigkeit willen, sind Sie nun doch ins Elend getrieben worden? Eine Abenteurerin, die unter falschem Namen auftritt? Und wer, mein Gott, wer hat Ihnen diesen Schmuck, diese Garderobe bezahlt? Dani, Sie haben sich verloren – und ich bin schuld, weil ich Sie nicht zu rechter Zeit gehalten habe.«

Sie war totenblaß geworden. Seine Worte trafen sie wie ein Schlag. Aber zugleich sah sie, welcher Schmerz, welche Verzweiflung ihn packte, weil er glauben mußte, daß sie eine Verlorene sei. Über ihren beleidigten Stolz siegte ihr grenzenloses Mitleid mit ihm.

Sie faßte sich mühsam.

»Besinnen Sie sich doch, Ronald Norden, wie können Sie sich so weit vergessen mir gegenüber? Glauben Sie, weil mein Vater fehlte, müßte auch ich in Schmach und Schande enden? Wie wenig kennen Sie mich dann? Ich bedauere es tief, daß uns das Schicksal abermals zusammengeführt hat, wiederum ohne meine Schuld. Ich hätte es Ihnen – und mir – gern erspart, denn immer wieder werden unsere Wunden aufgerissen. Aber in einem dürfen Sie ganz unbesorgt sein: nie werde ich Ihrer Liebe unwürdig werden, das hieße, das Beste in mir mit Füßen treten.«

Er stöhnte auf. Als sie so sprach und ihn ansah mit ihren schönen traurigen, aber stolzen und reinen Augen, wurde ihm klar, daß er wie ein Wahnsinniger gesprochen hatte. Mochte gegen sie sprechen, was wollte, er konnte nur ihren Augen glauben.

»Dani – verzeihen Sie, ich war wie von Sinnen, und meine Angst um Sie machte mich halb wahnsinnig. Ich habe ja nicht wirklich an Ihnen gezweifelt, nur – wie soll ich mir das alles erklären? Erbarmen Sie sich, lösen Sie mir das qualvolle Rätsel. Ich bin durch Ihr Verschwinden, durch die Angst um Sie ohnedies am Rand dessen angelangt, was ich ertragen kann.«

Sie sah ihn mit erbarmender Liebe an.

»Mein armer Freund, wie müssen Sie leiden um mich, und ich kann Ihnen nicht helfen. Aber – um mich brauchen Sie sich nicht zu sorgen, mir geht es gut, so gut, wie es mir gehen kann.

Haben Sie nicht von Mister Theodor Rosener gehört, der in Berlin war, um eine Anleihe mit Deutschland in die Wege zu leiten?«

»Ja – mein Gott, ja – gewiß. Aber was hat dieser Mister Rosener mit Ihnen zu tun? Wie kommen Sie dazu, seinen Namen zu tragen?«

»Er hat mich adoptiert! Mißtreß Rosener ist die Schwester meiner Mutter. Sie war seit Jahren verschollen. Durch Mister Traily, einen Freund ihres Mannes, hörte sie von mir, von meinem Schicksal. Ihre Familie hatte sie verstoßen wegen der Ehe, die sie eingegangen war, und sie wollte ihrerseits von ihrer Familie nichts mehr wissen. Als sie aber hörte, daß die Tochter ihrer einzigen Schwester in Not sei, kam sie nach Montreux, wenige Tage nachdem ich dahin zurückgekehrt war. Sie ist kinderlos – und ich habe ihre und ihres Gatten Liebe gewonnen – sie haben mich adoptiert, damit ich wieder einen reinen Namen tragen kann. Sie sehen, alles ist schnell erklärt, meine Adoptiveltern wissen alles, was mich und mein Schicksal betrifft. Sie überschütten mich großmütig mit ihrer Liebe und halten mich wie eine Prinzessin.«

Mit hungrigen, sehnsüchtigen Augen sah er sie an.

»Und das alles verschwiegen Sie mir? Sie gönnten mir nicht die Wohltat, Sie in sicherer Hut zu wissen? Ach Dani, Sie ahnen nicht, wie grausam Sie gegen mich gewesen sind?«

Mit leidvollen Augen sah sie ihn an.

»Grausam? Ich wollte Sie doch lösen von mir, damit Sie zur Ruhe kommen sollten. Mein Gott, nun ist wieder alles umsonst gewesen, nun fängt die Qual von neuem an«, sagte sie leise, ganz erschüttert durch den vorwurfsvollen Blick seiner Augen.

»Nichts und niemand kann Sie von mir lösen, Dani. Glauben Sie mir, es wird alles vergeblich sein. Das Schicksal führt uns immer wieder zusammen, weil wir zusammengehören, weil es Wahnsinn ist, zwei Menschen, die sich so lieben wie wir, auseinanderreißen zu wollen. Dani, da ich nun wieder ruhiger bin – wie glücklich macht es mich, daß ich Sie wiedergefunden habe. Nie wieder dürfen Sie den Versuch machen, aus meinem Leben zu verschwinden. Tante Herta hat mir gesagt, es könne ein Wunder geschehen – ja, Dani, das Wunder ist geschehen, ich habe Sie wiedergefunden. Nie mehr werde ich von Ihnen lassen. Ich kann es einfach nicht ertragen, von Ihnen getrennt zu sein.«

»Und doch ist das unvermeidlich, mein lieber Freund. In kurzer Zeit gehe ich mit meinen neuen Eltern nach New York. Und vergessen Sie Ihren Vater nicht!«

Er faßte ihre Hand mit jähem Druck, als müsse er sie halten, als dürfe er sie nicht lassen.

»Sie dürfen nicht fort. Und mein Vater, Dani – ich glaube, er ist nicht mehr so hartherzig, uns zu trennen. Er war untröstlich über meine Qual. Er wird Sie als seine Tochter aufnehmen. Und – da Sie nun einen andern Namen tragen, Dani, ist doch das größte Hindernis weggeräumt, haben Sie daran nicht gedacht?«

Sie sah bange und flehend zu ihm auf.

»Bitte, wecken Sie keine Hoffnungen in mir – ich, ich bin auch an der Grenze dessen, was ich zu ertragen vermag.«

»Ich lasse nicht von Ihnen, Dani, das steht fest. Bitte, führen Sie mich zu Ihren Eltern – sie sind doch hier?«

»Ja – ich verlor sie nur im Gedränge. Mister Heart, ein Sekretär der amerikanischen Gesandtschaft, führte mich hierher. Er will meine Eltern zu mir schicken, wenn er sie findet, deshalb möchte ich hierbleiben.«

»So bleibe ich bei Ihnen, bis sie kommen. Bitte schicken Sie mich nicht fort!«

Sie hatte nicht das Herz, es zu tun. So blieb er vor ihr stehen und deckte sie mit seiner Gestalt vor den Blicken, die aus dem Festsaal herüberschweiften.

Ihre Augen hingen ineinander und verrieten sich alles ausgestandene Leid, das sie untereinander gelitten hatten, und alle heiße Liebe, die sie füreinander fühlten. Und auch Worte fanden sie nun über alles, was sie erlitten, und wie sie sich nacheinander gesehnt hatten. Beide waren jetzt nicht fähig, das voreinander zu verbergen.

So vertieft waren sie, daß sie nicht merkten, daß vom Saal herüber Ronalds Vater in das Zimmer geschritten kam. Dieser hatte sich ebenfalls ein wenig aus dem Trubel zurückziehen wollen und stand nun plötzlich vor Dani und seinem Sohn. Als er Dani erkannte, entfuhr ihm ein überraschter Ausruf. Ronald wandte sich schnell herum, und das Glücksleuchten in seinen Augen erschütterte seinen Vater noch mehr, als ihn all seine Schmerzen erschüttert hatten.

»Vater! Sieh – das Schicksal hat uns abermals ganz unvermutet zusammengeführt, ist das nicht wie ein Wunder?« rief Ronald erregt.

Der alte Herr richtete sich straff empor.

»Ja, mein Junge, und an solche Wunder soll man glauben. Und ich will dem Schicksal nicht noch einmal dazwischenpfuschen. Du sollst das Glücksleuchten in deinen Augen nicht wieder verlieren, wenn ich es verhindern kann. Dein Kummer und deine Schmerzen haben mich längst mürbe gemacht. Um keinen Preis der Welt will ich dich wieder so unglücklich sehen. Tante Herta hat recht. Sich auf starre Ehrbegriffe versteifen ist ein zu hoher Preis für zwei vernichtete Menschenschicksale. Fräulein von Winterfeld, ich habe keine Zeit zu verlieren – Sie sind bedrohlich schnell in Ihren Entschlüssen, und wenn ich Sie nicht jetzt gleich für immer festhalte, laufen Sie uns wieder davon. Das darf nicht sein. Mein Sohn geht mir zugrunde, wenn er Sie nicht in seiner Hut geborgen weiß. Ich bitte Sie um Ihre Hand für meinen Sohn.«

Dani wurde wieder sehr bleich, und auch Ronald verlor vor Erregung die Farbe. Sie sahen beide den alten Herrn an, sahen sich an, und nun erst irrte ein schwaches, ungläubiges Lächeln um Danis Mund, und Ronald faßte mit einem harten Griff die Hand seines Vaters.

»Vater!«

In diesem Ruf lag alles, was er empfand. Und als nun der alte Herr Danis Hand ergriff und sie lächelnd in die seines Sohnes legte, sagte sie erschauernd:

»Ist das wahr? Sie wollen uns erlauben, glücklich zu sein?«

»Ja, mein liebes Kind, das will ich gewiß, ich habe nicht mehr die Kraft, auf meinen unbescholtenen Namen zu pochen. Bald wirst auch du ihn tragen – und dann wird alles andere vergessen sein, sobald du deinen Namen abgelegt hast.«

»Den hat sie schon abgelegt, Vater. Du mußt dich auf eine große Überraschung gefaßt machen, ich werde nicht Fräulein von Winterfeld zum Altar führen, sondern Miß Rosener, die Tochter des Präsidenten der City-Bank aus New York«, sagte Ronald.

Sein Vater sah ihn erschrocken und unruhig an.

»Ronald – mein Gott, komm doch zu dir, was redest du denn?«

Ronald lachte glücklich.

»Nein, nein, Vater, ich habe nicht vor Freude den Verstand verloren. Dani ist von Mister Rosener adoptiert worden, seine Gattin ist die Schwester von Danis Mutter. Sie hörten von einem amerikanischen Freund, der Dani in Monte Carlo kennengelernt hatte, daß diese des Schutzes bedürfe. Und so kamen sie nach Montreux.«

Erregt berichteten die beiden Liebenden dem erstaunten Vater, wie das alles gekommen war, verschwiegen ihm auch nicht, daß Ronald in verzweiflungsvoller Angst einen Augenblick geglaubt hatte, Dani habe sich hier unter einem falschen Namen eingeführt.

Friedrich Norden fiel nun insgeheim doch ein Stein vom Herzen. Der Name des Falschspielers und Selbstmörders brauchte nicht in Verbindung mit dem seinen genannt zu werden. Sein Sohn würde die Tochter des Präsidenten der City-Bank heiraten. Alles andere ging die Öffentlichkeit nichts an. Aufatmend sagte er:

»Nimm es mir nicht übel, kleine Dani, wenn ich mich sehr darüber freue und nun von der Angst befreit bin, daß irgend jemand die Frau meines Sohnes schief ansehen könnte. Ich freue mich, daß ich mich, ohne das alles zu wissen, bezwungen hatte, euch mein Jawort zu geben, aber lieber ist es mir schon so.«

Dani drückte seine Hand und sah ihn mit feuchten Augen an.

»Mir auch, lieber Vater. Daniela von Winterfeld hätte vielleicht doch nicht den Mut gefunden, ihr Glück im Hause Norden zu suchen, aber – Daniela Rosener hat diesen Mut und dankt dir sehr innig, daß du auch Daniela von Winterfeld bei dir aufnehmen wolltest.«

»Auch ich danke dir das, lieber, lieber Vater; es beweist mir von neuem, wie lieb du mich hast.«

»Nun, da wir im reinen sind, ist es wohl nötig, daß deine Adoptiveltern ihre Einwilligung zu eurer Verbindung geben«, sagte der alte Herr.

Da schrak Dani zusammen.

»O mein Gott, wie egoistisch und undankbar ich bin! Ich dachte noch nicht daran, daß ich mich nun wieder von meinen neuen Eltern trennen muß. Sie werden mir wohl mein Glück gönnen – aber ich weiß, sie werden sich schwer von mir trennen, denn sie haben mich schon sehr liebgewonnen.«

»Das kann ich mir denken. Aber schließlich hat Ronald ältere Rechte an dich. Und da ihr euch wohl noch mancherlei zu sagen haben werdet, will ich mich mal aufmachen und Danis Eltern suchen. Ich bringe sie dann hierher.«

Damit ging der alte Herr lächelnd davon, denn er sah die Sehnsucht nach einem Alleinsein mit Dani aus seines Sohnes Augen leuchten. Und noch war er nicht ganz verschwunden, da hatte Ronald Dani schon hinter die Blattpflanzengruppe gezogen. Und unbekümmert um die ganze illustre Gesellschaft, die drüben im Saal auf und ab wogte, nahm er sein schwer errungenes Glück in die Arme und stillte seinen Durst an ihren roten Lippen. Für die beiden Glücklichen versank die ganze Welt. Sie küßten sich in seliger Wonne, sahen sich in die Augen und küßten sich wieder und wieder. Und dazwischen hatten sie Zeit, sich all die süßen Zärtlichkeiten zuzuflüstern, die Liebende füreinander haben. Sie kamen aus ihrem Glückshimmel erst wieder auf die Erde, als sie Friedrich Nordens Stimme hörten.

»Doch, Miß Rosener ist bestimmt hier. Ich ließ sie in Gesellschaft meines Sohnes hier zurück – oh, mich dünkt, sie haben sich hinter diese Pflanzengruppe zurückgezogen.«

Dani und Ronald traten schnell hervor. Neben Friedrich Norden standen Danis Adoptiveltern. Und nun gab es abermals eine erregte Erklärung, und Mister Rosener und seine Frau sahen sehr wohl ein, daß ihre Elternrolle von sehr kurzer Dauer sein würde. Aber sie freuten sich doch, daß Dani ihr Glück gefunden hatte. Und da man hier nicht ungestört alles miteinander besprechen konnte, beschloß man, das Fest zu verlassen und zusammen ins Hotel zu fahren, wo Roseners Wohnung genommen hatten. Ihren Repräsentationspflichten hatten die Herrschaften genügt, sonst hielt sie nichts mehr.

Eine halbe Stunde später saß man zusammen in dem von Mister Rosener gemieteten Hotelsalon. Mister Rosener ließ Sekt bringen. Man wollte auf das Wohl des jungen Paares anstoßen.

Viel gab es noch zu erzählen und zu berichten. Und das glückselige Brautpaar saß nebeneinander und hielt sich die Hände.

Es wurde beschlossen, daß Dani ihre Adoptiveltern nach London begleiten sollte und – Ronald durfte sich anschließen. Sein Vater gab ihm gern Urlaub. Ronald wollte sich nicht noch einmal von Dani trennen.

Friedrich Norden beschloß, nach einigen Tagen – so lange gedachte man hier noch zu bleiben und Paris und das junge Glück zu genießen – allein nach Berlin zurückzukehren. Er selbst wollte Tante Herta die Kunde bringen, das sie bald einen lieben Logiergast bekommen würde, dann Dani sollte bis zu ihrer Hochzeit bei Tante Herta wohnen. Und die Hochzeitsreise sollte das junge Paar nach New York führen. Dort sollte es möglichst lange in Mister Roseners Haus weilen, und Dani sollte drüben allen Bekannten ihrer Adoptiveltern als ihre Tochter vorgeführt werden. Daß Dani von ihren Adoptiveltern als ihre Erbin betrachtet wurde, war selbstverständlich. Ebenso selbstverständlich war es, daß in einem Jahr Danis Adoptiveltern nach Deutschland zu Besuch kommen sollten und in dem andern das junge Paar nach Amerika, so daß man sich jedes Jahr auf einige Wochen sehen konnte.

»Und wenn ich mich eines Tages zur Ruhe setze, dann siedeln wir vielleicht ganz nach Deutschland über«, sagte Mister Rosener, »denn in Amerika kann man wohl arbeiten, aber nicht ausruhen. Das müssen wir hier erst wieder lernen.«

Es wurde spät, ehe man sich trennte. Ach, und mit welcher innigen und dankbaren Glückseligkeit verabschiedete sich Dani dann von ihrem Verlobten und dessen Vater. Und auch ihre Adoptiveltern umarmte sie mit herzlicher Dankbarkeit und fragte bittend:

»Nicht wahr, ihr seid mir nicht böse, daß ich so glücklich bin?«

Sie wurde ein wenig geneckt und ausgelacht, aber sie fühlte doch, gern würden sich diese beiden Menschen nicht wieder von ihr trennen. Sie kam sich sehr egoistisch vor, daß sie nicht mehr Trauer empfand über die bevorstehende Trennung.

Als Mister Rosener an diesem Abend mit seiner Gattin wieder allein war, zog er sie an sich.

»Das war ein kurzes Mutterglück für dich, meine Ursula.«

Sie hatte ein wenig feuchte Augen, sagte aber tapfer:

»Es ist das Los aller Eltern, Theo, daß sie ihre Kinder hingeben müssen an einen Gatten. Aber wir wollen klug sein und uns sagen, daß wir unser Kind nicht verlieren, wenn es auch nicht immer bei uns sein kann, sondern, daß wir noch eines dazu bekommen. Wir werden in Zukunft eine Tochter und einen Sohn haben.«

Er küßte sie. »Wundervoll hast du dir das zurechtgelegt, meine Ursula. So wollen wir nun die Sache auch ansehen.«

XXIV

Nach allem Leid kam nun eine wunderselige Brautzeit für Dani und Ronald. Sie reisten mit Roseners nach London, wo sie eine glänzende Festsaison mitmachten. Dani feierte Triumphe. Ihre Schönheit, ihr Charme und ihre Grazie schafften ihr zahlreiche Bewunderer. Aber sie hatte für niemand Interesse als für Ronald, der ein stolzer und sehr glücklicher Bräutigam war. Dani widmete sich ganz ihren Adoptiveltern und Ronald. Die Zeit, bis Roseners wieder nach New York zurückkehren mußten, verging wie im Flug. Damit sie die Zeit gut ausnutzten, fuhren sie mit Dani und Ronald nach Hamburg zurück. In Hamburg begaben sie sich an Bord ihres Dampfers, und Dani und Ronald begleiteten sie dorthin.

Dani und Ronald fuhren mit dem nächsten Zug nach Berlin.

Friedrich Norden hatte gleich nach seiner Ankunft in Berlin Tante Herta aufgesucht. Sie begrüßte ihn, froh, daß sie wieder einen Menschen bei sich hatte.

»Wird Ronald auch bald kommen, Friedrich?« fragte sie.

Dem alten Herrn blitzte der Schalk aus den Augen.

»Nein, Herta, der ist in Paris geblieben und geht dann erst nach London – er hat sich nämlich verlobt und wird seine Braut und deren Eltern nach London begleiten.«

Frau Herta zuckte betroffen zusammen.

»Verlobt? Ronald hat sich verlobt? Mein Gott – wie soll ich denn das verstehen, mit wem hat er sich denn verlobt?«

»Mit Miß Rosener, der Tochter des Präsidenten der City-Bank von New York.«

Ein bißchen blaß wurde Tante Herta, und sie sagte leise:

»Arme Dani! Das hätte ich nicht geglaubt, daß Ronald sie je vergessen könnte!«

Nun lachte der alte Herr und schüttelte sie ein wenig bei den Schultern.

»Nicht wahr, das geht dir nicht ein? Nun, diese Miß Rosener sieht aber auch der Dani von Winterfeld so ähnlich wie ein Ei dem andern, und außerdem heißt sie auch Daniela.«

»Das ist ja ein merkwürdiges Zusammentreffen«, sagte die alte Dame etwas schmerzlich berührt.

Wieder lachte ihr Schwager.

»Aber Herta, kapierst du denn nicht? Du kennst doch Ronald, der hält doch fest, was er einmal im Herzen hält. Diese Miß Rosener ist eben niemand anders als Dani von Winterfeld. Komm, laß uns erst einmal sitzen, dann berichte ich dir alles.«

Und stolz erzählte er ihr, wie er sich selbst überwunden und Dani um ihre Hand für Ronald gebeten hatte, und erklärte ihr dann alles weitere. Da fiel Tante Herta ein schwerer Stein vom

Herzen, sie lachte und weinte durcheinander. Und als der Schwager ihr dann noch erzählte, daß Dani nicht erst mit nach New York gehen sollte, damit die Liebenden sich nicht wieder zu trennen brauchten, und daß sie bis zu ihrer Hochzeit bei Tante Herta wohnen sollte, da strahlte die alte Dame über das ganze Gesicht.

Sie fragte, wann die Hochzeit sein würde, und er berichtete, daß die Verlobten den Termin auf den vierten Mai festgesetzt hätten und sie danach für einige Monate nach New York gehen würden.

Da freute sie sich noch mehr. So würde sie doch Dani noch einige Monate in ihrem Hause haben.

Und ihr Schwager machte den Freudenbecher für sie noch übervoll, indem er ihr sagte, Mistreß Rosener lasse sie bitten, mit Dani zusammen die Aussteuer für Dani zu besorgen.

»Und ihr braucht nicht zu sparen. Mister Rosener will seine Adoptivtochter mit allem nur erdenklichen Glanz ausstatten lassen. Er gibt euch freie Hand. Siehst du, Herta, nun bekommt Ronald auch noch eine reiche Frau, denn Dani wird die Erbin ihrer Adoptiveltern. Aber ganz froh und stolz bin ich, daß ich das alles erst erfuhr, als ich schon meinen Stolz über Bord geworfen hatte und an nichts mehr denken wollte als an das Glück meines Sohnes. Es wollte mir nicht mehr aus dem Kopf, was du mir gesagt hattest, daß das zerstörte Schicksal zweier Menschen nicht mit allen Ehrbegriffen aufgewogen werden könnte.«

Sie reichte ihm mit warmem Druck die Hand.

»Ich habe es dir längst angemerkt, Friedrich, daß du davon nicht wieder loskommen konntest, und hatte immer eine leise Hoffnung, daß Dani und Ronald sich doch noch zusammenfinden würden. So wie es jetzt ist, ist es mir natürlich auch lieber, schon Danis wegen, denn die wäre so leicht nicht darüber hinweggekommen, daß sie einen Schatten auf den Namen ihres Gatten hätte werfen müssen. Gott helfe den beiden, daß mit diesem Schatten alle andern von ihrem Lebenspfad gewichen sind. Sie haben es sich schwer verdient, ihr Glück!«

Als Dani mit Ronald bei Tante Herta eintraf, wurde sie innig und zärtlich empfangen. Dani war nun ganz Tante Hertas geliebtes Kind in der Zeit bis zu ihrer Hochzeit. Selbstverständlich war Ronald jeden Tag in Tante Hertas Haus, und auch sein Vater benutzte jede Gelegenheit, um seine schöne Schwiegertochter zu sehen. Dani mußte mit Tante Herta in sein Haus kommen und sich die Zimmer aussuchen, die sie bewohnen wollte. Alles sollte nach ihrem Geschmack und nach ihren Wünschen ausgestattet werden. Friedrich Norden wollte sich nach der Hochzeit seines Sohnes in den Seitenflügel seiner Villa zurückziehen, denn er wünschte, seinen Kindern nahe zu bleiben.

Dani war mit allem einverstanden und dankbar für alle Liebe, die man ihr entgegenbrachte.

Am Todestag ihres Vaters wurde das von ihm hinterlassene kleine Kapital der »Hilfe für entlassene Sträflinge« übergeben.

Am vierten Mai wurde Dani nach einer wunderseligen Brautzeit die Gattin Ronald Nordens. Den beiden jungen Eheleuten strahlte ein reines, tiefes Glück aus den Augen, und die schöne Braut wurde von allen Seiten bewundert. Sogar Lizzi Dernburg, wie jetzt Lizzi Bernd hieß, hatte nichts an Dani auszusetzen, und das wollte viel heißen.

Gleich nach der Hochzeit fuhr das junge Paar nach Hamburg, um sich an Bord des Dampfers zu begeben, der sie nach New York zu Danis Adoptiveltern brachte.

Diese Fahrt über das Meer war für beide der Gipfel der Glückseligkeit. Sie hatten für nichts und niemand Interesse als für sich allein, und wenn sie an der Reling lehnten, die Hände innig verschlungen, dann flüsterte Ronald seiner schönen, jungen Gattin hundert süße Torheiten ins Ohr, weil er es so entzückend fand, wie dann die Farbe in ihrem reizenden Gesicht immer wieder kam und ging.

Ihr Glück war vollkommen geworden!